주식초보자를 위한 가장 쉽고 간단한 입문서

주식투자
초보 탈출하기

천청연

주식투자 초보 탈출하기

초판 인쇄	2022년 10월 17일
재판 발행	2023년 10월 10일

지은이	변대원
펴낸곳	청연
디자인	DesignDidot 디자인디도
그 림	이일선
주 소	서울시 금천구 시흥대로 484 2층
전 화	02-866-9410
팩 스	02-855-9411
이메일	chungyoun@naver.com
등록번호	제2001-000003호
ISBN	979-11-89529-12-3

———————————————

※ 잘못된 책은 바꿔드립니다.
　 가격은 표지에 있습니다.

주식초보자를 위한 가장 쉽고 간단한 입문서

주식투자
초보 탈출하기

변대원 지음

청연

머릿말

　IMF 한파가 몰아치던 1998년 3월, 대학에 입학하자 아버지가 경영학을 전공하고 사업을 할 사람이라면 주식투자에 대해 알아야 한다며 당시로썬 꽤 큰 돈을 투자금으로 주셨습니다. 그렇게 시작된 주식투자와의 인연도 벌써 15년째가 되었네요. 처음 책을 내었던 2003년이 대학교 4학년 때였으니 참 시간이 빠르다는 생각뿐입니다.

　경력이나 실력은 전업투자를 하시는 분들에 비하면 한참 못 미치겠지만, 일반투자자의 입장에서 오랫동안 시장을 지켜봐온 사람으로서, 지금 주식투자를 시작하고자 하는 분들에게 해줄 수 있는 얘기들은 분명 다른 분들의 글과는 다른 관점에서 도움이 될 수 있다는 생각에 다시 두번째 책을 집필하게 되었습니다.

　투자를 하다보면 수익은 정말 내고 싶은데, 공부는 참 하기 싫어하는 분들이 많습니다. 하다못해 핸드폰을 구입할 때 어떤 단말기가 더 좋은지 고민하는 만큼만 어떤 주식을 살지 고민하여도, 무모한 주식투자로 인해 낭패 보는 일은 없을텐데 말이죠.

　그래도 이렇게 책을 읽고 주식에 입문하고자 하시는 독자분이라면, 우선 시작부터 다르다고 생각하셔도 좋을 것 같습니다. 다만, 이 책뿐 아니라 어떤 주식투자 책이라도 그 책 한권을 다 읽었다고, 일주일만에 혹은 한달만에 엄청난 내공을 쌓을 수 있다고 생각하진 마시기 바랍니다.

　날고 긴다는 전문가들도, 매일 시장의 수많은 종목들을 파헤치는 전업투자자들도 오히려 하루하루 최선을 다해 연구하고 경험하면서도 조심 또 조심하는 게 바로 주식시장입니다. 그런데도, 초보들은 항상 몰라서 용감한 것 같습니다.

이 책은 처음 주식투자를 시작하는 분들이 수익을 내도록 도와주는 책이라기보다는 잃지 않고 시장을 익혀갈 수 있도록 조언해주는 책이라고 생각합니다.

이 책은 성공적인 투자자가 되기 위한 모든 과정을 요약해 놓은 책이 아니라, 그곳으로 가기 위해 필요한 첫 번째 두 번째 계단이 되어 주는 책이라고 생각합니다.

그래서 출판사 대표님의 허락 하에 여러 가지 다른 출판사의 좋은 책들을 추천하고 있습니다. 그런 부분까지 너그럽게 이해해주신 대표님께 감사의 말씀을 전하고 싶습니다.

만약 이 책을 읽고 필자가 추천한 책들까지 다 읽고 충분히 이해하였다면, 그 땐 더 이상 누군가의 조언이나 종목을 찾아다니는 수고는 하지 않아도 될 것입니다. 나아가 어떤 책을 더 읽어야 하고 어떤 공부를 해야 하는지 스스로 판단할 수 있을 것입니다. 물론 책 몇 권 읽었다고 그게 말처럼 쉽게 되는 일은 아닐지 모르지만, 적어도 자신만의 투자 습관이나 올바른 투자의 방향은 알게 되었을 거라 생각합니다.

그 때부터는 제가 걱정하는 초보 단계는 탈출한 것이므로 이제 스스로의 길을 당당히 개척해 나가시면 될 것 같습니다. 그리고 주변에 잘못된 정보와 믿음으로 자신이 애써 벌어온 소중한 자산들을 위험에 내몰고 있는 사람들에게 구원의 손길을 뻗어주는 멋진 분이 되어주시길 희망해 봅니다.

이 책을 처음 쓸 때도 쉽지 않았지만, 이번에 작업을 함에 있어서도 상당히 어려

웠던 부분은 개인적인 욕심과의 싸움이었습니다. 초보자들이 이해하기 쉽도록 최대한 하나하나 설명해 주면서 넘어가고자 했지만, 세련된 글을 쓰고 싶다는 욕심이 들다보니, 어느새 처음과는 달리 더 전문적이고 어려운 단어들로 채워져서 다시 보면 도대체 누구를 위한 글인가라는 생각이 드는 경우가 많았습니다. 그렇게 몇 번을 다시 읽고 수정했지만, 아직도 아쉬움이 많이 남네요.

그래서 한번 읽어서는 이해하기 힘들 것 같다고 생각한 내용들은 뒤에 또 설명이 중복되는 경우도 있고, 더 설명해야 하는 내용들이 있지만, 일부러 생략한 부분도 많습니다.

정말 좋은 책은 내용이 명쾌하고 달변으로 적힌 책이 아니라 비록 다소 부족하더라도 그것을 읽는 독자들에게 실질적인 도움을 줄 수 있고, 무언가 더 중요한 것을 각인시켜줄 수 있는 책이라고 생각했기 때문입니다. 부디 그 점 양해하시고 봐주셨으면 하는 바램입니다.

최대한 쉽게 쓰고자 노력했으나 그럼에도 불구하고 어떤 분들이 보시기엔 어려울지 모릅니다. 그런 독자분들은 일단은 이해가 안 되더라도 그냥 끝까지 읽어 보시고, 다시 한 번 이해하지 못한 내용 위주로 다시 읽어보세요. 그러면 아마 이해가 되실꺼라 생각합니다.

또 반대로 이렇게 쉬운 내용을 뭐 하러 책으로 내느냐고 욕하시는 분이 있다면, 필자는 내심 기분이 좋아질지 모릅니다. 그렇게 쓰는 것이 이 책의 집필의도였으니까요. 그런 분들은 이 책에서 필요한 내용만 습득하신 후에, 추천도서들로 넘어가보시는 것도 좋을 것입니다.

본문에 그런 내용이 있습니다.
주식투자는 돈을 벌려고 하는 것이고, 돈은 행복해지기 위해 버는 것인데, 정작 주식투자를 하면서 행복해 하는 사람은 거의 본 적이 없다고.
참 아이러니하지만 그게 냉혹한 주식시장의 현실임을 기억하기 바랍니다. 그리고 무엇을 위한 투자인지 한 번 더 생각해 보시고, 돈이 아니라 행복을 위한 투자를 하시기 바랍니다.

부디 이 책이 주식투자의 긴 여정에 도움을 드리는 첫 번째 보물지도가 되길 간절히 바랍니다.

변 대 원

CONTENTS

머리말   4

1. 주식의 뜻
1. 주식의 정의   16
2. 왜 주식투자를 해야 하는가?   20
3. 주식투자를 통해 얻을 수 있는 4가지 수익   22
    1) 배당수익   22
    2) 유·무상 증자 수익   24
    3) 세제혜택   26
    4) 시세차익   26

2. 계좌개설
1. 계좌개설   30
    1) 계좌개설하기   30
    2) 증권사 직원에게 문의할 것   31
    3) 신청서 작성   32
    4) 계좌 개설   32
    5) 연계 계좌   32
    6) CMA계좌   33
    7) HTS   33
    8) 계좌개설 완료   34

3. 증권사 선택시 고려해야 할 사항
1. 증권사 선택시 고려해야 할 사항   38
    1) 우리나라의 증권사   39

  2) HTS를 보라   41
  3) 매매수수료   42
  4) 부가서비스   45
  5) 증권사의 위치   45
  6) 은행개설 계좌 VS 증권사 지점개설 계좌   46

4. 투자금액

 1. 투자금액   50

5. 주식매매

 1. 주식매매   60
  1) 매수/매도란 무엇인가   60
  2) HTS를 통한 매매방법   61
  3) 매매체결의 원칙   67
  4) 동시호가의 이해   67
  5) 관리종목 매매, 시간외 매매의 경우   68
  6) 주문체결과 확인   70
  7) 결제 : 3일 결제 이해하기   71
  8) 거래완료와 부대비용 : 거래시 발생하는 수수료와 세금   72

6. 주가정보 한눈에 알아보기

 1. 주가정보 한눈에 알아보기   76
  1) 지수의 이해   77
  2) 종목별 주가동향의 이해 Ⅰ   81
  3) 종목별 주가동향의 이해 Ⅱ   87
  4) 종목별 주가동향의 이해 Ⅲ   89
  5) HTS 상에서의 주가정보   93

7. 다양한 투자 방법

 1. 다양한 투자 방법   98
  1) 단기매매: 스켈핑, 데이트레이딩, 스윙트레이딩   98
  2) 중장기매매   100
  3) 가치투자   101
  4) 활용할 투자방법   103
  추천도서 Review 〈1〉   104

8. 종목의 이해와 선택

1. 종목의 이해와 선택 108
   1) 주식의 종류 108
   2) 주식의 분류 111

9. 경제 속의 주가

1. 경제 속의 주가 124
   1) 나무만 보지말고 숲을 보야 한다 124
   2) 주가과 경제지표 127
   3) 시장의 흐름 파악 후 주식종목 고르기 134
   추천도서 Review 〈2〉 137

10. 주가 분석 방법

1. 주가 분석 방법 140
   1) 종합주가지수 141
   2) 기본적 분석 143
      전문가가 말하는 기본적 분석사례 151
   3) 기술적 분석 166
   4) 차트의 구성 171
   추천도서 Review 〈3〉 203

11. 정보의 탐색

1. 정보의 탐색 206
   1) 신문(경제/일반) 207
   2) TV/라디오 209
   3) 잡지 209
   4) 인터넷 210
   5) 생활속에서 얻는 정보 216
   6) 정보의 활용 217
   맥도날드 할머니 투자법 218

12. 나만의 투자원칙의 확립

1. 나만의 투자원칙의 확립 224
   1) 손절매 225

    2) 목표수익률   227
    3) 분할매수, 분할매도   227
    4) 기술적 지표 활용하기   228
    5) 관리종목 매매   229
    6) 미수와 신용   229
  추천도서 Review 〈4〉   231

13. 초보자를 위한 투자 실전투자 Q & A

1. 초보자를 위한 투자 실전투자 Q & A   234
  주식투자에 실패하는 사람들의 7가지 유형   238

14. 투자에 임하는 자세

1. 실패를 경험한 투자자에게 드리는 이야기   242
    1) 투자는 무엇일까?   243
    2) 2,000만원으로 주식투자를 시작한 김대리   244
  추천도서 Review 〈5〉   250

맺음말   252

[부록]
- 주식투자 격언   258
- 실전배당투자 들여다보기   274
- 배당투자에 있어서 주의할 점   275

Start

초보투자자들을 위해 이해하기 쉽고 실전에 적용하기 편리하게 내용을 구성했다. Daum 증권정보채널 카페의 초대운영자였던 저자는 가장 초보적인 질문부터 시작해 고난위도의 질문에 답을 해주던 경험을 바탕으로, 초보자들이 제대로 알지 못해 생길 수 있는 실수, 투자를 하면서 흔히 생길 수 있는 심리적인 함정을 극복할 수 있도록 안내하고 있다.
정말 초보투자자의 마음을 누구보다 잘 알기에 이 책의 구성 또한 쉽고 간단하면서도 중요한 내용은 놓치지 않고 알차게 뽑았다. 투자에 입문하는 분들에게 많은 정보와 투자의 자세를 배울 수 있는 기회가 될 것이다.

주식투자 초보 탈출하기

① 주식의 뜻

1. 주식의 정의
2. 왜 주식투자를 해야 하는가?
3. 주식투자를 통해 얻을 수 있는 4가지 수익
   1) 배당수익
   2) 유·무상 증자 수익
   3) 세제혜택
   4) 시세차익

1. 주식의 정의

주식이란? 법률적으로 주식회사에 있어서 '출자자의 지분'이라고 정의하고 있다. 주식을 발행하여 그 주식을 사는 사람은 그 회사의 주식수에 해당하는 지분을 갖고, 회사는 주식을 발행하여 생긴 자금으로 회사를 운영할 수 있는 것이다.

주식투자를 하면서 주식이 뭐냐고 물으면 자신 있게 대답하는 사람이 얼마나 될까? 많은 투자자들이 주식투자를 하면서도 정작 주식이 무엇인지에 대해 제대로 알지 못하는 경우가 많다. 자신이 사고파는 것이 정확히 무엇인지도 모르면서 좋은 결과를 기대하기란 어려운 일이다.

그럼, 과연 주식이란 뭘까?

주식이란? 법률적으로 주식회사에 있어서 **'출자자의 지분'**이라고 정의하고 있다.

한 회사가 사업을 하기 위해서는 땅도 있어야 하고, 건물도 있어야 하고, 기계나 기본적인 설비들도 필요하고 돈이 필요한 곳도 너무 많다. 하지만 이런 것들을 혼자서 다 지불하기에는 너무 부담이 크기 때문에 주식을 발행하여 그 주식을 사는 사람은 그 회사의 주식수에 해당하는 지분을 갖고, 회사는 주식을 발행하여 생긴 자금으로 회사를 운영할 수 있는 것이다.

이렇게 주식을 소유한 사람은 그 회사의 주주가 되어 그 기업에 대해 주주로서의 권리를 행사 할 수 있다. 또한 회사는 그런 주주들이 투자한 자금을 통해 사업을 하고 수익을 내어 다시 그 이익을 주주에게 돌려주게 되는 것이다. 쉽게 이해가 되지 않는다면 이런 식으로 생각해 보면 어떨까?

'주식은 회사의 가치의 단위[1]'라고 생각해 보자.

즉, 한 회사의 주식을 모두 모아 돈으로 환산하면 바로 그것이 그 회사의 가치인 것이다. 하지만 이것이 주식이 가지는 가치의 전부는 아니다. 즉, 회사의 가치라고 하면 그 회사의 땅이나 제품, 건물, 기계 등과 같이 단순히 눈에 보이는 것이면 돈으로 환산이 가능하지만 브랜드 가치라든지, 영업력이라든지, CEO의 역량 같은 것은 눈으로 보이지 않지만 그 회사의 중요한 자산이자 가치가 된다. 그러므로 주식은 그런 무형의 자산에 대한 가치까지도 고려된 것이라고 봐야한다.

물론 그런 가치가 주가에 모두 반영되는 것은 아니다. 그런 실제의 가치와 주가 상의 괴리가 바로 투자의 기회가 되는 셈이다. 즉, 분명 회사의 가치는 매우 높은데도 불구하고 사람들이 잘 알지 못해 주가가 낮은 기업이 있다면 그 주식은 언젠가 오르게 되어 있다. 또한 반대의 경우도 있다. 사람들이 기대하는 어떤 기업의 가치가 너무 높게 평가되어 실제가치보다 너무 높은 수준의 주가가 형성되어 있다면 언젠가 주가는 떨어지게 될 것이다. 어쨌든 이런 가치의 개념으로 생각하게 되면 주식은 '시장에서 평가된 회사의 가치의 단위'라고 하면 한 회사의 가치는 다음과 같다.

시장에서 평가된 회사의 전체가치(시가총액) = 주가 × 전체 주식수

---

[1] 사실 단순히 주식을 가치단위로 설명하는 것은 무리가 따른다는 점을 필자도 알고 있으나, 그런 개념으로 주식을 이해하고 다시 깊이 있는 내용을 자세히 공부해 본다면 훨씬 쉽게 이해가 될 수 있을 것이다. 이 점 참고하길 바란다.

다시 말해서 아무리 주가가 높아도 그 회사의 주식수가 적으면 회사의 실제 가치가 낮을 수도 있고, 주가가 낮더라도 주식수가 많으면 그 회사의 가치는 높을 수도 있다. 중요한 것은 시가총액의 개념을 이해하는 것이다.

> [KB금융] 주가 : 53,400원 / 상장주식수: 386,351,693주 /
> 시가총액 : 206,312 (억원)
> [롯데제과] 주가 : 1,806,000원 / 상장주식수 : 1,421,400주 /
> 시가총액 24,434 (억원)
>
> (2011년 6월 7일 기준)

KB금융과 롯데제과의 주가다. 주가로만 볼 때는 롯데제과이 30배가 넘게 비싸지만 국민은행의 경우 상장 주식수가 롯데제과에 비해 270배나 많기 때문에 실제 시가총액은 오히려 8배나 더 많은 것을 알 수 있다. 즉, 단순히 주가가 더 높다고 해서 그 주식이 더 가치가 있는 것은 아니라는 얘기다.

이제 주식에 대해서 조금은 이해가 됐을 것이다. 그렇다면 우리가 하고자 하는 "주식투자"는 뭘까? 독자들이 정작 알고 싶었던 것은 주식이 아니라 아마 주식투자일 것이다.

앞서 설명했지만 주식투자는 바로 그 주식을 발행한 회사의 일부분을 사는 것이라고 할 수 있다. 물론 주식을 사면 자신이 산 주식의 양만큼 그 회사에 대한 권한을 가지게 된다. 수익이 나면 배당을 받고 의사결정을 할 때에도 그 주식의 비율만큼의 발언권을 가지게 되는 것이다.

(그렇기 때문에 한 회사의 경영권을 장악하기 위해서는 50%이상의 주식만을 확보하면 된다. 가끔 영화나 드라마에서 이런 부분에 대한 내용이 나오는 걸 기억하는가?)

하지만 우리가 하려고 하는 주식투자는 조금 다르다. 대부분 시세차익이 그 목적이기 때문이다. 시세차익이란 말 그대로 사고 팔리는 가격의 차이로 인한 이익을 말한다. 더 쉽게 말하자면 어떤 주식을 싸게 사서 비싸게 파는 것이 시세차익인 것이다.

주식 투자자라면 하지 말아야 하는 것 〈1〉 복권

복권을 일종의 투자라고 생각하는 사람들이 있다. 하지만 복권은 결코 투자가 아니라 말 그대로 운이고 재수다. 나의 노력 여부와는 아무 상관없이 마냥 기다려야만 하는 것이다.

투자자는 복권을 살 돈으로 주식을 사는 게 더 현명한 행동임을 안다. 물론 당첨이 될 수도 있겠지만 나는 당신이 당첨되지 않는다는 것에 돈을 걸겠다.(나의 승률은 99.99%가 될 것이다.) 투자를 시작하려거든 복권의 꿈은 버려라. 그리고 주식을 복권처럼 생각하려거든 아예 투자를 시작하지 않는 것이 좋다.

무엇보다 복권이 안 좋은 이유 중에 하나는 노력없이 생긴 부의 결말이기 때문이다. 실제 복권에 당첨된 사람 중 70%가 그 전보다 더 불행해졌다는 설문조사는 우리에게 시사해 주는 바가 크다. 돈을 많이 벌고 싶다면 그만한 돈을 잘 다룰 수 있는 그릇부터 만들어야 할 것이다.

주식을 복권처럼 생각하려거든 아예 투자를 시작하지 않는 것이 좋아.

2. 왜 주식투자를 해야하는가?

사실 주식투자를 하는 이유는 단 한가지밖에 없다. 돈을 벌기 위해서다. 그렇다면 왜 돈을 벌려고 하는지도 생각해 보아야 한다. 그것은 행복, 행복하게 살기 위해서다. 하지만 이상하게도 주식투자를 하면서 행복해 하는 사람은 거의 없다. 모두들 투자하기 전보다 괴로워하고 힘들어 한다.

　　사실 주식투자를 하는 이유는 단 한가지밖에 없다. 돈을 벌기 위해서다. 그렇다면 왜 돈을 벌려고 하는지도 생각해 보아야 한다. 그것은 행복, 행복하게 살기 위해서다. 하지만 이상하게도 주식투자를 하면서 행복해 하는 사람은 거의 없다. 모두들 투자하기 전보다 괴로워하고 힘들어한다. 잘못되어도 한참 잘못된 것 같은데 무엇이 잘못된 줄도 모른다.

　마치 도박을 하다가 돈을 잃으면 더 크게 배팅을 해서 한번에 회복해야겠다는 마음이 생기고 결국엔 그나마 남은 돈마저 다 잃게 되는 것처럼 사람들은 주식투자를 투자가 아닌 '투기'나 '도박'쯤으로 대하고 있다. 물론 누구나 '나는 그렇지 않다'고 생각하지만 극히 일부분의 투자자들을 제외하고는 거의 대부분은 그렇게 하고 있다.(지금의 자신을 솔직하게 돌아보기 바란다)

　그렇다면 무엇이 잘못된 것일까? 필자의 소견으로는 사람들이 투자를 통해 돈을 벌어야겠다고 생각하면서도 정작 그에 합당한 노력은 하지 않고 '너무 쉽게 되는 것'인 줄 안다는 것이다. 더더욱 큰 문제는 자신이 무척이나 뛰어난 투자자라고 착각한다는 데 있다. 그래서 자신이 '찍은' 종목은 꼭 오를 거라 생각하며 오르지도 않은 주식의 핑크빛 미래를 꿈꾼다. 그래도 스스로 찾은 종목은 노력이라도 했겠지만, 누군가의 말만 믿고 평생 모아놓은 재산을 탕진하는 사람이 얼마나 많은가. 하지만 그 짧은 찰나에도 그들은 아직 실현하지도 않은 대박의 환상에 사로잡혀 있을지도 모른다.

그런 투자는 십중팔구 손해로 이어지고 만다. 앞으로 누누이 강조하겠지만 투자는 예측하는 것이 아니라 '대응'하는 것이기 때문이다. 필자도 이 사실을 깨닫는 데까지 상당한 시간과 자금을 소모했기에 여러분들은 그런 우를 범하지 않길 바라는 마음에서 이 글을 쓰는지도 모르겠다.

그렇다면 이렇게 괴로운 투자를 왜 하는 것인지 다시 한번 생각해 보자.

그리고 투자를 통해 우리가 얻을 수 있는 것이 무엇인지 같이 천천히 알아보도록 하자.

3. 주식투자를 통해 얻을 수 있는 4가지 수익

투자를 통해 우리가 얻을 수 있는 것이 무엇일까? 그것은 수익이다. 보통 주식투자로 인해 얻을 수 있는 수익의 종류는 4가지로 보고 있다. 배당수익, 유/무상증자 수익, 세제혜택, 시세차익이 그것이다. 먼저 간단하게 그 내용을 살펴보면 다음과 같다.

투자를 통해 우리가 얻을 수 있는 것이 무엇일까? 그것은 수익이다. 보통 주식투자로 인해 얻을 수 있는 수익의 종류는 4가지로 보고 있다. 배당수익, 유/무상증자 수익, 세제혜택, 시세차익이 그것이다. 먼저 간단하게 그 내용을 살펴보면 다음과 같다.

1) 배당수익

배당이란 회사가 수익을 내었을 때 주주들에게 그 수익을 환원하는 것을 말한다. 사실 일부기업의 경우 이 배당수익이 은행이자보다 더 높은 경우도 있기 때문에 관심을 가질 필요가 있다. 그렇다고 배당투자를 권하는 것은 아니지만. 배당금 투자는 기업의 실적이 좋은 회사이면서 배당률이 높은 회사를 중심으로 투자할 경우 어느 정도 안정된 수익을 기대할 수 있다.

배당수익은 배당기준일[2]에 바로 나오는 것이 아니라 보통 3~4개월 이후에나 받게 되는 것이 보통이다. 그러므로 배당투자를 기준일 바로 전에 사서 이익을 챙길 수 있는 그런 투자로 생각하는 것은 배당투자를 제대로 이해한 것이 아니다. 기업의 장기적 비전과 실적 그리고 그 기업의 실배당률이 어느 정도인지도 파악할 필요가 있다.

특히 배당을 목적으로 투자를 할 경우에는 보통주보다 우선주에 투자하는 것이 더 유리할 수 있다. 일반적으로 우선주는 의결권이 없는 대신 배당은 우선적으로 받을 수 있는 주식으로 보통주보다 가격이 30%가량 저렴하기 때문이다. (단, 최근 비이상적인 폭등을 하는 우선주들은 절대로 투자해서는 안될 것이다.)

배당투자에 대해서는 다른 지식을 쌓고 나서 나중에 다시 설명하도록 하겠다.

배당투자 vs 매매차익

사실 주식을 산다는 것은 한 회사의 투자자가 되는 것이고, 그 회사의 주주로써의 권리를 누릴 수 있는데 많은 사람들은 주식투자에 임할 때 이런 장기적이고 안정된 수익보다는 짧은 기간 내에 높은 수익을 내는 것에만 욕심을 내는 경우가 많다. 그러다보니 높은 위험(Risk)에도 노출되지만, 대부분의 초보자들은 위험보다는 수익에만 초점을 맞추는 경우가 많다.

자신의 실력을 테스트해 보기 위해서라도 실적도 좋고 지속적인 성장이 기대되는 기업을 찾고, 그중에서 배당률이 높은 곳을 골라보자.(매년 연말이 되면 각회사들마다 배당에 대한 공시를 알린다)

그런 주식을 찾앗다면 많은 금액이 아니더라도 배당을 2번 받을 기간정도 보유해 볼 것을 권하고 싶다. 그리고 그 이후에 자신의 매매차익과 배당투자를 통해 장기투자한 결과중에 어떤 쪽이 더 많은 수익을 내었는지 쉽게 비교할 수 있을 것이다.

---

[2] 배당기준일에 그 주식을 실제로 보유하고 있어야만 배당을 받을 수 있다. 만약 회사가 주식배당을 할 경우에는 배당한 주식수만큼 주가가 조정되는데 그것을 '배당락'이라고 한다.

2) 유·무상증자 수익

경제신문을 한번이라도 본 사람이라면 '증자'라는 단어를 많이 접했을 것이다. 하지만 그 단어를 정확히 이해하지 못해 투자에 적용하지 못하는 사람들이 의외로 많다.

◐ **유상증자** : 회사가 사업을 하다보면 자금이 필요한 경우가 생기게 된다. 이때 회사에서는 3가지 방법으로 필요한 자금을 조달할 수가 있는데, 첫번째는 필요한 자금을 은행을 통해 빌리는 방법이고, 두 번째는 채권을 발행하는 방법, 그리고 마지막으로 증자를 통해 자본금을 늘이는 방법이 있다. 그런데 회사 입장에서는 은행에서 돈을 빌리거나 채권을 발행하게 되면 원금도 상환해야함은 물론이고, 이자까지 줘야하기 때문에 그런 방법보다는 안정적으로 자금을 운영할 수 있는 유상증자를 선호한다.

유상증자를 실시한다는 소식을 듣게 되면 우선은 누구를 대상으로 증자를 하는지, 그리고 할인율은 얼마인지, 어느 정도의 규모인지를 살펴봐야한다. 유상증자는 기존주주에게 증자의 우선권을 주는 주주배정방식도 있지만, 회사와 연고가 있는 특정인(회사의 임원, 거래처, 거래은행 등)에게 신주인수권을 부여하는 제3자 배정방식도 있고, 처음주식을 상장할 때처럼 일반인에게 공모하는 일반공모방식도 있다.

기본적으로 유상증자는 회사를 위해서는 유익한 결정이지만, 투자자입장에서는, 특히 대부분의 소액투자자입장에서는 그 회사에 아무런 지식없이 투자했다가 뻔한 손해를 볼 수도 있다. 특히 유상증자를 하게 되면 주식수가 늘어나기 때문에 늘어난 주식수만큼의 주가조정을 하게 되는데, 그것을 권리락이라고 한다. 배당락도 마찬가지지만, 권리락 역시 주가가 떨어진다고 손해를 보는 것은 아니다. 다만, 권리락이 되었다는 것은 그 회사의 유상증자를 할 수 있는 권리를 얻은 것이기 때문에 만약 유상증자에 참여하지도 않을 투자자가 유상증자 일정도 모른 채 투자를 했다면, 무지로 인한 손해가 발생하게 될 것이다.

유상증자를 통해 손해가 날 수 있는 구간은 권리락이 되는 날뿐만 아니라 유상증자 된 주식이 유통되기 시작하는 날이 될 수도 있다. 기존 주가보다 20-30%할인된 가격으로 증자를 받은 주주들이 단기적인 차익실현을 위해 시장에 내다 팔 가능성이 높기 때문이다. 물론 반대로 그런 차익실현을 목적으로 투자하는 것도 하나의 방법일 수 있으니 참고하기 바란다.

❶ 무상증자 : 유상증자는 별도의 납입금을 넣고 주식을 사는 방식인데 반해 무상증자는 말 그대로 무상으로 일정비율의 주식을 배정 받는 것이다. 그러나 그 날(무상증자 기준일) 권리락을 하기 때문에 증자를 받고 주가가 원래대로 돌아오지 않으면 수익을 낼 수 없다. 간혹 초보자들의 경우 무상증자가 무조건 바로 차익을 낼 수 있다고 착각하는 경우가 있는데 실제로 무상증자의 경우 주식이 늘어난 만큼 주식 가격이 떨어지기 때문에 전체 주식의 가치는 동일하다. 다만 무상증자라는 것이 회사가 가지고 있는 이익 잉여금을 주주들에게 주식으로 돌려주는 것이기 때문에 투자자들에게 심리적으로 긍정적인 영향을 미쳐서 주가가 상승하는 경우가 많다. 또한 주식수는 늘어나고 가격은 낮아지기 때문에 거래가 더 활발하게 이루어지는 효과를 통해 수익을 기대할 수 도 있다. 특히 활황인 경우에는 권리락을 한 이후에도 주가가 증자하기 전의 일정수준까지 회복되는 경우도 많기 때문에 수익을 낼 수 있는 기회가 많다고 하겠다.

하지만 그런 투자심리를 역이용하여 시세차익을 노리는 세력들도 있기 때문에 맹목적인 투자는 늘 삼가야 할 것이다.

3) 세제혜택

주식투자를 할 경우 거래에 따른 수수료는 붙지만 시세차익에 따른 세금은 없기 때문에 세제상의 혜택이 있다고 볼 수 있다. 즉 개인이든 기업이든 돈을 벌면 그에 따른 세금을 내기 마련이다. 그런데 주식은 가치가 올라가서 생긴 수익, 예를 들어 100만원의 가치가 있던 주식이 폭등해서 1000만원의 가치가 되더라도 그 차액에 따른 세금은 전혀 없다는 것이다.

이러한 이유로 재벌들이 상속을 목적으로 주식을 활용하는 것을 볼 수 있는데, 개인적인 소견으로는 그런 사람들을 욕하기보다는 투자자의 입장에서 그들이 어떤 방법으로 이익을 얻고자하는지를 유심히 살펴보고 이해한다면, 오히려 부자가 부자일 수 밖에 없는 이유를 하나 더 배울 수 있지 않을까 하는 생각도 든다.

4) 시세차익

누구나 주식투자를 하면 바로 이 '시세차익'을 얻고자 투자를 하는 것이다. 그런데 굳이 앞서 배당이나 증자, 세제혜택에 대해 먼저 언급한 것은 주식투자를 단순히 쌀 때 사서 비쌀 때 팔아 이익을 남기는 것으로 너무 쉽게 생각하는 분들이 많기 때문에, 투자에 임하기 전에 좀더 본질적인 투자의 기회나 가치에 대해 생각해보길 바라는 마음에 그렇게 집필한 것이다. 만약 주식이 아니라 내가 살 집을 산다면 그것도 쉽게 사겠는가? 그건 아닐 것이다. 말은 쉽지만 실전에서는 결코 쉬운 일이 아니다. 하지만 주식투자가 우리에게 주는 가장 큰 기회다. 그럼 어떻게 하면 싸게 사고 비싸게 팔 수 있을까? 그 방법은 차차 계속 공부해가면서 알아보도록 하자.

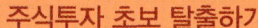

주식투자 초보 탈출하기

2

계좌개설

1. 계좌개설
   1) 계좌개설하기
   2) 증권사 직원에게 문의할 것
   3) 신청서 작성
   4) 계좌 개설
   5) 연계 계좌
   6) CMA계좌
   7) HTS
   8) 계좌개설 완료

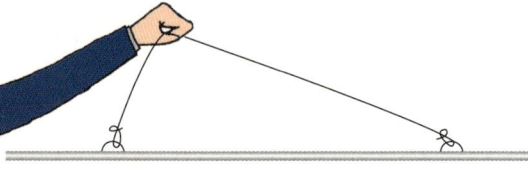

1. 계좌개설

적금을 들기 위해서는 은행에서 통장을 만들어야 하는 것처럼 주식투자를 하기위해서도 증권사의 계좌를 개설해야 한다.

앞장에서는 주식의 가장 기초적인 개념과 주식투자를 통해 얻을 수 있는 수익에 대해 알아보았다. 그렇다면 이젠 실제로 주식투자를 하기 위해 해야 할 것들을 체크해보자.

1) 계좌개설하기

적금을 들기 위해서는 은행에서 통장을 만들어야 하는 것처럼 주식투자를 하기 위해서도 증권사의 계좌를 개설해야 한다.

◐ 계좌개설 순서

마음에 드는 증권사(혹은 은행)를 찾아간다
(증권사 선택에 대해서는 따로 얘기하도록 하겠다)

준비물을 지참할 것!

1) 신분증
2) 도장(요즘은 서명으로 대신하기 때문에 굳이 없어도 된다.)
3) 이체가능한 자신의 통장

　신분증과 도장은 자신의 계좌를 만들기 위해 당연히 필요한 것인데… 이때 도장 대신 서명으로도 계좌개설이 가능하다. 대신 서명으로 개설할 경우에는 증권사에서 거래할 시에 신분증을 늘 지참해야 한다.
　다음으로 이체 가능한 통장이 필요한 이유는 증권 계좌의 돈을 찾을 때마다 증권사에 직접 와야 하는 수고를 덜기 위해서다. 또 계좌개설시 이체통장을 설정해 놓으면 집에서도 손쉽게 이체할 수가 있다.

2) 증권사 직원에게 문의할 것

　모르면 물어보는 게 가장 좋은 해결책이다. 사실 뭔가 모른다는 것은 부끄러운 일이지만 그럴 때마다 이 중국속담을 기억해 보자.
　"모르는 것을 물으면 5분간 바보가 되지만 묻지 않으면 평생 바보가 된다."
　사실 증권사에 가서 직원에게 계좌개설을 하러 왔다고 하면 아주 친절하게 상담을 해줄 수밖에 없다. 증권사 입장에서는 방문한 자신이 소중한 고객이기 때문이다.(물론 친절하지 않다면 다른 지점이나 다른 증권사로 바꾸는 것도 좋은 방법이 될 것이다.)
　또한 모르는 것은 담아두지 말고 무조건 물어보는 게 상책이다.

3) 신청서 작성

직원이 신청서를 작성하라고 하면서 종이를 주면 자신의 신상정보를 기록하면 된다. 이때 신분증을 제시하도록 하자.

4) 계좌 개설

신청서에 적힌 내용을 입력하여 증권 카드를 만들어준다. 카드를 발급 받으면 실제로 거래가 가능한 계좌가 개설된 것이다. 카드는 보통 증권사와 연계된 은행의 계좌와 연결되어 있다. 이를 연계계좌라고 하는데, 보통 이체하기에 편리하도록 만든 것이다. 나중에 증권 계좌에 입금을 할 때 이 은행계좌번호로 이체하게 되면 바로 증권 계좌로 돈이 입금되는 식으로 처리가 되므로 잘 기억해둘 필요가 있다.(그리고 자신의 카드 비밀번호는 노출되지 않게 조심하고, 잊지 말고 잘 기억해 두도록 하자)

5) 연계계좌 (은행에서 개설할 경우)

증권사에서 계좌를 개설하면 CMA1[3]를 개설해주고 자동으로 증권계좌와 연동하여 사용할 수 있지만 은행에서 온라인증권사로 계좌개설을 할 경우에는 은행과 바로 연계되는 계좌를 개설해준다. 그 계좌는 은행계좌와 같은 숫자로 적혀있지만 실제로 그 계좌로 입금을 하게 되면 연계된 증권계좌로 돈이 입금되는 식이다.

그러므로 연계계좌를 잘 기억해 둘 필요가 있다. 나중에 투자할 자금을 입금하거

---

[3] CMA(cash management account) : 어음관리계좌라고 하는데, 주로 고객이 예치한 자금을 기업어음이나 채권에 투자하여 그 수익을 고객에게 돌려주는 상품으로 고객 입장에서는 단기간 돈을 맡겨놓아도 그 기간에 따라 이자를 받을 수 있다는 장점이 있다.

나 출금할 때 자주 사용하게 될 것이기 때문이다.

6) CMA 계좌 (증권사에서 개설할 경우)

증권사에서 주식계좌를 개설하면 CMA(cash management account)를 개설해 준다. CMA는 요즘 모르는 사람이 거의 없겠지만, 주식을 사지 않고 현금으로 가지고 있어야 할 상황에서는 CMA 금리를 적용받을 수 있으므로 기억할 필요가 있다.

7) HTS[4] (Home Trading System)

사실 거래를 빈번히 하는 데이트레이너가 아니라면 거래수수료보다는 HTS가 좋은 증권사를 찾는게 더 중요하다. 요즘은 예전과 달리 증권사마다 HTS를 체계적으로 잘 개발해 두었기 때문에 편차가 많지 않지만, 그래도 HTS의 활용여부가 투자수익과도 연결되기 때문에 자신이 잘 쓸 수 있는 HTS를 제공하는 증권사를 선택해야한다. 이 부분은 뒤에서 따로 다루도록 하고 우선은 새로운 신청서를 받아서 신청하고 설치CD와 설명서를 받으면 된다. CD를 받아오기 귀찮으면 인터넷으로 해당 증권사 홈페이지로 들어가서 다운 받아서 써도 무방하다.

8) 계좌개설 완료

다소 복잡했지만, 이런 순서를 다 챙겨두면 웬만해선 증권사에 찾아갈 일이 거의

---

[4] HTS(Home Trading System) : 쉽게 설명해서 집(Home)에서 직접 컴퓨터로 거래(Trading)할 수 있도록 해주는 시스템(System)이라는 뜻으로 증권사에서 제공해 주는 매매 프로그램이라고 보면 된다.

안 생길 것이다. 이제 투자를 하기 위한 준비는 끝난 셈이다.

〈그림 1 순서도〉

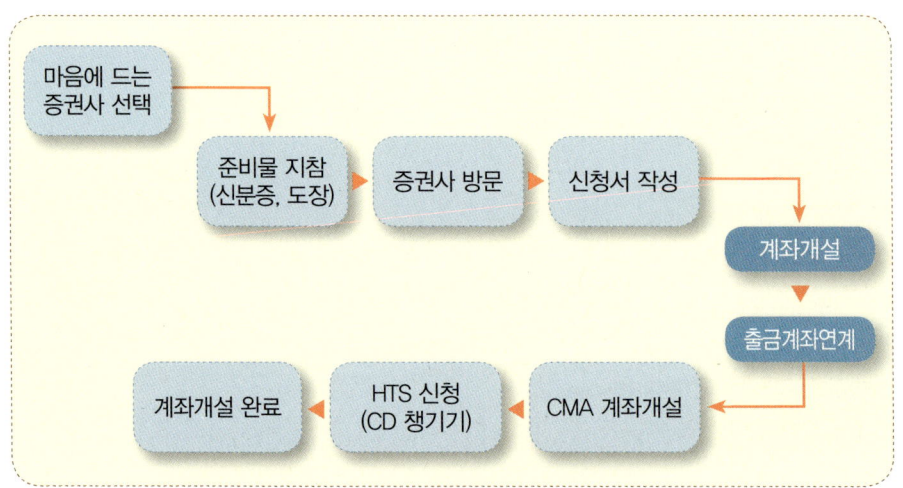

주식 투자자라면 하지 말아야 하는 것 〈2〉 변명

주식을 하다보면 수익을 낼 때도 있지만 손해를 볼 때도 있다. 앞서 얘기했듯 주식은 수익이 날 때는 최대화하고 손해가 날 때는 최소화하는 것이 요점이다. 그런데 수익을 낼 때는 기고만장하다가도 손해가 나면 그것을 쉽게 인정하지 않으려 하는 것이 또한 사람이기에 어쩔 수 없다. 그래서 스스로가 변명을 만들어 놓는다. "그래 종목선택은 좋았는데, 장 분위기가 안 좋았어", "약속만 없었더라도 어제 팔았을 텐데…" 이처럼 자신의 잘못을 인정하려고 하기보다는 자신은 여전히 뛰어난 소질을 가지고 있는데, 다른 여건이 맞지 않아서 그렇게 된 것처럼 합리화시키려고 하게 된다. 하지만 이것은 자신이 잘못한 것을 고치지 못하도록 하는 아주 못된 습관이다. 필자 역시 그런 과정을 통해서 부족한 실력과 자질을 인정하지 않고 남 탓을 하고 환경 탓을 했었기 때문에 더욱 그런 심정을 이해할 수 있다.

하지만 그런 마음은 빨리 버릴수록 좋다. 자신의 단점과 약점을 인정해야만 비로소 장점 역시 빛을 발하게 되는 것이다. 스스로 변명을 하려거든 얼른 자신의 잘못을 찾아내고 인정하라. 그리고 반성하여 다음엔 같은 실수나 실패를 하지 않으면 되는 것이다.

주식투자 초보 탈출하기

3

증권사 선택 시 고려해야할 사항

1. 증권사 선택시 고려해야 할 사항
   1) 우리나라의 증권사
   2) HTS를 보라
   3) 매매수수료
   4) 부가서비스
   5) 증권사의 위치
   6) 은행개설 계좌 VS 증권사 지점개설 계좌

1. 증권사 선택 시 고려해야할 사항

이제 증권 계좌를 개설하는 방법은 알았는데 문제는 어디가 좋고 나쁜지, 어떤 특징이 있는지 궁금할 것이다. 사실 필자도 처음 증권 계좌를 개설한 후 변함없이 한 계좌만을 이용하고 있는데, 그만큼 한번 이용하면 그 증권사의 방식(인터페이스)에 익숙해지기 때문에 바꾸기가 쉽지 않다. 따라서 매우 신중을 기할 필요가 있다.

이제 증권 계좌를 개설하는 방법은 알았는데 문제는 어디가 좋고 나쁜지, 어떤 특징이 있는지 궁금할 것이다. 사실 필자도 처음 증권 계좌를 개설한 후 변함없이 한 계좌만을 이용하고 있는데, 그만큼 한번 이용하면 그 증권사의 방식(인터페이스)에 익숙해지기 때문에 바꾸기가 쉽지 않다. 따라서 매우 신중을 기할 필요가 있다.

예전에 필자가 운영했던 증권카페[증권정보채널]에서 설문조사를 한 결과를 보면 다음과 같다.

(질문) 증권사 선택 시 가장 고려하는 사항은? (중복체크/참가자 733명)	
(결과)	
1) 매매수수료	61.53% (451명)
2) HTS(홈트레이딩)	51.71% (379명)
3) 투자상담수준	13.23% (97명)
4) 서비스 편의성	16.78% (123명)
5) 지역적위치(거리)	11.19% (82명)

결과에서 볼 수 있듯이 매매수수료와 HTS(Home Trading System)에 가장 많은 비중을 두고 있다는 것을 알 수 있다.

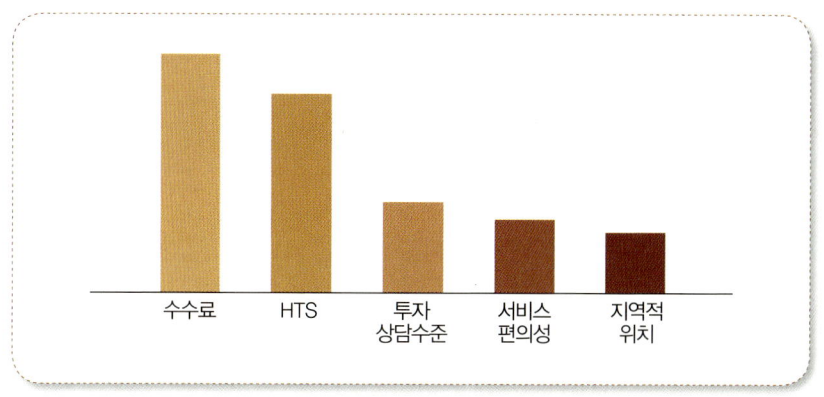

〈그림 2〉 증권사 선택시 가장 고려하는 사항

1) 우리나라의 증권사

우리나라에는 현재 63개의 증권사가 있는데(금융투자협회, 2011년 1분기 기준) 주요 증권사들의 홈페이지 주소를 정리해 보았으니, 관심 있는 증권사를 찾아보도록 하자.

회사명	홈페이지	지점수
골든브릿지증권	http://www.bridgefn.com	11
교보증권	http://www.iprovest.com	46
대신증권	http://www.daishin.co.kr	116
대우증권	http://www.bestez.com	120
동부증권	http://www.dongbuhappy.com	48
동양종합금융증권	http://www.myasset.com	165
리딩투자증권	http://www.leading.co.kr	2
메리츠종합금융증권	http://home.imeritz.com	32
미래에셋증권	http://www.miraeassetaccount.com	118
바로투자증권	http://www.barofn.com	2
부국증권	http://www.bookook.co.kr	15
삼성증권	http://www.samsungfn.com	102
솔로몬투자증권	http://www.solomonib.com	9
신영증권	http://www.shinyoung.com	26
신한금융투자	http://www.shinhaninvest.com	106
애플투자증권	http://www.applefn.com	6
우리투자증권	http://www.wooriwm.com	120
유진투자증권	http://www.eugenefn.com	38
유화증권	http://www.yhs.co.kr	4
이트레이드증권	http://www.etrade.co.kr	4
코리아RB증권	http://www.korearb.com	1
키움증권	http://www.kiwoom.com	1
토러스투자증권	http://www.taurus.co.kr	4
푸르덴셜투자증권	http://www.pru.co.kr	75
하나대투증권	http://www.hanaw.com	117
하이투자증권	http://www.hi-ib.com	55
한국투자증권	http://www.truefriend.com	119
한맥투자증권	http://www.hanmag.com	5
한양증권	http://www.hygood.co.kr	16
한화증권	http://www.koreastock.co.kr	58
현대증권	http://www.youfirst.co.kr	138
BNG증권	http://www.bngsec.com	1

BS투자증권	http://www.bsfn.co.kr	3
HMC투자증권	http://www.hmcib.com	45
IBK투자증권	http://www.ibks.com	33
KB투자증권	http://www.kbsec.co.kr	4
KTB투자증권	http://www.ktb.co.kr	8
LIG투자증권	http://www.ligstock.com	11
NH투자증권	http://www.pru.co.kr	34
SK증권	http://www.sks.co.kr	59
골드만삭스증권	http://www.goldman-sachs.co.kr	0
모건스탠리증권	http://www.morganstanley.com	1
제이피모간증권회사	http://www.jpmorgan.co.kr	0

2) HTS를 보라!

사실 필자가 보기에도 둘 다 중요하다고 말할 수 있겠지만 그 중에서도 HTS가 가장 중요하다고 말하고 싶다. 그래서 요즘은 증권사마다 더 좋은 HTS를 만들기 위해 많은 노력을 기울이고 있는 실정이다.

각 증권사마다 HTS의 특성이 있고 또한 좋다고 해서 다 좋은 것은 아니다. 전문가에게 좋은 HTS가 있고, 초보자들의 편리한 사용을 위주로 만든 곳도 있기 때문에 증권 커뮤니티 같은데서 이미 사용하고 있는 사람들에게 문의해 보는 것도 좋은 방법이 될 것이다.

하지만 HTS보다도 중요한 것은 그 속의 "많은 기능들을 어떻게 잘 이용하는가"다. '구슬이 서말이라도 꿰어야 보배'라 했듯이 좋은 HTS라도 잘 활용하지 못하면 아무 소용없기 때문에 주식투자에 앞서 각 기능들을 어느 정도 숙지하는 게 좋다. 특히 증권사 HTS마다 사용에 편리하도록 도움말이 다 있으므로 참고하도록 하자. HTS 사용법은 나중에 따로 예시를 통해 더 자세히 배워보도록 하겠다.

3) 매매수수료

HTS 다음으로 매매수수료는 사실 단타매매[5]를 하는 투자자들에게는 수수료[6]가 상당한 부담이 되기 때문에 더욱 싼 수수료를 찾아서 계좌를 옮겨다니기도 하는데… 수수료가 가장 싼 곳은 대신증권의 은행개설 계좌(0.011%)와 등의 온라인 증권사들이라고 할 수 있다. 대략 0.03%미만의 수수료를 받게 된다. 물론 모든 증권사가 다 저렴한 수수료를 받는 것은 아니다. 아래 표를 참고해 보자.

2011년 6월 기준 각 증권사별 수수료 표(1천만원 거래기준)이다.

회사명	HTS	모바일	ARS	창구
골든브릿지증권	0.0982%	0.125%	0.2%	0.448%
교보증권	0.13%	0.15%	0.25%	0.5%
대신증권	0.148132% + 1,000원	0.198132%	0.198132%	0.498%
대우증권	0.138132% + 1,500원	0.198132%	0.198132%	0.498%
동부증권	0.1%	0.12%	0.1%	0.45%
동양종합금융증권	0.015%	0.1%	0.25%	0.5%
리딩투자증권	0.025%	0.15%	–	0.5%
메리츠종합금융증권	0.138132% + 1,000원	0.138132% + 1,000원	0.138132% + 1,000원	0.498%
미래에셋증권	0.029%	무료 (2011. 12월까지)	0.15%	0.448%
바로투자증권	–	–	–	0.5%
부국증권	0.1%	0.15%	0.2%	0.45%
삼성증권	선택수수료 제도(매매스타일에 따라 선택하여 가입가능)			
솔로몬투자증권	0.1%	–	–	0.5%
신영증권	0.1%	0.1%	0.25%	0.45%
신한금융투자	0.14% + 2,000원	0.14% + 2,000원	0.23%	0.5%

[5] 단타매매 : 짧은 기간사이에 주식을 매입하였다 되팔아 시세차익을 남기는 매매를 말한다. 장기투자와는 상반된 단어라고 하겠다.
[6] 주식을 사고 파는 것은 모두 증권사에 위탁해서 거래되는 것이기 때문에 증권사에 그에 따르는 수수료를 지불하게 된다. 보통 거래금액의 0.5%에서 0.015%까지 증권사마다 다른 수수료를 적용시키고 있다.

증권사				
애플투자증권	0.12% + 3,000원	–	–	0.49%
우리투자증권	0.135% + 1,500원	0.198% + 500원	0.198% + 500원	0.498%
유진투자증권	0.015 %	0.13% + 2,000원	0.2%	0.13%
유화증권	0.05%	–	–	0.45%
이트레이드증권	0.015%	0.015%	0.1%	0.3%
코리아RB증권	0.1%	–	–	0.5%
키움증권	0.015%	0.015%	0.15%	–
토러스투자증권	0.15%	–	–	0.5%
푸르덴셜투자증권	0.15%	0.20%	0.25%	0.5%
하나대투증권	0.015% (은행개설시)	0.098%	0.098%	0.498%
하이투자증권	0.098%	0.098%	0.248%	0.498%
한국투자증권	0.015% (은행개설시)	0.128132% +1,500원	0.248132%	0.498%
한맥투자증권	0.13%	0.13%	0.13%	0.5%
한양증권	0.1181% + 1,000원	0.15%	0.4981%	0.4981%
한화증권	0.011% (은행개설시)	0.011% (은행개설시)	0.248132%	0.498132%
현대증권	0.1281% +2,000원	0.1981%	0.2481%	0.4981%
BNG증권	0.1%	–	0.3%	0.5%
BS투자증권	0.015% (은행개설시)	–	0.45%	0.45%
HMC투자증권	0.1281% + 3,000원	0.1981%	0.2481%	0.4981%
IBK투자증권	0.1%	0.12%	0.25%	0.5%
KB투자증권	0.015%	0.12%	0.15%	0.40%
KTB투자증권	0.015%	0.015%	0.15%	0.50%
LIG투자증권	0.015% (은행개설시)	–	0.50%	0.50%
NH투자증권	0.015%	0.118132%	0.248132%	0.498132%
SK증권	0.14%	0.05%	0.25%	0.50%

이처럼 증권사마다 차이가 나지만 거래방식에 따라서도 차이가 난다. 보통 수수료가 가장 저렴한 경우는 HTS나 모바일을 통해 직접 거래하는 경우이며 가장 비싼 경우는 객장에 가서 직접 주문서를 통해 매매를 하는 경우다. 이런 부분은 가장 기본적인 것이니 꼭 알아두어야 한다.

그리고 은행에서 계좌계설을 할 경우와 지점에서 할 경우 수수료가 차등이 생기는 증권사가 많다. 각기 장단점을 잘 이해하고 유의해서 계좌개설을 해야 하겠다.

또, 요즘은 스마트폰 보급이 많아지고 관련 어플리케이션이 늘어나면서 해당 시장을 선점하고자 스마트폰 거래수수료를 몇 개월에서 심지어 1년동안도 무료로 해주는 곳이 있는데, 스마트폰으로 거래를 해야 하는 상황이라면 어쩔 수 없지만, 가급적이면 HTS를 통해 충분히 여러 가지 지표와 정보를 파악한 후에 거래할 것을 권하고 싶다. 또한 수수료 역시 이벤트 기간 동안에는 무료일지 모르겠지만, 결국엔 HTS보다 비싼 수수료가 적용될 가능성이 많으므로 그 부분도 유의해야할 것이다.

또 거래금액에 따라 달라지는 경우도 있다. 즉, 적은 금액으로 거래할 때는 수수료가 더 비싸고 많은 금액으로 매매할 때에는 수수료가 낮아지는 방식이다. 이밖에도 삼성증권의 경우 선취수수료(0.6%)를 내고 아예 90일간 수수료 없이 마음껏 거래할 수 있는 식의 선택적 수수료체계까지 등장하였다.

하지만 사실 수수료에 너무 집착하여 투자하는 것은 그다지 좋지 않다. 특히 수수료가 낮은 증권사의 경우 아무래도 단기매매에 치중하게 되는 성향도 있기 때문에 수수료만 가장 낮다고 얼른 그곳으로 증권사를 결정하는 것은 바람직하지 못하다. 앞서 말한 HTS를 비롯한 다른 사항들도 잘 고려해서 생각해 보길 바란다.

그리고 주식을 매수할 때에는 증권사 수수료만 지불하면 되지만, 매도할 경우에는 수수료는 물론이고, 거래세(0.15%)와 농특세(0.15%)와 같은 세금이 부과되기 때문에, 설령 수수료가 무료가 된다고 해도 0.3%의 비용은 늘 발생한다는 점을 잊지 말아야 할 것이다.

4) 부가서비스

　증권사마다 여러 가지 부가적인 서비스를 제공하는 경우가 있다. 특히 투자금이 많을 경우에는 특별우대해 주는 경우가 많은데, 일반적인 서비스보다 한차원 높은 수준의 서비스를 제공해 주어 다른 증권사와는 차별화 된 전략을 내세우고 있다. 이러한 사항은 각 증권사 홈페이지를 참고하거나 직접 관심있는 증권사를 찾아가서 개별적인 상담을 해보는 것도 좋다.
　하지만 부가서비스는 어디까지나 '부가적'인 것일 뿐이므로 사소한 서비스에 초점을 맞추기보다는 가장 자신에게 필요한 부분에서 어떤 증권사가 좋을지 생각해 보아야 할 것이다.

5) 증권사의 위치

　다음으로 거리를 생각해 볼 수 있는데… 요즘이야 객장에 나가는 일이 많지 않기 때문에 예전보다는 그 중요도가 떨어진 게 사실이다. 그래도 가끔씩은 가야할 일이 생길 수 있기 때문에 너무 멀리 떨어진 증권사나 지점수가 너무 적은 증권사는 피하자.
　원하는 증권회사를 선택하고 나면 그 해당 증권사의 지점의 위치[7]를 알아보고 가장 가까운 곳으로 선택한다면 적당할 것이다.

---

7) 지점의 위치는 각 증권사에 전화로 문의하거나 홈페이지를 검색해보면 쉽게 찾을 수 있다.

5) 은행개설 계좌 vs 증권사 지점 개설 계좌

증권사마다 수수료 경쟁이 심해지면서 대형 증권사들 중에서도 최저 수수료 수준까지 제공하고 있는 곳이 많다. 위에서도 잠시 언급했지만, 그런 경우 같은 증권사라도 은행에서 개설한 계좌와 지점에서 개설한 계좌의 수수료가 다르게 책정하여 운영하는 경우가 많다. 수수료를 유리하게 적용받기 위해서는 은행에서 개설하는 것이 가장 효과적인 방법일 수 있겠다.

증권사별 온라인 수수료 현황		(단위:%)
증권사	은행개설	지점개설 온라인(최소)
대신	0.011	0.08~0.17(700원)
키움	0.015	-
이트레이드	0.015	0.015
대우	0.015	0.08~0.14(1200원)
우리투자	0.015	0.085~0.18(700원)
한국투자	0.015	0.08~0.13(2000원)
하나대투	0.015	0.08~0.10(2000원)
유진	0.015	0.08~0.18(1000원)
동양종금	0.015	0.015
KB투자	0.015	0.09
미래에셋	0.029	0.029
삼성		0.08~0.15(1500원)
현대		0.08~0.16(1000원)
신한투자		0.09~0.15(1500원)
*키움증권은 지점이 없음		자료:각 사

그렇다고 증권사 지점에서 개설한 계좌는 무조건 안좋은 것인가 하면 그렇지 않다. 증권사에서 계좌를 만들면서 여러 가지 자문을 구할 수 있는 담당자를 만들어 놓는 것도 향후에 많은 도움을 받을 수도 있고, 유망한 종목에 대한 추천같은 것도 받을 수 있는 장점이 있다.

주식 투자자라면 꼭 해야하는 것 〈1〉 운동

주식투자를 하다보면 자신의 체력이나 건강에 소홀해지기 쉽다. 필자 역시 투자를 하면서 건강에 소홀해 후회했던 적이 많았다. 특히, 단기매매에 치중하다보면 시세에 집착하게 되어 더욱 그런 경우가 많다. 하지만 '재물을 잃으면 작은 것을 잃은 것이고 건강을 잃으면 모두 잃은 것이다'라는 말처럼 건강 없이 할 수 있는 일은 없다. 돈을 버는 목적이 행복이라면 건강은 더더욱 중요하고 챙겨야 하는 것이다. 간단한 스트레칭이나 규칙적이고 꾸준한 운동은 투자자에게 있어 꼭 필요하다. 지금 목 뒤가 뻣뻣해져 오고 매일 피곤한 몸에 지쳐있다면 당장 맨손체조부터 시작해 보도록 하자.

주식투자 초보 탈출하기

4

투자금액

1. 투자금액

1. 투자금액

처음 투자를 할 때에는 '얼마나 투자해야 할까'를 먼저 고민하게 되는 것이 일반적이다. 대부분 초보자들의 경우에는 무지(無知)에서 오는 자신감으로 인해 낭패를 보는 경우가 많은데, 많은 돈을 투자한다고 결코 많은 돈을 버는 것은 아니다. 충분한 실전경험과 공부를 통해 투자실력을 쌓은 후에 조금씩 투자금액을 늘려가는 것이 좋다.

처음 투자를 할 때에는 '얼마나 투자해야 할까'를 먼저 고민하게 되는 것이 일반적이다.

대부분 초보자들의 경우에는 무지(無知)에서 오는 자신감으로 인해 낭패를 보는 경우가 많은데, 많은 돈을 투자한다고 결코 많은 돈을 버는 것은 아니다. 충분한 실전경험과 공부를 통해 투자실력을 쌓은 후에 조금씩 투자금액을 늘려가는 것이 좋다. 특히, 대출을 하거나 현금서비스 등으로 시작하는 자금은 십중팔구 투자를 파멸로 이끄는 지름길임을 잊지 말아야 한다.

계좌개설을 하는데 있어서 많은 돈이 있어야 한다고 생각하는 사람들도 있다. 몇 십만 원만 가지고 계좌를 만들면 나를 비웃지는 않을까 걱정하면서… 하지만 결코 그렇지 않다. 사실 돈 없이도 증권 계좌를 만들 수 있다. 물론 실제로 거래를 하려면 주식을 살만큼의 돈이 있어야 한다. 나중에 설명하겠지만 거래소에서 살 수 있는 주식의 최소단위가 10주이므로 현재(2011년 6월 27일 기준) 한주에 2,120원인 SK증권 주식을 사고자 한다면 2만2천원만 있어도 이른바 '주주'가 될 수 있는 것이다. 그렇다고 싼 주식만 사라는 얘기는 결코 아니다. 작게 시작해 보라고 아주 간절히 부탁하고 싶다. 실력도 없이 욕심만 가지고 제대로 수익 내는 사람은 없기 때문이다.

여기서 또 생각해야 할 것은 자신이 투자할 수 있는 돈의 범위에 대해서 생각해 볼 일이다. 어떻게 보면 돈에 대한 가치관이나 개인적인 성격의 문제가 될 수도 있겠지만, 잘못된 돈의 개념은 둘째 치더라도 투자금의 개념을 바로 알지 못하면 낭패를 당하는 경우가 있으므로 잘 살펴보도록 하자.

아래 투자를 하려고 자금을 마련한 4명이 있다. 그 중에서 가장 빨리 돈을 버는 사람은 누구일까?
① 그동안 저축해서 모은 돈 2,000만원 중에 일부(500만원)를 주식투자 자금으로 준비한 사람
② 이번 달에 만기가 오는 적금 3,000만원을 모두 주식투자 자금으로 준비한 사람
③ 현재 저축해 놓았던 돈 1,000만원에 집을 담보로 2,000만원을 대출받아서 주식투자자금으로 준비한 사람
④ 현재 가지고 있는 돈이 얼마 없어 집을 담보로 1,500만원 대출을 받고, 카드대출을 통해 500만원을 돌려 자금을 준비한사람

위 예문의 정답은 몇 번일까?
다들 예상하겠지만, ①번이 가장 돈을 벌 확률이 높다.

비록 투자한 자금은 가장 적지만 현금의 여유가 있어 갑작스럽게 주가가 떨어져 최악의 경우 모든 자금을 잃더라도 아직 그가 가지고 있는 자금의 75%는 안전하기 때문이다. 또한 더 좋은 기회가 왔을 때 추가적인 투자를 통해 더 좋은 수익을 올릴 수 있다.

그렇다면 반대로 가장 빨리 망하는 사람은 누구일까? 두말할 필요도 없이 ④번이 되겠고, ③번도 그에 못지 않게 빨리 망하게 될 것이다. 왜 그럴까? 주가가 내려갈 수도 있지만 올라갈 수도 있지 않을까?

③, ④번의 사람들이 훨씬 적은 자금으로 더욱 많은 수익을 낼 수 있지 않을까? 물론 그럴 수도 있을 것이다. 하지만 그런 경우가 생기더라도 ③, ④번이 가장 먼저 망한다고 필자는 확신한다. 그 이유는 이렇다.

먼저 ③, ④번의 사람들은 투자에 실패했을 경우에 생기는 위험에 대한 계산이 없고 '잘하면 대박이다'라는 생각이 앞서 있는 사람들이다. 그래서 분에 넘치는 자금을 끌어 투자를 시작하게 된 것이다.

처음 주식을 살 때부터 그들은 모든 자금을 다 동원해서 주식을 산다.(그래야 빨리 '돈을 벌 수 있으니까'라고 생각하는데, 사실은 그것으로 인해 더 빨리 망가질 수도 있다는 생각은 전혀 하지 못한다.)

만약 주가가 떨어지게 되면 그들의 손해는 실제 자기자본기준으로 볼 때 2~3배의 타격을 받게 된다. 정신차리고 자신의 잘못을 깨닫는다면 다행이지만, 보통의 경우는 더욱 무리를 해서 돈을 끌어와 한꺼번에 자신이 본 손해를 만회하려고 하지만, 그게 결코 쉬운 일이 아니다. 결국엔 빚은 빚대로 남고 마음은 마음대로 상해서 정말 옆에서 보기에도 딱한 사람이 되는 것이다.

반대로 그들이 산 주식이 오르면 어떻게 될까?

물론 엄청난 수익을 챙길 수도 있을 것이다. 그리고 생각할 것이다. 아, 이렇게 쉽게 돈을 벌 수 있는데 내가 왜 이제까지 고생하면서 살았나하고 말이다. 그러면서 이번엔 더 큰 돈을 한꺼번에 벌기 위해 더 많은 돈을 끌어오게 된다. 물론 이때쯤 되면 주위에 자랑도 하고 인심도 쓰면서 자신의 무용담(?)을 늘어놓기 때문에 일부 주위사람의 자금까지 합세하게 된다. 하지만 주식시장은 늘 그렇듯이 오르는 시간은 짧고 내리는 시간은 길게 마련이다. 한꺼번에 더 많은 돈을 벌기 위해 노력하다가 그전에 벌었던 수익은 물론 투자원금도 그들은 한번에 날리는 경우가 많다.

특히 투자초기에 성공을 맛본 사람들은 자신의 실력이 뛰어나다거나 주식시장에서 돈버는 게 쉬운 일이라고 착각하기 때문에 쉽사리 자신이 선택한 종목에 대한 미련을 버리지 못한다. 결국엔 수익을 보더라도 더 큰 상처만 남게 되는 것이다. 오히려 앞의 경우처럼 먼저 매를 맞는 게 더 나을지도 모르겠다.

이러한 이야기가 결코 남의 얘기라고 생각하면 오산이다. 인간이라는 존재가 가지는 치명적인 오류들이 우리 모두에게 잠재되어 있다는 점을 기억하기 바란다. 문제는 그것을 그냥 내버려두어서는 안 된다는 것이다. 냉철한 이성으로 늘 감정적으로 대응하려고 하는 자신을 추스르고 바로잡아 주어야 한다.

이쯤 되면 무슨 얘기를 하려는지 짐작이 될 것이다.

주식투자입문에 있어서 첫 번째 원칙은 꼭 **여유자금으로 투자**를 하는 것이다. 이른바 '고수'가 될수록 남의 돈의 무서움을 아는 법이다. 또한 그런 무리한 욕심으로 인해 돈뿐만이 아니라 사람 또한 잃게 된다는 사실을 명심할 필요가 있다.

예전에 필자가 운영한 카페에 '주식9단[8]'이라는 필명으로 활동하는 분이 있다. 그는 처음에 자신이 한 달 동안 일해서 번 돈 모두를 주식에 투자했다가 날렸다고 한다. 그래서 그 후에는 돈은 따로 모으면서 모의투자[9]를 시작했다고 한다. 그리고는 자신

---

8) 뒤에 기술적 분석 부분에서 그의 글을 접할 수 있다.
9) 모의 투자 : 실제 거래가 이루어지지는 않지만 마치 실제로 거래가 있는 것처럼 가상으로 투자하는 것을 말한다. 일부 인터넷 사이트와 증권사에서 그런 기능을 지원하고 있다.

의 평균 수익률이 30%이상 지속될 때까지 모의투자만 한다고 결심하고 증권서적을 탐독하고 적용하면서 1년 정도 그런 생활을 지속하다가 드디어 자신이 목표한 상태에 이른걸 알고 그동안 모아두었던 돈으로 주식시장에 뛰어들어서 수백%에 달하는 수익을 낸 일화가 있다. 물론 그런 수익을 내려면 단기적인 투자를 감행해야 하고 여러 가지 여건도 뒷받침해 주어야 하기 때문에 모든 경우에 적용될 수는 없겠다.

하지만 앞의 실패한 사람들과 '주식9단'의 차이는 무엇일까?

전자는 자신의 실력이나 합리적인 판단보다는 어서 돈을 벌어야겠다는 마음만 앞선 사람인데 반해 후자는 주식시장의 벽이 높음을 알고 겸손한 자세로 늘 공부하면서 돈을 벌고자 하는 마음이전에 자신이 목표한 것들을 이루어 나가고자 노력하면서 성취했다는 점이 차이라고 하겠다.

투자금액 활용의 점수

1. 생활에 전혀 부담 없는 자금 중의 일부를 활용하여 투자경험을 쌓으며 실전감각을 익힌다. (100점)
2. 그간 저축했던 돈을 모아 우량주에 집중 투자한다.(50점)
3. 집값으로 모아두었던 돈으로 단기투자를 한다.(30점)
4. 주택보증대출을 받아 크게 오르는 주식에 전액 투자한다.(10점)
5. 카드대출을 받아 이른바 폭등주를 미수로 매입해서 내 돈 없이 큰 돈을 벌 생각을 한다. (-100점)

처음에 필자도 멋모르고 투자에 뛰어들어 상당한 수익을 보게 되었는데, 그때부터 몇 년간 엄청난 손해를 맛보았다. 그때서야 내 자신의 부족함을 깨닫고 공부를 하지 않으면 살아남지 못하는 곳이 바로 주식시장이라는 것을 알게 되었다.

"하룻강아지 범 무서운 줄 모른다"는 말이 있다. 주식시장에 뛰어드는 초보투자자들의 모습이 바로 그런 하룻강아지의 모습이라고 하겠다. 그렇다면 어떻게 해야 하는 것일까?

먼저 깨져보는 아픔을 느껴야 한다고 생각한다. 모의투자도 좋고 아니면 실제투자를 시작하되 다 잃어도 괜찮을 정도의 자금으로 먼저 시작해 보자. 그리고 투자를 하면서 지속적으로 공부를 해야한다.(어떤 공부를 해야 하는지는 앞으로 계속 얘기할 것이다.) 그러다 보면 스스로 자신에게는 어떤 투자방식이 잘 맞는지 또 어떤 종목이 잘 맞는지 점차 자신의 상태에 대해 하나씩 알아가게 될 것이다. 그때는 따로 누가 말하지 않아도 알아서 투자하고 공부하고 정보를 찾아서 참고하는 멋진 투자자가 될 거라 확신한다.

혹 이 글을 읽는 독자 중에서도 분명 속으로 뜨끔한 분들이 있을 거라 생각한다. 또한 다른 사람은 몰라도 나는 다를 거라고 스스로를 합리화하는 분도 있을 것이다. 중요한 것은 지금이라도 정석대로 투자에 임하는 것이다. 실현 가능한 목표를 세우되 지나친 욕심은 자제하도록 하자.

주식 투자자라면 꼭 해야 하는 것 〈2〉 반성

투자를 잘하는 사람과 못하는 사람은 수익을 내거나 손해를 보았을 때 뚜렷이 구분이 된다. 특히 손해를 볼 때 가장 확실히 구분이 되는데 이른바 고수들은 손해를 보면 왜 그런 손해가 나게 되었는지를 분석하고 반성한다. 그래서 다시 같은 경우나 기회가 왔을 때는 실패하지 않도록 준비한다.

하지만 초보일수록 손해가 나면 후회부터 하고 한숨부터 쉰다. 그에 그치지 않고 주위여건이나 주위사람들을 원망하기에 이른다. 이렇게 했더라면 내가 그런 손해는 안 봤을 것 아니냐는 식으로…. 하지만 후회하고 원망한들 달라지는 것은 없다. 그러니 같은 상황이 왔을 때 다시 같은 실수를 하고 같은 손해를 보게 된다. 그리고서는 자신을 오히려 평가절하 시켜 버리고는 주식에서 손을 떼는 경우도 많다. 늘 그렇지만 후회보다는 반성이 필요한 것이다. 하지만 직접 투자를 해보면 알겠지만 그게 말처럼 쉬운 것은 결코 아니다. 그렇기 때문에 억지로라도 자꾸 노력을 해야한다. 반성하고 분석하고 그런 손해를 보지 않을 방법을 연구하는 것이다. 그런 차이가 결국엔 손해뿐인 개미와 높은 수익을 챙기는 고수를 가르는 첫 관문이 되는 것이다.

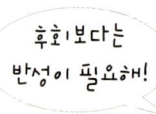

5

주식투자 초보 탈출하기

주식매매

1. 주식매매
   1) 매수/매도란 무엇인가
   2) HTS를 통한 매매방법
   3) 매매체결의 원칙
   4) 동시호가의 이해
   5) 관리종목 매매, 시간외 매매의 경우
   6) 주문체결과 확인
   7) 결제 : 3일 결제 이해하기
   8) 거래완료와 부대비용 : 거래시 발생하는 수수료와 세금

1. 주식매매

매수/매도란 무엇인가?
매수 : 주식을 사는 것
매수주문 : 주식을 사기 위해 주문을 내는 것
매도 : 주식을 파는 것
매도주문 : 주식을 팔기 위해 주문을 내는 것

1) 매수/매도란 무엇인가?

- **매수** : 주식을 사는 것
- **매수주문** : 주식을 사기 위해 주문을 내는 것
- **매도** : 주식을 파는 것
- **매도주문** : 주식을 팔기 위해 주문을 내는 것

(매수주문은 주로 빨간색으로 표시가 되고 매도주문은 파란색으로 표시가 된다. 주문서나 HTS상에 표시될 때 그런 색상의 차이를 통해 혼동을 일으키지 않도록 도와주는 것이라고 생각하면 된다.)

ARS를 통해 주문을 할 때에는 증권사에 전화를 걸어 상담원이 전화를 받으면 "△△주식(코드번호를 불러주어도 됨), ○○주(수량) ○○원(가격)에 매수(매도)해 주세요"라고 말하면 상담원이 직접 전산으로 처리를 해주는 게 보통이다. ARS의 경우에는 HTS를 사용할 수 없는 상황에서 쉽게 매매를 할 수 있다는 점에서 꼭 필요하긴 하지만 수수료도 비싸고 직접 시세를 보면서 말하기가 어렵기 때문에 가능하면 직접 HTS를 통해 매매하는 것이 경제적이라고 할 수 있다.

2) HTS를 통한 매매방법 (매수/매도/취소/정정)

HTS(Home Trading System)는 홈트레이딩 시스템의 약자인데, 해석 그대로 집에서 직접 매매를 할 수 있는 시스템이라고 할 수 있다. 먼저 매수 주문 창을 보자.

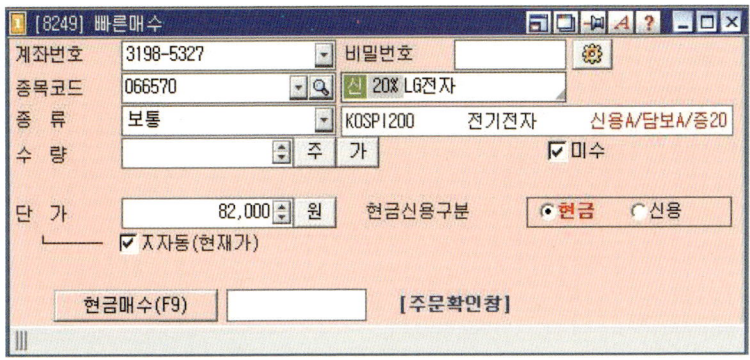

① **자신의 계좌확인** : 기본적으로 주식계좌를 개설한 경우라면 주식계좌만 뜨겠지만, 선물옵션 등의 기타 계좌를 추가로 개설한 경우에는 같이 확인할 수 있도록 되어 있다.

② **거래 비밀번호** : 예전에는 계좌개설시 비밀번호를 적어서 바로 적용되도록 했지만 요즘은 여러 가지 보안상 문제 때문에 이후에 HTS 개설시나 홈페이지에 등록할 때 변경하도록 되어 있다. 그렇게 변경해 놓은 번호는 잘 기억하는게 좋다.(잊어버리면 귀찮은 일이 많이 생긴다.)

③ **종목코드** : 자신이 거래할 종목의 코드번호를 입력한다.(보통은 검색창을 통해 종목 명으로도 쉽게 검색할 수 있다.) 입력한 코드에 해당하는 종목이 오른쪽에 표시된다.

④ **종류(매매종류)** : 보통/시장가/조건부지정가 등이 있는데, 일반적으로는 보통을 선택하고 거래하면 된다.

＊매매유형

1. 보통 – 주문단가를 원하는 특정한 가격으로 주문
2. 시장가 – 주문단가를 지정하지 않고 해당시점의 시장에서 형성된 가격으로 즉시 매매체결을 할수 있는 주문
3. 조건부 지정가 – 장중에는 원하는 지정가격으로 매매에 참여하지만 체결이 되지 않을 경우 장종료 10분전 동시호가에 시장가로 주문 전환되는 주문
4. 최유리 지정가 – 호가 접수시점에 상대방향 매매의 최우선 호가와 같은 가격으로 주문
5. 최우선 지정가 – 호가 접수시점에 동일방향 매매의 최우선 호가와 같은 가격으로 주문
6. 시간외 – 장개시 전은 전일종가로, 장종료 후는 당일종가로 접수순에 따라 체결됨
7. IOC 조건 – 주문즉시 체결되는 수량은 체결이 되고 나머지 미체결물량은 자동취소가 되는 주문조건 (예: 보통(IOC), 시장가(IOC), 최유리(IOC))
8. FOK – 주문즉시 전부 체결시키거나 전부 체결되지 않으면 전부자동 취소되는 주문조건 (예: 보통(FOK), 시장가(FOK), 최유리(FOK))

---

⑤ **매수수량** : 자신의 투자금액 내에서 자신이 선택한 종목의 주식을 얼마나 살 것인지 입력하도록 한다.

(※ 주문가능수량 : 증권사 HTS에 따라 차이가 있겠지만 보통 현재 자신의 금액으로 최대한 살 수 있는 주식수를 계산할 수 있도록 지원해 주고 있다.)

*미수

종목명 앞에 보면 20%라는 숫자가 표시되어 있다. 이것이 증거금인데, 우량한 종목일수록 증거금이 낮다고 보면 된다. 미수는 이 증거금을 기준으로 1주를 살 수 있도록 하는 제도이다. 하지만 그렇게 추가로 매수된 주식은 최종결제일(매수일+2일)까지 추가 결제되지 않으면 반대매매를 당하기 때문에 초보자들에게는 상당한 위험이 따르는 제도이므로 가급적 사용하지 않는 게 좋다.

⑥ **매수단가** : 주식을 사고자 하는 가격을 입력하는 곳이다. 앞으로 배우겠지만 상하한가 범위 내에서 주문을 낼 수 있으며, '매도호가[10]'에 주문을 내면 그 가격에 주식을 매입할 수 있게 된다.(물론 매매라는 것은 팔고자하는 사람과 사고자하는 사람이 원하는 가격이 일치할 때 발생한다는 건 다 알고 있을 것이다. 그러므로 주문을 낸다고 다 체결이 되는 것은 아니다.)

⑦ **현금매수(F9)** : 화면 우측에 "현금"과 "신용"이라고 체크하는 박스가 있다. 현금에 체크되어 있으면 아래쪽 버튼은 "현금매수"라고 표시되고, 신용에 체크되어 있으면 "신용매수"라고 표시된다. 현금은 내가 가지고 있는 현금보유금액 내에서 매수하는 것이고, 신용은 미수처럼 현금증거금을 바탕으로 돈을 빌려주는 거라고 생각하면 된다. 단, 미수와 다른 점은 신용거래는 이자를 지급하면서 일정기간동안 유지할 수 있다는 점이다. 이러한 신용거래역시 단기간에 주가가 상승하게 되면 훨씬 더 높은 수익률을 낼 수 있지만, 반대로 주가가 떨어질 경우 증거금을 기준으로 하락된 금액이 반영되기 때문에 주가가 폭락이라도 하는 날에는 순식간에 깡통계좌가 될 수 있다는 점도 명심해야 할 것이다.

---

10) 호가(呼價) : 뜻을 그대로 해석하면 부르는 가격인데. 원래 증권시장에서는 가격을 불러가면서 거래를 했기 때문에 그런 표현이 생긴 것 같다. 지금이야 다 전산으로 처리가 되지만… 호가는 매수 또는 매도자가 주문을 내어놓는 가격이라고 보면 된다. 즉 매수호가는 주식을 사기 위해 내어놓은 가격이므로 그 가격에 팔 수 있고, 매도호가는 팔기 위해 내어놓은 가격이므로 그 가격에 살수 있는 것이다.

⑧ **매수주문 완료** : 본인의 증권계좌에 자금이 있다면, 매수할 종목을 선택하여 위 순서대로 다 입력한 후에 현금매수 버튼을 누르면 시장에 내 주문이 반영이 되게 된다. 만약 그 금액에 충분한 거래가 이루어졌다면 체결된 내역에서 확인할 수 있을 것이다.

이번엔 매도 창을 알아보자!

매도화면도 크게 달라진 건 없지만 가장 큰 차이점은 매도주문은 자신이 보유한 주식에 한해서만 적용된다는 점이다. 물론 신용거래의 반대개념인 대주거래가 있긴 하지만 초보자에게는 다소 생소한 개념이므로 여기서는 자신이 보유한 주식을 매도하는 법에 대해서만 설명하도록 하겠다.

① **계좌번호** : 내가 주식을 사고 팔수 있는 계좌를 말한다. 이미 매수한 주식은 이 계좌를 통해 다시 거래할 수 있다.

② **거래 비밀번호** : 매수할 때와 같은 거래 비밀번호 (HTS 로그인 비밀번호와는 다른 비밀번호라는 점을 잊지 말자!)

③ **종목번호** : 자신이 거래할 종목의 코드번호를 입력한다.(일반적으로는 이미 보유하고 있는 주식보유현황이 표시되기 때문에 따로 코드를 입력할 필요 없

이 그 리스트에서 매도할 종목을 선택하면 된다.)

④ 종류(매매유형) : 앞서 설명한 매매유형을 참고하기 바란다.

⑤ 매도수량 : 자신이 팔고자하는 주식 중에 몇 주를 매도할 것인지 입력한다.
(※ 주문가능수량 : 현재 매도 가능한 총수량을 확인할 수 있다.)

⑥ 매도단가 : 주식을 팔고자 하는 가격을 입력하는 곳이다. 역시 상하한가 범위 내에서 주문을 낼 수 있으며, '매수호가'에 주문을 내면 그 가격에 주식을 팔 수 있게 된다.

⑦ 현금매도(F12) : 현금으로 산 주식은 현금매도를 신용으로 매수한 주식은 신용매도로 매도할 수 있다. 체크박스를 확인하고 원하시는 가격에 주문을 내면 된다.

매수매도만 할 줄 안다고 다 된 것은 아니다. 실수로 주문을 잘못 내었을 수도 있고 이미 낸 주문을 바꾸고 싶을 때도 있는 것이다. 주식정정/취소창을 확인해 보자.

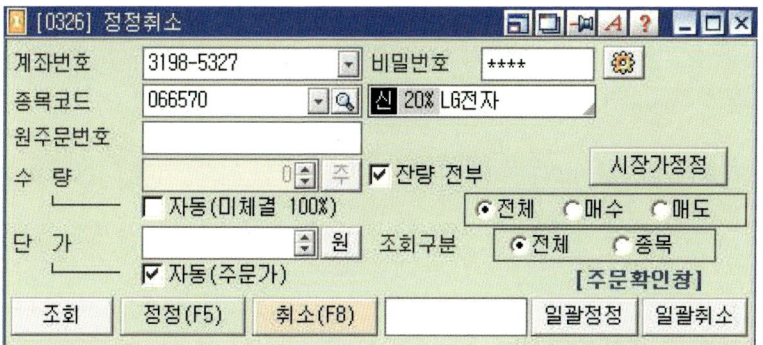

① 계좌확인/비밀번호 : 앞서 설명한 매수매도와 동일하다.

② 종목코드 : 자신이 거래할 종목의 코드번호를 입력한다. (기존에 주문내역에서 선택을 하면 자동으로 입력된다.)

③ 주문번호 : 주문을 입력하고 실행하면 주문번호가 부여된다고 앞에서 설명했

다. 그 번호를 입력하는 것이다. 보통은 주문 체결화면[11]에서 주문번호를 확인할 수 있다. 기존에 주문한 내역이 화면상에 리스트로 제공되기 때문에 해당 주문을 클릭하면 바로 정정과 취소를 할 수 있도록 연결되어 있다.

④ **수량** : '수량'은 말그대로 변경할 만큼의 주식수를 입력하는 것이다. 해당 주문 전체를 변경할 경우에는 '잔량 전부'에 체크하면 된다. 입력창 아래 '자동(미체결 100%)'을 선택하면 정정이나 취소창을 띄울 때마다 자동으로 체결되지 않은 주식수량 100%를 표시해 준다.

⑤ **단가** : 주문을 변경할 경우 새로운 가격을 입력하면 된다.

⑥ **정정단가** : 가격을 정정할 경우에만 바꿀 가격을 입력하면 된다.

⑦ **정정/취소** : 정정과 취소가 보통은 한 화면으로 되어 있다. 정정하는 경우에는 정정 버튼을 취소하는 경우에는 취소버튼을 눌러서 작업을 완료한다.

⑧ **일괄정정/일괄취소** : 일괄정정과 일괄취소는 이미 낸 주문이 여러 개일 경우, 그것들을 한 번에 정정하거나 취소할 때 쓰게 된다. 해당 주문을 화면상에서 클릭하면 동시에 여러 개의 주문도 한 번에 변경하거나 취소할 수 있다.

자! 이제 매매하는 방법은 완전히 터득했다고 보면 된다. 가장 기본이 되는 부분인 만큼 연습을 통해 다시 한 번 확인해보고 그 후 주문체결내역과 주식잔고 화면을 확인해 보도록 하자.

필자도 그런 경험이 있지만, 사람이하는 일이다보니 주문하는 과정에서 실수를 하는 경우가 생긴다. 물론 그 실수가 손해와 연결되지 않는 단순한 실수일 경우에는 큰 문제가 없지만, 어떤 경우에는 숫자하나 차이로 큰 손해를 볼 수도 있는 부분이므로, 늘 여유 있게 한번 더 확인하는 습관을 들이는 게 중요하다.

---

11) 주문체결화면/잔고조회화면 등은 기본적으로 어떤 HTS에 상관없이 제공을 해주기 때문에 HTS를 실행시켜보면 한번에 알 수 있다.

3) 매매체결의 원칙:

매매체결은 3가지 기본적인 원칙에 의해 판단이 되어진다.

그것이 바로 가격, 시간, 수량이다.

① **가격** : 가격은 매매를 체결하는데 가장 결정적인 요소라고 할 수 있다. 즉, 아무리 누가 먼저 주문을 내었건, 얼마나 많은 수량을 사는지 상관없이 가격이 더 높거나(살 때), 가격이 더 낮으면(팔 때) 가장 우선적으로 체결이 되는 것이다.(그러므로 바로 매매를 하려면 호가에 주문을 내면 되는 것이다.)

② **시간** : 같은 가격대에 여러 사람이 주문을 올렸을 경우에는 먼저 주문한 사람이 먼저 체결된다.

③ **수량** : 같은 가격에다 시간까지 같으면 그때는 수량에 따라 순서가 결정된다. 즉, 더 많은 양의 주문을 한 사람이 먼저 체결되는 것이다.

4) 동시호가의 이해

초보자들이 처음에 어려워하고 잘 이해해지 못하는 것 중에 하나가 바로 동시호가다. 쉽게 설명을 하자면 동시호가란, 일정 시간동안 나오는 주문을 한꺼번에 모아서 적정가격으로 가격을 결정하는 것이라고 생각하면 된다. 이 동시호가는 장시작전(오전 8시~9시까지) 1시간동안과 장마감전 10분간(2시 50분부터 3시까지) 하루에 2번 규칙적으로 적용이 된다.

동시호가의 특징은 앞에서 말한 가격〉시간〉수량의 원칙 중에서 시간이 제외되었다고 보면 된다.

예를 들어 8시 10분에 낸 주문이나 8시 50분에 낸 주문이나 다 같이 9시에 낸 주문인양 동시에(한꺼번에) 거래가 진행된다.

그러니까 동시호가 시에 매매를 성립시키는 순서는,

① 같은 가격이라면 수량이 많은 쪽이 우선이며,

② 가격·수량이 같을 때는 호가집계표상의 기재 순서에 따르고,

③ 위탁매매가 자기매매에 우선한다.

동시호가인 경우의 가격 결정은 단일 가격에 의한 개별경쟁 매매에 의하며, 그 방법은 가격우선의 원칙을 적용하여 접수된 총호가 중에서 매도호가의 합계수량과 매수호가의 합계수량이 합치하는 가격으로 한다.

*동시호가 시간

장 시작전(8~9시)까지 접수된 호가와

장 마감전(2:50~3시)까지 접수된 호가

5) 관리종목 매매, 시간외 거래의 경우

관리종목은 위탁계좌로 다른 종목과 함께 매매할 수 있는데 장시작부터 장마감까지 30분마다 동시호가 방식으로 거래가 성립되며, 장이 열리는 6시간 동안 모두 13번의 매매가 이루어진다.(코스닥 시장도 동일)

가격결정은 단일 가격에 의한 다수의 매도자와 매수자가 서로 경쟁하는 상태에서 호가의 접수 순서에 따라 서로 조건이 맞는 것끼리 매매를 성립시키는 방식으로 한다.

기본적으로 동시호가 매매는 가격우선의 원칙과 수량우선의 원칙을 적용하는데

매수주문의 경우 예상액보다 조금 높은 가격으로 주문을 넣으면 매수하기가 쉽고 매도주문일 경우 조금 낮은 가격으로 주문을 넣으면 매도하기가 쉽다. 가끔 해당기업에 갑작스런 악재가 발생하면 주가가 급격하게 하락하는 경우가 나타나는데, 이 때는 하한가에 주문을 내어야 할 경우도 있다.

(1) 관리종목에 투자할 때 유의 사항

관리종목에 투자할 때에는 해당 기업이 상장폐지를 벗어날 가능성이 높은가? 영업환경이 개선되고 있는가? 매출액이 증가하고 순이익을 내고 있는가? 살펴보고 투자에 임하는 것이 좋다. 관리종목으로 지정되면 신용거래나 미수가 허용되지 않고 상장회사의 주식 등 증권거래소에서 지정하는 유가증권(대용증권)으로도 인정되지 않는다.

관리종목이란 무엇인가?

관리종목은 거래소에서 일반종목으로 있다가 경영부실로 인한 부도 발생, 영업정지, 회사 정리절차가 진행중인 기업, 법정관리 중인 기업, 회계감사결과에 이상이 있는 기업, 은행과의 거래정지 등의 기업을 증권거래소에서 일반투자자를 보호하기 위해 이들의 매매방식을 일반 종목과 달리 매매를 하게 하는데 이것을 관리종목이라고 한다.

코스닥에서는 투자유의종목(환금성이 떨어지는 기업)과 관리종목(부실기업)으로 분류가 되어 있는데 투자유의종목에서는 주식 거래의 부진, 주식분산 기준에 미달, 자본이 전액 잠식, 재무제표에 대한 감사인의 감사 의견이 부적정하거나 의견이 거부된 경우 등의 문제가 발생하면 투자유의종목으로 분류되어 따로 관리를 하였다가 거래부진에서 벗어나 경영이 개선되면 투자유의종목에서 풀려 일반종목으로 복귀가 된다.

관리종목은 쉽게 말해 어느 학교에서 불량학생으로 낙인찍힌 학생들을 잠시 유예기간을 두고 지켜보는 것을 말한다.

(2) 시간외 매매

투자자들의 매매편의를 위해 장 종료 후에도 매매가 가능하도록 한 제도인데 장 종료 후 50분간 오후 3시 10분부터 4시까지 시간외 매매가 이뤄진다.

시간외 매매는 종가로만 매매가 이뤄지며 거래 기본단위인 10주미만의 단수주 매매도 가능하다.

여기서 시간외 매매를 할 수 있는 단주(10주미만)는 전월의 거래일 중 주가가 5만원 이상인 날이 50%인 종목에는 단주의 매매가 허용이 되는데, 자금이 적어 가격이 높은 주를 사기 어려운 투자자를 배려하기 위해 도입되었다. 5만원보다 싼 단주는 거래소를 통하지 않고 증권사와 거래하도록 하고 있다.

시간외 매매에는 시간외 종가매매와 시간외 대량매매로 나누어진다.

시간외 종가매매 주문 방법은 가격을 지정하지 않고 종가로 주문을 한다. 보통 시간외 매매로 일반 투자자들이 주로 사용하며 장 종료 후 일정시간(15:10~16:00) 동안 수량에 제한 없이 매수, 매도주문을 받아 당일종가로 시간우선의 원칙에 따라 매매가 체결된다.

시간외 대량매매는 거래규모가 커서 일반적인 매매방법으로는 시장에서 처리하기 곤란한 대량물량으로 기관투자자들이 주로 이용하는 방법이다. 거래규모가 5만주 이상 또는 10억원 이상의 매도, 매수 쌍방 호가에 대해 회원들의 신청이 있는 경우 당해 호가간에 우선적으로 매매를 성립시키는 방식이다.

6) 주문 체결과 확인

주문이 체결되었을 때나 정정 취소를 한 경우에는 꼭 확인하고 점검하는 습관을 가져야한다.

물론 주문은 늘 신중하게 해야 하므로 애초에 그런 실수가 없어야 하지만 사람이란 실수가 늘 있게 마련이다. 그러므로 만에 하나를 대비해서라도 점검하는 습관을 가지는 것이 좋다.

앞서 매매를 실행한 이후에 매매가 잘 이루어졌는지 아닌지는 자신의 계좌의 잔고조회를 하면 알아볼 수 있다.

7) 결제 : 3일 결제 이해하기

증권회사는 모두 3일 결제('보통 결제'라고도 한다)의 방법을 취하고 있다. 예를 들어 월요일에 매수주문을 내서 체결이 됐을 경우 주식 매입이 확인은 되지만 실제 주식과 현금의 거래는 수요일에 체결된다는 것이다.

이 기간이 3일(거래당일, 익일, 결제일)이 걸리기 때문에 3일 결제라고 한다. 현금은 이틀 늦게 빠져나가므로 그 사이에 원금의 40%에 해당하는 증거금을 제외한 나머지의 현금으로 주식을 또 살수 있다.

이 말은 다시 말해 내가 100만원 어치의 주식을 살 경우 40만원만 있어도 100만원 어치를 살 수 있다는 얘기다.(놀라운 일이다?!) 그러나 만약 원금과의 그 차이를 결제일까지 확보해 놓지 못하면 미수금이 발생하게 되고 미수금 발생한 그 다음날 자동 반대매매(고객의 의사와 상관없이 증권회사에서 자동적으로 매도를 해서 현금을 확보하는 것)되기 때문에 주가가 떨어지게 되면 상당히 위험한 제도가 될 수 있다. 미수금에 대한 사전적인 의미는 아래와 같다.

미수금이란?

증권시장에서 고객이 주식을 매수하면서 매수대금을 완납하지 아니하여 발생한 대금을 말한다. 현재 상장기업의 주식 매수 주문 시에는 주문 증거금 40%가 필요하고, 나머지 60%는 결제일까지 납입하여야 한다. 그러나 만일 고객이 매수대금을 완납하지 않아 미수금이 발생하면 규정에 따라 미수금 발생 다음날 하한가로 자동 반대 매매되어, 변제일까지 연 19%의 연체이자를 납부하여야 한다.([팍스넷] 용어사전에서)

미수금에 대해서는 초보자는 되도록 사용하지 않는 게 좋다.(사실 미수금이라는 제도로 이익을 가장 많이 보는 곳은 미수금으로 사는 만큼 수수료를 많이 챙기게 되는 증권사라는 점을 기억하길 바란다.)

'빚내지 마라', '신용투자나 미수금을 자제하라'등과 같은 선배 투자자들의 한결같은 이야기에 귀를 기울여야 한다. 특히 살수 있다고 무조건 사고 보자는 식의 미수금 사용은 결국 상당한 손해와 후회로 이어진다는 사실을 명심하기 바란다.

8) 거래완료와 부대비용 : 거래시 발생하는 수수료와 세금

이제 거래는 완료되었다. 하지만 한가지 잊은 게 있다. 매수할 때는 세금은 없고 수수료만 증권사에 내면 되는데, 매도를 해서 주식을 다시 현금화하면 수수료도 붙지만 나라에서 세금도 가져가게 된다.

매수시에는 세금이 없지만 매도시에 거래소시장의 경우 거래대금의 0.15%를 거래세와 농특세로 기각 징수되어 0.3%가 징수되고, 코스닥시장에서는 거래세만 거래대금의 0.3%가 징수된다.

결국 한번 사고 팔 때는 어떤 식으로든 0.3%의 세금을 내야한다는 점을 기억하기 바란다.

	거래소	코스닥	제 3시장 외
거래세	0.15%	0.3 %	0.5 %
농특세	0.15%	–	–

가장 간단한 주식 입문법 7단계

1. 투자금액을 정한다.
2. 가까운 증권사 또는 은행을 찾아간다.(신분증 또는 도장 지참)
3. 증권계좌를 만들어달라고 한다.(이후 과정은 직원이 도와준다.)
4. 증권사 HTS를 다운받아 설치한다.
5. 증권사 계좌에 투자할 금액을 이체한다.
6. 투자할 종목을 찾는다.(경제신문을 보면 종목이 다 나와 있다.)
7. 사고자하는 종목과 사고자하는 수량을 현재가로 주문하여 매수한다.
→ 이제 드디어 한 회사의 주주이자 주식투자자가 된 것이다.

주식투자 초보 탈출하기

Q6

주가 정보 한눈에 알아보기

1. 주가정보 한눈에 알아보기
   1) 지수의 이해
   2) 종목별 주가동향의 이해 Ⅰ
   3) 종목별 주가동향의 이해 Ⅱ
   4) 종목별 주가동향의 이해 Ⅲ
   5) HTS 상에서의 주가정보

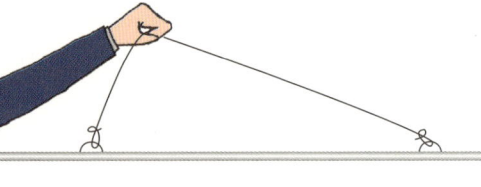

1. 주가 정보 한눈에 알아보기

계좌를 만들었으면 이제는 주식의 동향에 대해서도 알아야 할 것이다. 주식을 시작하면 가장 친해져야 하는 것이 바로 경제신문이므로 자주 사보는 습관을 들이거나 아니면 정기구독을 하는 것도 좋을 것이다.

계좌를 만들었으면 이제는 주식의 동향에 대해서도 알아야 할 것이다. 우선 경제신문을 하나 사보도록 하자.(주식을 시작하면 가장 친해져야 하는 것이 바로 경제신문이므로 자주 사보는 습관을 들이거나 아니면 정기구독을 하는 것도 좋을 것이다.)

코스피지수	KOSPI200	269.34(-1.37)	코스닥지수	거래량	3억7576만주
2,055.86	거래대금	5조4071억원	**464.62**	거래대금	1조1329억원
	상승▲	354개(↑ 7)		상승▲	455개(↑18)
-8.04(0.39%)	하락▽	454개(↓ 1)	+0.85(0.18%)	하락▽	468개(↓ 1)

(2011년 6월 24일자 매일경제신문 참조, 지수정보는 6월 23일 종가기준임)

경제신문의 증권 시세면에 나오는 숫자들이다. 이 숫자들이 투자를 하기 전에는 그저 의미 없는 말 그대로 숫자에 불과했다면 이제는 달라져야 한다. 이 숫자들이 말해주는 의미가 무엇인지 알고 이해해야 한다는 것이다. 그럼 하나씩 배워보도록 하자.

1) 지수의 이해

(1) 코스피지수 (KOSPI : Korea Composite Stock Price Index)

왼쪽에 크게 2,055.86이라고 적혀있는 것이 바로 종합주가지수(코스피지수)다. 뉴스에서 "오늘의 종합주가지수는 전일보다 OO포인트 상승한 OO.OO포인트로 마감되었습니다."라고 들었던 기억이 날 것이다. 바로 그것이다. 이 종합주가지수는 현재 증권거래소에서 거래되고 있는 전체 주가를 대표하는 지표라고 할 수 있다. 그러므로 시장이 좋은지 나쁜 지의 흐름은 종합지수만 봐도 대충은 알 수 있다. 이 종합주가지수에 대해서는 뒷장에서 더 자세히 알아보도록 하겠다.

(2) 코스닥지수 (KOSDAQ : Korea Securities Dealers Automated Quotation)

미국의 나스닥과 유사한 이름으로 우리나라의 중소기업 및 벤쳐사업을 위한 시장이 코스닥시장이다. 상대적으로 거래소보다는 상장기준이 낮지만, 2000년에는 IT붐에 힘입어 최고 2834포인트까지 육박하여서 당시에는 거래소보다 훨씬 인기가 있었지만, 현재는 코스피에 비해 상당히 소외된 상태임을 지수를 통해서도 확인할 수 있다. 하지만 코스닥 시장에도 좋은 종목들이 많이 있고, 반드시 알고 있어야 하는 시장이므로 관심을 가져보도록 하자.

(3) KOSPI 200 (Korea Composite Stock Price Index 200)

코스피200은 종합주가지수를 대표하는 대형주 200개 종목으로 주가지수 선물의 기준이 되는 현물지수가 바로 이 코스피 200이다. 초보자일 때는 사실 선물지수가 눈에 들어올 리 만무하다. 종합주가지수의 의미도 모르는데 선물이 다 무엇이냐 생각할 것이다. 하지만 공부를 조금하다보면 선물과 현물(주식) 사이의 관계를 통해 시장을 이해하는 폭이 커지게 되므로 차차 공부해야할 대상으로 생각하길 바란다.

(4) 거래량

주식투자에 있어서 가장 중요한 지표 중에 하나가 거래량이다. 글자 그대로 "거래가 이루어진 양"을 뜻하는 것인데, 거래량이 많아진다는 것은 그만큼 누군가가 사고 싶어 하거나 팔고 싶어 한다는 즉, 관심이 늘어나고 있다는 것이다. 그렇기 때문에 전체시장뿐만 아니라 이후에 종목별로 시세를 볼 때에도 거래량은 그 종목을 분석하는데 매우 중요한 정보라는 것을 기억해두자.

(5) 거래대금

하루동안 사고 팔린, 주식이 거래된 총금액이다. 5조 4천억가량의 거래가 이루어졌음을 알 수 있다. 지수가 상승할수록 전체적인 주가가 높아졌다는 것을 의미하기 때문에 같은 거래량이라도 거래대금은 더 많아지게 된다.

또한 단순히 거래량만으로 보기 보다는 거래대금과 같이 보고 이해하게되면 그 차이에 따른 그날 장의 흐름을 이해할 수 있기 때문에 같이 보고 이해하는 것이 좋다.

(예를 들어 거래량은 적었지만, 거래대금은 높았다면 주가수준이 높은 주식들이 평소보다 많이 거래되었다는 것이고, 그렇다면 개인보다는 기관이나 외국인이 시장을 주도했을 가능성이 높다는 것을 알 수 있게 된다.)

(6) 상승 ▲

상승은 말 그대로 그 날 주가가 상승한 종목의 수를 말한다. 즉, 2011년 6월 23일에는 상승한 종목수가 354종목이라는 것이다. 괄호 안에 (↑ 7)이라고 적힌 것은 상한가 종목이 7개라는 것이다.

(신문의 경우에는 흑백으로 표시되기 때문에 색깔이 없지만, 보통 상승은 ▲모양으로 생긴 빨간색 기호를 사용하고 상한가는 ↑위로 향하는 화살표 모양에 빨간색 기호를 사용한다.)

(7) 하락 ▼

하락은 상승과 반대로 그 날 주가가 하락한 종목의 수를 말한다. ▼표시는 파란색 아래로 향한 삼각형인데, 하락을 의미하고 ↓표시는 하한가를 의미한다. 2011년 6월 23일에는 454개의 종목이 하락했고, 1개의 종목은 하한가를 기록했다는 것을 알 수 있다.

＊상승-하락 종목수

일반적으로 코스피지수가 오른날은 상승종목이 하락종목에 비해 많고, 떨어진 날은 하락종목이 상승종목에 비해 많은 것은 쉽게 이해할 수 있다. 하지만, 상승한 종목이 하락한 종목에 비해 적은데도 불구하고 지수는 상승하는 경우가 있다. 그런 경우는 대부분 기관이나 외국인들처럼 큰 자본을 움직이는 세력들이 시가총액 비중이 큰 종목들을 많이 매수해서 해당 종목들은 상승한 반면 개인들의 투자가 대부분인 중소형주들은 하락했을 가능성이 높다. 이런 장에서는 흔히 지수는 오르는데 개미들은 재미를 못보는 경우가 많으므로 지수가 오른다고 무조건 좋아할 것이 아니라 전체적인 장분위기를 주도하는 종목이 어떤 종목인지를 파악하여 투자하는 자세가 필요하다고 하겠다.

상한가 – 하루 상승 제한폭인 15%(거래소 기준)가 오른 그 날 오를 수 있는 최고의 가격

상한가를 기록했다는 것은 그만큼 팔려는 사람에 비해 사고자 하는 사람의 수요가 많았다는 것을 말한다. 상한가를 간 이후에 다음날에도 연속으로 상한가를 가거나 며칠 동안 상한가를 기록하면 그 전에 그 주식을 가지고 있던 사람은 상당한 수익을 낼 수 있게 되는데, 자칫 너무 높아진 가격에서 더 오를 것이라는 기대감만 가지고 상한가인 종목을 매수했다가 그 주식이 급락[12]하여 큰 손해를 보는 경우도 있기 때문에 신중히 접근해야 한다.

초보자들의 경우 단기적인 급등[13]에 대한 환상을 가지고 급등하는 주식만 쫓아다니는 경우가 많은데 급히 오르는 주식은 또한 급격하게 떨어지게 마련이다. 대부분 주가 상승의 마지막은 급락으로 마무리된다는 점을 꼭 기억할 필요가 있다.

하한가 – 하루 하락 제한 폭인 15%(거래소 기준)가 떨어진 그 날 내릴 수 있는 최저의 가격

상한가와는 반대로 하한가는 팔려는 사람은 많은데 사려는 사람이 거의 없어 주가가 하락 제한 폭까지 떨어지는 것을 말한다. 회사에 심각한 악재[14]가 나왔다거나 주가가 단기간에 너무 급등해서 반대급부로 폭락하는 경우에 하한가를 기록하게 되는데, 하한가를 기록한다고 해서 그 주식이 안 좋은 주식이라고 볼 수는 없다. 투자는 결국 투자하는 사람들의 심리로 인해 결정되기 때문에 주가가 하늘 높은 줄 모르고 오르다가도 순식간에 하한가를 치는가 하면 연속으로 떨어지는 경우도 많다. 반면에 연속 하한가를 기록하면서 실제 그 주식의 가치에 비해 급락하는 경우에는 오히려 주가 매수의 좋은 기회가 되기도 하지만 실전에서의 많은 연습과 훈련을 통해서 그런 기회를 잡을 수 있게 되는 것이므로 섣불리 급등하거나 급락하는 주식에 투자하는 것은 결코 바람직한 일이 아니다.

---

12) 급락(急落) : 짧은 시간안에 주가가 급격히 떨어지는 것을 말한다. 급등의 반대말.
13) 급등(急騰) : 짧은 시간안에 주가가 많이 오르는 것을 말한다. 한자의 뜻 그대로 "급히(빨리) 오른다"라고 해석하면 쉽다.
14) 악재(惡材) : 회사에 안좋은 소식을 악재라고 한다. 반대말은 호재(好材)인데, 악재가 나오면 주가는 떨어지게 마련이고 호재가 나오면 주가가 올라가는 경우가 많다. 하지만 늘 그런 것은 아니다.

2) 종목별 주가동향의 이해 I

다음은 이 부분을 주목하자. 각 종목들의 주가가 어떻게 변동되었는지 아래의 기호들로써 표현된다.

▲ 상승	↑ 상한가	@ 신고가	★ 권리락
▽ 하락	↓ 하한가	⊗ 신저가	☆ 배당락
○ 투자주의	◉ 투자경고		● 투자위험
U 신형우선주	액면가: A=100, B=200, C=500, D=1000, E=2500, F=무액면		
× 기 세	무표시=5000원, G=USD, H=HKD		단위:원, 10주

(1) 신고가

주가가 과거에 가장 높았던 주가보다 더 높은 가격이 될 때 그 가격을 신고가라고 한다. 이 신고가는 여러 종류로 생각할 수 있는데, 올해 들어 가장 높은 가격이 된 경우 '연중 신고가'라고 하고, 최근 1년간 최고가를 기록한 경우에는 '연간 신고가'라고 말한다. 그러니까 그 기준에 따라 상대적인 개념이라고 생각하면 된다. 하지만 보통 신고가는 그 해에 가장 높은 가격(연중신고가)을 뜻하는 경우가 많다.

(2) 신저가

신고가의 반대말이므로 바로 이해했을 거라 생각한다. 과거에 가장 낮았던 가격보다 더 떨어진 가격이 형성된 경우 신저가라고 한다. 보통 초보자일수록 신고가와 신저가를 접하면 신저가에 투자하는 게 더 좋지 않을까 생각하는 경우가 많은데, 그건 잘못된 생각이다. 나중에 추세의 개념을 공부하겠지만 과거 가장 낮았던 가격보다 더 떨어졌다는 것은 그 주식에 문제가 있다거나 이미 되돌리기 힘든 하락추세의 과정이라고 볼 수 있기 때문이다. 아마 신저가 종목이라고 덥석 매수했다가는 오랜 기간 마음고생을 하게 될 것이다. 반면에 신고가의 경우는 너무 비싸다고 생각해서 매수하지 못하는 경우가 많은데, 오히려 기존에 형성된 가격대를 뛰어넘었기 때문에 추가상승으로 이어지는 경우도 많다. 그래서 "신고가는 따라붙어라"라는 격언도 있는 것이다. 그렇다고 그런 것들이 만고불변의 진리는 아니므로 참고하는 수준으로 생각하고 자신만의 투자성향에 맞게 접근하기 바란다.

(3) 권리락/배당락

앞에서 잠시 설명했었는데, 초보자들의 경우에는 다소 낯설어 하는 부분이므로 다시 복습해보자.

권리락은 무상증자를 하게 될 경우 늘어나는 주식수의 비율만큼 가격이 낮춰지는 것을 말한다. 사전적인 의미로 보면 증자[15]를 받을 권리가 없어졌다는 것을 뜻하기도 한다.

어찌되었건 중요한 것은 가격의 갭(말 그대로 '차이')이 생기기 때문에 이 개념을 이해하지 못하면 갑자기 하루 만에 등락과 상관없이 주가가 뚝 떨어진 것처럼 보일 수 있다. 권리락이 증자로 인해 가격이 낮아지는 거라면 배당락은 배당을 함으로써 주가가 떨어지는 것을 말한다. 배당은 알다시피 그 회사의 실적으로 생긴 이익을 주주들에게 나누어주는 것을 의미한다.

> 배당이나 증자의 경우 배당이나 증자를 받게되는 기준일이 있는데 그 기준일에 그 주식을 실제로 보유하고 있어야만 실제 배당과 증자를 받을 수 있다.
> 특히 그 기준일에 배당락(주식배당의 경우 배당을 한 주식수 만큼 주식수가 늘어났으므로 전체주가를 떨어뜨리게 되는데 그걸 배당락이라고 한다.)과 권리락(역시 무상증자를 해서 늘어난 주식수 만큼 전체주가를 낮추는 것을 권리락이라고 한다.)을 하기 때문에 당장 샀다가 팔면 수익이 나거나 하는 그런 것은 아니다. 또한 배당이나 증자를 받는 것 역시 실제 자신의 계좌로 들어오기까지는 몇 개월이 지나야 되기 때문에 신중히 검토해서 투자해야 한다.

현금배당의 경우는 주주들의 주식비율에 따라 현금이 지급되어 문제가 안 되는데, 주식배당을 하게되면 증자와 마찬가지로 주식수가 늘어나기 때문에 그에 맞게 가격도 수정되는 것이다. 그런 권리락이나 배당락은 경제신문에서는 ★(권리락) /

---

15) 증자 : 회사가 새로운 주식을 유상이나 혹은 무상으로 발행하여 주식수를 늘리는 것을 말한다.

☆(배당락)모양으로 표시된다.

(4) 기세

기세는 아주 재미있는 현상 중에 하나다. 알다시피 주가는 주식이 사고 팔리는 가격이 현재가인데, 하루종일 거래가 없으면 어떻게 될까? 원래는 거래가 없기 때문에 주가는 변동 없이 머물러 있어야 한다. 이럴 경우 팔고자 내놓은 가장 낮은 매도호가 또는 사고자 내놓은 가장 높은 매수호가가 바로 기세가 되는 것이다. 보통은 매수호가와 매도호가의 가격 차이가 많이 나는 경우가 대부분인데 물론 거래는 없기 때문에 주가는 변동이 없다. 하지만 이런 경우를 생각해 보자.

어떤 기업에 매우 큰 호재가 있어서 사려는 사람이 엄청나게 몰리고 있다. 반면에 주가가 오를 거라고 생각한 기존의 주식을 가지고 있는 사람들이 전혀 매도주문을 내지 않을 경우에 상한가에 매수잔량[16]은 쌓여있는데, 아무도 그 주식을 파는 사람이 없어서 주가가 못 오르는 경우도 있다. 이런 경우는 기세상한가라고 해서 비록 거래량은 없지만 상한가로 인정하고 있다. 물론 반대의 경우 기세하한가도 똑같이 적용된다.

(5) 투자유의, 투자경고, 투자위험

주식시장에서 비정상적인 주가의 움직임이나 매매행위가 발견될 경우 증권거래소가 조사 감독하는 제도를 '감리'라고 한다. 증권거래소는 투자자를 보호하기 위해 주가가 단기간에 급등한 종목을 주의가 요망되는 주식으로 분류하여 투자유의, 투자경고, 투자위험 3단계로 투자자에게 알려줌으로써 투자자들에게 주의를 환기시키고 있다.

---
[16] 매수잔량 : 매매가 체결되지 않고 매수호가에 남아있는 주문량을 말한다. 매도호가에 남아 있는 주문량은 매도잔량이라고 한다.

투자유의 종목으로 지정되는 대는 거래실적 부진, 불성실공시 나 신고의무 위반, 주식분산기준 미달 등의 여러 이유가 있는데, 중요한 것은 이런 종목들을 잘못 투자할 경우 엄청난 손실을 볼 수도 있다는 것이다. 물론 이런 주식에 투자해서 단기간에 큰 수익을 올릴 수도 있겠지만, 중요한 것은 초보일수록 겁이 없기 때문에 위험한 투자를 섣불리 감행하기 쉽다는 점이다.

아무쪼록 투자유의, 투자경고, 투자위험 표시가 되어 있는 주식들은 가급적 투자를 삼가고, 꼭 하게 될 경우 충분한 분석과 근거를 바탕으로 투자에 임하길 부탁하고 싶다.

(6) 우선주와 신형우선주

우선주는 배당 또는 (기업의 해산시) 잔여재산의 분배를 보통주보다 우선해서 받을 수 있는 주식을 말한다. '우'라고 표시되는데, 다음 그림에서 볼 수 있듯이 보통주보다 가격이 싼 경우가 많다. 그 이유는 의결권이 없기 때문이다. 즉, 배당에는 우선권이 있지만 회사운영에 대해 권리를 행사할 수는 없는 것이다.(물론 배당이 없을 경우에는 의결권이 생기기도 한다)

그리고 신형우선주가 있는데 신형 우선주는 'U' 'B' 등으로 표시되며 우선주보다는 여러 가지 면에서 유리한 조건의 우선주다. 기업의 실적이 좋지 않아 무배당일 경우 다음해에 누적되어 배당을 지급받을 수도 있으며 일정기간(보통 3~10년)이 경과한 후 보통주로 전환할 수 있어 의결권도 누릴 수가 있다. 자세한 내용은 다음 장에서 설명하도록 하겠다.

(7) 액면가

주식이 처음 발행될 때 한주의 가격은 보통 5000원이 된다. 그런데 경우에 따라

이 주식들을 분할하는 경우가 있는데 그런 경우를 '액면분할'이라고 하며, 실제 주가가치와는 상관없이 주식의 가격은 1/10이나 1/5 등으로 낮아지고 대신 주식수는 10배, 5배로 많아지게 해서 더욱 많은 주식이 원활히 유통될 수 있도록 하고 있다. 그러므로 액면가가 낮은 주식을 다른 주식과 비교할 때는 원래 액면가로 환산해서 비교해야 더 정확한 비교가 된다고 할 수 있을 것이다. 예를 들어 A라고 표시된 종목은 액면가가 100원이므로 현재 주가가 3000원이라고 할 경우, 실제 5,000원 액면가인 주식기준으로는 15만원의 주가라고 할 수 있다. C는 500원, D는 1,000원, E는 2,500원의 액면가를 뜻한다. 그리고 ETF(상장지수펀드) 같은 경우에는 액면가가 없으므로 F라고 표시된다.

3) 종목별 주가동향의 이해 Ⅱ

다음은 실제 주식의 가격과 등락, 거래량 등을 표기한 부분이다.

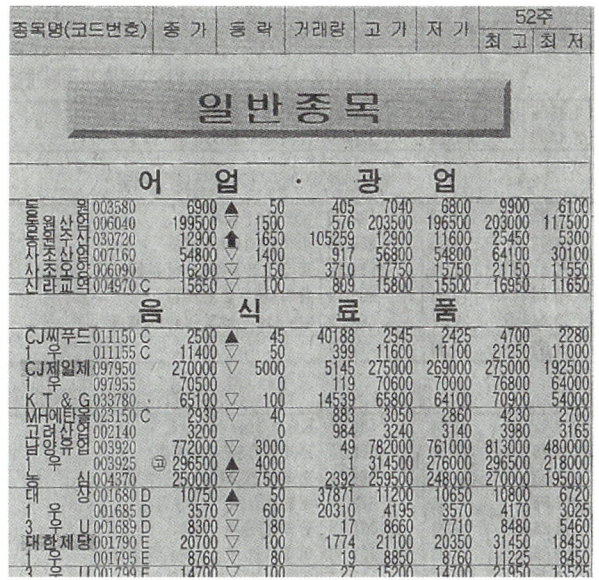

(1) 종목명(코드번호)

말 그대로 거래소(또는 코스닥)에 상장되어 있는 종목의 이름을 말하는데, 각 종목에는 그 종목 고유의 코드번호가 있어서 주문을 내거나 검색을 할 때 사용하게 된다. 그러므로 관심이 있는 종목은 이름뿐 아니라 종목 코드도 외워두면 편리하다.

(2) 종가(終價)

장 마감된 후의 주식 가격을 말한다. 시가(始價)와는 반대의 개념이다.

(3) 등락

전일 종가와 비교해 현재가격이 얼마나 오르거나 내렸는가를 보여준다. 가장 위에 있는 동원(003580)을 보면, 종가는 6,900원이었고 등락은 50원 상승했다는 표시다.

(4) 거래량

한 종목이 하루 동안 거래된 총량을 말한다. 거래량은 그 종목에 대한 관심이 많을수록 늘어나게 되고 반대로 관심이 없는 주식은 자연히 줄어들게 된다. 특히 거래량이 너무 적은 주식의 경우에는 사고파는 게 어려워지기 때문에 매입하기 전에 필히 고려해 봐야 할 것이다. 위에 표시된 거래량은 10주 단위이므로 앞서 말한 동원(003580)의 경우 405라고 표시되어 있으므로 그날 거래량은 4,050주였음을 알 수 있다.

(5) 시가(始價)

앞에서 동시호가를 설명할 때 배웠다시피 시가는 하루장을 시작하는 주식의 가격이다. 시가과 종가의 차이, 그리고 고가와 저가와의 차이는 봉차트를 통해 쉽게 알 수 있는데, 투자에 참고가 되는 지표이므로 기술적 분석에 대한 장에서 따로 설명하도록 하겠다.

(6) 고가/저가

고가는 하루 중 가장 비싸게 거래되었던 가격이고, 저가는 하루 중 가장 싸게 거래되었던 가격을 말한다.

(7) 52주 최고/최저

최근 1년간 해당 종목의 가장 높았던 주가와 가장 낮았던 주가를 말한다. 현재가와 비교해보면 현재 이 주식의 주가가 어느 정도 위치에 있는지를 짐작할 수 있게 해준다.

4) 종목별 주가동향의 이해 Ⅲ

다음은 코스피 시장의 투자주체별 매매 동향을 살펴보자.

유가증권시장

투자주체별 매매동향 (단위=억원)

구분	자산운용	증권	은행	보험	기관 전체	외국인	개인
매수	4,917	2,496	415	1,319	13,032	9,742	28,930
매도	4,440	1,925	440	1,515	12,375	11,066	27,359
순매수	477	571	-25	-196	657	-1,324	1,571

외국인 순매수·순매도 상위종목 (단위=억원, 만주)

순매수 상위 종목			순매도 상위 종목		
종목	순매수금	순매수량	종목	순매도금	순매도량
삼성전자	425.1	5.1	삼성엔지니어링	242.0	10.1
삼성생명	90.6	9.4	LG디스플레이	234.0	81.5
SK이노베이션	83.4	4.1	현대차	147.4	6.5
OCI	78.3	1.9	대림산업	146.1	12.0
삼성SDI	76.8	4.7	강원랜드	118.3	44.1
한국금융지주	74.5	20.8	호남석유	103.1	2.8
BS금융지주	73.5	50.7	삼성화재	100.4	4.2
삼성카드	72.5	12.7	LG화학	97.4	2.1
한국타이어	62.9	14.8	NHN	96.8	5.0
한국전력	59.7	21.7	삼성중공업	93.3	19.9

기관 순매수·순매도 상위종목 (단위=억원, 만주)

순매수 상위 종목			순매도 상위 종목		
종목	순매수금	순매수량	종목	순매도금	순매도량
삼성생명	338.9	34.9	OCI	682.9	16.3
현대제철	259.3	20.4	현대차	595.0	26.5
삼성화재	238.7	9.9	기아차	535.6	79.0
우리금융	170.8	126.4	SK이노베이션	394.8	19.3
대림산업	156.5	12.8	GS	354.0	45.4
하이닉스	144.3	54.1	KB금융	170.4	34.6
대한생명	135.1	173.0	기업은행	145.0	78.6
현대모비스	125.6	3.4	LG전자	136.2	17.0
호남석유	121.3	3.3	한국금융지주	105.0	29.4
삼성중공업	115.0	24.3	S-Oil	77.4	5.7

초보자들에게는 다소 생소할 수 있겠지만, 약간의 투자경험이라도 있는 독자라면 이러한 자료가 매우 친숙할 것이다.

하루 동안 시장에서 누가 얼마를 사고팔았는지를 볼 수 있는 자료이다.

규모로 볼 땐 단연 개인이 가장 많지만, 실제로 시장에 영향력이 가장 큰 주체는 외국인이라고 할 수 있다. 이날 외국인은 1,324억 원 정도 순매도를 기록하고 있다. 이 말은 표에서 보듯이 외국인들이 하루 동안 매수한 주식의 합에다 하루 동안 매도한 주식을 빼면 오히려 판 게 1,324억 더 많다는 말이다. 이정도 규모의 순매도가 어떤 의미가 있다고 판단하긴 힘들다.

하루치 정보로 시장을 판단할 수는 없기 때문이다. 그러나 최근 1달동안, 혹은 최근 일주일동안 외국인 또는 기관이 주식을 팔고 있는지 사고 있는지, 그리고 사는 주식은 대체로 어떤 주식들인지를 살펴본다면 투자에 도움이 될 것이다.

다만, 외국인이나 기관이 매수했다고 해서 꼭 올라가는 것만은 아니다. 개인들과 다르게 외국인이나 기관은 철저하게 분할매수와 분할매도로 주식을 사들이고, 팔기 때문에 각각의 개별종목의 현재 주가수준이나 실적이나 향후 전망 등에 대해 충분히 확인해보고 나에게 맞는 투자대상이 있는지 찾아보는 관심의 대상정도로 보는 것이 좋을 것이다.

최근 외국인의 투자동향은 단순히 어떤 주식을 보고서 투자하는 경우도 있지만, 대부분 미국 다우지수와 전 세계 금융시장 동향과 밀접한 관련이 있고, 특히 나중에 설명하게 될 환율과도 밀접한 관련이 있다. 그러므로 단순한 현상으로 판단하지 말고,(ex. 오늘 외국인이 삼성전자를 많이 샀으니까 삼성전자가 많이 오를 것 같다)

전체적인 금융시장의 흐름 속에서 파악할 수 있는 동향(전날 미국의 긴축우려에도 불구하고 큰 폭의 하락을 보이지 않고 어느 정도 하락하는 수준으로 머물렀구나) 을 이해하고 투자하는 것이 중요하다. 이것은 단기간 주식 창을 들여다본다고 알 수 있는 것이 아니라 오랫동안 시장을 지켜보고 주식시장의 내외부에서 발생하는 사건에 따른 시장의 반응을 지켜보고 공부하다보면 자연스럽게 길러지는 능력이므로 여유를 가지고 공부하는 마음으로 여러 가지 정보의 의미를 찾아보길 기대한다.

다음은 코스피 업종별 주가지수이다.

지수명	지수	전일대비 등락폭	비율	거래량	거래비중	연중 최고	연중 최저
코스피지수	2055.86	-8.04	-0.39	259,637	100.00	2228.96	1923.92
시가총액규모(대)	2026.9	-7.71	-0.38	71,715	27.62	2217.15	1912.39
시가총액규모(중)	2376.05	-13.27	-0.56	48,982	18.87	2435.83	2111.84
시가총액규모(소)	1304.54	+3.06	+0.24	124,066	47.78	1393.9	1261.13
음식료업	2904.01	-37.14	-1.26	4,690	1.81	2941.15	2376.33
섬유·의복	226.73	-2.12	-0.93	8,841	3.41	231.77	187.34
종이·목재	252.69	+1.40	+0.56	5,214	2.01	309.21	235.94
화학	5775.81	-42.32	-0.73	24,563	9.46	6423.92	4625.51
의약품	3318.76	-35.90	-1.07	6,278	2.42	3788.39	3161.92
비금속광물	813.78	+10.29	+1.28	8,892	3.42	855.91	767.72
철강·금속	7094.31	-9.23	-0.13	22,498	8.67	7781.82	6730.45
기계	1315.08	-9.82	-0.74	7,906	3.05	1697.4	1236.76
전기·전자	7620.55	+25.62	+0.34	18,146	6.99	9283	7364.22
의료정밀	1441.83	+17.75	+1.25	15,558	5.99	1951.21	1396.55
운수장비	3173.55	-48.07	-1.49	25,810	9.94	3533.97	2552.19
유통업	545.55	-2.85	-0.52	8,237	3.17	562.8	468.18
전기가스업	865.82	+10.70	+1.25	1,295	0.50	967.95	806.06
건설업	215.52	-1.09	-0.50	16,199	6.24	263.82	194.13
운수창고	2840.35	+58.62	+2.11	8,550	3.29	3304.2	2604.32
통신업	265.48	-0.37	-0.14	5,307	2.04	306.2	255.48
금융업	490.95	+2.44	+0.50	31,000	11.94	556.22	474.5
은행	330.89	-2.60	-0.78	4,717	1.82	364.54	300.99
증권	2341.54	-13.55	-0.58	8,332	3.21	3223.29	2258.05
보험	17573.31	+422.84	+2.47	6,314	2.43	18293.42	15816.97
서비스업	996.38	-13.58	-1.34	37,412	14.41	1085.87	897.47
제조업	4256.41	-24.58	-0.57	149,843	57.71	4720.08	3939.24

(단위=포인트, 천주, %)

이 날, 코스피지수는 8포인트(-0.39%) 가량 하락하였는데, 전기전자(+25.62)나 의료정밀(+17.75), 운수창고(+58.62) 업종들은 상승한 것을 볼수 있다. 이처럼 종합주가지수가 떨어지더라도 개별종목이나 업종에 따라서는 전혀 다른 흐름이 연출될 수 있다는 것을 알아야 한다.

업종별로 거래량이나 거래비중을 살펴보는 것도 전체적인 장세 판단에 도움이 될 수 있을 거라 생각한다.

이를테면 보험업종의 경우, 지수만 보면 규모도 크고 상승폭도 상당히 커 보이지만, 실제 전체대비 거래비중은 2.5%도 되지 않는 미미한 수준임을 알 수 있다.

지금까지 살펴본 내용들은 신문에 표시된 내용을 바탕으로 설명했지만, 계좌개설을 하고 HTS를 사용하게 되면 더욱 편리하게 여러 정보를 손쉽게 얻을 수 있다. 실제로 투자를 하게되면 HTS에서 더 많은 정보를 얻을 수 있음에도 굳이 신문지상의 정보를 가지고 설명한 것은, HTS의 경우 자체적으로 매뉴얼 시스템이 되어 있어 따로 학습할 수 있는 반면 경제신문의 주식면에 대해서는 그런 정보가 없기에 오히려 이런 부분을 먼저 알고 나중에 HTS상의 정보를 접하게 되면 쉽게 이해할 수 있으리라는 판단 때문이다.

지금 이 책을 통해 소개하는 것은 비록 단순한 현상에 대한 1차적인 정보(data)인지 수준에 대해 설명하고 있지만, 그런 1차적인 정보들을 2차적인 정보(information)로 해석하고 받아들일 수 있어야만 비로소 투자를 할 수 있는 자격이 생긴다고 말할 수 있을 것이다. 같은 기사를 읽고 같은 상황을 보고도 초보투자가와 전문가가 전혀 다른 판단을 하는 이유는 바로 그 차이 때문이라고 하겠다.

결코 성급하게 생각하지 말고, 천천히, 그리고 여유있게, 하나씩 배워나가다보면 자기도 모르는 사이에 점점 보이는 시야가 넓어질거라 확신한다.

그럼 우선 맛보기 삼아 개별 종목의 주가 정보는 HTS에서 어떻게 보여지고 그 화면에서 우리가 얻을 수 있는 정보는 무엇인지 좀 더 알아보도록 하자.

5) HTS 상에서의 주가정보

다음은 HTS에서 현재가를 확인해보는 것도 알아두자. 증권회사 HTS마다 보이는 화면은 다르지만 설정하기에 따라 현재가 화면만으로도 상당한 정보를 얻을 수 있다.

① **종목코드** : 05930은 종목 코드번호로써 HTS 거래에서는 종목코드로 각 종목의 시세를 조회하고 주문을 할 수 있다.(옆에 돋보기모양의 아이콘은 종목명으로 코드번호를 찾아주는 창을 뜨게 한다.)

② **종목명** : 삼성전자

③ **KOSPI 20 전기전자** : 코스피 200 중에서도 최상위 20개 종목에 포함된 종목

을 말하며, 전기전자는 업종을 말한다.

④ **250일 최고/최저** : 주말이나 공휴일에는 거래가 없기 때문에 250일은 최근 1년이라고 생각하면 무방하다. 최고/최저치 대비 몇 %나 상승하락했는지도 비율로 알 수 있다.

⑤ **시가총액** : 2011년 7월 5일 기준으로 볼 때 132조 4천억 정도가 된다.

⑥ **현재가** : 899,000 ▲ 21,000 +2.39%

장중에는 가격이 변동될 때마다 실시간으로 확인할 수 있다.

전날 종가보다 21,000원 올랐음을 말해준다.(2.39%는 비율)

⑦ **거래량** : 하루동안 거래된 주식수, 422,262주가 거래되었다.

(98.33%는 전일대비 거래량 비율을 말한다.)

⑧ **매매호가** : 가운데 빨간색 박스의 현재가를 중심으로 사고자하는 사람들이 올린 가격(오른쪽 하단)과 팔고자하는 사람이 올린 가격(왼쪽 상단)

⑨ **시/고/저** : 시가(880,000원) / 고가(899,000원) / 저가(878,000원)

⑩ **상한가/하한가** : 하루 동안 거래 가능한 최고금액과 최저금액

(상한가 : 1,00,9000원, 하한가 : 747,000원)

⑪ **거래원** : 해당 주식을 많이 매도한 증권사와 많이 매수한 증권사

(해당 증권사가 직접 매수 매도한 것이 아닌, 해당 증권사를 통해서 거래된 내역을 말한다.)

⑫ **일별주가** : 최근 2주간의 일자별 등락현황과 거래량

⑬ **신용비율**[17] : 신용을 써서 주식을 매입한 비율

---

17) 증권회사로부터 자금을 빌려서 투자하는 것을 말한다. 신용거래를 하게 되면 주가가 올라갈 경우에는 수익률도 커지지만, 떨어질 경우 상당한 손해가 발생하기 때문에 신용비율이 높을 경우 일정수준이상 주가가 하락하게 되면 신용으로 주식을 매입한 사람들이 투매를 할 가능성이 있어 위험하다.

상장폐지와 폭탄 돌리기

예전에 카페를 운영할 때 초보자에게 참 난감한 질문을 받는 경우가 많았다. 물론 처음이라 모르는 게 많은 건 당연한 일이기에 결코 부끄러운 것은 아니다. 하지만 그 중에서도 가장 위험하고도 답답한 질문은 부도가 나거나 시장에서 퇴출되어 더 이상 거래소(또는 코스닥)에서 거래가 되지 않는다고 선고받은 종목(상장폐지종목)을 가격이 싸다는 이유로 장기투자로 생각하는 경우나, 또 정리매매기간[18] 동안 급등락을 노려 투자하려는 경우, 그리고 가장 답답한 경우는 그 종목이 상장폐지 된다거나 어떻게 되는지 전혀 모른 채(즉, 종목에 대한 어떤 기본적인 정보도 없이) 주식을 매수하는 경우를 들 수 있다. 그럴 때면 너무나 안타까운 생각이 든다.

이 짧은 지면을 통해서라도 혹시나 상장폐지되는 종목을 잘못 매수해서 한순간에 투자금의 전부를 휴지조각으로 만드는 어리석은 행동은 하지 않았으면 하는 바람을 가져본다.

먼저 상장폐지종목은 어떤 것인지 확인하려면 전자공시 사이트를 활용하거나 HTS에서 해당 종목의 최근 공시를 살펴보면 쉽게 알 수 있다. 그리고 보통 몇 백원선으로 주가가 떨어지게 되는데, 일단 가격이 싸고, 정리매매기간동안 상한가 제한이 없다는 것 때문에 단기간의 높은 수익을 노리고 투자하는 사람도 있다. 하지만 언젠가는 상장이 폐지되어 거래되지 못하는 종목이므로 마치 폭탄과 같다고 해서 그렇게 상장폐지 되는 종목의 정리매매기간에 그 주식을 매매하는 것을 흔히 '폭탄 돌리기'라고 한다. 폭탄이란 터지기 마련이고 가까이 있는 사람은 또한 다치기 마련이다. 다시 말해 아예 가까이 하지 않는 게 상책이다. 앞서 말한 적이 있었지만 단기간의 급등을 노리고 투자를 하게 되면 꼭 단기간의 급락으로 인해 망하게 된다는 사실을 잊어서는 안 된다. 투자를 바로 이해한 사람이라면 그 이유를 이해할 수 있어야 한다. 또 다른 사람은 손해를 봐도 나는 그렇지 않다는 생각은 일찌감치 버리도록 하자. 그런 생각은 큰 손해를 불러오는 지름길이기 때문이다.

---

18) 상장폐지가 결정되고 나서 일정한 기간동안 주식을 정리할 수 있는 유예기간을 두는 것을 말하는데, 이때는 상하한가의 제한폭이 없기 때문에 하루에도 수십% 이상의 폭등이나 폭락이 생길 수도 있다.

주식투자 초보 탈출하기

7 다양한 투자방법

1. 다양한 투자 방법
   1) 단기매매: 스켈핑, 데이트레이딩, 스윙트레이딩
   2) 중장기매매
   3) 가치투자
   4) 활용할 투자방법

추천도서 Review 〈1〉

1. 다양한 투자방법

많은 투자 방법이 있지만, 중요한 것은 그 방법이 나에게 얼마나 잘 맞는 방식인 가 하는 점이다. 전업투자자를 목표로 공부하는 사람이라면 단기투자나 스캘핑까지도 자신의 성향에 맞게 잘 개발한다면 성공할 수 있는 방법도 있겠지만, 일반적인 투자자의 경우에는 더욱이 초보자들에게는 가급적 가치투자, 장기투자를 권하고 싶다.

1) 단기매매 : 스캘핑, 데이트레이딩, 스윙트레이딩

데이트레이딩은 비교적 짧은 시간 주식을 보유하여 주가의 등락을 이용해 시세차익을 얻으려는 매매기법이다. 주로 기술적 분석방법을 도구로 매매하며 기업의 가치는 중요시하지 않는다. 작은 수익을 여러 번 내는 것이 목적이므로 원래는 보수적인 매매방법이지만 초보자들이 무턱대고 여러 번 매매한다면 하루에도 여러 번 손실이 발생하여 단기간에 매우 큰 손실이 발생할 수 있기 때문에 충분한 지식과 경험을 쌓고 해야한다. 그리고 직장인 등 하루종일 시세에 집중할 수 없는 환경에 있는 사람이 데이트레이딩을 하면 경쟁력이 없어 결국은 실패하는 경우가 대부분이라는 것을 알아야한다.

데이트레이딩의 분석도구는 주로 기술적 분석이므로 기술적 분석능력을 키우는 데 주력해야하며 이론과 실전은 다르므로 모의투자나 100만원 미만의 소액투자를 통해 충분한 실전경험을 쌓아야한다. 데이트레이딩의 성패는 정보나, 지식수준에 달려 있다기보다는 정신적, 심리적 요인에 달려있는 정신·심리게임이므로 실전에 들어가기 전에 이러한 데이트레이딩의 본질에 대해 충분한 이해가 필요하며 욕망을 적절히 콘트롤 할 수 있도록 정신적 무장이 필요하다.

데이트레이딩에도 보유시간이나 매매횟수에 따라 아래와 같이 크게 3가지로 분류할 수 있다.

(1) 스캘핑

주식보유시간이 보통 5분 미만인 초단기적인 매매다. 종목선정은 기업가치에 무관하며 오로지 초단기적 주가 움직임만을 관찰하여 목표수익률을 1~2%로 잡고 하루에 수십 회 매매하는 기법이다. 소액의 자금일 경우 수익을 반복적으로 내어 복리효과로 단기간에 큰 수익률을 낼 수도 있고, 장세가 상승장이든 하락장이든 작은 변동성은 항상 존재하므로 언제나 매매할 수 있는 장점은 있지만 상승장에는 소탐대실(小貪大失) 하는 경우가 많고 잦은 매매로 인한 막대한 세금부담으로 인해 성공확률이 낮다.

(2) 데이트레이딩

보유시간은 짧게는 5분 정도에서 길게는 몇 시간 정도까지 유지하며 역시 종목선정은 거의 기업가치와는 무관하다. 목표수익률은 약 2~10%정도로 잡고, 하루에 1~10회 미만으로 매매하는 기법이다. 변동성이 높은 박스권 장세에 유리한 매매기법이고 역시 상승장에서는 소탐대실 하는 경우가 많다.

(3) 스윙트레이딩

보유시간이 6시간에서 길게는 일주일 정도로 비교적 긴 반면 목표수익률은 10~20%정도로 크게 잡고 매매하는 기법이다. 길게는 일주일까지 보유해야 하기 때문에 주가에 크게 영향을 미칠 수 있는 내·외부적 요인에 대비할 수 있도록 종목선정은 기술적 분석에 약간의 기본적 분석도 가미한다.

스윙트레이딩은 상승장일 경우에 유리한 기법이며 오버나잇(Over Night : 주식을 매수하여 하루를 넘기는 것)을 해야 하기 때문에 횡보장이나 하락장에선 위험하여 항상 매매를 하지 못한다는 단점이 있다.

스윙트레이딩은 추세를 분석하여 확실한 상승추세에 진입한 종목을 중심으로 투자하는 것이 중요하다.

2) 중장기매매

우리나라의 증시를 보면 역사적으로 대세상승과 대세하락을 반복해왔다는 것을 알 수 있다. 이를 이용하여 대세상승흐름 초기에 우량주를 매수하여 대세상승 말기나 대세하락 초기까지 중장기보유를 통해 수익을 내는 방법이 중장기매매다. 전업투자자가 아닌 일반인들은 데이트레이딩보다는 이러한 방법으로 수익을 내는 방법을 연구해야 한다.

현재 종합주가지수가 추세인지 하락추세인지 구분할 수 있도록 기술적 분석 능력을 길러야 하고 주가에 큰 영향을 미치는 요인들인 금리, 환율, 유가 등과 주가와의 관계를 이해할 수 있어야 한다. 종목선정을 위해서는 각종 산업, 업종별로 전반적인 이해가 필요하다.

매매기간은 월 단위로 길고, 분석법은 기본적 분석과 기술적 분석을 모두 이용한다. 종목선정은 상승초기의 주도주, 실적이 호전될 거라고 예상하는 종목, 경제·산업분석을 통해 향후 호황을 누릴 수 있는 업종군의 종목 등으로 하며 특히 재무상태가 우량하고 부도위험이 없어야 한다.

3) 가치투자 ☆☆☆

기본적 분석방법을 통하여 기업의 적정가치를 산출한 뒤 그 기업의 주가가 가치 이하로 형성될 때 매수한 뒤 주가가 본래 가치를 회복하거나 상회할 때까지 장기 보유하는 방법이다. 분석방법에 기술적 분석은 배제하며 오로지 기업가치에 주목하여 투자하는 방법이다.

흔히 야구에 비유를 하는데, 투수가 등판하는 매 경기의 승패를 맞추려고 하는 것이 데이트레이딩이라면 매년 10승 이상의 좋은 성적을 낼 수 있는 투수를 찾아내어 투자하는 것이 가치투자라고 할 수 있다. 선동렬이나 박찬호처럼 크게 발전할 투수를 초기에 발굴하여 투자하겠다는 개념인 것이다[19].

중요한 것은 선동렬이나 박찬호같은 선수라도 이미 고액의 연봉을 받고있는 상황이라면, 또는 그의 능력이 전성기를 지나 쇠퇴기에 접어들고 있다면, 투자해선 안될 것이다.

그렇기에 가치투자에 대해서는 공부해야 할 것들이 많다. 사실 어떤 기업의 적정가치를 산출한다는 것부터가 쉬운 일이 아니다. 그리고 아무리 자신이 어떤 기업의 가치가 저평가 되어있다고 생각한다고 하더라도 실제로 시장에서 그런 가치가 인정되지 않으면 실제 주가는 오르지 않을 수도 있는 것이다.

그러므로 가치투자는 현재 그 기업의 가치가 얼마 만큼인가를 판단하기보다는

---

19) 한국형 가치투자 전략(서울대 투자연구회 저, 은행나무) 에서 인용

앞으로 이 기업이 얼마나 발전할 것인가, 얼마나 높은 수익을 낼 것인가, 그런 것을 통해서 얼마나 가치있는 회사가 될 것인가를 볼 수 있는 눈이 필요한 것이다.

필자는 이 가치투자가 일반 개인투자자들이 궁극적으로 지향해야할 최고의 투자가 아닐까 생각한다. 가장 큰 이유는 역대 훌륭한 투자자들 모두가 이 가치투자의 개념으로 성공했고 큰 부를 이루었기 때문이다. 워런 버핏[20] 이나 피터 린치[21] 같은 사람은 물론 개인적으로 좋아하는 유럽 최고의 투자자인 앙드레 코스톨라니 역시 가치투자로 성공한 사람들이다. 이들 모두 단기적인 시세차익보다는 기업 가치에 의존하는 원칙적인 투자를 통해 높은 수익을 거두었다는 점을 주목해야 한다.

20) 세계최고의 투자자이자 버크셔 해서웨이의 창업자. 2011년 3월 기준 포브스지가 발표한 세계 억만장자 순위 3위로 투자로 성공하고 회사의 리더로서도 성공한 오마하의 현인
21) 10년동안 100만명의 투자에게 25배의 이익을 안겨주는 등 전설적인 기록들을 남기고 은퇴한 투자의 귀재

4) 활용할 투자방법

많은 투자 방법이 있지만, 중요한 것은 그 방법이 나에게 얼마나 잘 맞는 방식인가 하는 점이다. 전업투자자를 목표로 공부하는 사람이라면 단기투자나 스캘핑까지도 자신의 성향에 맞게 잘 개발한다면 성공할 수 있는 방법도 있겠지만, 일반적인 투자자의 경우에는 더욱이 초보자들에게는 가급적 가치투자, 장기투자를 권하고 싶다. 앞서 가치투자에 대해 다소 역설했지만, 주식시장은 수많은 투자주체들의 돈과 심리가 작용하여 만들어낸 커다란 흐름이다. 그렇기 때문에 개인투자자들이 단편적인 정보만을 가지고 짧은 시간에 높은 수익을 내고자하는 욕구를 충족시키기에는 상당한 한계가 있다고 생각한다. 이건 어디까지나 필자 개인의 생각이므로, 투자에 대한 기본적인 개념에 대해서는 반드시 더 많은 투자서적을 읽고 또한 실전에서 경험을 해나가면서 자신만의 스타일과 원칙을 만들어가길 바란다.

추천도서 Review 〈1〉

돈, 뜨겁게 사랑하고 차갑게 다루어라

출판사 : 미래의 창
저자 : 앙드레 코스톨라니
가격 : 12,000원

리뷰 : 주식도 결국 돈을 벌기 위해서 하는 것이다. 그런 면에서 20세기 주식시장의 산 증인이자 유럽 최고의 투자자로 기억되는 앙드레 코스톨라니의 참신한 조언들이 살아있는 이 책은 아직 돈을 벌기 위해 어떤 역경들과 기회들이 있는지 알지 못하는 우리에게 많은 가르침을 준다. 우선 제목만으로도 많은 교훈과 그의 투자철학을 엿볼 수 있다. 특히, 경제의 흐름을 꿰뚫어보는 그의 안목과 장기적인 투자법의 비결은 단기간의 수익에 급급하여 큰 손해를 보고 마는 초보투자자들에게 꼭 필요한 조언들이 될 것이다. 꼭 한번 접해 보길 바란다.

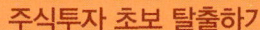

주식투자 초보 탈출하기

8 종목의 이해와 선택

1. 종목의 이해와 선택
   1) 주식의 종류
   2) 주식의 분류

1. 종목의 이해와 선택

이젠 본격적으로 종목에 대한 이야기를 해볼 차례다. 먼저 종목은 어떤 종류가 있고 또 각 종류에 따른 특징은 무엇이고 실제 어떤 주식이 포함되는지 살펴보도록 하자.

이젠 본격적으로 종목에 대한 이야기를 해볼 차례다. 먼저 종목은 어떤 종류가 있고 또 각 종류에 따른 특징은 무엇이고 실제 어떤 주식이 포함되는지 살펴보도록 하자.

1) 주식의 종류

우선 주식의 종류에 대해 살펴보자. 같은 회사의 주식이라도 그 종류에 따라 성격이 다르기 때문에 반드시 알고 투자해야 하는 부분이다.

(1) 보통주

우선주나 후배주와 같이 특별한 권리내용을 갖지 않는 주식을 말하며 발행되는 대부분의 주식이 보통주다. 보통주는 이익 배당 또는 잔여 재산의 분배를 받는 순위에 있어서 우선주 다음이다. 그리고 주식수만큼의 의결권을 가지기 때문에 주주총회에 참석하여 자신의 지분만큼의 권한을 행사할 수 있는 것이 보통주라고 하겠다.

(2) 우선주

이익의 배당 또는 기업의 해산 시 잔여재산의 분배를 보통주에 우선하여 받을 수 있는 주식이다. 의결권이 없는 것이 보통이지만 회사가 배당을 하지 않으면 결의한 주주총회 다음날부터 다시 배당하기로 결의한 주총일까지 의결권이 부여된다. 일반적으로는 보통주에 비해서 20~30% 싼 가격대가 형성되는 것이 보통이지만, 간혹 우선주 이상급등현상으로 인해 보통주에 비해 몇배 혹은 수십 배에 달하는 경우가 있는데, 그런 종목은 거래량이 거의 없이 형성된 경우가 대부분이기 때문에 함부로 투자해선 안 된다.

(3) 신형우선주

우선주보다는 회사 이익면에서 유리한 조건의 우선주를 말한다. 기업의 실적이 좋지 않아 무배당일 경우 다음해에 누적되어 배당을 지급받을 수 있으며 일정기간(보통 3~10년)이 경과한 후 보통주로 전환할 수 있어 의결권도 누릴 수 있다. 1차로 발행된 게 우선주라면 2차로 발행된 게 신형우선주다. 예를 들어 주식시세표에서 두산건설 종목을 보면 두산건설 밑에 1우는 1차로 발생된 우선주, 2우U는 2차로 발행된 우선주이며 신문 표기마다 달라서 2우B로 표시되기도 한다.

6월 24일자 매일경제 신문에서 발췌한 내용이다.
초록색 박스로 표시된 곳을 보면 대상과 대한제당 종목표기가 되어 있다.

대상 (001680)	대한제당 (001790)	일반주
1우 (001685)	1우 (001795)	우선주
3우U (001689)	3우U (001799)	신형우선주

앞서 설명한 것처럼 "3우U"가 아니라 "3우B"라고 표시되는 경우도 있으므로 다른 종목으로 착각하지 말길 바란다.

각 종목 옆에 표시된 주가를 살펴보면 같은 종목이면서도 그 성격에 따라 전혀 다른 주가를 형성하고 있는 것을 알 수 있다.

예를 들어, 대상이나 대한제당에서 높은 수준의 배당을 한다고 해서 배당투자를 고려하게 된다면, 보통주보다는 우선주를 사는 것이 훨씬 유리할 것이다. 보통주와 우선주의 주가차이 때문에 같은 투자금액으로 우선주에 투자한다면 보통주에 투자하는 것보다 3배가량 많은 배당을 받을 수 있기 때문이다.

이처럼 주식의 종류에 따라 투자결정에 많은 영향을 미치므로 반드시 기억해 두

길 바란다.

2) 주식의 분류

이번엔 해당종목의 성격에 따라 분류되는 사항을 살펴보자. 특정한 원칙에 따라 분류한 것이 아니라, 일반적으로 많이 접하게 되는 단어들을 위주로 설명해 보고자 한다. 하나씩 차근차근 알아보도록 하자.

(1) 주도주

주식시장에서 장세의 흐름을 주도하는 업종 또는 종목을 말한다. 투자를 할 때 가장 주의 깊게 살펴봐야할 종목이라고 할 것이다. 물론 주도주라는 것은 그때의 시장 상황에 따라 달라지기 때문에 어떤 종목이 주도주인지 파악하는 것이 중요하다. 어떤 종목 또는 업종에 관련된 호재로 인하여 강세장이 나타나는 경우 투자자들의 관심이 그 해당 종목이나 업종에 몰리게 되고 주가가 크게 상승하는 반면, 기타 업종 등의 주가 및 거래량은 미미하게 되어, 전체장세가 특정종목(군)의 움직임에 크게 좌우되는 경우가 많다.

2) 재료주

주가에 영향을 미치는 모든 요인을 '재료'라고 한다. 요리로 비유하자면 맛있는 음식을 만들기 위해서 좋은 재료들이 필요한 것처럼, 주가가 상승하려면 그에 걸맞은 좋은 재료가 있을 때 더 큰 수익을 기대해볼 수 있게 된다. 예컨대, 유명한 연예인이 제3자배정을 통해 유상증자를 받아 투자한다거나, 무상증자를 실시하는 것, 해당분기나 회계연도에 큰 폭의 수익이 기대된다거나(어닝 서프라이즈), 그동안 적자를 보던 회사가 흑자로 돌아섰다는 것(턴 어라운드), 높은 배당을 실시하는 것, 그 밖의 사회적 요인 등이 모두 재료에 들어가며 이같이 기대재료가 있는 주식을 재료주라고 한다.

투자 격언 중에 "루머에 사서 뉴스에 팔아라"는 말이 있다. 이 말은 재료주 투자 시에 참고해야할 격언이 아닌가 싶다. 왜냐하면 재료가 있다고 무조건 오르는 것이 아니라 때가 있기 때문이다. 아무리 좋은 재료가 있다고 해서 상당기간 주가에 반영이 된 종목이라면 오히려 재료가 기정사실화 되는 시점에서는 이미 주가가 정점일 가능성이 높기 때문이다.

(3) 우량주

영업 실적과 경영 내용이 좋고 배당률도 높은 회사의 주식을 일컫는다. 우량주는 장기적으로 투자하기에 적합한 좋은 주식이다. 하지만 이미 그 가치를 반영하고 있는 경우가 많기 때문에 안전하긴 하지만 맹목적인 투자는 금물이다.

특히 처음 주식투자에 입문하는 경우 무작정 우량주에 투자하는 경우를 많이 보게 되는데, 우량주라고 해서 내가 투자하는 시점에 맞추어서 수익이 나주는 게 아니기 때문에 반드시 전체적인 시장의 상황이나 해당 주식의 흐름을 잘 살펴보고 투자하는 것이 좋겠다.

경험적으로 볼 때, 9.11테러 때도 그랬고, 금융위기 때도 그랬지만, 좋은 주식임에도 불구하고 시장상황이나 분위기에 따라서 저평가 받는 시기가 반드시 있다. 그런 시기가 오히려 우량주를 매수하기엔 가장 좋은 타이밍이 아닐까 싶다. 물론 그런 시장상황에서 오는 심리적인 압박을 극복하는 것이 더 어려울 수도 있는 일이지만 말이다.

(4) 블루칩

위험이 작고 가치 하락의 가능성이 매우 낮은 우량 투자종목으로 이 용어는 주로 오랜 기간 안정적인 이익창출과 배당지급을 실행해온 기업의 주식을 의미한다. 우량 투자종목이란 수익성과 성장성이 뛰어날 뿐만 아니라 재무적 기반도 건실한 것이어야 하며, 주요산업에 속하고 업계에서 유력한 지위에 있어야한다. 블루칩은 우량주 중에서도 시가총액이 큰 종목으로 이들 종목의 시가총액비중이 전체 시가총액의 50%를 차지하며 대표적인 종목으로는 삼성전자, 현대자동차, KB금융, POSCO 등이 있다.

(5) 옐로칩

중저가 우량주를 말하며 블루칩에 비해 시가총액은 작지만 재무구조가 안정적이며 업종을 대표하는 우량 종목군이다. 블루칩 종목의 주가에 비해 옐로칩의 주가는 낮은 편이므로 가격에 부담이 적고 일반투자자들도 선호하여 쉽게 다가갈 수 있다. 옐로칩의 대표적인 종목으로는 LG전자, 현대중공업, 삼성전기, 삼성화재, 우리금융 등이 있으며, 시가총액 상중위 안팎의 종목들이 관심대상이다.

시가총액이란?

전 상장주식을 시가로 평가한 것이다. 여기에 개별종목의 시가총액을 말하는 경우와 주식시장 전체의 시가총액은 그 종목의 발행주식수와 주가를 곱한 것으로 그 회사의 규모를 평가할 때 사용한다.
예를 들면 시가가 1만원이고 발행주식수가 1천만주인 종목의 시가총액은 1천억원이다.

※ 2011년 KOSPI 시가총액 상위 100종목

No	종목명	현재가	액면가	시가총액	상장주식수	외국인비율	PER
1	삼성전자	878,000	5,000	1,293,288	147,299	50.99	9.45
2	현대차	244,500	5,000	538,576	220,276	40.64	13.25
3	POSCO	462,500	5,000	403,239	87,187	49.54	9.59
4	현대모비스	405,000	5,000	394,243	97,344	44.85	16.27
5	현대중공업	461,000	5,000	350,360	76,000	20.2	9.32
6	LG화학	501,000	5,000	332,018	66,271	33.64	17.15
7	기아차	74,900	5,000	298,864	399,017	27.92	13.05
8	신한지주	51,900	5,000	246,110	474,200	60.94	11.49
9	KB금융	51,900	5,000	200,517	386,352	57.74	226.64
10	SK이노베이션	209,000	5,000	193,253	92,466	30.54	16.21
11	삼성생명	95,100	500	190,200	200,000	6.33	N/A
12	한국전력	28,100	5,000	180,392	641,964	26.31	−292.71
13	S-Oil	143,000	2,500	160,993	112,583	45.01	23.65
14	하이닉스	26,950	5,000	159,590	592,172	25.2	6.01
15	LG	84,400	5,000	145,638	172,557	28.96	9.71
16	롯데쇼핑	481,000	5,000	139,699	29,043	13.92	13.83
17	삼성전자우	588,000	5,000	134,261	22,833	82.8	6.33
18	호남석유	414,000	5,000	131,900	31,860	24.05	16.82
19	SK텔레콤	161,500	500	130,404	80,746	49	9.24
20	삼성물산	82,600	5,000	129,036	156,218	21.6	28.36
21	LG전자	86,000	5,000	124,397	144,648	32.06	11.34
22	삼성화재	245,000	500	116,068	47,375	55.31	N/A
23	우리금융	14,200	5,000	114,454	806,015	21.69	9.58
24	현대제철	132,500	5,000	113,042	85,314	20.53	11.15
25	LG디스플레이	31,050	5,000	111,102	357,816	31.98	9.61
26	삼성중공업	47,150	5,000	108,858	230,875	27.7	12.26
27	KT	40,700	5,000	106,272	261,112	49	9.07
28	기업은행	18,700	5,000	102,102	546,001	12.87	9.33

29	삼성엔지니어링	254,000	5,000	101,600	40,000	35.93	27.49
30	현대건설	87,600	5,000	97,548	111,356	19.71	18.41
31	OCI	402,000	5,000	97,482	24,249	24.78	14.94
32	하나금융지주	38,350	5,000	93,210	243,050	65.58	8.04
33	KT&G	67,300	5,000	92,398	137,292	59.5	8.95
34	NHN	187,500	500	90,239	48,128	67.07	18.26
35	SK	184,000	5,000	86,410	46,962	29.91	13.51
36	대우조선해양	44,250	5,000	84,690	191,391	16.29	10.86
37	삼성SDI	170,000	5,000	77,449	45,558	15.46	22.52
38	고려아연	399,500	5,000	75,386	18,870	15.39	15.36
39	GS	80,300	5,000	74,611	92,915	18.3	9.49
40	삼성전기	98,500	5,000	73,573	74,694	16.01	13.78
41	삼성카드	58,400	5,000	71,808	122,959	12.78	6.21
42	LG생활건강	448,500	5,000	70,048	15,618	48.02	34.46
43	아모레퍼시픽	1,196,000	5,000	69,916	5,846	40.86	29.02
44	한화케미칼	49,000	5,000	68,739	140,284	15.9	17.36
45	이마트	245,500	5,000	68,435	27,876	59.81	N/A
46	한국타이어	44,800	500	68,181	152,190	39.52	15.95
47	대한생명	7,750	5,000	67,311	868,530	11.33	N/A
48	GS건설	131,000	5,000	66,810	51,000	39.44	16.4
49	제일모직	133,000	5,000	66,500	50,000	25.99	25.71
50	두산중공업	61,900	5,000	65,517	105,843	11.35	58.9
51	SK C&C	129,000	200	64,500	50,000	17	24.63
52	금호석유	253,000	5,000	64,324	25,424	10.06	15.27
53	엔씨소프트	292,000	500	63,733	21,826	29.62	36.57
54	현대글로비스	168,500	500	63,188	37,500	28.49	23.79
55	강원랜드	29,250	500	62,578	213,940	33.83	14.83
56	외환은행	9,080	5,000	58,558	644,907	71.98	5.73
57	삼성증권	81,100	5,000	54,203	66,835	18.1	N/A
58	대한항공	72,300	5,000	52,035	71,972	15.03	11.49
59	삼성테크윈	93,500	5,000	49,677	53,130	16.43	21.28

60	대우건설	11,600	5,000	48,212	415,623	6.09	−5.06
61	현대상선	32,500	5,000	46,564	143,273	16.53	11.39
62	대림산업	129,500	5,000	45,066	34,800	37.2	14.13
63	현대위아	168,000	5,000	43,227	25,730	5.3	26.71
64	현대하이스코	51,200	5,000	41,062	80,200	26.97	20.64
65	두산인프라코어	24,100	5,000	40,621	168,550	12.22	106.17
66	만도	222,500	5,000	40,526	18,214	23.28	20.31
67	동부화재	55,000	500	38,940	70,800	37.83	N/A
68	현대백화점	171,000	5,000	38,837	22,712	47.71	13.31
69	대우인터내셔널	36,650	5,000	37,738	102,968	4.43	30.29
70	대우증권	19,500	5,000	37,070	190,101	12.89	15.54
71	한화	49,450	5,000	37,067	74,959	18.18	13.59
72	LS	111,500	5,000	35,903	32,200	14.33	14.1
73	KCC	338,500	5,000	35,610	10,520	22.54	10.9
74	현대미포조선	174,000	5,000	34,800	20,000	27.07	7.67
75	두산	132,000	5,000	33,115	25,087	13.82	15.46
76	신세계	336,000	5,000	33,080	9,845	49.16	11.77
77	효성	92,400	5,000	32,449	35,117	20.08	11.96
78	현대차2우B	83,300	5,000	31,332	37,614	63.13	4.51
79	LG유플러스	5,850	5,000	30,115	514,794	21.66	5.26
80	BS금융지주	15,250	5,000	29,490	193,380	57.29	N/A
81	웅진코웨이	38,000	500	29,307	77,125	49.58	16.55
82	현대해상	32,350	500	28,921	89,400	17.38	N/A
83	한국가스공사	36,650	5,000	28,325	77,285	7.24	13.74
84	한라공조	26,200	500	27,971	106,760	82.67	13.81
85	CJ제일제당	216,500	5,000	27,658	12,775	23.69	4.35
86	SK네트웍스	11,000	2,500	27,301	248,188	8.84	12.88
87	오리온	456,000	5,000	27,196	5,964	39.86	14.95
88	코오롱인더	111,500	5,000	27,193	24,388	26.4	11.28
89	KODEX 200	28,430	0	25,985	91,400	9.23	N/A
90	동국제강	41,250	5,000	25,503	61,824	37.18	18.82

91	한전기술	65,400	200	24,996	38,220	3.75	17.69
92	STX조선해양	31,350	2,500	24,796	79,095	7.32	−47
93	우리투자증권	18,650	5,000	24,714	132,514	15.89	15.63
94	롯데제과	1,730,000	5,000	24,590	1,421	40.8	17.35
95	SKC	66,300	5,000	24,011	36,215	12.14	18.38
96	현대산업	31,700	5,000	23,897	75,384	56.73	22.37
97	대한통운	104,000	5,000	23,725	22,812	3.35	34.75
98	LS산전	77,600	5,000	23,280	30,000	6.97	19.93
99	케이피케미칼	23,000	5,000	22,618	98,338	16.29	12.5
100	한국항공우주	22,850	5,000	22,273	97,475	7.81	24.78

2011년 7월 4일 기준, 네이버 금융 참고

2011년 KOSPI 시가총액 상위 100종목!

(6) 대형주/중형주/소형주

대·중·소형주를 구분하는 방법은 몇가지가 있는데, 우선 현재 우리나라의 증권거래소에서는 상장법인의 자본금 규모에 따라 다음과 같이 구분하고 있다.

대형주는 자본금의 규모가 750억원 이상인 회사의 주식을 말하고, 중형주는 350억원 이상 750억원 미만, 소형주는 350억원 미만인 회사를 말한다. 그러나 기업규모가 자본금 규모보다는 시가총액에 의해 판단되므로 대·중·소형의 구분을 시가총액으로 구분 짓기도 한다.

시가총액 상위 100위 이내는 대형주, 101~300위는 중형주, 301위 이하는 소형주로 분류되고 있다.

대형주는 일반적으로 유동주식수가 많고 주식분포가 고르며, 기관투자자들이 많이 보유하고 있어, 주가의 변동폭이 중·소형주에 비해 비교적 작은 편이다. 시가총액이 큰 삼성전자, 현대차, POSCO, KT, 국민은행 등은 블루칩이라 불리며 재무구조가 우량함은 물론 모두 대형주에 속한다.

하지만 이런 분류는 어디까지 참고적인 지표일 뿐, 대형주라고 모두 투자가치가 높고, 소형주라고 투자가치가 없는 것은 아니다. 삼성전자처럼 꾸준히 시가총액 1위를 지키는 대표적인 종목이 있는가 하면, 현재 시가총액 10위 안에 있는 현대차, 현대모비스, 기아차 같은 경우에는 몇 년 전 만해도 시가총액 순위에서 상당히 떨어져 있었지만, 최근 몇 년간 급성장하면 엄청난 주가상승을 한바 있다.

(7) 급등주

사실 일반적인 투자자들이 가장 관심이 많은 주식이 급등주가 아닐까 싶다. 급등주는 단어 그대로 단기간 내에 급격히 상승한 종목을 말한다. 급등주는 단기간에 가파르게 오르기 때문에 신속하게 대응해야만 수익을 낼 수 있고, 뒤늦게 고가에 매수할 경우에는 단기간에 상당한 손해도 볼 수 있는 주식이다. (언제나 수익에는 그만큼의 위험이 뒤따르는 법이다 – High Risk, High Return)

급등주는 상승 초기에 신속하게 접근하는 것도 방법이지만, 그런 방법은 초보자들에게는 너무 위험하기 때문에 권하고 싶지 않고, 급등하는 주식의 특징과 패턴을 연구해서 다소 시간이 걸리더라도 여유있게 분할매수하고 때를 기다리며 길목을 지키는 방법을 권하고 싶다.

(8) 작전주

작전이란 인위적인 주가조작으로 주가의 상승을 일으키는 것을 말한다. 매매 시에 인위적인 형태의 주가를 관리하기 위해 다양한 작전을 쓰는 세력이 존재할 경우 그 종목은 작전주의 범주에 들어가는데 작전주는 인위적인 주가관리 세력이 사라지면 급락하는 경향이 있으므로 투자에 유의하여야 한다.

(9) 세력주

세력주는 작전주의 부정적인 이미지보다는 좋은 의미로 볼 수 있다. 보통 주식시장에서 "저 주식은 임자가 있다"라는 말을 가끔 듣는데 이때 임자란 주가를 관리하는 어떤 세력이 존재한다는 의미다.

(10) 테마주

증시에 영향을 주는 이슈가 생길 때 이와 관련있는 동일한 재료를 가지고 움직이는 종목군을 말한다.

테마주에는 저PER, 환율수혜, 고배당, 남북경협, 대체에너지, 바이오 분야처럼 지속적으로 관심을 받는 테마가 있는가 하면, SNS관련주, 신종플루, IFRS(국제회계기준), 스마트TV, LTE 관련주 등과 같이 새로운 기술이나 현상으로 인해 새롭게 등장하는 테마들도 있다.

테마주에 대해 연구할 때 가장 좋은 방법은 자신이 좋아하고 관심있는 분야의 테마를 찾는 것이다. 어차피 수십가지가 넘는 테마들이 있고, 그 테마별로 상당한 종목들이 포진해 있기 때문에 모든 테마를 일일이 다 분석할 필요는 없다고 생각한다. 다만 자신이 평소부터 관심을 가지고 있던 분야라면, 혹은 현재 자신의 직업과 연관성이 높은 테마라면 다른 사람에 비해 해당 테마에 대해 더 깊이 이해하고 그 방향에 대해 예측할 수 있을 것이다.

  관심있는 테마를 골랐다면 다음은 그 테마의 대장주가 어떤 종목인지를 파악하는 것이 중요하다. 대장주는 테마 중 가장 규모가 크고 대표적인 종목으로 보는데, 대장이란 말 그대로 가장 앞에 나서서 시세를 움직이고 후발주를 이끌고 간다. 반대로 대장주가 꺾일 시에는 따르던 후발주 역시 꺾이는 경향이 있기 때문에 투자자는 후발주 매수 시 해당 업종뿐만 아니라 그 테마의 대장주의 움직임까지 신경 써야 한다. 대장주는 실전투자에 있어서도 매우 중요하기 때문에 테마 전체를 알지 못하더라도 업종이나 테마별 대장주는 꼭 알아두는 것이 좋다.

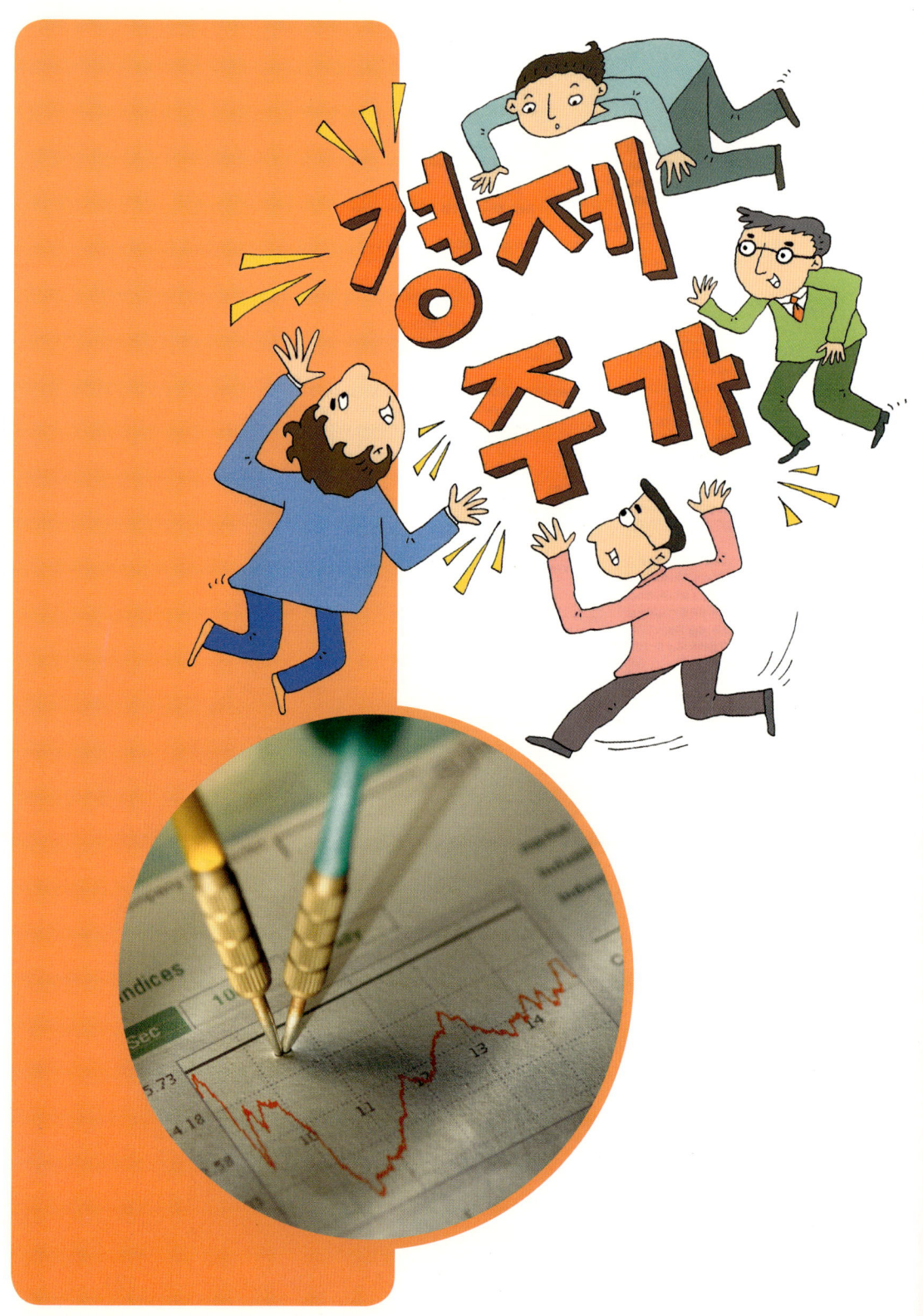

주식투자 초보 탈출하기

9

경제 속의 주가

1. 경제 속의 주가
   1) 나무만 보지말고 숲을 보야 한다
   2) 주가과 경제지표
   3) 시장의 흐름 파악 후 주식종목 고르기

추천도서 Review〈2〉

1. 경제 속의 주가

전체 시장 흐름의 이해의 필요성, 여러 경제지표들과 주가와의 상관관계를 이해해야 한다.

1) 나무만 보지말고 숲을 보아야 한다.

　전체 시장 흐름의 이해의 필요성, 여러 경제지표들과 주가와의 상관관계를 이해해야 한다.

　사실 주식투자를 시작하는 사람들은 누구나 "돈을 버는 꿈"을 꾸게 된다. 그래서 하고 싶은 것도 생각하고 멋진 생활을 상상하면서 핑크빛 미래를 생각하게 된다. 사람이라면 다 그런 것이다. 하지만 결코 노력 없이 약간의 관심만으로 꿈꾸던 미래가 쉽게 그려질까. 아마도 현실로 다가오긴 무척 어려울 것이다.
　이런 얘기를 하는 것은 투자를 시작하는 사람들이 수익을 내고 못 내고에 집착할 뿐 정작 자신의 안목이나 실력을 쌓으려고 노력하지 않기 때문이다. 특히 경제에 대한 공부는 하면 좋다고는 생각하면서도 정작 제대로 공부하는 투자자는 많지 않다.

이런 현실이 오히려 투자를 처음 시작하는 사람에게는 좋은 기회일 수도 있다. 조금만 공부해도 다른 사람에게 조언해 줄 수 있는 실정이니 말이다.

그렇다면 무엇이 문제인가 더 깊이 생각해 보자.

보통 주식투자를 시작하게 되는 계기가 장기적인 안목을 가지고 투자할 가치가 있는 회사를 발견해서 투자하기 위한 경우는 거의 없다. 대부분 주위에서 투자로 돈 번 사람들의 이야기가 들리고 특히, 어떤 종목을 샀는데 그 종목이 며칠 상한가를 쳐서 일주일만에 몇 백만원 벌었다거나 몇 천만원 벌었다는 이야기를 들으면 "그 사람도 하는데 나라고 못할게 뭐냐"라는 심리가 생기면서 투자를 쉽게 생각하여 투자에 뛰어들게 되는 경우가 많다. 하지만 이것을 알았으면 한다. 그 사람도 더 깊이 이야기를 해보면 그렇게 수익을 낸 경우는 거의 없고, 대부분 손해를 보고 있다는 것을……

이유인즉 그러하다. 사람은 자신이 잘된 일이나 좋은 일은 자랑하려고 하지만 부끄럽고 쓰라린 일은 가능하면 말하지 않을 뿐 아니라 스스로도 잊고 싶어한다. 그렇기 때문에 실제로는 많은 사람들이 손해를 보고 있어도 겉으로 보기엔 다수의 사람들이 돈을 버는 것처럼 느끼게 되는 경우가 많다.

또 실제로 많은 사람들이 수익을 낸다는 것은 주가가 많이 올랐다는 것을 뜻하고 그것은 이제 떨어질 날도 얼마 남지 않았다는 뜻도 된다. 그러므로 다른 사람이 주식으로 돈을 많이 벌었다고 느껴질 때 뒤따라 투자를 시작하다보면 십중팔구 손해를 보고 나서야 후회하는 경우가 많은 것이다.

필자는 이 책을 읽는 독자 분들이라면 부디 그런 시행착오를 겪지 않았으면 하는 바램이다. 그럼 어떻게 해야 하는 것일까?

투자를 하기 전에 경제에 대한 안목을 키워나가야 한다. 경기의 사이클을 이해하고 그에 맞는 적절한 시기에 투자를 시작한다면 손해를 볼 위험은 낮고 수익을 낼 수 있는 가능성은 높아지게 되어 있다. 전문가들도 견디기 힘들어하는 하락장을 무슨 수로 버티겠다고 종목하나만 믿고서 주식에 투자하는 초보투자자들을 보면 정말 안타까운 마음이 든다.(별책 318페이지에 나와 있는 '다우이론'을 참고해서 공부해 보기 바란다.)

2) 주가와 경제지표

소설 '갈매기의 꿈'에서는 '가장 높이 나는 새가 가장 멀리 본다'며 우리에게 눈앞에 보이는 일에만 매달리지 말고 멀리 앞날을 내다보며 자신만의 꿈과 이상을 간직하며 살아가라고 한다.

주식투자를 한다는 것도 마찬가지로 중장기적인 시장의 큰 흐름을 놓치고 종목재료만을 찾는다는 것은 너무나 잘못된 일이다. 반드시 큰 시장의 흐름을 읽은 후 그에 맞는 종목을 발굴한 후 투자해야 한다.

따라서 주식투자에서 가장 중요한 시장의 큰 흐름을 잡기 위해서 경기, 금리, 환율의 개념과 관계를 통해서 흐름을 이해해 보기로 한다.

(1) 경기

경기는 국민경제의 전체적인 움직임을 말한다. 시간이 흐르면서 상승과 하락을 반복적으로 변동해 나가는데 이를 경기순환이라고 한다. 사람이 태어나면 반드시 죽는 것처럼 경기는 이런 과정들을 반복하게 된다.

주식시장은 이러한 경기에 대한 새로운 정보를 반영하여 먼저 움직이기도 하고 주가가 변동하여 경기를 움직이게 만들기도 한다. 중요한 것은 주식시장은 경기에 2~6개월 정도 앞서간다는 것이다.

여러 언론매체를 통해서 우리는 경제 전문가들이 내놓는 경제 전망 보고서들을 자주 접하게 된다. 하지만 이 전망들은 주식시장의 흐름과 맞춰보면 틀리는 경우가 더 많음을 알 수 있다.

실제로 그런지 궁금한 분들은 6개월 전에 나온 신문, 잡지의 경제전망과 현재를 비교해 보면 간단하게 답이 나온다.

주식시장은 항상 경기에 앞서가는데 전망치들은 현재의 경기상황을 바탕으로 전망하기에 이런 일들이 생기는 것이다. 따라서 주식투자를 하는 우리들은 경기가 앞으로 어떻게 변화 할 것인지 각 요인들의 가능성 들을 나름대로 생각해보고 자신만의 전망을 해야 한다.

뒤에 나올 각각의 지표들의 흐름과 연관성을 완전히 이해해야만 자신만의 전망을 할 수 있는 발판이 생기게 된다.

(2) 금리

우리가 흔히 쓰는 이자와 같은 말인데 돈을 빌린 데에 대한 대가로 지불하는 것이다. 금리도 일반 상품가격과 마찬가지로 돈을 빌리는 사람이 상대적으로 많으면 오르고 반대로 적으면 내려간다. 물건이 적으면 값이 오르는 것과 마찬가지다. 또한 거래되는 시장이 다르면 금리가 다르게 된다.

금리는 우리 경제에 미치는 영향이 크기 때문에 정부나 중앙은행이 직접 혹은 간접적으로 규제를 한다.

(3) 환율

우리가 동네서점에서 만원짜리 책을 살 경우에 만원을 주면 된다. 미국에서 책을 산다면 만원을 달러로 교환해야만 할 것이다. 이유는 미국과 우리나라의 화폐단위가 다르기 때문이다.

그렇다면 원과 달러는 어떻게 교환할 것인가?

환율이라는 화폐의 교환 비율이 있어서 만원을 주면 일정비율의 달러를 받을 수 있다. 이런 환율에 의해서 미국과 한국간에 무역을 하면 환율에 의해 결제를 하게 된다.

각 나라마다 언어가 다르듯이 화폐단위가 다른데 미국은 달러, 일본은 엔, 중국은 위안, 한국은 원을 사용하고 있다.

환율은 예를 들어 ₩1200/$ 이렇게 표시하는데 1달러=1200원이라고 읽으면 된다.

환율에 대해 잘 이해가 안 된다면 1달러를 그냥 볼펜 한 개라고 생각해하자. 이 볼펜 한 개를 사려면 지금 1200원이 필요한 것이다. 자주 볼펜가격이 바뀌기 때문에 지금보다 싸게 살수도 있고 비싸게 살수도 있다.

이제 기본 개념들에 대해서 이해했으니 각각의 흐름이 어떻게 돌아가고 서로 간에 어떠한 영향을 끼치는지에 대해서 알아보자.

여기서부터는 다소 어려운 내용들과 용어들이 나온다. 경제 신문을 보면 이런 내용들이 자주 나오는데, 자주 나오는 용어와 내용들을 소개한 것이니 자세한 설명을 보고 이해한 후 필요하다면 그때그때 신문과 책을 번갈아 가면서 이해하면 더욱 좋을 것이다.

① 경기변동 상황과 이자율

경기 상승기에는 기업의 이익이 증가해 공장을 확장하거나 새로운 기술을 개발하기 위해서 투자를 하려고 한다. 이 경우 기업들이 서로 돈을 빌리려고 하기 때문에 돈이 모자라 이자율이 상승하게 된다.

> **＊경기 상승기**
> 기업자금수요(공장 투자) 증가 ➡ 이자율 상승
> 기업매출증가 ➡ 내부유보증가 ➡ 외부자금조달 수요 감소 ➡ 이자율 하락

＊경기 하강기

기업자금 수요 하락 ➡ 이자율 하락

기업매출감소 ➡ 내부유보감소 ➡ 외부자금조달 수요 증가 ➡ 이자율 상승

반대로 기업이 물건을 많이 팔아 돈이 많아지니 돈을 빌릴 필요가 없어진다. 서로 빌린 돈을 갚아서 시중에 돈이 많아지니 다시 이자율이 하락하게 된다.(이것에 대해서 헷갈리면 앞에 금리에 대해 설명한 부분을 다시 보자!!) 경기 하강기에는 반대의 흐름이 된다. 이유는 각자 생각해 보자.

② 물가와 이자율

＊물가상승

실질소득 감소 ➡ 구매력 감소 ➡ 기업수지 악화 ➡ 이자율 상승 원자재 및 임금 상승
➡ 기업수지 악화 ➡ 이자율 상승 실물자산 수요증가 ➡ 자금흐름 왜곡 ➡ 이자율 상승

우리가 사는 물건이 비싸지면 얄팍한 봉급에서 나가는 돈이 더 많아지므로 결국은 월급이 줄어드는 것과 같은 효과가 된다. 이렇게 되면 살 수 있는 물건들이 줄어듦으로써 이 물건들을 생산하는 기업은 매출이 줄어든다. 따라서 돈이 필요한 기업이 많아지고 결국엔 이자율이 상승하게 된다.

물건의 원료나 직원들에게 주는 임금이 상승하게 되면 이익이 줄어들어 역시 이자율이 상승한다.

토지, 아파트 같은 부동산들이 오르게 되면 돈이 그곳으로만 몰리고… 때문에 은행에 돈이 줄어들어 이자율이 상승한다.

③ 환율과 이자율

＊환율상승(평가절하)

원자재 등 수입가격 상승 ➡ 물가 상승 ➡ 이자율 상승 수출증가 ➡ 기업매출 증가 ➡ 이자율 하락 환 위험증가(환차손 발생 가능성) ➡ 외국자금 유입 감소 ➡ 이자율 상승

환율이 상승한다는 것은 달러가 오른다는 말이다. 예를 들어 1달러=1,000원하던 환율이 1달러=2,000원이 된다면 환율이 상승했다고 한다. 1,000원짜리 볼펜이 2,000원으로 오른다는 뜻이다. 이런 경우 수입업자는 수입품이 더 비싸지므로 돈을 더 지불해야 한다. 당연히 물건가격이 오르기 때문에 이자율도 상승한다.

우리 기업의 수출이 많아지면 매출이 증가함으로써 이 자율이 하락한다. 달러를 가지고 있는 외국인은 투자를 하기 위해서 원으로 바꿔야 하는데 환율이 오를 수록 (원화로 가지고 있으면 볼펜을 비싸게 주고 사야 한다) 손해이므로 우리나라에 투자를 꺼리거나 빼가게 된다. 돈이 외국으로 빠지므로 이자율이 상승한다.

④ 투자와 이자율

기업 투자 증가 ➡ 기업자금 수요증가 ➡ 외부자금조달 상승 ➡ 이자율 상승

공장을 지으려면 기업에 돈이 필요하므로 수요가 많아진다. 따라서 이자율이 상승하게 된다.

⑤ 통화량과 이자율

경기상승 국면: 통화량 증대 ➡ 이자율 하락(단기), 이자율 상승(중가지)
경기하강 국면: 통화량 증대 ➡ 유동성 증대 ➡ 이자율 하락(단기)

시중에 돈이 얼마나 돌아다니는지를 말하는 것이 통화량이다.

돈이 많이 늘어나면 경기상승과 경기하락 모두 단기적으로 이자율이 하락한다. 하지만 경기상승 시에는 이것이 기업의 자금수요의 증가로 인해 통화량이 감소하면서 공급이 줄어들어 이자율은 상승하게 된다.

⑥ 주가와 이자율

＊이자율 상승
주식보유 기회비용 상승 ➡ 주식수요 감소 ➡ 주가하락
기업자금 조달비용 증가 ➡ 기업수익 감소 ➡ 주가하락

만약 현재 이자가 5%인데 두 배인 10%가 된다면 많은 돈들이 은행으로 몰릴 것이다. 주식에 투자한 사람들도 주식을 보유하면 원금까지도 손해볼 수 있기 때문에 이자율이 높고 안전한 은행으로 몰리게 된다. 또한 기업은 이자가 오르면 돈을 빌려 이익이 발생해도 이자로 많은 비용을 지불해야 하므로 결국 기업의 이익이 줄어들기에 주가가 하락하게 된다.

지금까지 시장의 흐름을 파악해 보았다.

이자율이 하락하였을 경우, 주가에 대한 영향 같은 것들은 생략하였다. 조금만 더 생각하면 이자율 상승일 경우와 반대로 이해하면 되기 때문이다. 자신의 손으로 직접 하락하였을 경우의 흐름을 책에 쓰는 것도 공부에 도움이 될 것이다.

제대로 흐름을 파악했다면 금리가 주식시장과 우리의 경제에도 엄청난 영향을 끼침을 알 수 있다. 그렇다면 이것은 어디서 움직이게 되는 것인가?(처음 듣는 용어도 있어 어렵겠지만 이 글의 핵심이니 반드시 이해해야 한다. 이것만 알아도 시장의 큰 흐름을 느낄 수 있을 것이다.)

앞서 잠깐 소개했는데 금리는 중앙은행에서 규제하는데, 한국은 한국은행에서 콜금리를 통해 이를 조정하고 미국은 FRB(연방준비제도 이사회)에서 은행에 부과되는 금리를 조절한다.

콜(call)이라는 것은 돈이 부족한 금융기관이 돈이 남는 다른 금융기관에 자금을 빌려달라고 하는 것을 말한다. 이것은 금융시장전체의 돈의 흐름을 민감하게 반영하므로 중요하다.

FRB의 금리인하는 미국의 주식시장에 엄청난 영향을 끼치고 이에 따라 전세계의 주식시장에까지 영향을 끼치게 된다. 또한 한국의 콜금리에도 간접적으로 영향을 끼침으로써 금융 시장에 전반적인 큰 영향을 끼치게 된다.(금리인하가 주식시장에 끼치는 영향은 앞서 이미 배웠다. 복습하자!!)

예를 들어 금리가 유지되거나 인하되었을 경우라도 0.25%인하를 시장에서 예상하고 있다. 이때 FRB에서 예상한 것보다 큰 폭인 0.5%의 금리인하는 주식시장에 중장기적으로 상승가능성을 높여준다. 실제로 결국 주식시장이 중장기적으로 상승하게 되었다.

3) 시장의 흐름 파악 후 주식종목 고르기

앞서서 기존에는 그저 숫자에만 불과했던 정보다 투자에 어떤 식으로 활용될 수 있는지 배웠다. 하지만 알기만 하고 활용하지 못한다면 무슨 소용이 있겠는가?

주식투자를 하기 전에 기본적인 분석 방법은 크게 두 가지로 볼 수 있다. 하나는 탑-다운(Top-down) 방법으로 경제적인 상황분석을 먼저 한 후에 유망한 업종을 찾아 분석하고, 다시 그중에서 유망한 주식을 찾는 방법이고, 다른 하나는 우선 투자할 기업을 먼저 본 이후에 그 기업이 속해있는 업종이 어떠한지 살펴보고 나아가 전체 경제상황으로 분석해 나가는 상향식(Bottom-up) 방법이다.

어떤 방법이 더 좋다 나쁘다고 할 수 있는 것이 아니라 상황에 따라서 두가지 방식을 자유롭게 오가며 분석할 수 있어야 한다.

장기적으로 국내시장은 지속적으로 성장해 나갈 것이다. 하지만, 주식시장은 결코 한 방향으로 편안하게 올라가지도 내려가지도 않고 늘 올랐다 내렸다를 반복하며 변화한다. 여러 가지 변화가 있겠지만, 결국에는 주가는 상승하게 될꺼라는 생각은 누구나 쉽게 할 수 있고, 처음엔 장기적인 투자관점에서 주식을 시작하곤 한다.

그러나 막상 투자를 시작하고 나면 왠지 마음이 조급해진다. 나만 제자리 걸음이고 다른 사람들은 다 높은 수익을 내고 있는것 같고, 여기저기서 단기간에 급등한 종목들에 대해서 이야기하고, 그러다보니 점차 나 자신에 대한 투자관이나 확신은 작아져만 가고, 확실하지도 않은 폭등주, 대박주를 기웃거리게 된다. 그러다 보니 종목을 고를 때 처음에는 좋은 종목을 찾게 되지만, 시간이 지날수록 단기간에 고수익을 낼수 있는 리스크가 높은 종목들에 대한 관심이 커져가게 된다. 이런 심리적인 변화는 특정인에만 해당되는 것이 아니라 주식시장이라는 곳에 입문하게 되면 대다수의 사람이 겪게되는 심리적인 압박쯤으로 생각하면 좋겠다.

여기서 중요한 포인트 하나를 꼭 말해주고 싶다.

주식투자는 당장 수익을 내는 사람이 승리자가 아니라 적은 수익이나 본전이라도 오랫동안 살아남아있는 사람이 승자가 된다는 점이다.

이 부분에 대해서는 마지막 장에서 다시 언급하겠지만, 지금 주식투자를 시작하고 "열심히 공부해야지"라는 그 마음, 그 초심을 잃지 않길 간절히 부탁드리고 싶다. 얼마나 많은 사람들이 짧은 순간의 잘못된 판단으로 다시는 주식시장에 돌아오지 못하고 상처만 입은 채 이곳을 떠나고 있는지 반드시 기억해야 할 것이다.

종목 고르는 이야기를 하다 말고, 왜 이런 이야기를 하는지 의구심이 들 수도 있을 것이다. 그러나 투자에 대한 올바른 가치 정립과 리스크(위험)를 최소화하는 투자습관은 아무리 강조해도 지나침이 없기에 한 번 더 언급했다고 생각하자.

결국, 결론은 종목을 선택하기 전에 반드시 전체적인 경제 상황에 대해서 한번쯤 점검해 볼줄 알아야 한다는 것이다. 현재 금리수준이나, 금리인상 가능성, 환율의 변화 등의 경제 지표의 변화들을 자세히 보면 외국인이나 기관의 동향도 이해가 되게 되고, 그렇다면 투자를 통해 수익을 낼 수 있는 적절한 타이밍을 잡고 투자를 시작할 수 있게 될 것이다.

이제 다음 장에서는 본격적으로 기업분석을 통해 투자할 종목을 어떻게 발굴할 것인지 알아보도록 하자.

초보자를 위한 시세의 이해

시세라는 것은 수급의 원리를 통해 형성된 주식의 가격을 말한다. 그래서 시세가 어떻게 형성되는 이해하는 것은 매우 중요한 일이다. 이에 대해서는 유럽 최고의 투자자였다고 일컬어지는 앙드레 코스톨라니가 말한 시세공식을 빌리고자 한다.
 여기서 돈이라는 것은 시장(특정주식)에 유입되는 자금이며, 심리하는 것은 투자자들의 심리를 말하는 것이다. 비유를 들어 생각해 보자.

$$시세 = 돈 + 심리$$

누구나 캠프파이어를 하며 모닥불을 피워놓고 노래를 부르며 놀아본 기억이 있을 것이다. 그 기억을 되살리면 시세공식을 쉽게 이해할 수 있다.
돈은 모닥불의 장작에 비유할 수 있다. 장작이 많아서 불이 활활 잘 타오를 수 있을 것이다. 또 심리는 모닥불 위에 붓는 석유라고 생각할 수 있다. 장작만 많다고 해도 불씨가 작으면 불이 잘 번지지도 않고 잘 타지 못한다. 그래서 석유를 부어주는데 그러면 불은 순식간에 높게 치솟으며 다른 장작까지 더 많이 태우게 된다. 하지만 석유는 금방 타버리기 때문에 시간이 지나면 오히려 다시 불이 작아지는 것을 기억할 것이다.
시세라는 것이 그렇다. 심리는 순식간에 시장에 불을 붙이고 설사 자금이 부족하더라도 높게 치솟을 수 있게 되지만 다타버리면 작아지는 불꽃처럼 금세 달아올랐다가 금세 식어버리는 것이 심리다. 반면은 돈은 어떤가? 돈은 시장이 지속적인 상승을 하기 위한 아주 중요한 재원이다. 그러므로 시장에 유입되는 돈(고객예탁금)만 많아질수록 주가는 상승할 수 있는 힘이 커지게 되는 것이다.
그러므로 시장에 얼마나 원활하게 자금공급이 이루어지고 있고 얼마나 많은 거래가 이루어지고 있는가와 투자자들의 심리상태가 어떠한지 잘 파악하고 투자에 임할 필요가 있는 것이다. 시세는 시세에게 물어라, 시세에 역행하지 말라는 말들을 잊어서는 안 될 것이다.

추천도서 Review ⟨2⟩

시골의사의 부자경제학

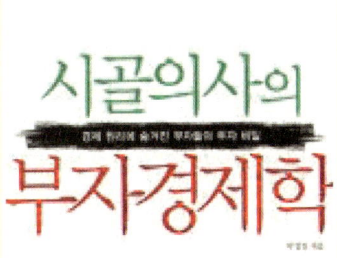

출판사 : 리더스북
저자 : 박경철
가격 : 12,000원

리뷰 : 이미 이 책을 읽은 독자이길 희망해본다. 하지만 아직 읽지 않았다면 지금이라도 꼭 읽어보길 권한다. 경제원리에 대해 쉽게 이해할 수 있도록 설명해주고 있는 시골의사 박경철 원장님의 책이다. 부자의 정의가 무엇인지부터 시작해서 투자에 대한 올바른 접근방법과 투자의 기본 원리라고 할 수 있는 시세, 종자돈을 모으는 방법까지 그만의 날카로운 필체로 잘 설명되어 있다. '경제 속의 주가'를 읽고 무언가 더 깊이 있게 공부하고 싶다는 마음이 들었다면, 서슴없이 이 책을 읽어보길 바란다.

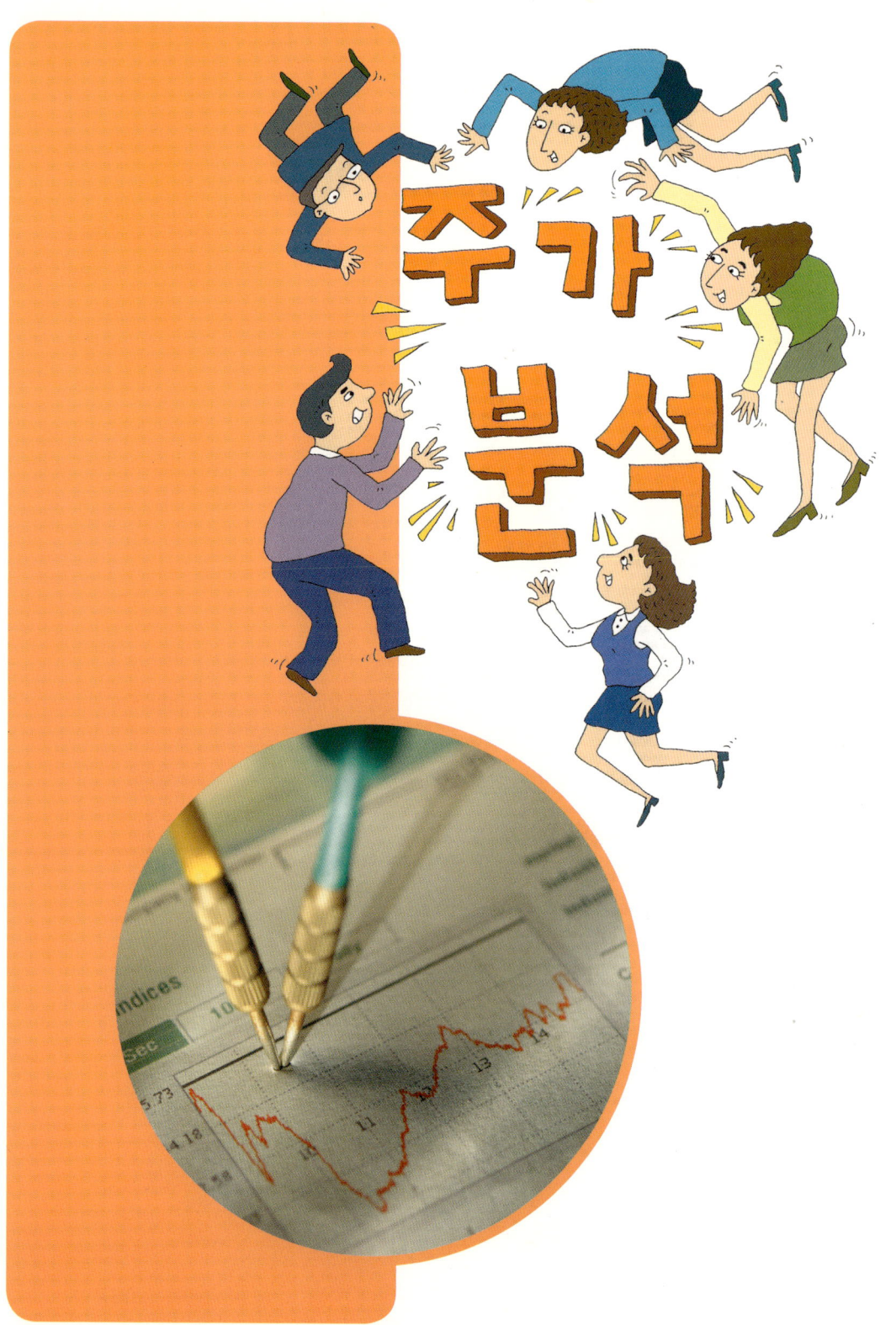

주식투자 초보 탈출하기

10 주가 분석방법

1. 주가 분석 방법
   1) 종합주가지수
   2) 기본적 분석
      전문가가 말하는 기본적 분석사례
   3) 기술적 분석
   4) 차트의 구성
   추천도서 Review 〈3〉

1. 주가 분석방법

투자자의 입장에서 분석은 매우 중요한 부문이다. 투기와 투자의 갈림을 정하는 하나의 척도가 될 수도 있는 것이 바로 분석을 어떻게 하느냐에 달려있기 때문이다.

투자자의 입장에서 분석은 매우 중요한 부문이다. 투기와 투자의 갈림을 정하는 하나의 척도가 될 수도 있는 것이 바로 분석을 어떻게 하느냐에 달려있기 때문이다.

분석은 과거나 현재의 여러 사항을 미래를 위한 예측을 하기 위한 것이다. 시장이 어떻게 형성될 것인가를 찾아내는 과정을 분석이라고 할 수 있는데, 이러한 분석에도 방법과 정도에 따라 몇 가지로 나누어 볼 수 있다.

기업의 실질적 내재가치를 분석하여 향후 기업이 어떠한 발전과 성장을 보일 것인가에 대한 예측을 결정하는 기본적 분석과, 시장의 변화나 흐름의 패턴을 파악하여 미래의 시장변화를 예측하는 기술적 분석, 시장 주체들의 시장대응과 변화를 예측하는 투자심리로 크게 나눌 수 있으며, 이 외에 기본적인 시장의 종합성을 확인할 수 있는 종합주가지수를 대표적으로 들 수 있다.

1) 종합주가지수

1980년 1월 4일 거래소 전 종목의 시가총액을 100으로 기준하고 이에 비교하여 매일의 주가지수를 시가총액 기준으로 비교하여 산출한다.

"시가총액 = 총주식수 × 주가"로 산출한다.

예를 들어 현재의 종합주가지수가 2000이라면 1980년 대비 시가총액의 규모가 20배 증가했다는 것을 의미한다.

종합주가지수의 움직임은 매우 중요하다. 시장의 흐름이 어떻게 움직이고 있는 것인지를 대표적으로 보여주는 가장 중요한 지표이기 때문이다. 흔히 초보자들은 개별종목의 흐름만을 보고 투자하는 경향이 많은데, 이는 매우 위험한 방법이다. 대부분의 종목들이 종합주가지수에 연동되어 움직이는 경우가 많고, 시장의 전체적인 흐름에 따라 개별종목이라도 영향을 직, 간접적으로 받기 때문이다. 물론 그렇지 않은 종목들도 시장에 나타나기는 하지만, 이는 시장의 변화에 직접적인 영향을 받았기 보다는 어떤 세력의 개입으로 인한 것일 가능성이 높다.

종합주가지수는 단순 지표를 나타내기는 하지만, 여러 가지의 변화가 숨어있다. 초보자들은 이러한 사항을 잘 모르고 단순히 오르고, 내림 현상만을 보고 투자시기를 판단하는 경우가 많은데, 이는 잘못하면 오히려 투자시기를 잘못 판단하는 결과를 나타내기도 한다.

시장의 매매변화에 종합주가지수도 변화하기는 하지만, 주가지수에 미치는 요소들은 상당히 많이 있다. 예를 들어 주식의 신규상장, 추가상장, 감자, 상장폐지처럼 직접적인 시장진입이나 퇴출도 있고, 교환사채, 전환사채등의 채권의 주식변환으로 인한 눈에 잘 띄지 않는 간접적인 변화 등인데 이러한 시장내부의 여러 변화에 주목해야한다.

이러한 내부적 요인만큼 중요한 요소는 환율이다. 환율의 변화에 따라 국내투자의 핵심적인 요소인 외국인투자자들의 시장대응 정도가 종합주가지수에 미치는 영향력이 대단히 크기 때문이다. 외국인투자자들은 국내 종합주가지수와 시장진입이나 이탈 당시의 환율에 따라 주가지수를 달리 환산하는 경우가 많다. 이는 외국인투자자들의 투자변화에 매우 중요한 요소인데도 불구하고 일반 개인투자자들은 무시하거나 전혀 중요하게 생각하지 못하는 경우가 많다.

종합주가지수는 개별종목들이 종합되어 나타내는 지표인 만큼, 종합주가지수를 분석한 투자종목을 선정할 때, 투자종목이 얼마나 연동되어 움직이는지는 그 종목의 베타계수를 찾아보면 알 수 있다. 베타계수가 1이면 그 종목은 종합주가지수가 오르고 내리는 것과 똑같이 움직인다고 볼 수 있고, 1보다 크면 더 민감하게(오를 땐 더 많이 오르고, 내릴 때도 더 많이 내린다), 1보다 작으면 덜 민감하게 움직인다고 볼 수 있다. 특히 베타계수가 매우 낮은 종목들은 거의 종합주가지수와 상관없이 움직인다고 생각하면 된다.

예를 들어 종목의 베타계수가 1.5라면 종합주가지수가 10%상승할 때 이 종목은 15%상승 할 수 있고, 10%하락할 때는 15% 하락할 수 있다는 뜻이므로 위험과 기대수익이 모두 커지기 때문에 베타계수도 투자에 참고하여야 한다.

2) 기본적 분석

　기본적 분석은 말 그대로 투자를 함에 있어서 가장 기본이 되는 분석방법이다. 하지만 의외로 초보 투자자들이 가장 외면하기 쉽고 참고하지 않는 것이 또한 이 기본적 분석이기도 하다.

　사실 투자라는 것이 한 기업에 대한 지분참여라고 생각한다면 과연 그 회사가 무엇을 만드는 회사인지 얼마나 돈을 잘 버는지, 자본금은 얼마고, 부채는 얼마나 되는지 꼼꼼히 살펴보아야 하지 않겠는가?

　하지만 실제로는 그렇지가 못하다. 그저 대박주니, 폭등주니 하면 그 회사가 뭘 하는지 무엇을 파는지 어떤 상태인지는 보지도 않고 사서 오르기만 하면 된다는 식으로 투자를 하는 것이다.

　그것은 너무나도 잘못된 투자 방법이다. 어떻게 그 회사를 제대로 모르면서 올바른 투자로 이어지길 기대할 수 있겠는가. 지금부터 찬찬히 읽어보라. 아마 기본적으로 회사를 분석하고 이해할 수 있는 능력을 가지게 될 것이다. 먼저 다음 이미지를 보도록 하자.

　다음 자료는 NICE신용정보에서 제공하는 기업분석 자료와 네이버, 다음과 같은 포털사이트의 증권관련 카테고리에서 쉽게 찾을 수 있는 기업분석 자료이다. 검색창에 원하는 종목만 입력을 해도 주가정보를 확인할 수 있고, 주가정보 내에 기업정보를 조회하면 아래 이미지와 표를 얻을 수 있다.(이런 기업별 분석 자료들은 대부분의 증권사 HTS에서도 제공하고 있기 때문에 HTS상에서 확인하는 습관을 들이는 것도 좋겠다.)

　여기서 살펴볼 회사는 CJ이다. CJ그룹의 지주회사로써, 다시다로 유명한 제일제당이나 뚜레쥬르, VIPS, 투썸플레이스 등의 프랜차이즈 매장을 보유하고 있는 CJ

푸드빌의 모회사다. 2007년에 CJ제일제당을 분리하면서 지주회사가 된 회사라는 것을 간단한 인터넷 검색만으로도 알 수 있다.

그럼 생활 속에서 막연하게 알던 CJ라는 회사가 어떤 회사인지, 과연 투자할만한 가치가 있는 회사인지 자료를 통해 분석해보면서 기본적 분석에 대해 배워보도록 하자.

〈자료출처〉
1. NICE신용정보 : http://www.kisonline.co.kr/
2. 네이버 증권 : http://finance.naver.com/

CJ (001040) CJ Corporation			유가증권 - KOSPI200
▶ CJ그룹의 지주회사			지주회사

▣ 개요일반 [5000 원/ 12월/1분기]

본사주소	서울 중구 남대문로5가 500 CJ빌딩	대표전화	02-726-8114
홈페이지	http://www.cj.net	주식담당자	02-726-8782
설립일	1953.08.01	대표이사	손경식/이재현/이관훈
상장/등록일	1973.06.29	종업원수	92명 (2010년 12월 현재)
구상호	제일제당(주)	감사의견	적정(삼일)
계열	씨제이	주거래은행	우리은행(남산)
회사채등급	AA-	CP등급	A1

▣ 실적과 전망 [작성일 : 2011.03.31]

외형 성장 불구 수익성 저하
- CJ제일제당 등 주요 자회사의 실적호조로 지분법 이익 기여 및 로열티수익 등이 증가하면서 외형은 성장했으나 수익성은 저하.
- 지분법손실 부담 확대 및 인건비와 광고선전비 등 고정비 부담 가중으로 영업이익률 전년대비 하락, 이에 따른 영향으로 순이익률 또한 하락.
- 풍부한 현금성 자산 보유 중에 있으며, 이익잉여금 누적으로 자기자본 확충되는 등 전년대비 더욱 개선된 우수한 재무구조 견지.

안정적인 성장세 이어갈 듯
- 설탕 출고가 인상 및 라이신 부문 호조로 주요 자회사인 CJ제일제당의 실적 호조세가 기대됨에 따라, 안정적인 성장세 이어갈 전망.
- 부진했던 엔터테인먼트/미디어 사업부가 CJ E&M으로 통합, 방송/게임/영화 등 미디어분야를 총괄하며 실적개선에 기여할 전망.
- 향후 보유 중인 삼성생명, 삼성에버랜드 주식을 처분하여 신규사업에 활용이 기대됨에 따라, 장기적인 성장 기반을 마련할 것으로 예상됨.

1) 개요일반 : 회사의 가장 기본적인 정보들을 알려준다. 주소나 연락처1[22] 라거

---
[22] 주식담당자 연락처도 별도로 기재되어 있으므로 더 많은 정보나 회사동향을 알아보기 위해 직접 연락해 보는 것도 좋은 방법이다.

나 회사채와 CP등급도 알 수 있다. 오른쪽 상단에 [5000원 / 12월 / 1분기]라고 되어 있는 것은 액면가 5,000원이라는 것과, 결산일이 12월이라는 것, 현재 1분기정보까지 반영된 것이라는 설명이다.

2) 실적과 전망 : 회사의 현재 실적이나 향후 전망에 대한 애널리스트의 의견을 작성해 놓은 것이다. 현재 회사 상황을 간편하게 살펴 볼 수 있다.

간혹 회사에 따라서 애널리스트의 의견 작성일이 오래된 경우에는 현재 회사 상황이 여러 가지로 달라졌을 가능성이 많으므로 최근 공시 등을 참고해서 현재 투자 시점의 회사 상황을 파악해야 한다.

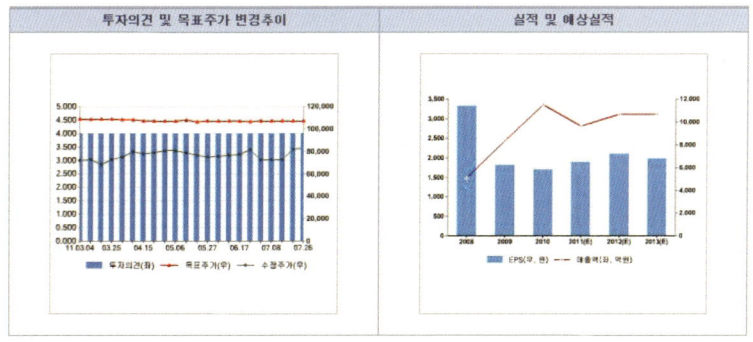

10. 주가 분석방법 • 145

3) **주가와 컨센서스** : 현재(2011.7.27)를 기준으로 했을 때 최근 주가상황을 확인할 수 있다. 실적이나 목표주가는 친절하게 그래프로 제공해 주고 있다. 하지만 목표주가라는 것은 말 그대로 목표주가일 뿐이지, 현재주가가 목표주가보다 낮기 때문에 주식을 매수해야겠다고 생각하는 것은 신중한 판단이 아니다.

 - EPS (Earning Per Share : 주당순이익) : 회사의 순이익을 전체발행 주식수로 나눈 값으로, 주식 한주의 가치를 대변해 주는 지표

4) **주요지표** : 회사 실적에 대한 핵심적인 지표들이 적혀있다. 올해들어 매출액은 35.14% 줄어든 모습이다. 그러다보니 ROE도 업종평균에 밑도는 수준이다. 하지만 영업이익률은 상당히 높은 편임을 알고 있고, 부채비율은 낮고, 유보율은 높은 상태로 재무상태는 탄탄해 보인다.

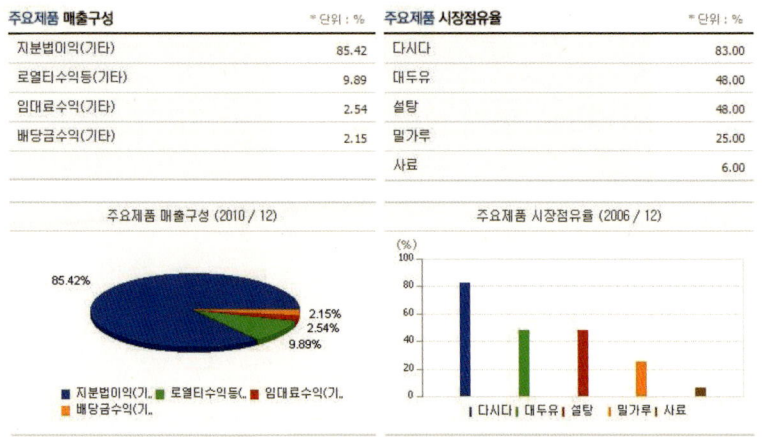

5) **주요제품 매출구성 및 시장점유율** : 수익의 거의 대부분은 지분법이익을 통한 수익이고, 기타 로열티 수익이나 임대료, 배당금 수익이 확인된다. 지주회사의 매

출구성상의 특징이라고 볼 수 있다. 시장점유율은 CJ제일제당의 시장점유율이 나온 것이다.(2007년에 지주사로 전환했기 때문에 가장 최근자료로 2006년 자료가 표기된 거라고 생각하면 된다. 현재의 제일제당이 궁금하다면 역시 상장회사이므로 별도로 찾아보기 바란다.)

6) 관계회사 현황 : CJ가 지주회사인만큼 관계회사가 상당히 많고 지주비율이 매우 높다는 것을 확인할 수 있다. CJ엔터테인먼트, CJ올리브영, CJ푸드빌은 거의 지분율이 100%이기 때문에 해당 회사의 수익은 지분법에 의해 바로 CJ의 실적에 반영된다는 점을 알고 있어야 한다. 그러므로 관계사들도 인터넷 검색 등을 통해서 어떤 회사를 가지고 있고, 앞으로 얼마나 발전가능성이 있는지 관심을 가져야 할 것이다.

이처럼 기업정보를 보면서 비단 해당 회사의 실적뿐만 아니라 관계회사나 출자회사의 상황도 함께 고려할 수 있는 안목을 가지고, 시장의 동향에 따른 성장성을 파악할 수 있다면 투자에 많은 도움이 될 것이다.

관계사 현황 ※ 최근결산기준 (단위 : %)

관계사명	지분율	관계사명	지분율
CJ Japan Corp.	100.00	동부산테마파크㈜	50.00
CJ엔터테인먼트㈜	100.00	에스에이관리㈜	49.93
CJ올리브영㈜	100.00	CJ미디어㈜	49.93
CJ건설㈜	99.92	엠넷미디어㈜	49.44
Lee Entertainment L.L.C.	99.36	씨제이아이앤엠㈜	43.61
CJ푸드빌㈜	96.29	CJ GLS㈜	41.44
CJ창업투자㈜	90.00	CJ CGV㈜	40.05
화성봉담PFV㈜	82.46	㈜CJ오쇼핑	39.86
CJ시스템즈㈜	66.32	CJ제일제당㈜	37.85
CJ프레시웨이㈜	51.89	CJ인터넷㈜	31.58

7) 재무상태표 : 회사의 성장성, 사업의 지속성 등 그 회사의 실질적인 자산현황을 한눈에 볼 수 있는 지표이다.

재무상태표
[단위 : 억원,%]

항 목	2007.12.31	2008.12.31	2009.12.31	2010.12.31	2011.03.31
유동자산계	480.5	6,446.9	5,784.9	5,403.5	4,573.0
비유동자산계	21,113.6	21,364.4	22,129.5	32,824.2	30,127.3
자산총계	21,594.1	27,811.3	27,914.4	38,227.7	34,700.3
유동부채계	432.9	2,485.5	1,639.7	2,712.1	2,673.4
비유동부채계	3,991.4	5,518.8	5,716.4	6,496.4	5,477.8
부채총계	4,424.3	8,004.2	7,356.1	9,208.4	8,151.1
자본금	1,567.3	1,567.8	1,567.8	1,569.0	1,569.0
이익잉여금	7,348.3	5,350.0	6,563.5	7,958.8	11,017.5
자본총계	17,169.8	19,807.1	20,558.3	29,019.3	26,549.2
총자산증가율	-34.7	28.8	0.4	37.0	-9.2
총자본순이익률	1.4	11.9	6.2	4.9	2.9
자기자본순이익률	2.3	15.8	8.6	6.5	3.8
자기자본비율	79.5	71.2	73.7	75.9	76.5
부채비율	25.8	40.4	35.8	31.7	30.7
유보율	1,141.9	1,301.0	1,343.2	1,881.4	1,724.0
총자본회전율	0.7	0.1	0.1	0.1	0.0

재무현황은 크게 자산, 부채, 자본을 기준으로 나눠지는데, 각 항목들의 증감기준으로 해당기업의 실질적 가치를 도출해 내는 것이 분석의 핵심이라 할 수 있다.

예를 들어 "자산=자본+부채"이므로 작년에 비해 올해 자산이 많이 늘었다면, 부채가 늘어나서 자산이 늘어난 것인지, 아니면 자본이 늘어난 것인지를 보고 재무건전성(회사의 재무상태가 얼마나 좋은지)을 판단하게 되는 것이다. 표를 보면 2008년과 2010년에 자산이 대폭 늘어나는 것을 볼 수 있는데, 2008년은 자본보다는 부채가 많이 늘면서 자산이 늘었는가 하면 2010년에는 부채보다는 자본이 많이 늘어난걸 알 수 있다.

11) 손익계산서 : 손익계산서는 기업의 성과지표로서 해당기업이 일정기간동안 실적을 나타내는 지표이다. 즉 얼마나 내실있게 영업을 잘 했느냐를 알아 볼 수 있는 지표이다. 위 자료는 올해부터 적용이 되는 K-IFRS(한국채택국제회계기준)를 적용하지 않은 정보이고, K-IFRS기준으로 보면 조금 상이한 내용을 확인할 수 있다.

손익계산서 (누적)

[단위 : 억원,%]

항 목	2007.12.31	2008.12.31	2009.12.31	2010.12.31	2011.03.31
매출액	19,733.9	1,484.8	2,448.3	3,357.5	378.1
매출원가	12,983.8	1,100.1	231.1	1,126.2	-
영업이익	1,630.4	64.5	1,909.1	1,713.4	256.5
이자비용	555.6	250.5	308.8	314.4	74.1
영업외수익	654.6	6,111.9	846.9	583.2	203.8
영업외비용	1,465.6	2,072.8	807.9	449.0	172.5
법인세비용차감전계속사업이익(손실)	819.4	4,103.6	1,948.2	1,847.6	287.8
계속사업손익법인세비용	438.9	1,175.3	219.6	228.0	24.3
당기순이익	380.5	2,928.3	1,728.6	1,619.6	263.5
매출액증가율	-25.5	-92.5	64.9	37.1	-35.1
매출액총이익율	34.2	25.9	90.6	66.5	100.0
영업이익증가율	-15.0	-96.0	2,859.6	-10.3	-22.9
매출액영업이익율	8.3	4.3	78.0	51.0	67.8
순이익증가율	-72.8	669.5	-41.0	-6.3	-14.0
매출액순이익율	1.9	197.2	70.6	48.2	69.7
종업원1인당매출액(천원)	24,979,642.9	2,091,319.4	3,497,612.2	3,649,470.8	-
종업원1인당순이익(천원)	481,689.2	4,124,358.1	2,469,479.3	1,760,440.5	-

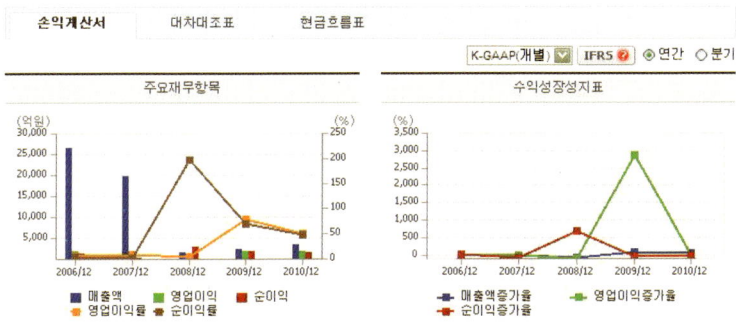

(기존 회계기준(K-GAAP)에 따른 손익계산서 그래프)

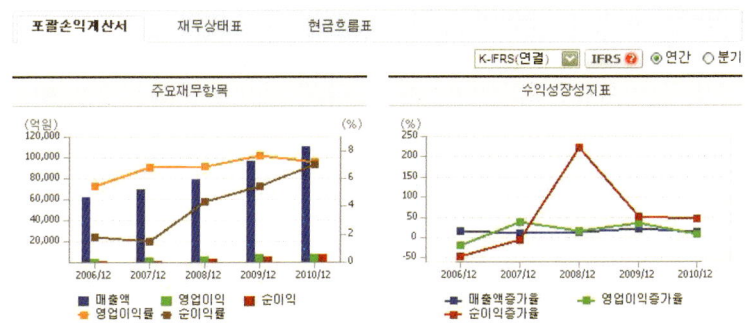

(국제회계기준(K-IFRS)에 따른 포괄손익계산서 그래프)

위 자료는 K-IFRS에만 적용되는 포괄손익계산서를 그래프화한 것이다. 기존 손익계산서와 포괄손익계산서의 정보 차이가 두드러진다. 다소 혼동스러울 수 있지만, 두가지 자료를 다 보여주면서 설명한 것은 기존 회계기준(K-GAAP)와 올해부터 적용되고 있는 국제회계기준(K-IFRS)를 둘다 볼 줄 알아야 CJ와 같은 지주회사를 분석할 때 더 정확히 실제 회사상황을 분석할 수 있기 때문이다.

지금 자료를 분석한 것은 가장 일반적으로 관심을 가질만한 종목인지 아닌지에 대해 파악하는 수준의 기본적인 검토만 해본 것이다. 자세히 파고 들어가면 더욱더 공부할 내용은 많아지지만 우선은 이런 정보를 확인하는 습관을 들이길 기대해 본다. 더 구체적인 분석은 바로 이어질 실제 분석 사례를 통해 좀 더 공부해보도록 하겠다.

앞서 CJ에 대해 간단히 기업분석을 해보았는데, 관심을 가지고 보면 한두 페이지 되는 기업분석정보를 통해 우리가 그 회사에 대해 알 수 있는 정보들이 무척 많다는 것을 배웠다. 하지만 지금 이 시간에도 어느 곳에서는 자신이 투자하는 기업이 무엇을 만들고, 어떤 재무상태인지도 모른 채 누군가의 추천만을 믿고 투자하는 사람들이 엄청나게 많다는 사실을 기억해야 한다. 이 책의 독자라면 결코 그런 사람들과는 달리 실력을 겸비한 유능한 투자자가 될 수 있으리라 믿는다. 그러니 반드시 투자를 하기 전에는 내가 투자하려는 관심기업의 분석 자료부터 찾아보는 것은 어떨까?

좋은 습관을 가진다면 분명 그 속에서 훌륭한 투자 기회를 발견하여 수익으로 결실을 맺을 수 있을 것이다. 기본적 분석은 어렵고 골치 아픈 것이 아니라 어디까지나 "지극히 기본적인" 분석이라는 것을 이해하기 바란다. 그리고 지금 당장 투자하고 싶은 기업의 정보를 찾아보도록 하자.

다음은 추가적으로 실전에서 전문가들은 어떤 식으로 기업정보를 찾고 그런 정보들을 어떻게 해석하고 있는지 몇 가지 기업분석 사례를 통해 알아보도록 하자.

전문가가 말하는 기본적 분석 사례 – 유니크에셋 김강기 대표

기본적 분석은 투자방향을 결정하는 가장 기초적인 분석이다. 가장 기초적인 것임에도 불구하고 초보자들은 쉽게 생각하는 경향이 많다.

사실 투자라는 것이 한 기업에 대한 지분참여라고 생각한다면 과연 그 회사가 무엇을 만드는 회사인지 얼마나 돈을 버는지, 자본금은 얼마고, 부채는 얼마나 되는지 꼼꼼히 살펴보아야 하지 않겠는가?

하지만 실제로는 그렇지 못하다. 그저 대박주니, 폭등주니 하면 그 회사가 뭘 하는지 무엇을 파는지 어떤 상태인지는 보지도 않고 사서 오르기만 하면 된다는 식으로 투자를 하는 것이다. 그것은 너무나도 잘못된 투자 방법이다. 어떻게 그 회사를 제대로 모르면서 올바른 투자로 이어지길 기대할 수 있겠는가.

기본적 분석은 경제 전반적인 분석과 기업의 본질적 가치를 분석하는데 중점을 두고 있다. 큰 테두리로 2가지로 구분하는데 절대적 가치와 상대적 가치로 구분한다. 이 2가지는 한 쪽의 편중된 가치를 나타내는 것이 아니다. 하나의 데이터로 이 2가지 모두를 해석하는 것이다. 일반적으로 초보자들은 해석할 때 내재적 가치인 절대적 가치에 치중하는 경향이 많다. 그러나 시장전체를 바라보는 시각으로 투자선정을 하고자 할 때에는 절대적 가치만으로는 절대 불가능하다. 즉 상대적 가치를 매겨 얼마나 시장성이 있는가를 분석함으로서 절대적 가치가 실질적인 가치를 지니고 있는지 파악하는 것이 중요하다. 그러나 분석방법에 있어서 절대적 가치와 상대적 가치를 따로 구분하여 산출하지는 않는다.

과거 우량기업이 현재, 미래에서 지속적인 우량기업으로 남으라는 법은 없다. 다만 현재 투자하는 시점에서 위험성이 없어야 한다는 전제를 붙인다면, 기본적 분석을 통한 예측은 필수라고 볼 수 있다.

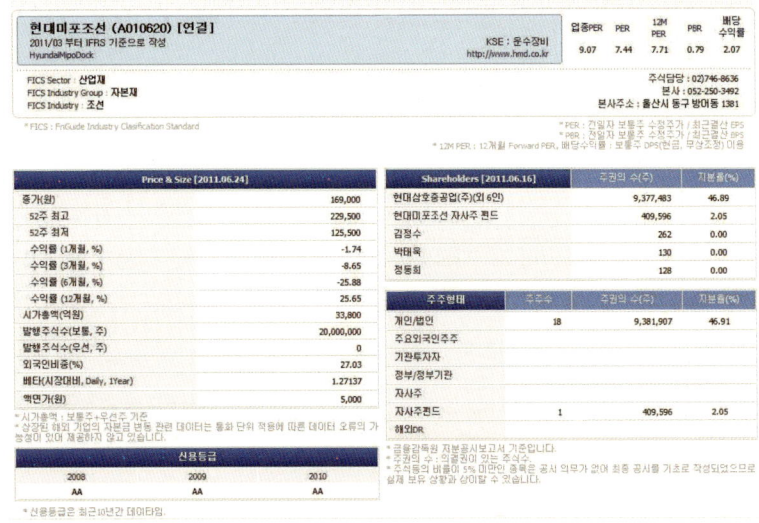

위의 표는 현대미포조선의 대표적인 지표현황과 주주구성비율 등이 나타나있다. 어떤 증권사 HTS 프로그램이든 이러한 기업분석을 볼 수 있도록 제공 하고 있으므로 활용하는 것이 가장 좋은 방법이다.

① PER(주가수익비율)

PER은 주당순이익 대비 현재 거래되는 주가의 비율을 나타낸다.(주가/주당순이익) 보통 몇배식의 숫자가 나타나는데, 현대비포조선 종목의 표의 경우 현재 주당순이익 대비 7.71배의 주가가 형성되어 있는 것이다. PER은 낮을수록 저평가 되어 있다고 볼 수 있다. 이 낮다는 기준이 배식으로 나타내었을 때는 이해하기 힘들 수도 있다. 따라서 거꾸로 계산해보기를 권유한다. 즉 1/7.71을 백분율로 구분해 본다면 쉽게 이해가 될 것이다. 백분율 환산시 12.9%인데 이는 주가를 100%로 봤을때, 순이익이 12.9%로 이익이 나타남을 알 수 있다. PER이 낮다는 것은 그만큼 주가대비 순이익 비율이 높아진다는 것을 이해하기 쉬울 것이다.

단 여기서 오해하지 말아야 할 것은 자본 대비 순이익 나타나는 것이 아님을 주의해야한다. 시장성이 있는 주가의 흐름에 비교한 것이므로 단순히 PER만으로 저평가를 구분하기는 어렵다.

앞서 설명했듯이 절대적 가치와 상대적 가치에 대해 기억 하실 것이다. 여기서 업종PER이 바로 기업의 상대적 가치를 나타낸다. 단순히 종목 PER을 봤을 때에는 이 기업이 낮은지 높은지, 저평가인지 고평가인지 판단하기는 힘들다. 해당 기업의 상대적 가치를 판단할 때에는 업종 PER에 주목해야 한다. 현대미포조선의 경우 업종 PER에 대비 낮다. 이는 같은 업종에 비해 상대적으로 저평가 되어 있다고 볼 수 있다. 또한 해당 업종에서 저평가 되어 있다고 판단할 수 있는 부분이다.

PER은 기업의 미래가치를 예측하는 지표로 많이 활용된다. 현재의 주가 기준으로 산출되기 때문에 시장의 성장성을 판단할 수 기준으로 볼 수 있다.

② 신용등급

신용등급은 회사채등급과 CP(기업어음)등급으로 나뉘는데, 현재 표에 나타난 등급은 회사채등급이다. 회사채등급은 회사채를 발행한 기업이 원리금 상환 만기일까지 지급능력을 가지고 있는지를 파악하여 신용평가기관이 매기는 등급을 말한다.

기업어음등급은 270일 이내의 단기자금에 대한 평가이며, 회사채등급은 3년의 중장기 채권에 등급을 표시한다.

회사채등급은 총 16단계를 나뉘는데, AAA, AA+, AA, AA-, A+, A, A-, BBB+,BBB, BBB-, BB+, BB, BB-, B, CCC, CC, C, D 등 영문 알파벳순으로 매겨진다. 원리금지급 능력이 우수한 AAA를 최상급으로 아래로 갈수록 지급능력은 떨어진다고 보면 된다.

보통 BBB까지를 투자적격 등급으로 분류하는데, BBB기준은 현재 지급능력은 있으나 향후 경제여건이나 기업의 내외적요소에 의해 지급능력을 상실할 가능성도 있는 등급으로 분류한다. 보통 BB이하 등급은 투기등급으로 분류를 하지만, BBB-이하 등급을 투기등급으로 보는 경우도 있다. C등급은 채무이행 가능성이 거의 없는 단계이며, D는 채무를 이행 할 수 없는 등급이다.

신용등급이 높고 낮음은 기업의 재무건전성도 반영되지만, 채무에 대한 이자지급 비율에도 연관성이 있다는 것을 알아야 한다. 신용등급이 낮을수록 회사채 발행에 대한 높은 이율을 부담하게 되고 이는 순이익에 영향을 미치게 되므로 기업의 실적에 부정적 영향을 주기 되는 것이다. 표에 나타난 현대미포조선은 꾸준한 AA등급으로 매우 우수한 등급을 유지하고 있다.

③ PBR(주가순자산비율)

PBR은 현재주가를 기준으로 장부상가치에 비해 높은지 낮은지를 알아 볼 수 있는 지표이다.(주가/주당순자산) PER은 기업의 미래가치 예측이라면 PBR은 기업의 현재 청산가치라고 볼 수 있다. 즉 현재 기업을 청산할 때 주주에게 돌아가는 가격을 나타내는 지표라고 생각하면 된다.

보통 1이하인 경우 저평가 국면, 1이상인 경우 고평가 국면으로 보지만, 경제상황이나 기업의 여건에 따라 달라질 수 있다. 또한 1이하인 종목 중 성장성이 낮거나, 수익률도 적은 종목도 있고, 적자기업인 경우 1이하인 경우도 있으므로 PBR지표만으로 저,고평가를 결정하는 것에는 한계가 있다. 특히 무형자산비율이 높거나, 서비스 업종의 경우 PBR의 몇 배를 나타내기도 하므로 단순히 과거에서부터 알려져 온 1의 기준은 사실 무의미하다고 볼 수 있으며, 여러 경제상황에 맞게 해석 하는게 좋다.

또한 최근 기업의 브랜드가치성이 실제 자본력보다 큰 기업들이 나타나면서 단순히 장부상가치를 나타내는 PBR만으로는 기업의 자산가치의 정보를 얻는데는 한계가 있을 수 있다는 것을 유의해야 한다. 그리고 현재가치 평가의 기준이 될 수는 있지만, 기업의 미래수익 가능성은 반영하지 못하므로 계속기업의 전제로 평가하기는 어렵다.

표에 나타난 현대미포조선은 우량기업임에도 불구하고 PBR기준으로 저평가 국면으로 볼 수 있다. 표에서는 동종업종의 PBR이 나타나지 않았는데, 조선, 산업재의 동종업종 PBR이 1.4라고 볼 때, 저평가 국면으로 볼 수 있는 부분이다.

· Financial Highlight									
Recent A. 2010.12		Annual				Net Quarter			
Recent Q. 2011.03		2008.12	2009.12	2010.12	2011.12(E)	2010.06	2010.09	2010.12	2011.03	2011.06(E)
적용회계기준		GAAP(개별)	GAAP(개별)	GAAP(개별)	IFRS(개별)	GAAP(개별)	GAAP(개별)	GAAP(개별)	IFRS(개별)	IFRS(개별)
EPS(원)		25,957	18,933	22,689		7,806	5,502	3,619	6,813	5,450
BPS(원)		116,875	133,900	212,730		153,037	182,332	212,730	227,249	
보통주DPS(현금+주식,원)		3,000	3,000	3,500				3,500		
발행주식수(보통주,천주)		20,000	20,000	20,000		20,000	20,000	20,000	20,000	20,000
PER(배)		5.20	5.44	9.87						
PBR(배)		1.16	0.77	1.05						
배당수익률(보통주,현금,%)		3.70	2.91	1.56				1.56		
매출액(억원)		38,047	37,110	37,392		9,415	9,711	10,433	10,406	10,910
발표영업이익(억원)		5,367	3,871	5,466		1,736	1,392	1,166	1,236	1,270
조정영업이익(억원)		5,367	3,871	5,466		1,736	1,392	1,166	1,236	
조정영업이익률(%)		14.11	10.43	14.62		18.44	14.33	11.17	11.87	
당기순이익(억원)		5,191	3,787	4,538		1,561	1,100	724	1,363	1,090
총포괄손익(억원)		5,191	3,787	4,538		1,561	1,100	724	4,938	
순이익률(%)		13.64	10.20	12.14		16.58	11.33	6.94	13.09	
ROA(%)		7.29	5.71	6.71		2.49	1.66	1.00	N/A(IFRS)	1.37
ROE(%)		19.43	15.53	13.30		5.29	3.33	1.85	N/A(IFRS)	2.42
자산총계(억원)		72,966	59,959	75,301		63,943	68,771	75,301	79,589	
부채총계(억원)		49,959	33,798	33,209		33,955	32,759	33,209	34,493	
자본총계(억원)		22,606	26,161	42,092		29,988	36,013	42,092	44,996	
자본금(억원)		1,000	1,000	1,000		1,000	1,000	1,000	1,000	
부채비율(%)		221.00	129.19	78.90		113.23	90.96	78.90	76.88	
유보율(%)		2,237.50	2,578.00	4,154.60		2,960.74	3,546.63	4,154.60	4,444.98	

④ ROE(자기자본이익률), ROA(총자산순이익률)

기업이 보유한 자산으로 얼마만큼의 수익성을 올리고 있는지를 알아보고자 할 때 사용지표이다. 즉 기업이 잉여가치를 얼마나 효율적으로 창출하는지에 대한 수익성을 볼 수 있는 부분인 것이다.

ROA(총자본이익률)은 당기순이익/총자산으로 산출하며, ROE(자기자본이익률)은 당기순이익/자기자본으로 산출한다. ROE는 타인자본이나 부채를 포함하고 있지 않으므로 순자산에 대한 비율로 활용할 수 있다. 순수한 자본으로 얼마만큼의 수익성을 나타내었느냐의 효율성 지표로서는 ROE를 선호하는 경향이 많다.

투자종목을 선정할 때 ROE가 상대적으로 높은 기업을 선택하는 것이 중요하다. 물론 꼭 그러한 것은 아니지만, 단순 지표로만 봤을 때에는 ROE가 높은 기업이 투자대상으로는 유리한 측면이 있다. 여기서 비교대상은 ROA가 된다. ROE가 높으면서도 불구하고 ROA가 현저히 낮게 나타난다면, 일단 재무구조상을 꼼꼼히 따져 볼 필요가 있다. 부채비율이 과도하게 높거나 타인자본의 비율이 높기 때문이다. 즉 현재시점의 지표상으로는 문제가 없을 수가 있으나 경제상황의 변화, 기업내부의 변화요인으로 수익성이 떨어질 가능성이 있기 때문이다.

표에서 나타난 현대미포선의 경우 회계년, 분기별 ROE, ROA변화를 보면 쉽게 알 수 있다. 2008.12에 비해 2010.12 기준을 보면 ROE는 큰 폭의 하락세를 보인데 반해, ROA는 비교적 소폭의 하락을 나타내었다. 당기순이익은 10% 하락인데 반해 ROE는 30%이상의 변화를 나타내고 있다. 그러나 ROA는 10%미만의 변동 폭을 보인다.

여기서 주목할 것은 순이익 구조의 변화보다는 재무건전성의 측면으로 봐야한다. 즉 매출액이나 영업이익 대비 눈에 띄는 큰 폭의 변화는 없다. 결국 자산총계와 부채총계가 나타내어주듯이 총자산대비 부채비중이 상당히 줄어 든 것을 알 수 있다. 즉 재무상태가 더 건전성을 가졌다는 것이며, 비록 ROE는 하락을 하였으나, 수익성의 변화는 크게 나타나지 않았고, 긍정적인 측면에서 바라보면 기업의 재무여건이 호전되어 향후 추가 수익성을 기대 해 볼 수도 있다는 것이다.

앞에서 ROE가 무조건 높을수록 좋다고 전제하지는 않았다. 바로 이러한 맹점이 나타나기 때문이다. ROE, ROI마찬가지로 상호보완적인 관계로 상대적, 절대적 관계를 따져 보아야한다. 지금까지 몇 가지의 지표를 다루고 있는데, 어느 하나만의 지표만으로는 기업의 건전성, 수익성을 가늠하기는 어렵다. 그래서 기본적 분석에서는 절대적 가치의 평가만으로 투자기업을 선정하는 오류를 범하지 않기 위해서라도 꼭 상대적 가치를 따져보아야 하는 것이다.

지금까지 기본적 분석에서 몇 가지 중요지표를 대상으로 분석방법을 알아보았다. 물론 제시된 분석방법보다 무수히 많은 지표들이 존재하고 회계분야의 재무제표까지 이해하고자 한다면 많은 노력이 필요할 것이다.

여기서는 기본적 분석의 본질적인 부문을 이해하는데 도움이 되었으면 하는 바램으로 몇 가지 지표 분석을 바탕으로 설명을 하였다.

기본에 충실하되 우위를 두어서는 안된다.

기본적 분석은 앞서 설명했듯이 투자대상 선정의 분석에 가장 기초되는 부분이다. 그리고 금융시장에서 투기가 아닌 투자로서의 역할을 하고자 할 때 핵심이 되는 요소이다. 그러나 이러한 기본적 분석도 단순히 숫자상 지표의 분석으로 끝난다면 무의미하다. 또한 기본적 분석에만 치중하여 기술적 측면인 시장성을 무시하게 된다면 오히려 위험요소로 작용 할 수 있다.

예를 들어 투자자들 사이에 이런 얘기들을 많이 한다. "회사는 밤낮 없이 잘 돌아가는데, 주가는 오히려 하락한다." 즉 아무리 본질적인 재무건전성과 성장성을 지니고 있다고 하더라도 결국 시장의 주목을 받지 못한다면, 주가는 오히려 하락 할 수밖에 없다. 기본적 지표로 뛰어나다고 하더라도 결국 시장에서 투자자들의 이목을 끌지 못한다면 투자의 효율성이 떨어지는 것이다.

기본적 분석을 설명 할 때 절대적 가치와 상대적 가치에 대해 강조를 하였다. 기본적 분석을 떠나서도 마찬가지다. 기본적 분석 하나만으로는 주식시장에서 효율적인 투자수익을 올리기가 힘들다. 주식시장의 큰 테두리에서는 기본적 분석은 숫자상, 장부상 절대적 가치에 불과하다. 결국 상대적 가치를 찾아내어야 하는데, 상위 개념이 따로 있는 것이 아니다.

투자자들이 쉽게 범하기 쉬운 분석에서의 오류가 분석방법들의 명확한 구분이다. 기본적 분석, 기술적 분석은 보기에는 엄연히 다른 구간이지만, 서로의 관계는 매우 연관성이 많다.

기본적 분석이 바탕이 된 기술적 움직임이 대부분 시장에서 나타난다. 물론 급등주나 테마주 같은 경우는 그렇지 않다고 하겠으나, 그러한 종목들은 투자성 종목이 아닌 투기성 종목으로서 이미 자리매김을 했다고 보면된다.

이러한 종목들을 제외하고는 대부분 상호 연관성을 가지면서 시장에서 움직임을 나타낸다. 따라서 기본적 분석, 기술적 분석, 투자심리는 어느 한쪽이 우위를 나타내면서 시장의 변화를 주도하지 않는다. 물론 절대적 가치를 떠나 상대적 가치를 나타낼 때에는 비교우위가 나타날 수 있겠으나 근본적으로 그러한 분석이 없다면 상대적 가치를 분별할 수 조차 없다는 것을 감안할 때 연관성을 무시 할 수 없는 것이다.

사례분석 1 – STX

기본적 분석이 꼭 시장성을 대변해 주는 것은 아니지만, 기본적 분석이 어느 정도의 토대가 되어야 하는지는 시장에서 때로는 증명이 되는 경우가 있다.

STX는 자회사들의 지분을 소유하면서 효과적인 출자 및 성과관리를 목적으로 하는 지주회사이다. STX는 2008년 증시의 주도주로서 역할을 했었다. 어찌보면 그때 당시는 투자보다는 투기심리가 더 강했던 시점인데, 대부분의 개인투자자들이 그러하듯이 상당한 고점에 매수 후 현재까지 보유하고 있는 주요 종목 중의 하나이다.

그렇다면 그 때 당시, 아니면 1년이 지난 시점 후의 매수 후 현재가를 기준으로 봤을 때 상승여력과 가능성이 있는지를 따져 보아야 한다.

표에서 나타나 있듯이 현재시점의 STX는 PBR, PER만으로 봤을 때 저가로 판단하기는 매우 힘든 구간이다. PBR은 동사의 브랜드이미지를 고려할 때 저가라고 판단 할 수도 있으나 PER로 봤을때에는 이미 해당 업종에서는 이익규모 개선이 필요한 시점으로 보여진다.

STX는 2010년 년간 실적에서는 순이익을 보였으나 2010년 4/4분기 실적에서는 마이너스성장을 보였다. 주가는 2010년 말부터 하향세를 시작하여, 현재수준의 주

가흐름을 보이고 있는데, 물론 2011년 1/4분기의 비교적 양호한 실적이 나타남에도 불구하고 주가 하향세는 이어지고 있다.

Financial Highlight		Annual				Net Quarter				
Recent A. 2010.12		2008.12	2009.12	2010.12	2011.12(E)	2010.03	2010.06	2010.09	2010.12	2011.03	2011.06(E)
Recent Q. 2011.03	적용회계기준	GAAP(개별)	GAAP(개별)	GAAP(개별)	IFRS(개별)	IFRS(별도)	GAAP(개별)	GAAP(개별)	GAAP(개별)	IFRS(별도)	IFRS(별도)
매출액		24,190	22,257	32,495		7,963	7,950	8,841	7,686	10,043	
영업이익		736	-954	896		366	477	261	-158	413	
조정영업이익		736	-954	896		366	477	261	-158	413	
당기순이익		233	-1,718	305		234	-68	400	-207	184	
자산총계		21,860	25,236	29,086		28,243	31,691	30,672	29,086	30,219	
부채총계		12,540	16,788	19,967		18,882	22,989	21,740	19,967	20,797	
자본총계		9,320	8,448	9,119		9,361	8,702	8,932	9,119	9,421	
자본금		1,000	1,250	1,250		1,250	1,250	1,250	1,250	1,250	
부채비율		134.54	198.75	218.96		201.72	264.17	243.39	218.96	220.74	
유보율		838.82	581.12	634.84		654.15	601.49	619.86	634.84	659.01	
영업이익률		3.04	-4.29	2.76		4.60	6.00	2.96	-2.05	4.11	
순이익률		0.96	-7.72	0.94		2.94	-0.86	4.53	-2.69	1.83	
ROA		1.34	-7.30	1.12		0.83	-0.23	1.28	-0.69	N/A(IFRS)	
ROE		3.44	-19.34	3.47		2.50	-0.80	4.54	-2.29	N/A(IFRS)	
EPS		630	-4,059	610		499	-136	802	-414	369	
BPS		23,504	17,047	18,392		18,875	17,557	18,017	18,392	18,997	
DPS		300		250					250		
PER		25.69	N/A	46.73							
PBR		0.70	0.99	1.55							
발행주식수(천)		39,941	49,941	49,941		49,941	49,941	49,941	49,941	49,941	
배당수익률		1.83		0.88					0.88		

이는 시장의 주도세력이 강하게 이탈을 하였음을 의미한다. 물론 이러한 종목은 향후 언제든 주도세력이 나타날 수 있다. 그러나 그러한 시점은 재무환경 개선이 바탕이 된 안정적인 결과를 보여야 가능한 것이다.

눈여겨 볼 것은 출자회사이다보니, 자산 대비 부채비율이 매우 높다. 유보율이 높아 회사의 자산이 많을 것으로 판단 할 수 있는데, 출자회사는 대게 몇백% 정도의 유보율을 보이는 것이 일반적이라면 주가에 영향을 줄 요소는 아니다.

주가의 현재구간에서는 일부 저가라고 판단을 내릴 수도 있겠으나, 향후 추가하락의 가능성은 배제할 수 없다. STX를 언급한 이유는 재무현황을 기준으로 한 기본적 분석이 어느정도 충실해야 함을 보여주는 종목이기 때문이다. 2010년 기준의 재무현황은 4/4분기를 제외하고는 양호하다고 볼 수 있으나, 대규모 신규 출자에 따라 이익 개선이 크게 달라졌다. 이 때 투자자들은 신중한 판단을 했어야 했는데, 신규사업에 대한 막연한 기대감으로 인하여 투자자들은 섣불리 선택했을 구간이 바로 2010년 말이다. 이미 이때는 재무환경이 일시적일 수도 있으나 악화됨을 예고했음에도 불구하고 주가는 상승했다. 물론 단기간 상승으로 바로 하락세로 전환 했다.

표에서는 나타나 있지 않으나 2010년 말 구간매수주체를 보면 대부분 개인의 거래비중이 상당히 높았던 것을 감안하면 시장의 심리에 의해 거래가 증가한 것으로 보이는 것이다.

또한 이 후 개인의 거래비중은 확연히 줄었다. 이는 매수 후 보유가 아직 많다는 것을 의미한다. 그렇다면 지금 현재주가를 기준으로 매도시점인가? 매수시점인가? 분석하기에 따라서 매수시점이 될 수 있고, 매도시점이 될 수 있다.

판단은 전적으로 투자한 투자자의 몫이다.

사례분석 2 – 현대하이스코

기본적 분석은 대부분 장기투자로 알고 있다. 그러나 기본적 분석 역시 때로는 시장의 변화와 기업의 변화에 따라 장기투자가 될 수 있고 단기투자가 될 수 있다. "기본적 분석은 무조건 장기투자는 아니다" 라는 것이다.

기본적 분석은 대부분 재무분석에 기초를 두고 있다. 이 재무분석은 지난 과거의 기업의 재무실적을 바탕으로 분석된 것이기 때문에 현재와 미래시점의 오차는 발생 할 수 있다는 것을 염두해야 한다. 과거에 좋았던 기업이 미래에 더 좋을 것이라는 보장은 없다. 그렇다면 기본적 분석을 토대로 무조건 일정시점 이상의 장기투자를 고려한다는 것은 오히려 리스크가 기간에 따라 더 커질 수 있다는 것을 의미한다.

〈현대하이스코〉

현대하이스코 (A010520) [연결]										
2011/03 부터 IFRS 기준으로 작성			KSE: 철강및금속		업종PER	PER	12M PER	PBR	배당수익률	
HHYSCO			http://www.hysco.com		10.22	20.57	13.17	0.91	0.50	
FICS Sector: 소재					주식담당: 02)2112-9045					
FICS Industry Group: 소재					본사: 052-280-0170					
FICS Industry: 금속 및 광물					본사주소: 울산시 북구 염포동 265					

● Financial Highlight 　　　　　　　　　　　　　　　　　　　　　　　　　　　　　　　　　연결　별도

Recent A. 2010.12	Annual				Net Quarter					
Recent Q. 2011.03	2008.12	2009.12	2010.12	2011.12(E)	2010.03	2010.06	2010.09	2010.12	2011.03	2011.06(E)
적용회계기준	GAAP(연결)	GAAP(연결)	GAAP(연결)	IFRS(연결)	GAAP(연결)	GAAP(연결)	GAAP(연결)	GAAP(연결)	IFRS(연결)	IFRS(연결)
매출액	54,115	52,380	68,684	76,052	14,423				18,565	19,500
영업이익	2,044	1,628	3,102	4,173	642				1,112	1,282
조정영업이익	2,044	1,628	3,102	4,270	554				1,111	1,191
당기순이익	155	583	1,977	2,907	384				733	885
지배주주귀속	153	578	1,969	2,933	378				731	833
비지배주주귀속	2	4	9		6				3	
자산총계	36,058	34,812	39,695	44,765	39,729			39,695	41,609	42,197
부채총계	25,683	23,157	26,213	27,292	26,200			26,213	27,561	27,131
자본총계	10,375	11,655	13,483	16,202	13,529			13,483	14,048	15,065
지배주주지분	10,356	11,634	13,452	16,123	13,496			13,452	14,013	15,029
비지배주주지분	19	21	30	79	33			30	35	37
자본금	4,010	4,010	4,010		4,010			4,010	4,010	
부채비율	247.54	198.68	194.42	168.45	193.67			194.42	196.19	180.09
유보율	160.45	192.37	237.94		239.09			237.94	252.04	
영업이익률	3.78	3.11	4.52	5.62	3.84				5.98	6.11
순이익률	0.29	1.11	2.88		2.66				3.95	
ROA	0.47	1.64	5.31	6.88					N/A(IFRS)	2.11
ROE	1.50	5.26	15.70	19.83					N/A(IFRS)	5.74
EPS	191	721	2,455	3,657	471				911	1,103
BPS	12,999	14,592	16,859	20,190	16,914			16,859	17,559	18,825
DPS	100	150	250	275				250		
PER	39.06	23.43	10.25	13.81						
PBR	0.57	1.16	1.49	2.50						2.68
발행주식수(천)	80,200	80,200	80,200	80,200	80,200			80,200	80,200	80,200
배당수익률	1.34	0.89	0.99					0.99		

　현대하이스코는 2008년부터 2010년 표에서 나타나있듯이 재무기준으로 매우 성장성이 높은 기업이다. 눈에 띄게 나타나는 것은 ROE와 ROA의 년간 지속상승이 재무구조의 안정성, 이익규모의 개선을 단적으로 보여주고 있다. 2011년 최고점을 갱신하면서 2008년도 주가기준으로 봤을때 10배이상의 상승을 보여 주고 있다.

　기본적분석으로 봤을때, 2008년 기준대비 각 년도별 상승은 ROE, ROA는 배이상의 상승을 나타낸다. 기업의 성장가능성은 이미 있다는 것을 보여주는 기준이 된 것이고, 이익규모가 늘어나다보니, 자산부문에서도 부채현황이 점차 줄어들면서 금융적이자 부담이 줄어들고 있는 것은 매우 긍정적으로 해석된다.

　2008년도 기준으로 현재 주가상승을 감안할 때는 재무를 기준으로 한 절대적 평

가이다. 그렇다면 2011년 현재시점에서 현대하이스코는 어떠할까? 기업을 봤을때 재무구조의 이익증가는 앞으로 계속 나타날 수 있다. 과거가 모든 것을 보여주는 것은 아니지만, 그렇다고 무시할 수는 없는 것이다.

그러나 현재 주가상승을 본다면 지속적인 상승세를 이어 줄 것으로 보여지지는 않는다.

증시는 상승과 하락을 반복하는 시장이다. 또 수많은 투자심리가 얽혀있는 것이 시장이다.

2011년 현시점에서 기본적 분석은 오히려 리스크가 높은 구간이다. 앞에서 배운 PBR, PER기준은 고점으로 판단 될 수 있다는 것이다. 이는 상대적가치가 높다는 것을 의미한다.

재무분석에서 ROE, ROA, 부채비율, 유보율 등에서는 절대적가치로서 더 없이 좋은기업고, 상승 할 것으로 보인다. 그러나 시장의 변화를 비교해보는 상대적 가치에서는 이미 높은 가격으로 보인다.

이처럼 절대적가치와 상대적가치를 기준으로 볼 때, 기본적 분석 자체가 꼭 장기투자는 아니라는 것이다. 물론 분석에 따라서 차이는 나타날 수 있다. 시장이 해당

기업을 재평가하여 상승할지, 하락할지는 아무도 모르는 일이다. 분석의 의미가 무엇인가? 시장을 단 1%의 확률이라도 예측을 하고 리스크를 줄이고 시장에 대응하는 것이다. 이 시장의 변화에 대응하고자 하는 것이 분석이고, 그 가치는 절대적가치와 상대적가치의 두 양면성을 두고 해석해야 하는 것이다.

사례에 따라 분석한대로 단순히 몇가지의 지표만으로는 이 두 가치를 따지기는 힘들다. 따라서 추가분석을 할때에는 여러 지표들도 활용해보시기를 바란다.

현대하이스코 앞에 언급한 STX는 오히려 현시점의 현대하이스코에 비해 반대로 해석할 수 있다. 출자회사로서 2009년 출자규모에 따른 이익구조개선이 되지 않았다하더라도 향후 이익구조는 개선될 여지가 많다. 물론 절대적 가치로 볼때에는 리스크가 크다고 볼 수 있으나, 상대적가치로 봤을 때에는 분석여부에 따라 투자적기로 판단될 수 있다는 것이다.

두 기업을 비교해 봤을 때 공통적인 사항은 기본적 분석이 꼭 장기투자를 나타내는 것은 아니라는 점이다. 현대하이스코는 2008년부터 2011년까지는 장기투자로 좋은 종목이다. 그러나 4년,5년 이상의 장기투자는 과연 의미가 있을지는 현재시점에서는 리스크가 커 보인다. 하지만 지난 3년 동안의 상승세는 장기투자로서 적절한 종목이며, 그 재무분석에 기초한 기본적 분석에 의한 투자가 이루어졌다면 더 없이 좋은 종목이다. 2008년 당시 현대하이스코는 절대적, 상대적가치 모두 우위에 있는 종목이었다. 하지만 현 시점에서는 투자로서 판단을 달리해야 한다.

STX는 2007년, 2008년 시장의 이슈로 등장했을 당시 이미 기본적 분석에서는 가치를 평가하기가 어려운 시점이었으나, 현재시점에서는 가치여부를 판단해 볼 수 있는 시점으로 보여진다. 기업의 미래가치를 기본적 분석에서 단기, 중단기를 꼭 구분해 볼 필요는 없다. 분석에 따라서 단기가 될 수 있고, 중기가 될 수 있고, 장기가 될 수 있다. 알아야 할 것은 시장의 변화를 예측하는 것이 분석의 주요사항인 만큼, 기업의 절대성가치와 시장에서의 상대적 가치는 상호연관성 있게 비교분석을 해야 한다는 것이다.

– 전문가 사례분석에 좋은 글을 적어주신 유니크에셋의 김강기 대표님께 감사말씀을 드립니다.

∗유니크에셋 (www.uniqueasset.co.kr)
증권투자컨설팅 분야에서 2010년 스포츠서울 소비자대상을 받은 회사로, 투자자문사 및 자산운용사급 관리시스템을 구축하고 있다. 단순 종목 추천에 따른 주식매매가 아닌, 리스크에 따른 종목별 포트폴리오를 구성(총16개)해, 투자자의 투자성향에 맞는 맞춤형 투자효과와 시장대비 안정적인 초과수익을 실현하고 있는 것이 특징이다.

3) 기술적 분석

(1) 기술적 분석은 무엇인가?

기본적 분석이 앞서 설명했듯이 경제와 산업, 기업 자체를 분석하는 방법인데 반해 기술적 분석은 주가의 움직임과 거래량을 분석하는 방법이다. 주가의 하루하루 움직임과 거래량을 차트에 표시하여 그 자체를 분석하는 방법이며 다른 말로는 차트 분석이라고도 한다.

(2) 기술적 분석은 왜 하는가?

① 투자심리

유럽의 전설적인 투자자 앙드레 코스톨라니는 주가의 단기적, 중기적인 움직임을 결정하는 데에는 투자자들의 '심리'가 90%를 차지한다고 말했다. 이는 투자의 결정을 내리는 데에 있어서 경제나 산업의 상황과, 기업 자체를 분석하는 것도 중요하지만 투자자들의 심리를 분석하는 것이 무엇보다 중요하다는 것을 말해준다. 같은 경우라도 주가는 투자자들의 심리에 따라서 각각의 경우마다 다르게 반응할 수 있기 때문에 투자결정을 내리는 데에 있어서 심리분석을 간과해서는 안 된다.

주가에 영향을 미칠 수 있는 수많은 요인들은 결국 투자자들의 심리를 통해 수요공급이라는 형태로 주가에 나타나므로 주가의 움직임 자체를 분석하면 투자자들의 심리를 주가 그래프를 도구로 하여 간접적으로 분석할 수 있다.

이런 이유로 증권시장에는 '주가는 투자심리의 결정체'라는 말이 있다. 물론 투자심리를 분석하는 방법에는 기술적 분석 이외에도 많은 방법들이 있다.

② 매매의 기준

비행기에 계기판이 없다면 어떻게 될까? 목적지까지 제대로 가지도 못할 것이고

자칫하면 추락할 위험도 있다. 비행기를 목적지까지 안전하게 운항하기 위해서 조종사가 계기판의 고도나 속도, 방향 등의 정보를 기준으로 조종해야 하듯이 투자자도 바람직한 투자를 하는 데에 있어서 어떤 기준이 필요한데, 그 대표적인 기준으로 차트라는 도구를 쓴다. 물론 차트가 아닌 경제지표나 기업의 실적 등을 그 기준으로 삼을 수도 있겠지만 주가는 대체적으로 경제지표나 기업실적과 동행하지 않고 선행한다는 점, 또 실전에서의 적용이 매우 애매한 점 등 때문에 기술적 분석을 매매의 기준으로 이용하는 것이다.

③ 맹신은 위험하다

우리가 투자를 위하여 의사결정을 내릴 때 어떠한 특정 방법만을 맹목적으로 따라서는 위험하다. 기술적 분석도 마찬가지다. 시중의 일부 서적들이나 강의 등에서 특정 기술적 분석을 익혀 그것만 알면 언제나 성공할 수 있고 마치 큰 돈을 벌 수 있을 것처럼 소개하지만 실상은 그렇지 않다. 이는 특히 초보자들이 주의해야 한다. 기술적 분석을 공부하다보면 정말 내일, 한달 뒤의 주가를 알 수 있을 것 같은 환상을 가지게 되고 실제로 시중에 그런 식으로 환상을 품게 만드는 책이나 자료, 강의들이 일부 있지만 실상은 그렇지 않다. 이러한 환상은 결국 초보자들에게 '쪽박'이란 단어로써 보답한다. 어떠한 분석 방법이든 궁극적으로 미래를 예측하고자 하는 것이기 때문에 반드시 한계가 있을 수밖에 없다는 것을 알고 접근해야 한다. 항상 그러하리라는 확신보다는 가능성이라는 관점에서 접근을 해야 신중한 자세를 견지할 수 있다.

(3) 기술적 분석의 분류

수학에도 집합, 방정식, 함수, 미분, 적분 등의 분류가 있듯이 기술적 분석도 여러 가지 부분으로 나눠서 분석해 볼 수 있다.

봉의 형태, 거래량, 이동평균선, 추세, 패턴, 갭, 각종 보조지표 등 초보자들에게는 아직 생소한 용어들일 것이라 생각된다. 물론 이외에도 여러 가지 부분이 있고 유명한 기술적 분석 이론들도 있지만 여기서는 꼭 알아야할 필수적인 것들만 열거하겠다. 각 부분을 모두 충분히 공부하여 이해해야 보다 효과적인 기술적 분석을 할 수 있을 것이라 생각된다.

덧셈 뺄셈을 모르고 수학을 할 수 없듯이 기술적 분석에서도 기초가 중요하다. 이 책에서는 각 파트별로 기초적인 설명을 다루어 여러분들이 차트를 해석하는 데 있어서 수학에서의 덧셈 뺄셈과 같은 '기초지식'을 쌓는 데에 중점을 둘 것이다.

(4) 차트의 이해

다음 그림은 우리나라의 대표기업인 삼성전자의 주가 차트다. 차트에서는 위와 같이 기본적으로 봉, 이동평균선, 거래량, 거래량 이동평균선으로 이루어져 있다. 이것이 기본이고 기술적 분석은 주로 이것들을 분석하는 것이다. 다음 차트에서 검정색, 흰색 막대기(실제는 파란색, 빨간색)들이 있는데 그것이 봉(candle stick)이다. 위와 같이 주가의 움직임을 봉으로 나타내기 때문에 위 차트를 봉차트(candle stick chart)라고 한다.

사실 차트의 종류에는 봉차트 외에 선차트, 바차트라는 것들이 있지만 봉이 다른 것들보다 주가의 하루 움직임을 한눈에 알기 쉽게 표시할 수 있어서 대부분 봉차트를 사용한다. 봉은 캔들 스틱이라고도 하는데 막대의 모양이 촛대와 비슷하다고 하여 붙여진 이름이다.

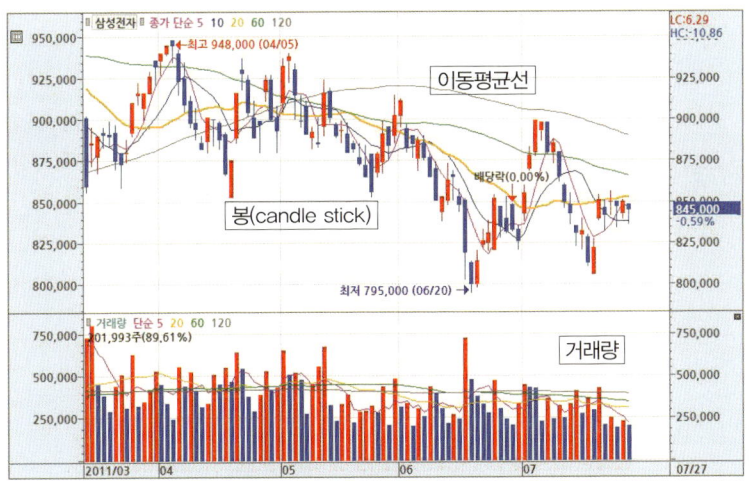

위쪽의 빨간색, 파란색 막대는 봉차트이고, 아래쪽의 막대는 거래량이다. 하나하나의 막대기의 높이가 그 날에 삼성전자 주식이 거래된 수량을 알기 쉽게 표시해준다. 이 차트는 2011년 7월 27일 종가 기준으로 5달 정도의 거래현황과 변화를 한눈에 알아 볼 수 있게 해주고 있다. 가장 오른쪽 막대가 7월 27일이고 주가는 845,500원이며 전일보다 하락한 상태이며 거래량은 25만주이하로 과거에 비해 상대적으로 낮은 편이라는 것을 알 수 있다. 아직은 뭔가 낯설기만 이런 차트가 무엇이고, 그것을 통해 어떤 정보들을 얻을 수 있는지 지금부터 자세히 알아보도록 하자.

4) 차트의 구성

(1) 봉(candle stick), 봉의 형태

① 봉

주가는 고정된 것이 아니고 하루에도 수없이 상승과 하락을 반복한다. 시가, 종가, 고가 ,저가에 대해서는 앞에서 설명하였다. 시가는 9시 정각에 그 날 처음으로 결정된 주가이고 고가는 하루 중 가장 높았던 가격, 저가는 하루 중 가장 낮았던 가격, 종가는 오후 3시 정각에 마지막으로 결정된 주가다. 그 날의 종가가 시가보다 높게 끝난 경우 봉은 빨간색으로 표시되고 그 날의 종가가 시가보다 낮게 끝났을 경우 봉은 파란색으로 표시된다. 그 날의 저가와 고가는 아래꼬리와 위꼬리로 표시되는데 이런 설명만으론 이해하기 어려운 분도 있을 것 같아 봉의 모양에 대한 이해를 돕기 위하여 주가의 봉의 모양과 하루 중의 움직임의 관계들을 예를 들어 표시하였다.(그림3)

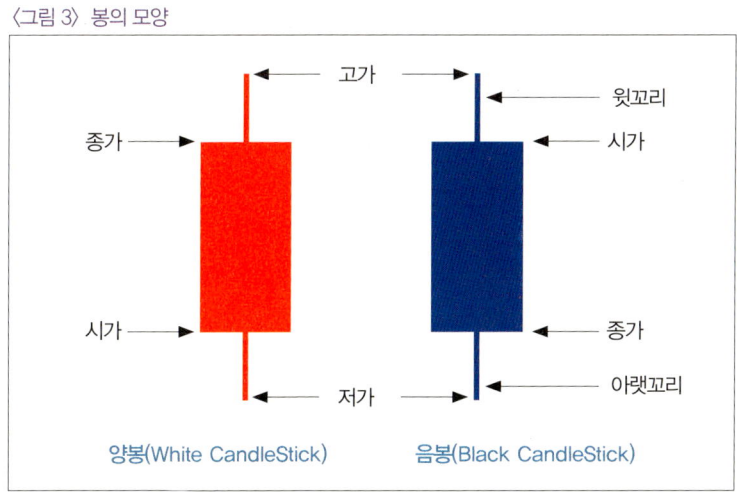

〈그림 3〉 봉의 모양

다음 차트는 삼성전자의 10일간 차트다. 이 기간동안 삼성전자의 주가는 약 806,000원(19일)에서 높게는 856,000(22일)원까지 움직였다는 것을 알 수 있다. 거래량은 하루에 적게는 19만주(25일)에서 많게는 42만주(20일) 정도 된다는 것도 알 수 있다. 7월 15일은 시가가 830,000원으로 시작하여 장중에 821,000원까지 내려가기도 하였으나 결국 840,000원까지 올라갔다가 종가는 832,000원을 기록하며 장을 마감했다.

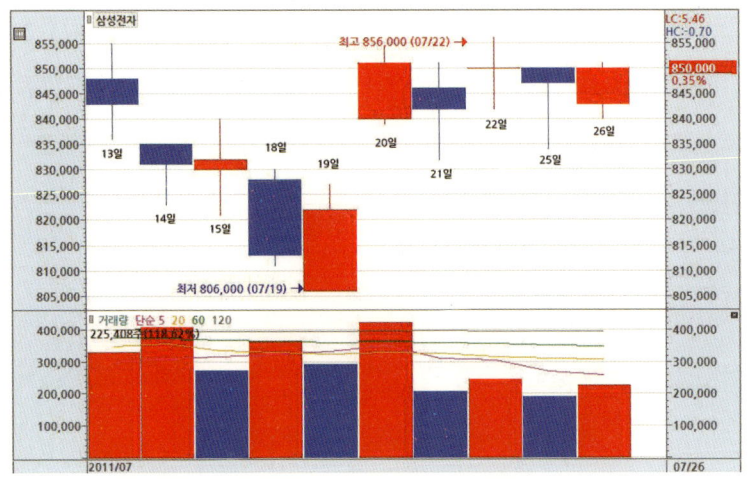

앞에서 설명한 것들은 봉차트 중에서도 일봉차트다. 봉 하나가 하루의 움직임을 표시하고 있기 때문에 일봉차트라고 한다. 봉차트의 종류가 일봉차트만 있는 것은 아니다. 봉 하나가 한 주의 움직임을 표시하면 주봉차트, 한 달의 움직임을 표시하면 월봉차트라고 하고 실제로 사용되고 있다. 위의 삼성전자 차트에서 18일부터 22일까지 5일간의 기록을 하나의 봉을 만들면 주봉 한 개가 되는 것이다.

〈그림 4〉 일봉차트의 예

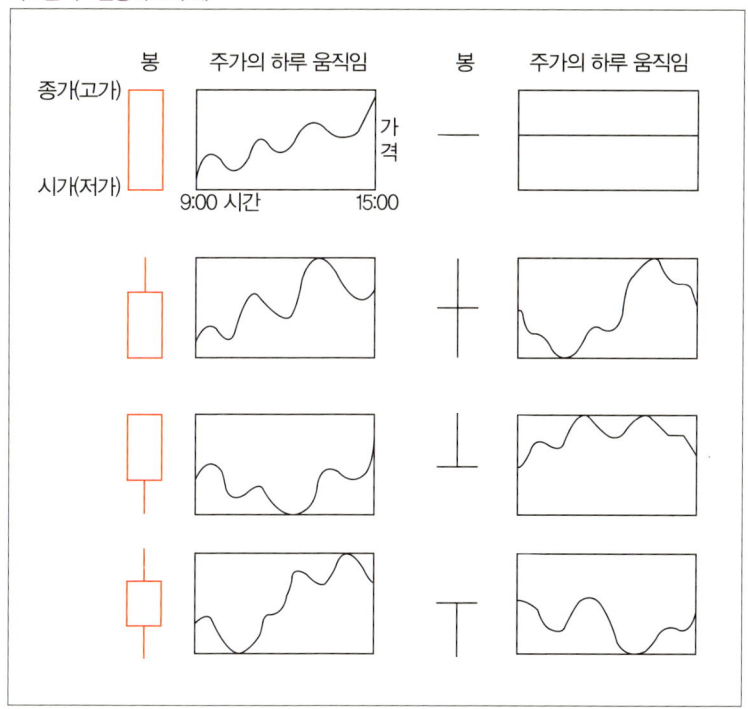

〈그림 5〉 주봉차트

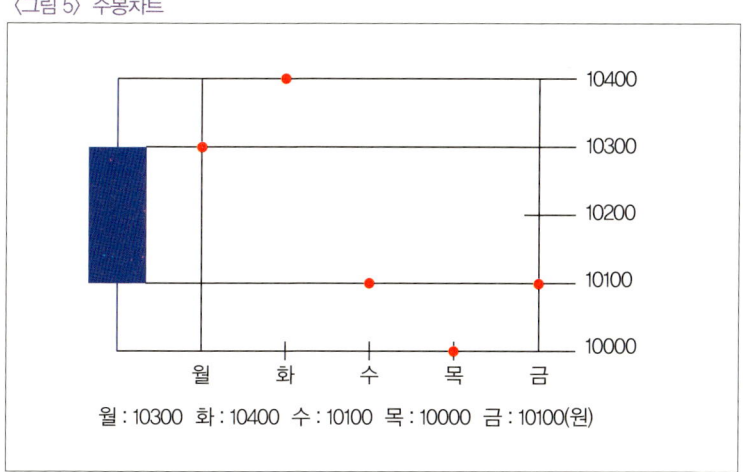

월 : 10300 화 : 10400 수 : 10100 목 : 10000 금 : 10100(원)

위는 주봉 하나의 모습과 주가의 월~금요일의 추이다. 이 주봉의 시가는 월요일 가격이 되고 종가는 금요일 가격이 된다. 시가보다 종가가 낮은 가격이기 때문에 봉은 파란색으로 표시된다.

② 봉의 형태

봉의 모양이 매매를 결정하는 데 있어서 결정적인 역할을 할 수 있는가? 경험으로 볼 때 대부분의 경우 그렇지 않다. 물론 하루 이틀 앞을 보고하는 단타매매의 경우라면 봉의 모양이 다른 경우보다 중요한 판단 자료로 쓸 수 있으나 그 역시 정답은 아니다. 단타매매를 하지 않는 경우라면 특히 봉의 모양은 매매에 대한 판단을 내리는 데 있어서 참고해야 할 일부 요인으로 삼을 수 있을 뿐이다. 시중의 일부 기술적 분석에 대한 책이나 자료에서 A라는 특정한 봉의 모양이 나타나면 주가는 이후 상승하고 B라는 봉의 모양이 나타나면 주가는 이 후 하락하는 차트를 띄워놓고 마치 그 봉 모양이 나오면 이후 주가는 항상 그렇게 될 것 같은 환상과 편견을 가질 수 있는데, 이는 초보자에게 매우 위험하다. 그러한 책을 보고 있노라면 일견 타당성이 있어 보이지만 그것은 수많은 차트들 중에서 거기에 맞는 차트만 추출해 놓았기 때문에 그렇게 보이는 것이지 모든 경우가 그런 것은 아니고 오히려 대부분은 그러한 공식에 들어맞지 않는다. 이 책을 읽은 독자는 그런 책이나 자료들에서처럼 이 모양이면 '매수', 이 모양이면 '매도'라는 식의 내용을 접했을 때 절대 환상을 갖지 말기를 바란다.

이후에 설명하게 될 패턴이라는 것도 수학공식처럼 딱딱 정답이 나오는 것이 아니라, 상대적으로 생길 가능성이 높은 것을 분류해 놓은 것이라고 생각하는 것이 더 올바른 접근방법이라고 하겠다.

(6) 거래량

거래량은 주식이 거래된 수량을 뜻한다. 어떤 날 하루 중에 A라는 사람과 B라는 사람이 삼성전자라는 주식을 각각 300주 700주씩 매수하였고, C라는 사람과 D라는 사람이 각각 500주씩 매도하였다면 그 날의 하루 거래량은 1,000주다. 이렇게 대부분의 주식은 매일매일 이 사람의 손에서 저 사람의 손으로 거래된다. 어떠한 주식이 시장에서 얼마나 거래되는지(수요와 공급)를 나타내주는 거래량과 거래량의 추이는 투자자들의 심리를 분석할 수 있는 중요한 지표다.

거래량에 대한 기술적 분석은 사실 초보자들이 깊이 이해하기 힘들기 때문에 자세한 설명은 하지 않겠으나 필수적으로 알아두어야 할 것 두 가지만 설명하겠다.

① 주가 급등 뒤 대량 거래에는 매수하지 말라

흔히 초보자들은 주가가 처음 상승할 때는 쳐다보지 않다가 한참 올라서야 비로소 추가 상승의 확신을 가지고 대거 매수에 동참하게 되는 경향이 있다. 이 때는 거래량이 평소보다 크게 증가하게 되고 이 후 매수할 사람이 더 이상 나타나지 않게 된다. 이 시점부터 주가의 천정권일 경우가 많다. 이런 주식은 결국 폭락으로 이어지므로 상당히 주의해야 한다. 주가가 단기간에 폭등한 상태에서 거래량이 크게 증가하는 주식은 쳐다보지 않는 것이 좋다.

다음은 4대강 사업테마로 이명박 정부 출범이전부터 많은 관심의 대상이었던 이화공영의 2011년 3월부터 7월까지의 차트다. 주가는 3월중에 3천원대에 머물렀고, 거래량도 거의 바닥권이었다가 3월 31일과 4월 1일 거래량이 늘면서 상승하기 시작하여 급기야 4월 중순에는 8,100원까지 올라가게 된다. 중요한 것은 핑크색으로 표시해둔 부분이다. 주가가 정점을 찍은 19일을 포함한 3일(4/15,18,19)동안 엄청난 거래량이 쏟아져 나왔고, 그 이후는 지속적으로 급락을 거듭하며 하락하는 모습을 볼 수 있다.

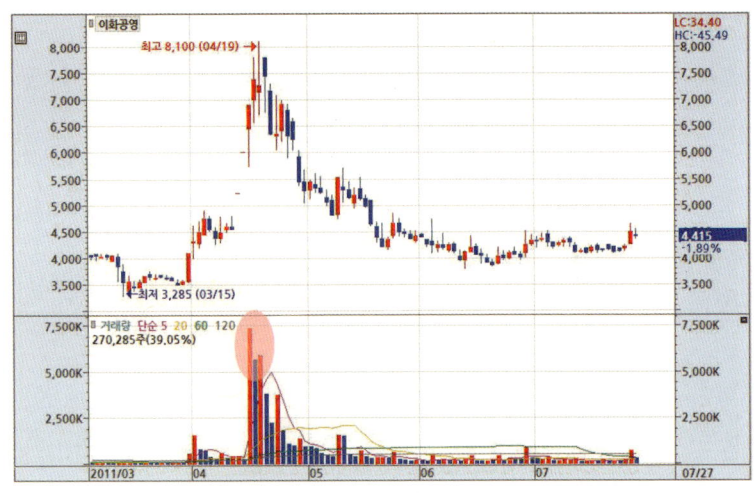

② 주가 바닥권에서의 거래량 증가에 매수하라

주가가 장기간 하락하거나 크게 하락한 뒤 일정 가격대에서 거래량이 눈에 띄게 증가하면 매수를 고려할 수 있다. 거래량 증가는 주가가 한참 오른 후가 아니라 바닥권에서 이루어지는 것이 좋은 것이다.

다음은 SK이노베이션의 최근 5개월간 차트다. 3월에 상승하던 주가가 무슨 이유에서인지 3월 말부터 급락하고 있다. 4월 4일 갭하락[23]으로 시작한 주가가 장중에 더 떨어지면서 폭락하고 있는데, 거래량은 급격히 늘어나는 모습이다. 이후 주가는 3월보다 더 많이 오른 것을 알 수 있다. 6월 24일에도 비슷한 패턴을 보이고 있고 이후 7월에 주가가 상승하고 있는 모습이다.

앞서 말한 것처럼 이러한 패턴은 수많은 사례 중에 하나일 뿐이지 절대적인 것은 아니지만, 상당히 설득력이 높고, 기본적인 지식에 해당하므로 반드시 기억하도록

---

23) 갭하락 : 전일종가보다 훨씬 더 낮은 가격으로 당일시가가 결정될 때를 말한다. 봉과 봉사이의 격차(gap)를 두고 하락하면 갭하락, 반대로 격차를 두고 상승하면 갭상승이 된다.

하자.

위의 2가지 상황을 요약하면, 주가가 크게 오른 뒤의 거래량 증가는 상승하던 주가를 하락으로 전환시키려는 힘을 나타내는 경우가 많고, 반대로 주가가 크게 하락한 뒤의 거래량 증가는 하락하던 주가를 상승으로 전환시키려는 힘을 나타내는 경우가 많다는 것을 알 수 있다.

(3) 이동평균선

날짜	주가	5일 이동평균선 가격
1월 3일	1000원	-
1월 4일	1200원	-
1월 5일	1300원	-
1월 6일	1100원	-
1월 7일	1500원	1220원
1월 10일	1400원	1300원
1월 11일	1700원	1400원
1월 12일	1500원	1440원
1월 13일	1200원	1460원

이동평균선은 차트에서 여러 가지 색의 실선으로 표시된다. 이동평균선은 일정 기간의 주가평균치의 진행방향을 나타내준다. 5일선이라 하면 현재부터 5일간 주가를 평균하여 현재 차트에 표시한 것을 계속 이어서 만든 선인데 구하는 방법을 예를 들어보자.

3~6일까지의 이동평균선 가격은 그 날을 포함해 과거 4일간의 주가 자료가 없기 때문에 구할 수 없다. 5일부터 이동평균선 가격을 구해보면,

*7일의 5일 이동평균선 가격 =

3일 주가 + 4일 주가 + 5일 주가 + 6일 주가 + 7일 주가 / 5
= 1000 + 1200 + 1300 + 1100 + 1500 / 5 = 1220(원)

*10일의 5일 이동평균선 가격 =

4일 주가 + 5일 주가 + 6일 주가 + 7일 주가 + 8일 주가 / 5
= 1200 + 1300 + 1100 + 1500 + 1400 / 5 = 1300(원)

5일 평균이므로 5로 나눈 것이다. 1월 11일부터도 마찬가지로 구한다.

이렇게 구한 5일 이동평균선 가격들을 선으로 이으면 비로소 '이동평균선'이 된다. 20일 이동평균선, 60일 이동평균선도 위와 마찬가지 방법으로 구하는 것인데, 이는 차트에서 보는 바와 같이 모두 자동으로 구하여 표시해주므로 여러분들은 원리만 알고 있으면 된다.

① 이동평균선의 종류

차트에서 볼 수 있듯이 주로 쓰는 것은 5일선, 20일선, 60일선, 120일선 등인데 이는 투자자들의 각자 취향에 따라 다를 수 있다. 사람에 따라서 10일선이나 40일선 등을 추가로 보기도 하고 240일 등의 장기 이동평균선을 보기도 한다. 일반적으로 5일선이나 10일선은 주로 단기적인 움직임을 보여주므로 단기선이라 하고, 20일, 60일선은 중기선, 120일, 240일선은 장기선이라고 한다.

② 이동평균선의 역할

기술적 분석에서 이동평균선이 하는 역할이 무엇인지 알아야 분석 방법을 알 수 있게 된다.

③ 방향성 확인 역할

5일 이동평균선이 상승하고 있다는 의미는 무엇인가? 단기적인 주가의 추세가 상승하고 있다는 의미다. 즉 우리는 5일, 20일, 60일 등 각각의 이동평균선들을 통하여 단기적, 중기적, 장기적 주가의 추이가 어떤지를 이동평균선을 통해서 쉽게 알 수 있고 이를 투자의 판단지표로 활용할 수 있다.

④ 지지선 저항선 역할

주가가 하락하다가 일정한 가격대에서 더 이상 떨어지지 않고 지지가 되어주는 부분을 지지선이라고 하고, 주가가 상승하다가 일정한 가격대에서 더 이상 상승을 하지 못하는 부분을 저항선이라 한다. 지지선이나 저항선에는 여러 종류가 있지만 이동평균선이 지지선이나 저항선의 역할을 하기도 한다. 지지선이나 저항선이 되는 원리를 예로 들어보자.

주가가 20일선 아래에서 움직이고 있다는 뜻은 현재 주가가 20일 동안의 주가 평균치보다 낮은 가격에 있다는 뜻이고 이는 최근 20일 동안 그 주식을 매수한 사람들의 평균매수단가보다도 현재 주가가 낮기 때문에 최근에 매수한 사람들은 손해를 보고 있는 사람이 많다는 의미다. 상황이 이렇게 되면 최근 20일 동안에 그 주식을 매수한 사람들은 주가가 본전만 되면 팔아버려야지 하는 본전심리를 갖게 되고, 주가가 20일선 근처까지 오르면 이러한 사람들이 주식을 매도하기 때문에 주가가 잘 오르지 못하는 현상이 나타난다. 이런 이유로 이동평균선은 저항선 역할을 할 수 있게 되고, 또 차트를 보는 사람들은 대부분 이런 원리를 알고 있기 때문에 이동평균선보다 주가가 아래에 있을 때는 그 이동평균선 가격에서 매도하려는 사람들이 실제로 많아져 저항선이 되는 경우가 많다.

지지선의 경우도 마찬가지다. 주식을 매수할 때 자신이 가지고 있는 자금을 한꺼번에 매수하는 경우보다는 조금씩 나눠서 분할로 매수하는 경우가 많은데 매수 후에 주가가 오르면 비싸서 추가매수를 하지 못하고 있다가 다시 하락하여 처음 매수 가격 근처에 오면 다시 나머지 자금을 매수하기 때문에 주가 하락을 막아주어 지지선이라는 개념이 생긴다.

이동평균선이 주가보다 아래에 있을 때 주가가 올랐다가 다시 밑에 있는 이동평균선에 근접하면 실제로 매도를 하려는 사람보다는 매수를 하는 사람이 많아질 수 있다. 따라서 차트에서 이동평균선이 주가와 가까운 위치에 있을 때에는 지지가 되는지 저항이 되는지 여부를 관찰하는 습관을 들여야 한다.

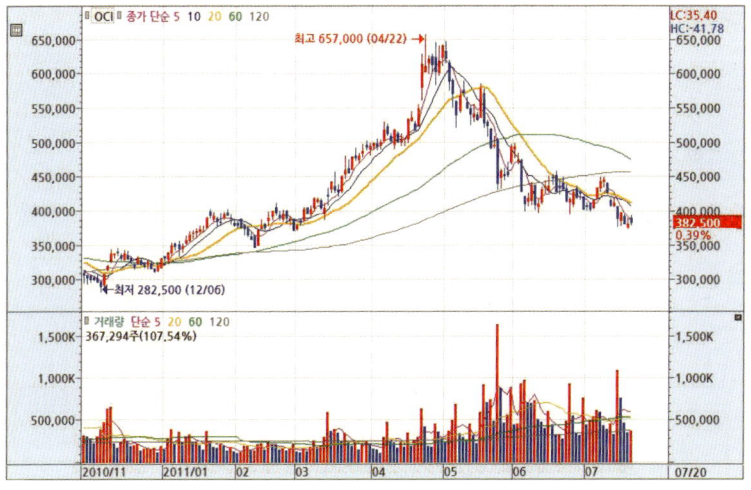

위는 OCI의 차트다. 2010년 12월 이후로 중기이동평균선인 20일 이동평균선(주황색선)이 상승으로 전환된 뒤에 주가도 중기적으로 2011년 4월말까지 계속 상승한다는 것을 알 수 있고, 4월 이후로는 20일 이동평균선이 하락으로 완전히 전환하여 주가도 중기적인 하락세로 진입하였다는 것을 알 수 있다.(주가의 방향성 확인) 또한 2010년 12월, 2011년 3월, 4월에 주가가 20일선 위에서 지지를 받고 상승하여

지지선 역할을 했다는 것도 알 수 있다. 2월에는 20일선은 무너졌지만 60일선에서 지지를 받고 다시 상승하는 모습이 보여진다. 일반적으로 20일 이동평균선은 중기적인 주가의 방향성을 확인하는 중요한 선이며 지지선, 저항선의 역할로도 중요하게 사용된다.

위 차트에서 2010년 12월부터 시작해서 2011년 4월까지 5개월간은 계속해서 상승추세를 이어가고 있지만, 5월이 시작됨과 동시에 빨간색으로 표시된 5일선이 파란색으로 표시된 10일선 아래로 꺾여 내려오면서부터(데드크로스) 추세는 반전되고 이전에 지지선 역할을 해주었던 20일선은 한번 무너진 이후로는 계속 저항선으로 작용하며 주가는 내리막을 걷고 있는 모습이다.

⑤ 이동평균선의 배열 상태

❶ 정배열, 역배열

차트에서 이동평균선이 위로부터 단기선, 중기선, 장기선의 순서로 배열되어 있는 것을 정배열 상태라고 하며 반대로 위로부터 장기선, 중기선, 단기선의 순서로 배열되어 있는 것을 역배열 상태라고 한다. (OCI 차트에서 3월과 4월이 전형적인 정배열 상태이다.)

주가는 상승과 하락을 반복하면서 이동평균선도 정배열에서 역배열, 역배열에서 정배열 상태로 계속 변하는데, 어떤 상태의 주식을 사는 것이 유리한가에 대해서는 일반적으로 주가가 상승추세에 있는 정배열 주식을 매수하는 것이 유리하다고 볼 수 있겠다. 또한 일반적으로 상승이든 하락이든 추세의 방향이 결정되기 전에는 이동평균선들이 한곳이 모이는 경우가 많다.(OCI 차트의 12월 말의 차트 모양을 보라.) 이러한 수렴과 확산의 과정의 변화를 이해하며 투자 판단에 참고한다면 분명 도움이 될 것이다. 다만 이미 지난 차트를 통해서 볼 땐 뭔가 한눈에 주가가 예측될 것

같지만 막상 실전에서 내일의 주가를 예측한다는 것은 상당히 어려운 부분이라고 할 수 있다. 그러므로 작은 지식 몇 가지를 알게 되었다고 자만하지 말고, 늘 시장 앞에 겸손한 자세로 스스로 더욱 깊게 공부하는 투자자가 되길 희망해 본다.

○ 골든크로스, 데드크로스

이동평균선 역배열 상태에서 단기이동평균선이 중기 또는 장기이동평균선을 상향 돌파할 때를 골든크로스라고 하며 반대로 정배열 상태에서 단기이동평균선이 중기 또는 장기이동평균선을 하향돌파할 때를 데드크로스라고 한다. 역시 중기이동평균선이 장기이동평균선을 돌파하는 경우에도 상향돌파냐 하향돌파냐에 따라 골든 또는 데드크로스라고 한다. 자주 쓰이는 용어이니 필히 알아두어야 한다.

(4) 추세

미끄러운 얼음판 위에서 어떤 물체에 힘을 한번 가하면 그 물체의 반대방향으로 더 큰 힘을 주기 전에는 멈추지 않고 일정기간 계속 진행하는 것을 볼 수 있다. 이것을 물리학의 관성의 법칙이라고 하는데 주가에도 이 법칙이 그대로 적용된다. 즉 주가도 한번 방향이 정해지면 그 방향으로 일정기간 파동을 이루며 계속 진행하려는 성질이 있는데 이 일정 방향의 흐름을 추세라고 한다. 추세에는 상승추세와 하락추세 그리고 비추세(추세가 없는 영역)가 있다. 주가는 상승추세가 시작되면 일정기간 계속되는 성질이 있고 하락추세가 시작되면 역시 일정기간 계속되는 성질이 있다.

① 상승추세

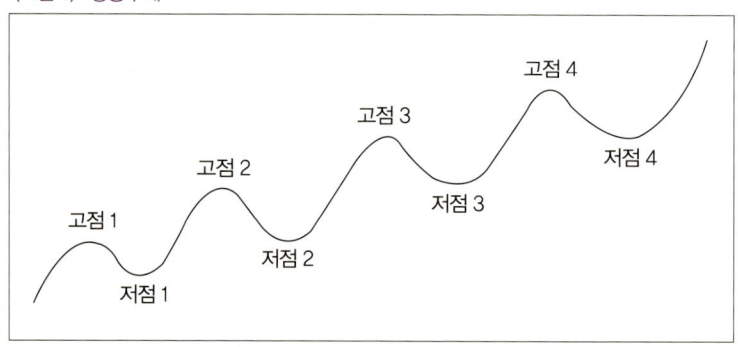

〈그림 6〉 상승추세

상승추세란 주가의 저점과 고점이 계속하여 높아지는 것을 말한다. 주가가 상승하더라도 일직선으로 쉬지 않고 상승할 수 없다. 주가가 오르면 항상 이익을 실현하려는 매도세력이 더 강해지기 마련이라 하락하게 되고, 어느 정도 하락하게 되면 어느 순간부터 매수세력이 다시 강해지면서 주가는 상승한다. 이렇게 주가가 상승추세에 있더라도 일직선으로 쉬지 않고 오르는 것이 아니라 파도의 움직임처럼 올랐다가 내렸다가 하며 점진적으로 파동을 이루며 오른다. 이것은 하락추세에서도 마찬가지로 적용된다.

앞의 그림에서 고점2는 고점1을 돌파하고 고점3은 고점2를 돌파하며 계속 고점을 갱신하고 저점2는 저점1까지 하락하지 않고 저점3은 저점2까지 하락하지 않는다. 이렇게 계속하여 저점과 고점이 높아지는 것을 주가의 상승추세라고 한다.

② 하락추세

하락추세란 상승추세의 반대 개념으로 주가의 저점과 고점이 계속하여 낮아지는 것을 말한다.(그림7)

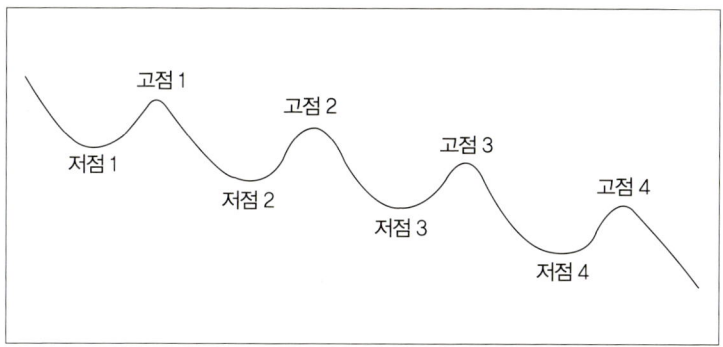

〈그림 7〉 하락추세

고점2는 고점1을 돌파하지 못하고 고점3은 고점2를 돌파하지 못하고 하향하며 저점2는 저점1을 하향돌파하며 저점을 갱신하고 저점3은 저점2를 계속하여 하향돌파한다. 이렇게 계속하여 저점과 고점이 낮아지는 것을 주가의 하락추세라고 한다.

③ 상승추세의 이상신호

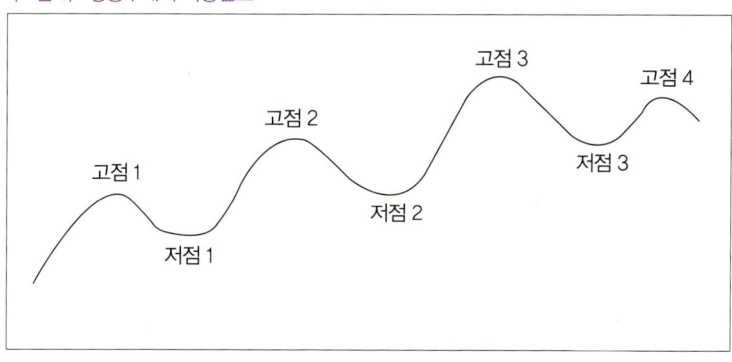

〈그림 8〉 상승추세의 이상신호

고점1에서 고점3까지는 계속 고점이 높아지므로 상승추세에 이상이 없다. 그러나 고점4가 고점3보다 낮아지고 주가가 하락하기 시작하였으므로 여기서 상승추세에 이상이 생긴다. 이는 상승추세가 계속되지 않을 수도 있다는 것을 의미하며 주식을 매도할 준비를 해야 한다.

④ 상승추세에서 하락추세로 전환

고점4가 고점3을 돌파하지 못한 이후 주가가 하락하여 저점4가 저점3을 처음으로 하향 돌파하였다. 이는 상승추세가 완전히 무너지고 하락추세가 시작되었다는 신호이므로 주식을 매도해야 할 시기다.

하락추세의 이상신호와 하락추세에서 상승추세로 전환되는 과정은 앞의 그림과 설명을 거꾸로 이해하면 되기 때문에 설명을 생략한다.(지면 관계상 생략하는 것이지 결코 이 부분이 중요하지 않아서 생략하는 것이 아니므로 확실히 이해해야 한다.)

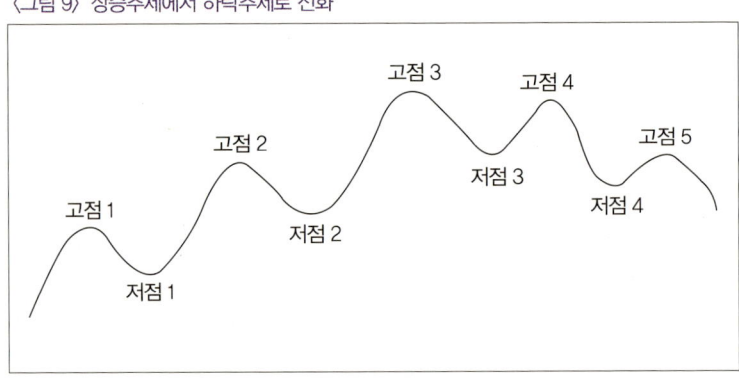

〈그림 9〉 상승추세에서 하락추세로 전환

⑤ 비추세

앞의 차트는 외환은행의 2011년 주가현황으로 2월 중순경부터는 상승추세도 하락추세도 아닌 것을 볼 수 있는데, 이를 비추세 또는 횡보추세라고 한다. 이러한 상태에서는 주가가 상승추세로 전환하는지 하락추세로 전환하는지 지켜보고 난 후에 상승으로 방향이 정해질 때 투자하는 것이 좋다.

◐ 추세의 예

추세는 한번 시작하면 관성의 법칙이 작용하여 일정 기간 계속된다고 하였다. 그러므로 추세가 완전히 상승 전환되었다는 것을 확인하기 전까지는 주가가 많이 떨어졌다는 이유로 함부로 매수하는 것은 위험하다. 2011년 상반기 유한양행 차트를 같이 살펴보자.

　이 종목은 12월말에 고점을 기록하고 이후에 주가가 지속적으로 떨어지고 있다. 1월 중순에 데드크로스가 발생하며 20일선을 한 번에 뚫고 내려오는 모습이다. 1월 중순이후에 60일선(초록색선)에서 지지를 하는듯하더니 그것마저 무너지고 말았다. 이쯤 되면 상승추세는 종료되었다고 보아야 한다. 추세가 완전히 무너지자 1월 말부터 급격하게 하락하는 모습을 보이고 있다. 그러나 단기간에 너무 많이 하락을 했기 때문일까? 2월 중순에는 V자 반등을 보이고 있다. 이런 반등을 기술적 반등이라고 한다. 혹시나 기존에 손해를 보고 주식을 보유하고 있던 투자자라면 매도기회라고 할 수 있다. 하지만 대부분의 초보 투자자의 경우에는 추세라는 개념을 알지 못하기 때문에 3월초가 오히려 좋은 매수기회라고 생각할 수 있다. 물론 몇 번의 시도가 있었던 것은 확실하다.

　특히 2월의 저점보다 3월의 저점이 더 높아졌고, 20일선도 상향 돌파했기 때문에 추세전환을 의심해볼 수 있었을 것이다. 하지만 추세전환은 이루어지지 않았고 주가는 계속 떨어진 것을 알 수 있다. 상승추세에 있는 주가는 떨어지더라도 오히려 금방 반등하면서 오히려 더 많이 오르려는 성향이 있지만, 하락추세에 있는 주가는 떨어지다가 반등을 하게 되어도 많이 오르지 못하고 다시 떨어지려는 성향이 있다는 것을 기억하기 바란다.

결국 주가는 1월부터 5월까지 계속 하락추세를 이어가고 있는데 추세선을 그려 놓은 것을 참고하면 떨어지던 주가가 단기적으로 어떤 가격대(14만원 부근)에서 지지되었는지, 반등을 시도하는 주가가 어떤 저항선에 막혀서 상승하지 못하고 다시 하락을 계속하게 되었는지 확인할 수 있다. 20일선은 여러 번 돌파했다가 다시 무너지고를 반복했지만, 60일선의 경우에는 1월말에 하향 돌파한 이후에 계속 하락세였는데, 7월초에 다시 상향돌파하면서 추세전환을 예고하고 있다. 상승 시에는 20일선을 지지하면 올라가는 모습이 보이는데, 이후 지속적인 상승을 할 가능성이 높아졌다고 하겠다.

(추가 코멘트 : 8월 중순에 다시 챠트를 확인해보니 미국 신용등급하향과 유럽의 재정위기가 불거지면서 전세계적인 폭락장이 연출되면서 이후에 상승을 이어가지 못하고 급락하는 모습을 보이고 있다. 추세가 이어질 것이라고 "예상"했지만 그러지 못하고 지지선이 깨지는 경우에는 그에 맞게 손절매하는 것이 노련한 "대응"이라고 할 수 있겠다.)

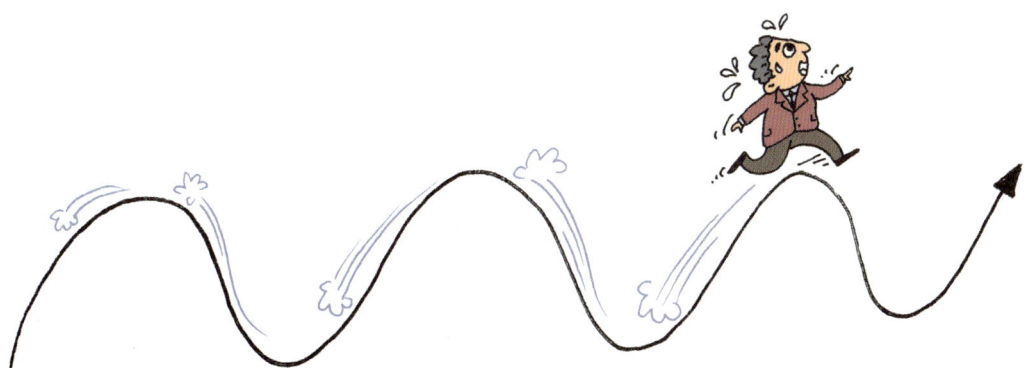

(4) 패턴

'역사는 반복된다'는 말이 있다. 이 말이 주가에도 적용될 수 있을까? 그렇다. 세상이 변해도 인간 심리는 옛날이나 지금이나 근본적으로 같기 때문에 가능하다. 주가가 폭등하면 '흥분'하고 주가가 폭락하면 '공포'와 '두려움'이 생기고, 주가가 매수가보다 하락하고 더 떨어질 것 같은 것을 알면서도 '미련'을 쉽게 버리지 못하는 등의 인간의 근본 심리는 변하지 않는다. 이러한 심리는 주가 차트에도 그대로 표출되며 역사적으로 반복되는데 이 중에서도 반복적으로 자주 나오는 차트 유형들을 패턴이라고 하며 분석해 볼 가치가 있다.

패턴에는 추세전환형(추세반전형) 패턴과 추세지속형 패턴이 있다. 추세전환형 패턴이라는 것은 특정 패턴이 나온 이후에 추세가 상승추세에서 하락추세로 바뀌거나 하락추세에서 상승추세로 바뀌는 현상이 나오는 것을 말하고, 추세지속형 패턴은 말 그대로 상승추세 또는 하락추세가 계속 이어지는 것을 말한다.

① 추세전환형 패턴

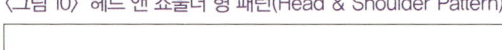

〈그림 10〉 헤드 앤 쇼울더 형 패턴(Head & Shoulder Pattern)

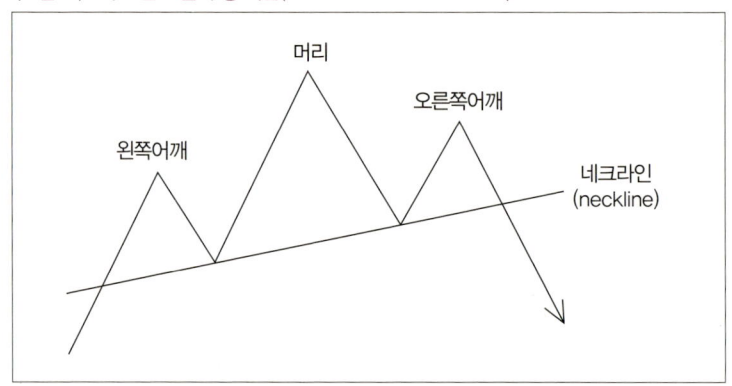

🔸 헤드 앤 쇼울더 형 패턴

사람의 머리 어깨처럼 생겼다고 하여 헤드 앤 쇼울더 형이다. 상승추세가 하락추세로 전환되는 형태이며 앞의 '추세' 부분에서 살펴본 바와 같이 상승추세에 이상이 생기는 오른쪽 어깨에서는 주식 매도를 고려해야 하는 부분이고 네크라인이 붕괴되면 하락추세로 전환될 가능성이 많기 때문에 매도하는 것이 좋다.

🔸 역 헤드 앤 쇼울더 형 패턴

헤드 앤 쇼울더 형을 뒤집어 놓은 패턴이다. 하락추세가 상승추세로 전환되는 형태이고 오른쪽 어깨 부분과 주가가 네크라인을 돌파하는 부분에서는 하락추세가 상승추세로 전환되는 시점일 가능성이 높으므로 주식 매수를 고려할 시기이다.

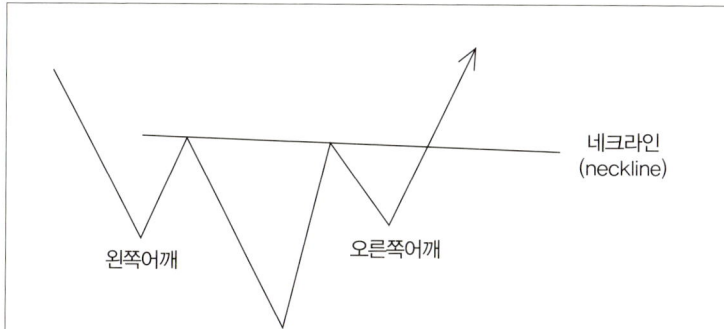

〈그림 11〉 역 헤드 앤 쇼울더

⦿ 이중천정형(쌍봉형)과 이중바닥형(쌍바닥형) 패턴

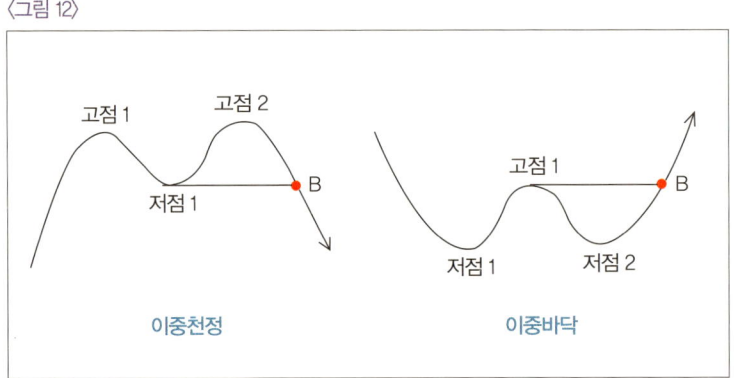

〈그림 12〉

이중천정형은 고점2가 고점1을 돌파하지 못하고 주저앉는 형태로 상승추세에 이상이 생겨 하락추세로 전환되는 패턴이고 이중바닥형은 그 반대로 생각하면 된다. 이중천정형에서의 신뢰할만한 매도시점은 주가가 A를 하향돌파할 때이고 이중바닥형에서의 매수시점은 주가가 B를 상향돌파할 때다. 매우 신뢰도가 높은 패턴이므로 숙지해야 한다.

⦿ 다중천정형과 다중바닥형 패턴

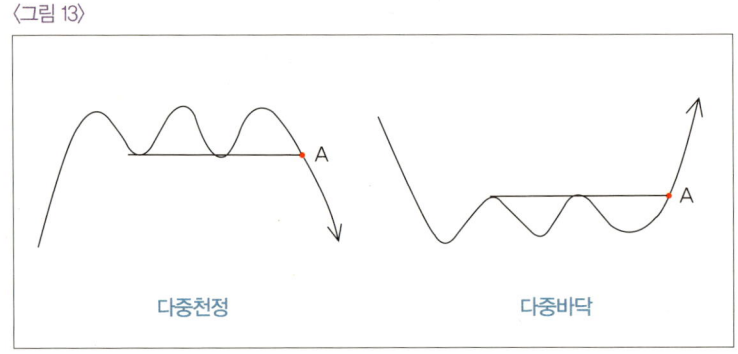

〈그림 13〉

다중천정형과 다중바닥형은 이중천정형과 이중바닥형의 변환형으로 봉의 개수가 더 많은 형태이고 다른 것들은 같다.

◐ V형, 역V형 패턴

<그림 14>

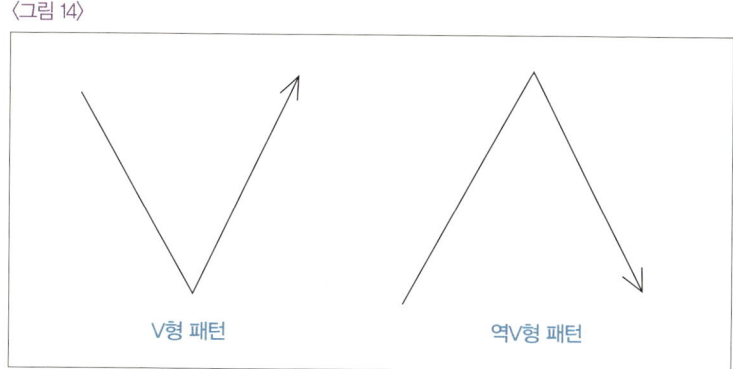

급등 후 급락 또는 급락 후 급등이 길지 않은 기간을 두고 나타나는 형태로써 매매타이밍을 쉽게 잡을 수 없고 매우 조심해야 하는 유형이다.

② 추세 지속형 패턴

◆ (이등변)삼각형 패턴

<그림 15>

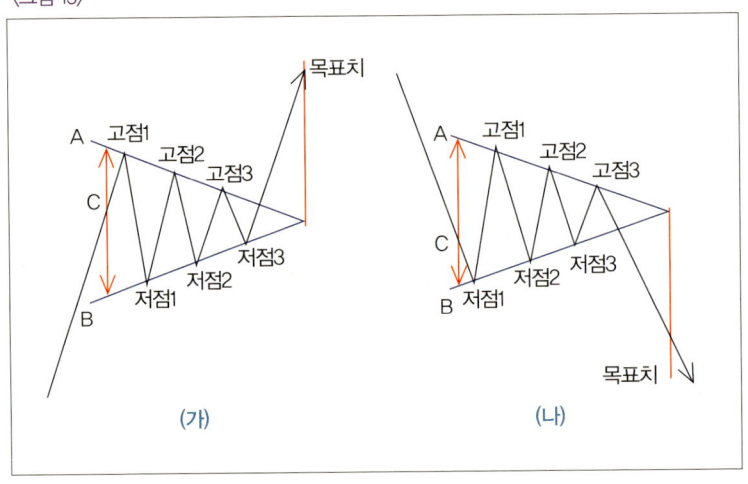

(가)는 주가가 상승 추세를 유지하다가 고점이 점차 낮아지면서 상승추세에 이상이 생기지만 저점은 오히려 높아지면서 추세의 방향을 정하지 못하고 한 점으로 수렴하는 형태다. 고점을 서로 연결한 A선과 저점을 서로 연결한 B선이 삼각형의 모습을 하고 있어 삼각형 패턴이라고 한다. 낙관과 비관이 대립하는 애매한 시장 국면에서 자주 생기지만 주가는 결국 A선을 돌파하며 원래 추세방향이었던 상승추세로 지속되는 경향이 많기에 추세 지속형 패턴에 속한다. 주가 상승 목표치는 일반적으로 C의 길이만큼 잡는다. 지속형 패턴에 속하긴 하지만 추세가 전환되는 경우도 적지 않다. 주가가 A선을 돌파하지 못하고 B선을 하향돌파하며 오히려 하락추세가 시작되는 경우가 있기 때문에 실전에서는 주가가 어느 쪽으로 방향을 틀고 나가는지를 보고 매매판단을 내려야 한다.

(나)는 (가)와 반대로 이해하면 된다. 하락추세가 지속되는 형태이다.

⬆ 상승삼각형, 하락삼각형 패턴

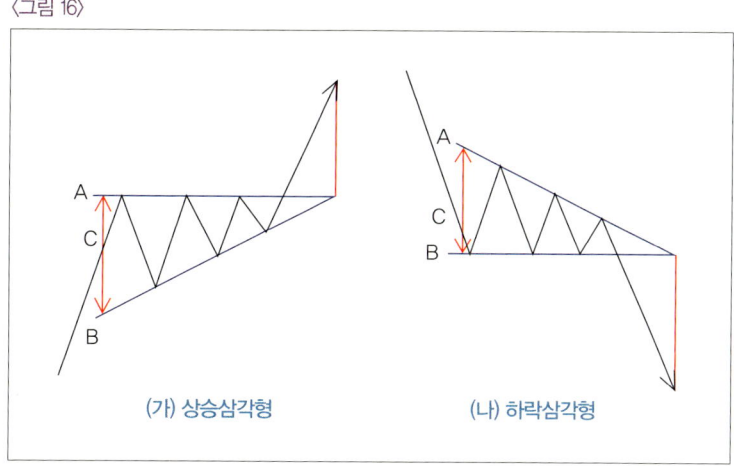

〈그림 16〉

(가) 상승삼각형   (나) 하락삼각형

삼각형 패턴보다 조금 더 신뢰도가 높은 패턴이다. (가)는 A선 돌파시 매수를 고려해야 하며 (나)는 이미 하락추세인 주식이므로 주식을 들고 있어서는 안되고 매수했다 하더라도 B선 하향이탈시는 매도를 고려해야 한다.

⬆ 쐐기형 패턴

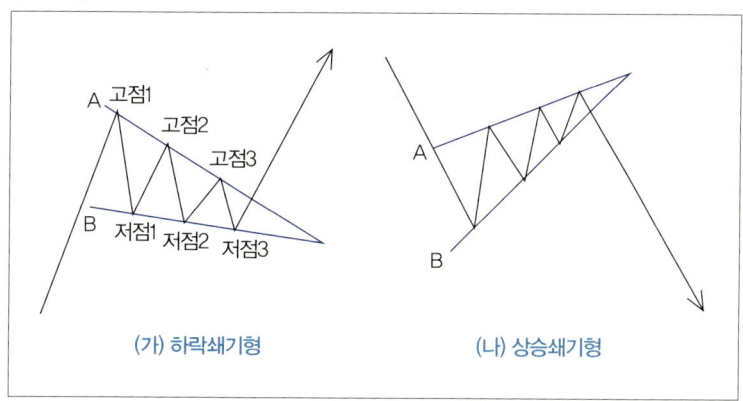

〈그림 17〉

(가) 하락쐐기형   (나) 상승쐐기형

(가)는 주가가 상승하다가 고점과 저점이 같이 조금씩 낮아지나 그 폭이 점점 줄어들어 한 곳으로 모였다가 다시 상승이 지속되는 패턴이다. 삼각형패턴은 A선과 B선의 방향이 반대이나 쐐기형은 방향이 같다. A선을 돌파하는 시점에서 매수를 고려해야 한다.

(나는) 하락추세가 지속되는 형태다. 쐐기 형성중에 상승추세 전환으로 잘못 알고 매수하였더라도 B선 이탈시는 하락추세가 지속되려는 신호이므로 매도를 고려해야 한다.

❶ 사각형 패턴

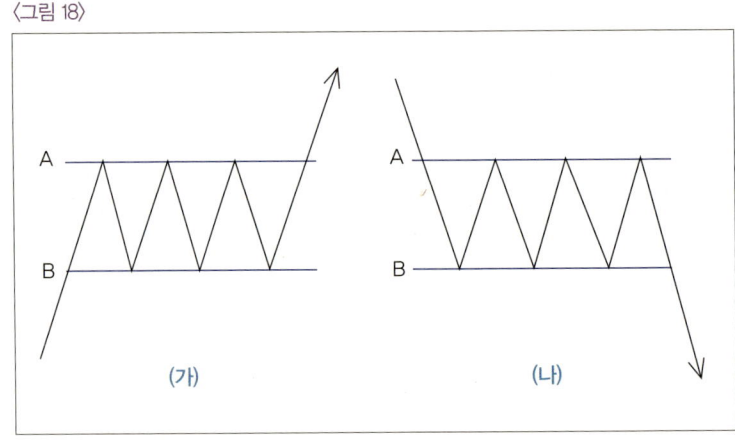

〈그림 18〉

(가)는 주가가 상승하다가 A선과 B선 사이에서 등락을 거듭하다가 기존 추세대로 A선을 돌파하고 상승하는 패턴이다. 이 패턴은 확률적으로 추세가 지속될 가능성이 많기에 지속형 패턴에 속해있기는 하나 그렇게 신뢰도가 크지 않다. 얼마든지 B선을 하향이탈하고 하락추세로 전환될 수 있으므로 역시 실전에서는 추세방향을 확인하고 대처해야 한다.

(나)는 (가)와 마찬가지다. (가)와 같이 얼마든지 반대의 경우가 나타날 수 있으므로 방향을 확인하는 것이 필요하다.

이 패턴들 외에 다이아몬드 패턴, 깃발형 패턴 등이 더 있기는 하나 실전에서 출현 빈도가 높지 않으므로 설명을 생략한다.

(6) 갭(gap)

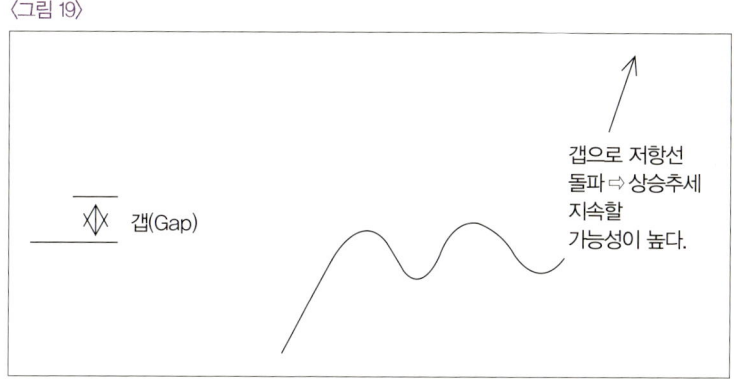

〈그림 19〉

갭은 영어 뜻 그대로 빈 틈, 공백이라는 뜻이다. 어떤 날 주가의 시가가 전일 종가보다 훨씬 높게 시작하여 상승하거나 반대로 어떤 날의 주가의 시가가 전일 종가보다 훨씬 낮게 시작하여 하락할 때 나타난다. 이렇게 주가가 갑자기 급등하거나 급락할 때 봉과 봉 사이에 공간이 생기는데 이를 갭이라고 한다. 매수 또는 매도 세력 한쪽이 다른 세력을 제압할 때 이런 현상이 나타나는데 예를 들어 주가가 지루하게 횡보하거나 점진적인 상승을 하다가 갑자기 큰 갭이 나타나며 급등하면 이는 추세 방향으로 강한 힘이 분출되는 것을 뜻한다. 특히 저항선이나 지지선을 갭으로 돌파하면 신뢰도가 높다. 이 갭은 그 자체가 지지선이나 저항선의 역할을 하기도 한다.

(7) 각종 보조지표

보조지표는 주가, 거래량, 추세, 이동평균선, 패턴 등의 분석으로 부족한 부분을 보완할 수 있는 매매 지표다. 그러나 이 보조지표는 말 그대로 매매의 판단을 할 때 보조의 역할을 하는 것이다. 마치 여기에 대단한 비밀이 숨어있는 것처럼 환상을 가지고 맹신하게 되면 낭패를 볼 수 있다. 어디까지나 주가와 거래량을 기본적으로 분석한 뒤에 참고적으로 분석해야 하는 것이다.

보조지표엔 여러 가지가 있으나 대표적으로 많이 쓰이는 보조지표는 볼린저 밴드, 스토캐스틱, MACD, RSI 등이 있다. 자세한 보조지표의 사례는 별책으로 수록된 "주식차트 초보 탈출하기"를 참고하여 필히 공부하길 바란다. 여기에서는 보조지표에서 공통적으로 적용될 수 있는 다이버전스 신호에 대해서만 설명하고자 한다.

① 다이버전스(divergence) 신호

주가의 저점은 낮아지는 데도 불구하고 지표의 저점이 더 이상 낮아지지 않거나 오히려 높아지는 현상, 반대로 주가의 고점이 높아지는 데도 불구하고 지표의 고점이 더 이상 높아지지 못하고 오히려 낮아지는 현상을 말한다. 이는 향후 추세가 전환될 가능성을 암시하는 신호다. 실제로 출현 빈도가 높고 상당히 중요한 신호이므로 이것만 확실히 터득해도 실전투자에 있어서 중요한 참고자료로 활용할 수 있다고 생각한다.

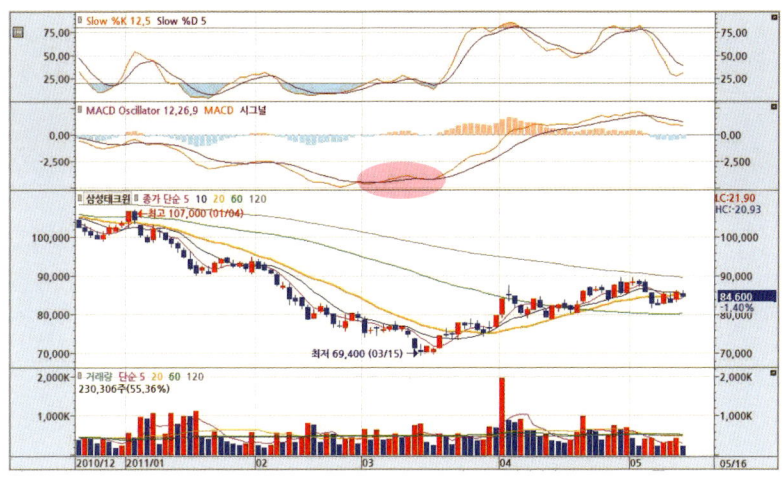

위 차트는 삼성테크윈의 올 1월~5월중의 차트이다. 맨 위가 스토캐스틱 지표이고 그 아래가 MACD 지표다. 연초부터 전형적인 역배열의 모습을 보이고 있으며, 20일선의 저항을 받으며 하락추세에 있다. 하지만 3월에 접어들어서 이동평균선과 주가는 하락하는데 MACD는 살짝 상승하는 모습을 보이고 있다. 이를 다이버전스라고 하며 향후 추세가 반전될 수 있다는 것을 암시하는 현상이다. 다이버전스 신호가 나온 이후에 주가가 3개월 만에 처음으로 20일선(주황색선)을 돌파하는 골든크로스나 나타나는데, 이 시점에서는 거의 확신을 가지고 매수에 임할 수 있는 구간이라고 하겠다. 참고로 이후 주가를 보면 앞에서 배운 것처럼 1~2월에 계속 저항선으로 작용했던 20일선을 3월에 한번 돌파하고 난 이후에는 오히려 지지선 역할을 해주고 있다는 것을 확인할 수 있다. 그러다 5월에 접어들면서 스토캐스틱, MACD 모두 하락반전 신호가 발생하고 주가도 20일선 아래로 다시 떨어졌는데 이후 주가는 어떻게 되었을까? 궁금하다면 본인의 HTS에서 찾아보도록 하자.

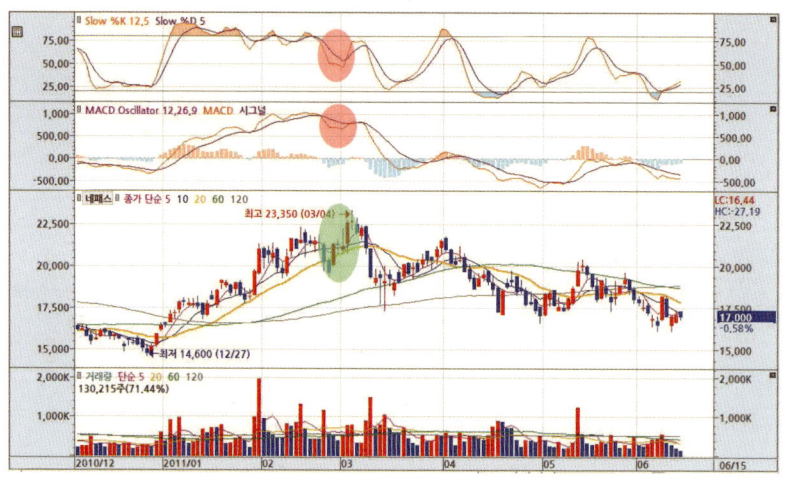

위 차트는 네패스의 2010년 말부터 2011년 6월까지의 주가 차트이다. 2월말부터 3월초까지 주가는 상승하고 있는데, 스토캐스틱과 MACD는 반대방향으로 움직이는 다이버전스가 발생하였다. 이후 주가는 3월 4일 고점을 찍고 급락하는 모습을 보여주고 있다. 이처럼 다이버전스 신호는 매수 시점뿐만 아니라 매도 시에도 상당히 도움이 되는 지표로 활용될 수 있다.

(8) 손절매(sale with a loss, stop loss, loss cut)

앞으로 주가가 더 떨어질 것을 예상하고 매입 가격보다 더 낮은 가격에라도 손해를 보면서 주식을 매도하는 것을 말한다. 주식투자 대회에서 수차례 우승하는 등 증권가에서 상당한 주식 고수로 알려져 있는 분에게 주식투자에서 가장 중요한 것이 무엇이냐고 물어보니 첫째가 손절매, 둘째도 손절매, 셋째도 손절매라고 한 일화가 있다. 실제로 손절매는 주식투자에서 상당히 중요한 매매기법으로 인정되고 있는 만큼 초보자는 이에 대한 충분한 이해를 구하고 실전투자에 임해야 한다.

손절매를 하는 데에 있어서 가장 큰 적은 본전 심리다. 주가가 오를 것을 예상하여 주식을 매수했는데 오히려 떨어지면 잘못 매수했다는 생각이 들게 되고 본전만 오면 팔아야겠다는 생각이 들게 되는데, 이러한 본전심리는 종종 치명적인 결과를 낳게 된다. 다행스럽게도 주가가 매수한 가격까지 올라주거나 더 올라줄 수도 있겠지만 모든 경우가 항상 그렇게 되질 않기 때문이다. 본전심리 때문에 손절매를 하지 않으면 주가가 본전까지 오르지도 못하고 계속 하락하는 사태가 일어날 때 결국 팔지도 못하는 자포자기의 상태가 되고 주가가 마지막으로 폭락이라도 나오게 되면 공포심을 이기지 못하고 투매에 동참하게 됨으로써 막대한 손실로 이어지게 되는 것이다. 때문에 주가가 추가하락하기 전에 적정한 선에서 손실을 끊어주는 것이 필요한 것이다.

사실 주식을 손해보고 판다는 것은 말이 쉽지 실전에서는 결코 쉽지 않다. 특히 초보자들의 경우 손절매를 미처 못하는 일이 많은데 이는 앞서 본 바와 같이 결국 큰 손실로 이어질 가능성이 많다. 그러므로 주식을 매수할 때는 주가가 예상과 다르게 하락할 수도 있다는 것을 생각하고 반드시 손절매 기준을 정해야 한다.

손절매를 하는 방법에도 여러 가지가 있겠으나 다음과 같이 생각해볼 수 있다.

① 손절매율을 정하고 손절매하는 방법

주식의 매수 가격 대비 몇% 하락했는가를 기준으로 손절매 하는 방법이다. 가장 단순한 방법이라고도 할 수 있다. 단기매매라면 보통 3~5% 정도 하락했을 때 손절매하는 것이 일반적이고 중장기매매라면 매수가에서 7~10% 또는 그 이상으로 손절매율을 잡는 것이 일반적이다. 이 손절매율이란 것은 획일적으로 모든 투자자에게 적용하기는 어렵고 자신의 투자기법에 알맞은 비율을 스스로 정하도록 해야 한다. 기관투자자들의 경우 주가가 10% 하락하면 자동으로 손절매 하도록 규정되어 있다고 한다.

② 추세 붕괴 시 손절매 하는 방법

앞서 추세에 관해 설명하면서 주가가 상승추세이면 보유하고 하락추세로 접어들면 매도하라고 설명하였다. 주가가 계속 상승추세를 유지할 것으로 예상하고 주식을 매수하였는데 추세가 갑자기 하락추세로 전환될 때 손절매 하는 방법이다.

③ 지지선 붕괴 시 손절매 하는 방법

위와 비슷한 개념이지만 지지선에는 추세선 외에도 기술적 분석편에서도 설명한 바와 같이 대표적으로 이동평균선이 있으므로 주가가 자신이 정해놓은 이동평균선을 하향 이탈할 때 손절매 하는 방법이다.

④ 시간 지체로 인해 손절매하는 방법

주가가 조만간 오를 것으로 예상하여 단기차익을 목적으로 주식을 매수하였는데 예상과 달리 주가가 크게 오르지도 않고 내리지도 않는 상태가 오래 지속될 때 시간에 대한 기회비용을 고려하여 손절매하는 방법이다. 장기투자에는 해당되지 않는다.

추천도서 Review 〈3〉

차트의 기술

출판사 : 이레미디어
저자 : 김정환
가격 : 18,000원

리뷰 : 기술적 분석에 대해서는 반드시 숙지할 필요가 있다. 본 책에서도 필수적인 내용은 본문에 추가적인 사례들은 부록에 추가하여 공부할 수 있도록 편성해 놓았지만, 더 자세한 공부를 원한다면 이 책을 권하고 싶다.

이 책에서 다 다루지 못한 다양한 분석법들과 상세한 사례들이 나와 있으므로 실전에 접목시켜가면서 공부해 나간다면 큰 도움이 될 것이다.

주식투자 초보 탈출하기

11 정보의 탐색

1. 정보의 탐색
   1) 신문(경제/일반)
   2) TV/라디오
   3) 잡지
   4) 인터넷
   5) 생활속에서 얻는 정보
   6) 정보의 활용

맥도날드 할머니 투자법

1. 정보의 탐색

주식시장은 무수히 많은 정보가 생겨나기도 하고 또 그 정보로 인해 다시 주가가 움직이게 되고, 그런 움직임은 또 다른 정보를 낳으며 돌아가고 있다. 사실 잘못하면 이 정보만큼 적이 되는 것도 없겠지만 투자의 기회 역시 다양한 정보 속에서 얻을 수 있는 것도 사실이다.

주식시장은 무수히 많은 정보가 생겨나기도 하고 또 그 정보로 인해 다시 주가가 움직이게 되고, 그런 움직임은 또 다른 정보를 낳으며 돌아가고 있다. 사실 잘못하면 이 정보만큼 적이 되는 것도 없겠지만 투자의 기회 역시 다양한 정보 속에서 얻을 수 있는 것도 사실이다.

가장 중요한 것은 표면적인 정보의 수집 능력이 아니라 그 정보에 숨겨진 참뜻을 이해하는 것이다. 하지만 이게 결코 쉬운 일이 아니다. 초보자들에게는 고급정보는 따로 있어서 그런 정보는 고수들이나 구할 수 있다고 생각할 수 있으나 실상은 그렇지 않다. 인터넷이 보급되면서 많은 사람들이 더 쉽게 경제와 시장에 대한 정보를 빠르게 얻을 수 있게 되었기 때문이다.

1) 신문(경제/일반)

(1) 경제신문

요즘은 인터넷으로 스마트폰으로 신문을 얼마든지 읽을 수 있기 때문에 경제신문을 구독해서 보지 않는 사람이 많은 것 같다.

하지만, 인터넷이나 스마트폰으로 접하게 되는 기사는 접근방법이나 정보의 노출면에서 자신이 당장 관심 있는 분야만 보게 되는 경향이 있는 반면, 지면으로 된 신문을 읽다보면, 뜻하지 않은 정보들, 기사들을 통해 기회를 발견할 수 있는 계기가 되는 경우가 많다.

어떤 경제 신문인가는 크게 중요하지 않다. 꾸준히 읽다보면 분명 어느 순간 '내가 그동안 경제지식이 많이 늘었구나'라는 것을 느끼게 될 것이다. 경제에 대해 그동안 크게 관심을 두지 않았던 독자라면 처음 경제신문을 보는 시간은 5분도 걸리지 않을 것이다. 아는 만큼 보인다는 말처럼 처음엔 아는 지식이 없으니 당연히 눈에 들어오는 기사도 없는 것이다.

하지만, 몰라도 자꾸 보다보면 알게 되고 이해되는 내용이 생기기 마련이다. 물론 더 빠른 방법은 모르는 단어를 아는 사람들에게 물어가면서, 인터넷으로 단어검색을 해 가면서 마치 참고서를 대하듯이 보면 경제에 대한 기초지식을 쌓는데 오랜 시간이 걸리지는 않을 것이다.

우선 어떤 신문이든지, 한번씩 읽어보고 자신에게 가장 잘 맞는 것 같은 신문을 읽어보길 바란다.

공부 포인트 경제신문에서는 주식면도 중요하지만 기타 경제 전반의 중요한 사안들 모두 공부거리가 된다. 금리가 어떻고, 경기가 어떻고 얘기하는 것은 앞에서 배웠다시피 주식과 밀접한 관계가 있기 때문에 알면 알수록 더 깊이 있는 정보가 눈에 들어오게 되는 것이다. 특히 산업면에서 많은 투자의 기회를 찾을 수 있다고 말하는데, 아주 중요한 얘기다. 이미 주식 면에 나온 내용은 많은 사람들에게 알려지고 주가도 많이 오른 이후라서 매력이 없는 내용인 경우가 많기 때문이다. 아무쪼록 처음엔 재미가 없더라도 자꾸 관심을 가져보길 바란다. 그나마 가치가 있고 도움이 되기 때문에 이렇게 권하는 것이니 말이다.

(2) 일반신문

조선일보나 중앙일보 같은 일반 신문에도 주식면은 꼭 있기 마련이고 요즘 들어 경제에 대한 관심이 높아지면서 신문사마다 증권/경제면을 심도 깊게 다루는 곳이 많아졌다. 그러므로 예전엔 미처 관심이 없었던 면이었더라도 주식을 시작하는 순간부터는 신문을 펼 때 주가면부터 펴게 될 정도의 관심과 애정을 가져야 한다.

하지만 투자에 대한 식견이 높아질수록 아마 주가정보를 다룬 면보다는 오히려 경제, 산업 등의 지면에 관심이 높아질 것이다. '루머에 사고 뉴스에 팔아라'는 격언이 있듯이 이미 주식면에 나온 기사나 종목에 대한 의견들은 때가 지난 것들이라고 할 수도 있다. 투자의 기회는 생활 속에서 경제면과 산업면의 행간에서 더 발견할 수 있는 기회가 많다. 아무튼 처음엔 다른 것을 생각하기보다는 재미를 붙이고 즐거운 마음으로 신문이나 뉴스를 접하길 바란다. 재미가 있고 그 일을 즐길 수 있다면 자기도 모르는 사이에 많은 것을 얻게 된다는 점을 기억하자.

공부 포인트 ▷ 기존에 관심이 없었던 경제나 주식에 대한 글들을 관심있게 지켜봄으로써 공부에 흥미를 가질 수 있도록 하고, 동시에 생활 주변에서부터 투자의 기회를 발견할 수도 있을 것이다.

2) TV/라디오

왠지 TV와 라디오는 주식과는 거리가 먼 매체로 느껴지기도 하는데, 알고 보면 TV와 라디오에서도 참고할만한 정보가 많다. TV의 경우 뉴스나 아침방송을 통해 증권동향을 말해주곤 하는데, 그 날 장분위기를 전체적으로 짐작하는데 도움이 된다. 그리고 케이블방송 중에 주식전문 방송도 있는데 매일 보는 것은 썩 권하고 싶지 않지만 간혹 참고하는데는 나쁘지 않을 것이다. 하지만 결코 그런 곳에서 얘기하는 정보들에 의존해서 투자하면 안 된다는 점을 명심하기 바란다. 오히려 많은 도움을 주는 프로그램은 경제와 관련된 주제를 다루는 시사 프로그램이나 새로운 사업이나 기업의 성공담이나 실패담을 엮은 다큐멘터리 같은 방송들이다.

라디오의 경우는 아침 출근시간에 방송하는 "손에 잡히는 경제"라는 프로그램을 권하고 싶다. 어차피 오고가는 차 속에서 라디오를 들을 수 있는 환경만 된다면 경제전반의 동향에 대해 이해하는데 상당한 도움이 되리라 생각한다.

공부 포인트 ▶ 단순히 별다른 일이 없어서 듣는다고 생각할 수도 있지만, "손에 잡히는 경제"같은 경우엔 실제로 상장회사의 CEO라든지 경제정책에 관여하는 담당자가 직접 나오거나 혹은 전화연결을 하여 그에 대한 의견들을 얘기해 주기도 하고, 그날그날의 주요 뉴스들을 모아서 들을 수 있다는 장점도 있어서 경제를 이해하는데 많은 도움을 주는 프로그램이므로 참고하길 바란다.

3) 잡지

잡지는 경제나 사회에 중요한 이슈를 심도 깊게 다루는 경우가 많다. 물론 신문에서도 다루긴 하지만 느낌이 많이 틀리기 때문에 역시 충분한 공부거리를 얻을 수 있다.

보통 주간지가 많은데 매경 ECONOMY, 한경 BUSINESS 등 신문사에서 발간하는 주간지가 대표적이다. 신문에 비해 더 보기가 좋고 알뜰하게 읽어진다. 또한 특정 주제나 이슈에 대해 심도 깊게 다룬 내용들은 경제 전반을 읽을 수 있는 안목을 기르는데 도움이 될 것이다.

하지만 이런 잡지가 투자자들만을 위한 좋은 정보만을 제공한다고 생각해선 안 된다. 오히려 눈길을 확 끄는 주제라든지, 실속보다는 흥미를 유발시켜서 구매를 촉진시키는 경우도 많이 있기 때문에 맹목적으로 읽기보다는 비판적인 시각을 가지고 읽는 자세를 가지는 것도 중요하다.

공부 포인트 ▷ 무엇보다도 다양한 주제에 대한 글들을 통해 경제전반의 이해를 돕고 지식을 향상시키는데 많은 도움이 될 것이다.

4) 인터넷

이제는 인터넷으로 접속이 불가능한 정보의 영역이 없을 정도로 이제 인터넷은 우리 생활의 중심이 되었다. 경제관련 정보나, 투자정보 역시 가장 발빠르게 접할 수 있는 곳은 역시 인터넷이다.

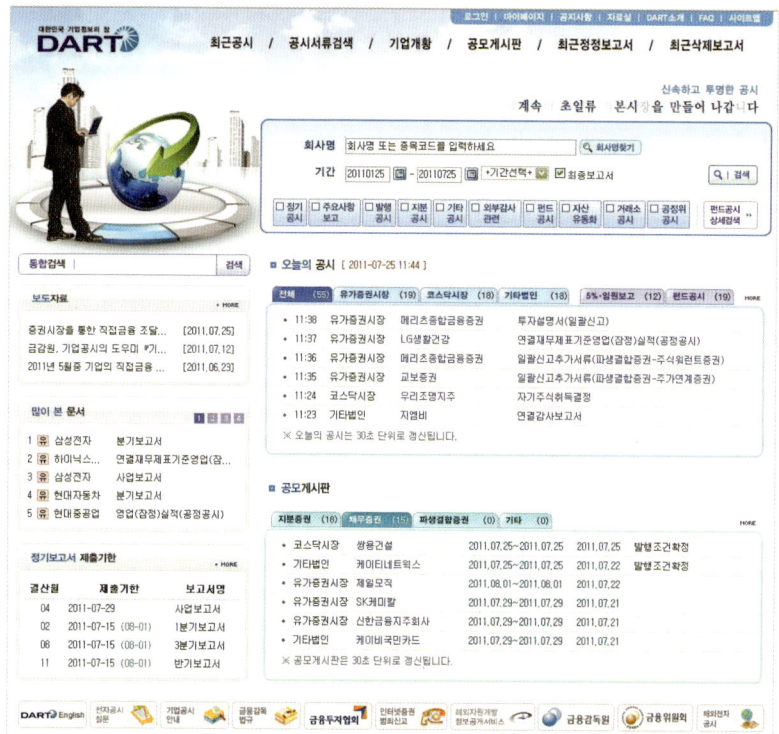

(1) 금융감독원 전자공시 시스템(http://dart.fss.or.kr/)

공시제도는 "기업의 중요 정보(영업실적, 재무상태, 합병, 증자 등)를 이해 관계자들에게 정기·수시적으로 공개하도록 하여 투자자 스스로 자유로운 판단과 책임 하에 투자결정을 하도록 하는 제도"라고 명시하고 있다. 다시 말하자면 공시는 투자를 하는 사람들에게 기업의 정보를 공개하여 투자자가 그 회사에 대한 판단을 더 정확하고 올바로 할 수 있게끔 도와주기 위해 필요한 제도인 것이다.

보통 공시는 HTS를 이용할 경우 손쉽게 확인해 볼 수도 있지만, 금융감독원에서 직접 관리하는 전자공시 시스템 사이트에서는 상장된 모든 기업의 공시를 가장 빠르고 정확하게 확인해 볼 수 있다는 점에서 초보자들이 더 자주 이용해야만 하는 곳이라 하겠다.

무엇보다도 초보자들에게 필요한 정보라고 한다면 관리종목이나 감리종목, 상장폐지종목처럼 멋모르고 투자했다가 낭패를 볼 가능성이 있는 주식에 대한 공시를 바로 확인할 수 있다는 점이다.(다음 그림을 참고)

과연 어떤 종목이 상장폐지종목인지, 관리종목인지, 투자유의사항 종목엔 어떤 종목들이 있는지 투자하기 전에 확인하고 점검해 보도록 하자.

또한 날짜별 검색도 가능해서 예전에 그 회사에 어떤 일이 있었는지도 공시확인을 통해 쉽게 알 수 있게 되는 것이다. 이런 공시는 마치 매일 매시간뉴스를 통해 사회전반에 걸친 소식을 전해주는 것처럼 투자자들에게 회사관련소식을 알려주는 것이라고 생각하고 관심있는 기업의 공시를 꾸준히 체크하길 바란다.

(2) 상장기업분석(http://www.kisonline.co.kr)

앞에서 살펴보았던 기본적 분석에서의 자료들은 이 사이트에서 다 확인할 수 있다. 가장 최근의 실적과 기업동향까지 확인할 수 있으므로 회사를 분석할 때 매우 유용한 사이트라고 하겠다.

요즘은 거의 대부분의 증권사 HTS는 물론이고 다음, 네이버와 같은 포털사이트에서도 비슷한 내용을 제공해 주기 때문에 자신이 더 편하고 접근성이 좋은 방식으로 자료를 찾으면 될 것이다.

각 기업의 기업개요, 기업현황, 재무분석, 재무제표, 투자지표 등의 상세한 내용을 다 확인할 수 있다.

(3) 경제신문 홈페이지

앞서 말한 경제신문은 하루에 한번 받아보기 때문에 하루 지난 이야기를 접할 수밖에 없다. 그런 의미에서 경제신문 홈페이지는 그런 경제신문의 단점을 보완해주는 기능들이 많다. 먼저 장중[24]에는 거의 실시간으로 뉴스나 종목별 공시 같은 것을 확인할 수 있기 때문에 필요한 정보를 얻는데 많은 도움이 된다.

매일경제신문	http://www.mk.co.kr/
한국경제신문	http://www.hankyung.com/
서울경제신문	http://economy.hankooki.com/
머니투데이	http://www.mt.co.kr/
이데일리	http://www.edaily.co.kr/
아시아경제신문	http://www.asiae.co.kr/

(주요 경제신문 홈페이지)

---

[24] 장이 열리는 동안을 말함 (9:00~15:00)

(4) 경제연구소 사이트

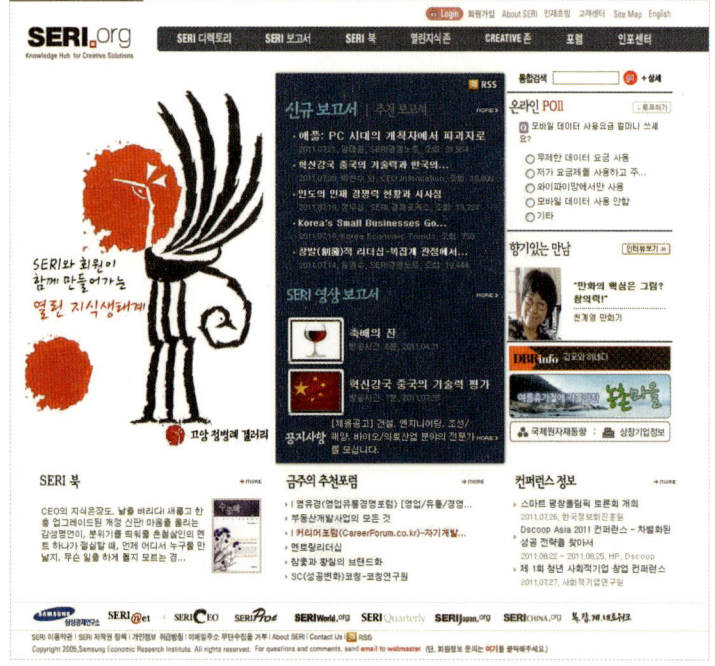

　주식의 하루하루 등락과는 상관없더라도 경제를 이해하는 것은 매우 중요한 일이다. 즉, 투자한 종목이나 증시에만 초점을 맞추다보면 나무는 보되 숲은 보지 못하는 경우가 생기고 만다.

　그런 의미에서 경제연구소 사이트들은 경제전반에 대한 이해를 높이는데 도움이 된다. 물론 처음에는 많이 생소하고 지루하겠지만 궁극적으로 투자를 제대로 하기 위해서는 무엇보다 경제전반의 흐름에 대한 이해가 필요하기 때문이다. 미국 다우가 어떻고, 유가가 어떻고 물가가 어떻고 이야기를 해도 전혀 그런 것들이 증시에 어떤 영향을 끼치는지 알지 못한다면 그만큼 그걸 알고 미리 대응하는 사람보다 한 발 늦을 수밖에 없는 것이다. 처음엔 어렵더라도 자꾸 부딪혀 보기로 하자.

*주요 사이트의 주소

삼성경제연구소 (http://www.seri.org)
LG경제연구원 (http://www.lgeri.com)
대신경제연구소 (http://www.deri.co.kr)

(5) 팍스넷

팍스넷(http://www.paxnet.co.kr)은 증권포털사이트다. 각 종목마다 게시판이 있어 수시로 그 종목에 관심이 있는 다른 사람들과 의사소통이 가능하다. 그 곳에는 상당히 좋은 정보도 많이 있지만 근거없는 이야기를 올려놓는 경우도 많기 때문에 모두 믿어서는 안 된다. 참고하는 수준으로 본다면 많은 도움이 될 것이다. 오랜 시간 인기를 끌고 있는 사이트인만큼 찾아보면 공부할 수 있는 자료들 정보들이 무궁무진하다.

그러나 전반적으로 단기매매를 부추기는 경향이 있다. 아무래도 대박을 꿈꾸는 개미들에게는 그런 정보가 더 끌리기 마련이라 어쩔 수 없는 현상이겠지만 '모르면 용감하다'고 자신의 투자에 대한 원칙도 없는 상태에서 다른 사람의 말만 믿고 의존하게 된다면 그건 매우 위험한 일이다. 그러므로 팍스넷에서 제공하는 여러 가지 투자전략과 추천종목들을 바로 투자에 적용하기보다는 시장이 돌아가는 상황을 이해하고자 노력하면서 활용하기를 권한다.

5) 생활 속에서 얻는 정보

꼭 필자가 경영을 전공해서 그런 것은 아니겠지만, 가끔 TV 광고를 보면 "아, 이 제품 뜨겠구나!" 혹은 "오, 이 회사 크겠는데?"하는 생각이 들게끔 하는 광고를 보곤 한다. 사실 주식이라는 것이 우리 생활과 별개의 것이 아닌데, 늘 HTS 속에서 혹은 증권기사가 난 신문 속에서만 주식을 만나다보니 자연 우리가 흔히 접할 수 있는 제품들도 주가와 큰 영향이 있다는 것을 잊고 사는 것 같다. 예를 들어 핸드폰을 보자. 이동통신 사업은 급속도로 성장을 해서 이제 중·고등학생들도 핸드폰을 다 가지고 있을 정도로 많은 핸드폰이 보급되었고, 그와 관련된 시장도 엄청나게 커졌다. 그렇다면 그 핸드폰이 무엇인가? SK텔레콤이나 KTF, LG텔레콤과 같은 이동통신 사업자들이 서비스를 제공하고, 삼성전자, LG전자, 팬택과 같은 곳에서 단말기를 만들고, 그뿐인가? 키패드를 만드는 회사, LCD를 만드는 회사 등 휴대폰 만드는 부품회사까지 생각해 볼 수 있다. 우리가 단순히 핸드폰을 쓴다는 것이 내가 좋다고 판단될 때 그것을 만드는 회사는 어디인지 그 회사와 관련된 회사는 또 어디인지까지 생각해 볼 수 있는 것이다.

월가의 전설로 남은 투자영웅 피터 린치 역시 이런 생활 속에서의 투자기회 발견을 강조했다. 그만큼 살아있는 정보이며 때문은 정보가 아니기 때문이다. 사실 좋은 제품이 있다고 해서 그 제품이 바로 주가에 반영이 되는 것은 아니기 때문이다.

투자에 필요한 정보는 아주 쉽게 생활 속에서도 발견할 수 있다는 점을 잊지 말자. 자신이 늘 사용하는 단골제품들을 만들어 내는 회사가 어디인지 주목해볼 필요가 있다.

6) 정보의 활용

사실 정보에 관해 가장 적절한 속담이 있다면 그것은 "구슬이 서 말이라도 꿰어야 보배"라는 속담이 아닐까 싶다. 그만큼 정보라는 것은 얻는 것도 중요하지만 그것을 어떻게 활용하느냐가 더욱 중요한 것이다. 사실 훌륭한 투자자들의 투자판단과 초보자들의 투자판단의 차이는 정보의 양에서가 아니라 정보의 활용능력의 차이에서 온다고 생각한다. 물론 그것이 하루아침에 이루어지는 것은 아닐 것이다. 바로 위에서 언급했던 것처럼 생활 속에서도 투자의 기회는 많다. 다만 그것을 투자의 기회로 생각지 못하고 지나친다는 것이다. 훌륭한 투자자라면 그런 곳에서의 투자기회를 잘 활용하여 좋은 결과를 일구어낼 거라는 것은 짐작할 수 있는 일이다. 늘 관심을 가지고 차근차근 공부하면서 많은 생각을 해보길 바란다.

그리고 한가지 더 덧붙이자면 투자에 있어서 정보라는 것은 결코 "다다익선(多多益善)"이 아니다. 내게 필요한 정보를 걸러내는 힘이야말로 투자자에게 가장 요구되는 일이 아닐까?

그래서 결국엔 수많은 정보 중에서도 내게 필요한 정보를 걸러내고 그 정보를 적절히 투자에 활용한다면 아마 자신의 계좌에는 이미 상당한 수익이 쌓여 갈 거라고 생각한다.

맥도날드 할머니 투자법 (길거리에서 발견할 수 있는 투자 종목 10선)

매일경제 사설에 흥미로운 내용이 실렸다. 미국의 한 할머니가 우연히 맥도날드 체인점을 지나가다 그곳에서 줄을 서서 햄버거를 사먹는 사람들을 보고 깜짝 놀라서, 장사가 이렇게 잘되니 반드시 성공할 회사라고 생각하고 맥도날드 주식과 맥도날드에서 함께 파는 코카콜라 주식을 사서 이후에 큰 수익을 거두었다는 이야기다.

이러한 투자를 "맥도널드 할머니 투자법"이라고 부르는데, 생활 속 가까이 있는 제품이나 서비스 등에서 투자의 기회를 찾아내는 투자법이라고 할 수 있다. 그렇다면 이다지도 아마추어적이고 원초적인 투자방법이 그래프를 꿰뚫어보며 전 세계 시장동향을 분석해서 투자하는 전문가들이 포진한 투자시장에서 과연 승산이 있는 투자인지 의문이 든다.

전문가도 활용하는 맥도널드 할머니 투자법

사실 맥도널드 할머니 투자법은 가장 전통적인 투자 방식이며 투자의 기본적인 원리를 잘 담고 있는 투자법이라 할 수 있다. 게다가 미국의 가장 전설적인 펀드매니저였던 피터 린치가 가장 애용했던 투자법이기도 하다. 그는 그의 저서에서 이런 얘기를 하고 있다.

"나는 캘리포니아 여행을 하던 중에 타코벨이라는 회사가 만든 뷰리토를 먹고 그 맛에 감동한 적이 있다. 라 퀸타 모터인즈에 대해서는 라이벌 홀리데이 인의 누군가가 내게 그 호텔을 칭찬한 적이 있다. 볼보는 나와 가족, 친구들이 타는 차다. 애플 컴퓨터 역시 우리 집에도 한 대 있고 회사의 시스템 관리자가 여러 대를 설치한 바 있다. 장의 업체인 서비스 코퍼레이션 인터내셔널. 우리 회사의 전자 업종 애널리스트가 텍사스 여행 중에 그 회사의 장의 서비스가 좋은 것을 알게 되었다. 던킨 도너츠. 나는 그 집 커피를 즐겨 마신다."

13년간 마젤란펀드를 운영하면서 평균수익률을 29% 넘게 달성한 그의 말이기에 더욱 설득력 있게 느껴진다. 그가 가장 높은 수익률을 거두었던 종목들은 이처럼 생활 속 가까이에서 투자의 기회를 찾았던 것이다.

그리고 현존하는 최고의 투자자로 불리는 워런 버핏. 그는 원래 펩시콜라를 즐겨마셨는데 1985년도에 출시된 체리 코크가 좋아서 그때부터 코카콜라를 애용하기 시작했고 그 이후에 코카콜라에 투자하며 상당한 수익을 거두었다. 그 당시 월스트리트 저널의 마이클 맥커시라는 기자가 코카콜라 주식을 산 이유를 묻자, 워런 버핏은 이런 말을 했다고 한다. "나는 내 입이 향하는 곳으로 돈을 돌립니다."

우리나라 실물경제에서 투자종목 찾기

맥도날드 할머니 투자법은 멀리 미국 월스트리트에서만 일어나는 일이 아니다.

2008년 가을 기아자동차에서 쏘울과 포르테를 출시했다. 같은 해 4월 'Des!gn KIA'라는 모토를 잡고 출시한 신선한 모델이다. 그때 기아차의 주가는 최저 5,720원이었다. 이런 낮은 주가는 금융위기로 인해 더욱 평가절하 되었던 것이 사실이다. 그러나 이후 승승장구하며 특히 지난해 K시리즈의 폭발적인 인기로 말미암아 지난 1월 14일에는 최고 60,300원까지 기록했다. 불과 2년 2개월 만에 최저가 대비 10배가 넘는 상승을 기록한 것이다. 만약 누군가가 쏘울이나 포르테에 만족감을 느끼고 다른 소비자에게도 많은 인기를 모으는 것을 보고, 향후 기아차가 잘될 것을 예측해서 당시에 주식을 샀다면 지금쯤 엄청난 수익을 거두었으리라는 것은 말할 필요도 없는 사실이다.

맥도날드 할머니 투자법을 통해 얻게 되는 교훈은 투자라는 것이 '그 회사의 주식'에 투자하는 것이 아니라 '그 회사 자체'에 투자하는 것이라는 점이다. 주식투자를 많이 하다보면 가끔 오직 그 기업자체의 가치보다는 그 외의 변수에 너무 많은 시선을 빼앗길 때가 있다. 그러나 사실 긴 안목으로 보면 결국 주가라는 것은 그 회사 본연의 가치를 반영할 수밖에 없기 때문에 그것을 잊어선 안 된다는 교훈을 깨닫게 해주는 투자법이라 하겠다. 그렇다면 현재 시점에서 우리 생활 가까이에 있는 투자의 기회에는 어떤 것이 있을까? 맥도날드 할머니의 심정으로 우리 생활 속의 투자기회들을 들여다보도록 하자.

1. **삼성전자** : 갤럭시 시리즈가 스마트시대의 붐을 타고 상당한 히트를 쳤다. 이번에 후속 제품도 공개가 되었는데 반응이 상당히 좋아 보인다. 물론 핸드폰만으로는 회사 전체의 좋고 나쁨을 판단하기는 어렵지만, 핸드폰시장에서의 위기를 정면 돌파한 삼성전자의 현재의 결과에 박수를 보내고 싶다.

2. **SBS** : 최근 주위에서 많이 이야기하고 시청률도 높은 드라마 상당수가 SBS 드라마다. 시크릿 가든, 자이언트, 대물, 싸인, 아테나 등 다양한 소재로 드라마를 만드는 데 시청자의 호응도도 높다. 물론 방송이 비단 드라마만 있는 것은 아니겠지만, 지상파 방송의 꽃은 드라마다. 그리고 월드컵 독점방송 이후에 여러 가지 면에서 방송사의 위상도 높아지고 여러 가지 방송의 퀄리티도 상당히 좋아진 것으로 보인다. 또한 최근에 경쟁사인 KBS나 MBC의 경우 광고 판매가 감소된 반면 SBS는 30%가까이 늘었다고 한다.

3. **국순당** : 얼마 전 우연히 국순당 생막걸리를 마셨는데 정말 맛있었다. 사람마다 기호의 차이는 있겠지만 전체적으로 평이 좋은 상품이다. 전국단위로 생막걸리를 판매하며, 30일이나 유통할 수 있다니 상당한 가능성이 있어보인다. 아직은 실적이 크게 호전되진 않은 모양이지만, 워런 버핏처럼 사람들이 입맛이 비슷하다면, 그리고 세계적인 막걸리의 유행이 좀 더 가속화된다면 장기적으로 상당히 매력적인 회사가 될 수도 있을 것이다.

4. **CJ** : CJ는 좀 유별나다. 지주회사다보니 생활권 내에 자주 접하는 서비스가 한두 가지가 아니다. 제일제당(지분 36.6%)은 말할 것도 없고, 요즘 뜨는 영화중 반이상을 차지하는 CJ 엔터테인먼트, 매장이 쑥쑥 늘어가는 올리브영, 개인적으로 좋아하는 투썸플레이스와 빕스를 보유하고 있는 CJ푸드빌(지분 95.8%), 슈퍼스타K2로 케이블방송 사상 최고시청율을 갱신했던 엠넷(지분 49%), 영화볼 때마다가는 CJ CGV(지분 40%), 택배 보낼 때 거래했던 CJ GLS(지분 41.5%) 등 총 19개 회사를 거느리고 있는 회사다. 계열사 하나하나가 다 성장성이 돋보이는 회사들이어서 앞으로 얼마나 더 큰 성장을 보일지 주목이 되는 회사다.

5. **신세계** : 신세계 백화점, 이마트, 스타벅스(지분 50%) 모두 자주 애용하는 곳이다. 기업분할을 한다고 하는데 신세계와 이마트가 나뉘더라도 역시 둘 다 좋은 회사임은 분명하다. 특히 백화점쪽은 롯데백화점과의 격차를 점점 줄여가고 있다는 느낌을 많이 받는다. 신세계 강남점이 롯데본점 이후 2번째로 1조 이상을 달성한 것도 단순히 외형적 성장만은 아니라고 생각한다. 앞으로 더 큰 성장이 기대된다.

6. **매일유업** : 김연아가 선전하는 ESL 우유도 좋지만, 개인적으로 카페라떼를 좋아한다. 또 잘 알려져 있진 않지만 매일유업에서 50%지분을 가지고 있는 샌드위치전문점인 부쳴라도 자주 애용하는 곳이다. 2006년부터 외식사업부를 발족해서 꾸준히 시장을 확대하고 있는 것 같다. 앞서 말한 부쳴라 외에도 인도음식 전문점 '달', 이탈리안 레스토랑 '더 키친 살바토레 쿠오모', 상하이 레스토랑 '크리스탈 제이드', 커피전문점 '폴바셋'까지 다양한 외식사업에 진출하고 있다.

7. **SPC** : 상장회사는 아니지만, 파리바게뜨, 파리 크라상, 베스킨 라빈스 31, 던킨 도너츠를 계열사로 두고 있는 회사다. 다 자주 애용하는 곳이고, 특히 던킨 도너츠는 요즘 매장이 늘어나는 추세가 엄청나 보인다. 삼립식품과 샤니도 이 회사 계열사들이다. 양적인 성장만이 아니라 실제로 이용하면서 느끼는 점이지만, 질적으로도 더 좋아지고 있다는 점을 높게 평가하고 싶다.

8. **한국화장품** : 예전의 명성에 비하면 요즘은 상당히 위상이 줄어들어있는 느낌이지만, 작년에 이승기를 내세워 티져마케팅을 했던 '더 샘'을 런칭하면서 올해부터 사뭇 다른 성장이 기대가 된다.

9. **팅크웨어** : 회사이름보다는 '아이나비'로 유명한 회사다. 다른 네비게이션도 많지만 아이나비가 좋은 것은 안정적인 업데이트 때문이다. 최근에 나온 신제품들은 디자인까지 한단계 업그레이드한 것 같다. 제품이나 서비스의 마인드가 타회사 대비 우수하다는 점을 높게 평가하고 싶다.

10. **리홈** : 결혼하면서 주방가전을 구입할 때 알게 된 회사인데, 올 초에 부방테크론에서 리홈으로 사명을 바꾸었다. 몇가지 제품을 써보니 가격 대비 품질이 좋은 것 같다. 2009년에는 웅진의 쿠첸을 인수해서 밥솥시장에서의 위상도 더 높아졌고, 무엇보다 사명이 변경되면서 기업이미지가 상당히 좋아진 것 같다. 생활가전 분야에서의 좋은 성장이 기대되는 회사다.

앞서 살펴본 종목들은 모두 주식시장이 아닌 생활 속에서의 근거를 바탕으로 맥도널드 할머니처럼 찾아낸 회사들이다. 피터 린치같은 뛰어난 전문가들이 이런 가능성 있는 종목을 찾아서 손대는 주식마다 대박을 터트리는 것은 아니다. 이 회사들 중에서 다시 현재 시장의 트렌드, 주식시장의 수급상황, 현재 주가와 거래량, 투자심리 등 무수한 기본적, 기술적 분석을 거쳐 다시 검증했을 것이고, 그렇게 검증된 종목으로 다시 리스크를 분산하여 포트폴리오를 짜서 투자했을 것이다. 그 포트폴리오의 승률은 50%도 되지 않았을 것이다. 하지만 그 몇 종목에서 3루타나 홈런이 나오면서 전체 수익률이 좋아진 것이다.
만약 그저 가능성만보고 섣불리 투자한다면 그것은 눈감고 스윙하는 것과 다름이 없다. 전문가들은 날아오는 공을 끝까지 보고 분석하고 대응하기 때문에 더 좋은 결과를 내는 것이다. 하지만 반대로 너무 보이는 것만 의지하게 되면 큰 수익을 낼 수 없다. 이미 눈앞에 왔을 때는 아무리 멋진 스윙을 해도 홈런을 칠 수 없기 때문이다. 그런 의미에서 맥도널드 할머니 투자법은 좀 더 효율적으로 투자종목을 판단할 수 있는 선구안이 되어줄 것이다.

(위 글은 필자가 2011년 3월, KRX Magazine에 기고한 칼럼입니다. 과거 자료인만큼 현재 상황에 대한 분석 없이 투자하는 일은 없어야 할 것입니다. 앞서 배운 것을 바탕으로 관심있는 종목들을 선정해서 현재 시점에서의 투자 여부를 판단해 보는 것도 좋은 공부가 될 것입니다.)

주식투자 초보 탈출하기

12 나만의 투자원칙의 확립

1. 나만의 투자원칙의 확립
   1) 손절매
   2) 목표수익률
   3) 분할매수, 분할매도
   4) 기술적 지표 활용하기
   5) 관리종목 매매
   6) 미수와 신용

추천도서 Review 〈4〉

1. 나만의 투자원칙의 확립

아는 것과 실천하는 것은 큰 차이가 있듯이 투자를 공부하는 것과 실전과는 많은 차이가 있다. 특히, 자기만의 투자원칙이 없다면 생각지 못한 상황이 벌어졌을 때 어떻게 대응해야 될지 몰라 고민하다가 손해를 보는 경우도 많다.

이제까지 주식은 무엇인지, 어떻게 사고파는 것인지, 또 어떤 종목들이 있으며, 기업은 어떻게 분석하는지, 경제와의 관계는 어떤지 등 많은 것을 배웠다. 하지만 정작 중요한 것은 그런 것을 통해 수익을 내는 투자를 하는 것이다.

아는 것과 실천하는 것은 큰 차이가 있듯이 투자를 공부하는 것과 실전과는 많은 차이가 있다. 특히, 자기만의 투자원칙이 없다면 생각지 못한 상황이 벌어졌을 때 어떻게 대응해야 될지 몰라 고민하다가 손해를 보는 경우도 많다.

투자는 예측하는 것이 아니라 대응하는 것이라고 했다. 많은 사람들이 주식을 사면서도 자신이 바라는 쪽으로만 움직일 거라고 생각하고 그 반대의 생각과 그 대안에 대해서는 거의 생각하지 않는다. 그렇기 때문에 자신의 생각대로 되지 않을 때 많은 손해를 보게 되는데, 그것뿐이 아니다. 무리하게 자금을 끌어서 투자하거나,

투자하지 말아야할 종목에 투자하고는 나중에 손해를 보면 그때서야 깊은 후회를 하게 되는 것이다. 그러지 않기 위해서는 자신만의 기준을 만들어야 한다. 자기에게 알맞은 투자법을 스스로 만들어 가는 것이다.

기회는 항상 찾아오기 마련이므로, 투자원칙이라는 것은 모든 수익을 내것으로 만드는 것이 핵심이 아니라, 여러 가지 수익의 기회를 잃어버릴지라도 내가 손해보지 않고, 살아남을 수 있는 기본 가이드라인을 세우는 것이라고 생각해야 한다.

투자자하면 떠오르는 워렌 버핏의 유명한 투자원칙이 있다.

> 첫 번째, 돈을 잃지 말 것.
> 두 번째, 첫 번째 원칙을 항상 지킬 것.

손해보지 않으면, 수익을 낼 수 있는 기회는 언제든지 있다는 점을 한번 더 상기시켜주는 그의 투자원칙이다.

이번 장에서는 이제까지 배운 내용을 토대로 또한 이후에 더 많은 책과 자료들을 통해 공부하고, 실전에 응용해보면서 지속적으로 만들어 가야할 투자원칙을 세우기 위해 가장 기본적으로 알아야 할 사항들에 대해 배워보도록 하자.

1) 손절매

앞에서 손절매에 대해 공부한 바 있다. 하지만 실제로 자기가 산 주식이 손해가 나면 쉽게 팔기는 힘든 일이다. 그것은 손해를 인정하는 행위인 동시에 자신의 투자가 실패했음을 인정하는 것이기에 심리적인 저항감이 생기기 때문이다. 하지만 투자자는 그런 마음은 아무렇지도 않게 털어 버릴 줄 알아야 한다. 실패를 인정하고 왜 손해를 보게 되었는지 반성하는 자세가 더 중요하다.

아무튼 손절매도 기준이 필요한데, 그 기준이라는 것이 보통 10%내외가 될 수 있다. 단기적인 투자의 경우에는 더 낮을 수도 있고, 장기적인 가치투자를 하는 경우에는 더 높아질 수도 있다.

그러나 어떠한 경우든 손절매라는 것은 추가적인 손해를 미연에 방지하기 위한 것이지 떨어질 대로 떨어진 주식을 매도하는 것은 아니다. 그러므로 자신의 상황에 맞게 적절한 손절매 선을 잡아야 할 것이다.

2) 목표 수익률

역시 투자의 방법에 따라 다를 수 있지만 머리와 꼬리는 남겨둔다[25]는 생각으로 목표수익률을 정하고 그 사이에서 수익을 얻는 것이 가장 이상적일 것이다. 하지만 충분히 더 오를 수 있는 주식을 너무 낮은 목표수익으로 대응한다거나 단기적인 반등을 하는 주식의 높은 목표수익을 잡는 것은 경계해야 할 것이다. 이것은 종목에 대한 충분한 공부를 하다보면 나름대로의 기준이 잡힐 수 있을 것이라 생각한다.

이렇게 투자 원칙을 정한다는 것은 하나의 기준을 세우는 것이다. 그런 기준이 있으면 투자의 방향이 잡히게 된다. 그런 과정을 통해 여러 가지 있을 수 있는 상황에서 적절하게 대처하는 것이 중요하다.

초보자들은 꾸준한 경험을 통해 계속 자신의 원칙을 점검하고 수정할 필요가 있다. 하지만 알다시피 이런 기준은 절대적인 것이 아니므로 완전히 자신만의 원칙이 생긴 후에는 융통성 있는 적용도 필요할 것이다. 투자원칙이라는 것은 공식이 아니다. 즉, 늘 같은 답이 나오는 것이 아니라는 점이다. 어떤 때에는 자신의 예상대로 될 수도 있지만 그렇지 못한 때도 많은 게 사실이다. 그러므로 너무 무리한 수익을 목표로 잡는다거나 자신의 원칙이 완벽하지 못하다는 점을 인정하지 못하면 많은 시련이 뒤따를 수밖에 없다. 그러므로 때론 마음을 비우고 과도한 욕심을 버리는 것도 좋은 투자를 이끌어내는 방법이라고 하겠다.

3) 분할매수, 분할매도

초보자일수록 한번에 모든 투자금을 매수하여서 이후 주가가 떨어졌을때 추가적인 대응을 하지 못하고 발만 동동 구르는 경우가 많다. 매수는 신중하게 해야 하므

---

[25] 생선을 먹는데 비유한 격언으로 최저가에 사서 최고가에 팔려는 것은 지나친 욕심이므로 경계하라는 투자 격언

로 반드시 투자금액을 분할하여 매수하는 것이 좋다.

매도 시에도 마찬가지다. 초보자일수록 주가가 오르면 '혹시나 다시 떨어지면 어떻하나' 하고 수익에 대한 조급한 마음이 들기 쉽다. 하지만 추세를 타고 있는 종목이라면 상승 전환이후에 발생하는 단기적인 하락은 오히려 매수 기회가 될 수 있다. 그러므로 너무 조급하게 다 팔아버리기 보다는 기대이상의 수익이 났을 경우 50% 정도를 우선 매도한 후 지켜보다가 추세가 지속되는 상황이라면 단기적인 하락에 오히려 매수로 대응하고, 추가로 더 상승할 경우에는 남아있는 50% 자금을 통해 끝까지 시세를 누려보자는 마음으로 홀딩하는 것도 좋다.

포인트는 매수든 매도든, 한 번에 사고팔지 말고, 상황에 유연하게 대처할 수 있도록 분할매수, 분할 매도하는 습관을 들이도록 하자.

4) 기술적 지표 활용하기

종목 발굴은 기업분석을 통해서 하더라도 그 종목을 매수할 때는 기술적 지표들을 확인하여 가장 유리한 시점에 투자하는 것이 좋다.

특히 이동평균선을 통해 상승추세인지, 하락추세인지, 아니면 상승전환을 하려고 하는 건지, 추세가 끝나고 하락전환을 하고 있는 건지 판단할 줄 알아야 한다. 여러 가지 기술적 지표들을 공부하고, 실전에 적용시켜보다 보면, 나한테 잘 맞는 지표들이 있다. 이동평균선이나 봉챠트는 무조건 알아야할 영역일테고, 볼린저 밴드라거나, MACD, 스토케스틱, RSI같은 지표들은 실전에서 상당히 많이 활용되는 지표들이다. 이러한 지표들을 종합적으로 정리하여 자신만의 매수,매도 타이밍을 잡는 방법을 만들어 보도록 하자.

투자에 있어 100% 승률이란 불가능하다. 하지만, 50%이상의 승률을 만들어서 나에게 유리한 게임을 하느냐 리스크를 안고 50%이하의 승률로 지는 게임을 하느냐는 나 자신에게 달려있다.

고수는 투자하는 종목마다 수익을 내는 사람이 아니다. 오히려 여러 가지 위험한 상황에서 자신을 잘 보호하는 사람이 고수라고 하겠다. 다만 그들은 손해는 조금만 보고, 수익은 많이 내는 반면, 초보자일수록 승률이 좋아도 수익은 5%, 10%씩 내다가 손해가 날 때는 30%, 40% 손해를 보는 경우가 많다는 점을 기억하기 바란다.

그러므로 투자원칙을 세울 때 기술적 지표를 충분히 활용한다면, 좀 더 유리한 조건에서 투자를 할 수 있게 될 것이다.

5) 관리종목 매매

보통 관리종목을 아는 사람이라면 관리종목은 거의 매매하지 않는다. 물론 그런 주식 중에서도 분석을 하면 향후 관리에서 벗어나 우량한 기업이 될 수 있는 기업들도 있을 수 있겠지만, 원칙적으로 관리종목은 투자에 대한위험이 크기 때문에 초보자일수록 매매하지 말기를 권한다. 또 자신의 투자 원칙상에 적용해야 할 것이다.

장기간의 회생가능성과 기업가치 등을 고려해서 충분히 기업 중에 관리종목 있다면, 투자금액을 적절히 조정하여서 투자하길 권한다.

6) 미수와 신용

미수금이나 신용은 초보자들에게는 참으로 달콤한 독이다. 초보자일수록 미수와 신용을 통해 얻을 수 있는 높은 수익을 먼저 계산하고(심지어는 그 수익으로 무엇을 할 건지도 생각하고 있다), 고수일수록 그것으로 인한 위험과 실패할 경우에 돌아올

심각한 타격에 대해 생각한다.

　어떤 것이 정답이라고 말하긴 어렵지만 가능하면 미수와 신용은 삼가도록 하자. 아니면 다 잃어도 좋은 금액만으로 직접 미수금을 이용한 투자를 지속해 보고 그 결과를 느껴보길 바란다. 그러면 왜 선배투자자들이 그토록 미수와 신용을 경계하는지 이해할 수 있을 것이다. 또 자신도 다른 사람에게 그런 조언을 하게 될 것이다.

　기본적으로 미수와 신용은 투자원칙을 세울 때 사용하지 않는 것을 원칙으로 하고 투자에 임하는 것이 좋다.

추천도서 Review 〈4〉

투자 심리학에서 길을 찾다

출판사 : 위즈덤하우스
저자 : 마크 더글러스
가격 : 13,000원

리뷰: 투자를 하다보면, 투자는 기술적 우위에 있는 사람이 이기는 게임이 아니라 심리적 우위에 있는 사람이 이기는 게임임을 알게 된다. 월가에서 오랫동안 투자자들의 심리를 연구해온 마크 더글러스가 투자를 할 때 겪게 되는 여러 가지 상황들을 심리학적인 측면에서 명쾌하게 해설해 둔 책이다. 지피지기 백전불태(知彼知己 百戰不殆)라는 말이 있다. 누구나 다 아는 말이지만, 그 말이 때론 상대를 잘 알아야 한다는 말로 쓰일때가 많은데, 사실 더 중요한 것은 투자에 임하는 나 자신에 대해 잘 아는 것이 무엇보다 중요하다. 이 책은 주식시장이 아닌, 투자에 임하는 나의 모습을 잘 알수 있게 해주는 책이라고 하겠다. 투자경험이 없는 초보자들이 읽기에는 다소 무리가 따르겠지만, 어느정도 실전을 통해 성공과 실패를 경험하는 과정에서 읽게 된다면 상당한 도움이 되리라 생각한다.

주식투자 초보 탈출하기

13

초보자를 위한 실전투자 Q&A

1. 초보자를 위한 투자 실전투자 Q & A

주식투자에 실패하는 사람들의 7가지 유형

1. 초보자를 위한 실전투자 Q&A

초보투자자들을 위해 이해하기 쉽고 실전에 적용하기 편리하게 내용을 구성했다. 다음에서 증권정보채널 카페를 운영하던 저자는 가장 초보적인 질문부터 시작해 고난위도의 질문에 답을 해주면서 경험했던 사항들을 묶었다. 초보투자자들을 위해 이해하기 쉽고 실전에 적용하기 편리하게 내용을 구성했다.

기업공시, 기사, 실적(기본적 분석)등과 거래량, 봉도표, 이평선 등을 종합적으로 분석하여 판단한다.

Q 주식 한 주가 100원도 안 하는데, 이런 주식 사서 묻어두면 언젠가는 1000원, 2000원 오르지 않을까요?

A 앞서 상장폐지에 대한 이야기를 한 적이 있었는데… 물론 기업공시를 통해 확인해 봐야 아는 문제이긴 하지만 100원도 안 하는 주식 이라면 문제가 있어도 아주 심각한 문제가 있는 회사라고 할 수 있다. 그런 주식에 장기투자를 한다는 것은 매우 위험한 발상이다. 초보자들이 자꾸 싼 가격에 집착하게 되는 이유는 가격이 싸면 심리적으로 주가가 오르기 쉽다고 느끼기 때문이다.

예를 들어 100원인 주식이 200원이 되는 것이나 10만원 하는 주식이 20만원

되는 것이나 똑같이 2배가 오르는 것이지만, 심리적으로는 100원에서 200원 오르는 것은 아주 쉽게 올라갈 것 같은 느낌을 받게 된다. 물론 실제로 많은 사람이 그런 심리로 투자를 하는 경우가 많아서 산 주식이 이유없이 급등하는 경우도 많이 있는 것이 사실이다. 하지만 투자엔 어디까지나 원칙이라는 것이 필요한 것이다. 기업자체가 부실한 회사는 가급적 피하는 것이 현명하다. 가격이 싸다는 이유로 쉽게 올라갈 수 있는 주식은 그만큼 쉽게 떨어질 수 있는 위험도 가지고 있다는 것을 기억하기 바란다.

Q 주가가 갑자기 10배로 올랐어요!(감자)

A 며칠 전까지만 해도 몇 백원 하던 주식이 갑자기 몇 천원이 되었다면 분명 뭔가 있음을 눈치채야 한다. 만약 그 주식을 보유하고 있었다면 아마 그런 경우는 감자였거나 액면병합을 통해 그렇게 되었을 가능성이 크다. 이런 경우 실제 주식의 가치는 변함이 없다. 다만 주식수와 주가의 비율만이 달라졌다고 생각하면 된다. 즉, 100원짜리 주식 100주가 1000원짜리 주식 10주로 바뀌었다고 생각하면 이해가 쉬울 것이다. 어떠한 경우에도 하루만에 주식가치가 몇 배 이상 높아지는 경우는 없다. 모든 상승은 실제 거래를 통해 이루어진다는 것을 이해하기 바란다.

Q 주가가 갑자기 1/10로 줄었어요!(액면분할)

A 보통 주가가 1/10이 된 경우는 거의 대부분이 액면분할(흔히 줄여서 '액분'이라고도 한다.)이라고 봐도 과언은 아니다. 특히 코스닥 열풍이 불었던 1999년

2000년에는 가격이 너무 치솟아서 액면분할을 하거나 아예 상장할 때 액면분할해서 나오는 경우가 상당히 많았는데, 이런 액면 분할을 확인하는 방법은 보통 주식의 액면가가 5000원이라는 점을 감안하여 그 주식의 액면가가 500원이면 1/10 액면분할을, 1000원이면 1/5 액면분할을 했다고 생각하면 된다.

Q 신문에 좋은 기사가 나서 사려고 하는데 어떻게 하면 살 수 있죠?(루머에 사고 뉴스에 팔아라)

A '루머에 사고 뉴스에 팔아라'는 격언이 있다. 즉, 뉴스가 났다는 것은 이미 많은 사람이 알고 있었던 정보이며 그러므로 이미 주가에 상당부분 반영이 되어 있는 경우가 대부분이다. 중요한 것은 주가에 그런 정보가 반영이 되었는가 안되었는가를 판단하는 것이다. 많은 경우에는 좋은 기사가 나고 그 이후에 주가가 떨어지는 경우를 많이 볼 수 있는데, 이미 상당히 주가가 오른 주식이 좋은 기사가 났을 경우에는 오히려 매도 타이밍이라고 보는 게 정석이다. 반대로 아주 많이 하락한 주식이 나쁜 뉴스가 나와도 더 이상 하락하지 않을 경우에는 바닥이라고 조심스럽게 짐작해 볼 수 있다.(팔 사람은 다 팔았다는 뜻으로 해석되기 때문이다.)

Q 거래량이 엄청나게 많아졌어요!

A 거래량은 앞에서도 배웠지만 간단하게 2가지 경우를 보고 설명하자면 주가가 많이 오른 상태에서 거래량이 급증하는 것은 좋은 징조가 아니다. 보통 이런 때에는 주가가 얼마 되지 않아 떨어지는 경우가 많다. 반대로 주가가 많이 떨

어진 상태에서 거래량이 급증한 경우에는 주가가 오를 신호탄이 되는 경우가 많다. 물론 모든 경우에 적용되는 것은 결코 아니며 자세한 설명은 기술적 분석 파트의 거래량 부분을 다시 한번 살펴보길 바란다.

Q 주문을 넣었는데도 자꾸 체결이 안되고 지연이 되네요.

A 아주 상식적으로 생각할 수 있는 부분인데, 초보자의 경우 주문만 넣으면 주식을 살수 있다고 생각하는 경우가 많다. 하지만 주문과 실제 거래는 별개의 문제다. 그 가격에 사고자하는 사람과 팔고자하는 사람사이에 원하는 수량이 맞아야 거래가 성사되는 것이기 때문에 주문을 넣고 체결이 되었는지 여부를 꼭 확인해 보길 바란다.

주식투자에 실패하는 사람들의 7가지 유형

1. 대박의 환상에 젖어 미수에 몰빵까지 하는 사람!
고수는 절대 무리한 미수는 하지 않는다. 성공하면 돌아오는 수익은 배가되겠지만 실패하면 그 손실은 자신이 감당할 수 있는 범위를 넘어 간다는 걸 알기 때문이다. 미수가 깡통으로 가는 지름길이란 걸 알았으면 좋겠다. 성공 후에 수익을 생각하는 것도 좋으나 먼저 실패했을 때의 손실을 생각해 보기 바란다. 주식은 리스크 관리가 전부라고 해도 과언이 아니니까…

2. 방송이나 타인의 추천주를 믿는 사람!
언론에서 자신이 가지고 있는 종목에 대한 추천이 나오면 오르겠거니 좋아하지 말고 매도를 해야 한다.
추천주로 수익 올렸다는 얘기 들어 보았는가? 방송의 추천주는 반짝이란 걸 알았으면 한다. 타인이 추천으로 손실을 보면 죽일놈 나쁜놈 하는 경우를 필자는 흔히 보는데, 그들은 그런 소리를 할 자격이 없다. 자신의 무식의 대가를 치르는 것이므로.

3. 손해보고는 못 팔아 장기투자 할란다!
주식에서 가장 크게 강조되는 것이 바로 손절매다. 물론 손해보고 파는 것이 어떤 마음인지 모르는 사람은 없다.
그러나 손실을 최소화시킬 수 있는 냉정한 마음을 유지해야 한다. 가치투자는 그 기업의 내제가치가 현재의 주가보다 저 평가되어 있다는 확신과 그 기업의 성장성을 보고 투자하는 것이다. 가치투자에는 손절매의 개념이 약하다. 투자 기간도 길게는 몇 년씩 한다. 그러나 손절할 기회를 놓치고 난 장기투자라고 하면 얼마나 마음 고생이 클까?
장기투자의 가장 큰 기쁨인 주식이 오르는 것을 흐뭇하게 보는 것이 아니라 반토막난 주가를 쓰린 가슴으로 봐야 하니… 당장 손실 때문에 우물쭈물 하면 나중에 정말 큰 떡을 보고도 가만히 바라만 봐야 하는 상황이 꼭 생긴다. 손절매 하면 5% 손실로 끝날 것을 50% 손실로 키우는걸 필자는 흔히 보았다. 제발 무식한 장기투자를 하는 투자자가 없기를…

4. 자기 투자 법이 없다!
누구나 자신의 성격과 상황에 맞는 투자법이 있어야 한다. 직장인이 데이트레이너처럼 단타나 스캘핑을 할 수는 없기 때문이다. 필자는 단타는 잘 치지 않는다.
왜냐하면 단타는 자신이 없기 때문이다. 그래서 주로 중장기 투자를 한다.
필자에게 종목 상담을 부탁하는 분들을 보면 느끼는 점은 손실을 보는 분들의 공통점이 자기 투자법이 없고 무슨 이유로 종목 선정을 했냐고 물어보면 "그냥" "누가 좋다고 해서" "추천주라서" 등이 범위에서 크게 벗어나지 않는다.
주식을 하루 이틀 할 것이 아니라면 이 험한 무림에서 자신의 몸은 자신이 지킬 수 있는 무공 하나쯤은 있어야 살아남을 수 있지 않을까?

5. 재료에 광분하는 사람

누구나 "어느 종목이 내일 무슨 공시 뜬대" 이런 소리 들으면 자기 혼자만 큰 비밀을 안 것처럼 좋아한다. 그러나 한가지 생각해 봐야 할 것이 일반 개미한테까지 들어올 재료라면 이게 과연 정보의 가치가 있을까? 세력이 흘린 것은 아닐까? 필자도 OO종목 내일 공시 뜬대. 이 소리에 혹 해서 정확히 4번 매수 해 봤지만 결과는 4번다 손절매였다. 그 후론 절대 재료에 광분하지 않는다. 그런 소리 들으면 그냥 한쪽 귀로 흘려듣길…

6. 한번에 여러 개의 종목을 홀딩 하는 사람

아무리 실력 좋은 데이트레이더 라도 종목이 3개를 넘어가면 정신 없어진다. 필자도 7개까지 한번에 홀딩해 봤는데 정말 관리하기가 힘들었다. 결과는 다행히 좋았으나 지금은 절대 보유 종목 3개를 넘기지 않는다. 자신이 초보자라면 여러 개의 종목을 한번에 홀딩 하는 것은 오히려 해가 될 것이다.

7. 노력하지 않는 사람!

고수는 자신만의 화려한 무공을 가지고 승부를 펼친다. 그러나 초보는 남의 무공보고 어설픈 흉내내다가 쓰라린 패배의 아픔을 맛본다. 투자이전에 주식 공부가 먼저 선행돼야 한다. 경험만으로 지식을 쌓기 전에 계좌가 먼저 펑크가 난다. 급히 먹는 밥이 체한다는 말처럼 주식투자에 있어 조급함은 최대의 적이다. 고수는 절대 쉽게 흔들리지 않는다. 고수는 남의 종목을 따라 들어가지 않는다. 그러나 초보는 쉽게 흔들리고 초보는 고수라고 불리는 사람들이 들어가는 종목에 따라 들어가기를 좋아한다.

(증권정보채널 명예회원이었던 sky∧∧(필명)님의 글)

주식투자 초보 탈출하기

14

투자에 임하는 자세

1. 실패를 경험한 투자자에게 드리는 이야기
   1) 투자는 무엇일까?
   2) 2,000만원으로 주식투자를 시작한 김대리

추천도서 Review 〈5〉

1. 실패를 경험한 투자자에게 드리는 이야기

앞에서 투자금액에 대한 이야기를 했었다. 하지만 필자는 아직도 맘이 놓이지가 않는다. 왜냐하면 대부분 주식투자를 시작하는 투자자들의 대부분은 이른바 "대박"을 꿈꾸기 때문이다. 물론 그것이 잘못된 것은 아니다. 누구나 꿈꾸는 희망사항이 아닐까 싶다. 그렇게 생각대로만 다 된다면 얼마나 좋을까마는, 시장은 여러분이 생각하는 것보다 훨씬 냉혹하고 무서운 곳이다.

앞에서 투자금액에 대한 이야기를 했었다. 하지만 필자는 아직도 맘이 놓이지가 않는다. 왜냐하면 대부분 주식투자를 시작하는 투자자들의 대부분은 이른바 "대박"을 꿈꾸기 때문이다. 물론 그것이 잘못된 것은 아니다. 누구나 꿈꾸는 희망사항이 아닐까 싶다. 그렇게 생각대로만 다 된다면 얼마나 좋을까마는, 시장은 여러분이 생각하는 것보다 훨씬 냉혹하고 무서운 곳이다.

앞장에서 어느 정도 언급하긴 했지만, 이미 돈에 눈먼 투자자라면 필자의 이런 이야기조차 눈에 들어오지 않을테지만, 그래도 정말 초보자를 위한 책이라면 이런 이야기는 반드시 있어야 하기에 우리가 투자에 임하는 자세에 대해 먼저 생각해 보도록 하겠다.

1) 투자란 무엇일까?

투자는 수익을 내기 위해 하는 것이다. 그럼 수익이라는 것은 무엇일까?

예를 들어 주식투자를 해서 1년간 4%의 수익을 올릴 수 있다고 한다면 주식투자를 하겠는가? 물론 하지 않을 것이다. 왜냐하면 기대할 수 있는 수익이 적기 때문이다.

반대로 손해를 볼 가능성도 높지만, 1년에 200%수익을 낼 수 있다고 한다면 투자하겠는가? 사람에 따라 다르겠지만, 투자를 검토해볼 대상이긴 할 것이다.

그런데 이 시점에서 중요한 포인트가 하나 생긴다. 즉, 투자의 기회를 발견했을 때 초보와 고수의 차이가 확연히 들어난다는 점이다.

1년간 4%의 수익과 1년간 200%의 수익을 이야기 할 때 초보라면 묻지도 따지지도 않고 당연히 200% 수익이 기대되는 투자를 하고자 할 것이다. 그러나 투자경력이 많고 프로일수록 수익도 중요하지만, 그것보다는 그 수익을 내기 위해 내가 감당해야할 "리스크(위험)"를 먼저 살핀다. 즉, 200% 수익을 기대한다는 것은 그 대신에 내 투자 원금의 50%이상을 잃을 수 있는 위험도 같이 감수해야 한다면 프로는 투자하지 않거나 극히 제한적인 자금으로만 투자에 임할 것이다. 왜냐하면 수익을 내는 것보다 이미 가지고 있는 원금을 지키는 것을 더 중요하게 생각하기 때문이다.

필자도 많은 경험을 했지만, 실패의 쓴맛을 본 경우는 100% 내가 스스로 정한 원칙에 입각해서 투자하지 않고, 내 감정이나, 시장상황에 휘둘려 투자한 경우였다. 글로 표현하기에 담담하게 쓸 수 있지만, 사실 주식시장이라는 곳이 날고 긴다는 전문가들도 쉽게쉽 게 돈을 벌 수 있는 그런 곳이 아니다. 그들도 매일 수많은 정보와 심리의 전쟁터에서 자신만의 싸움을 하며 지낸다는 점을 기억했으면 한다. 그렇다고 주식투자를 하지 말라는 것은 아니다. 다만 책의 서두에서부터 강조해 왔던 것처럼, 주식이 무엇인지, 투자라는 것이 무엇인지에 대한 스스로의 개념정립을 반드시 해야 한다고 말하고 싶다. 이런 진심어린 충고도 머리로는 이해할 수 있겠지만, 독자들의 마음에 새겨지고 그게 행동으로 옮겨지기까지는 너무나도 힘들다는 사실을 알기에 잔소리는 여기까지만 하고 실제 개인투자자들의 행동패턴에 대해 몇가지 사례를 들어 생각해 보기로 하자.

2) 2,000만원으로 주식투자를 시작한 김대리

(1) **주식투자를 시작하게 된 배경** : 대부분의 개인투자자들이 그렇지만, 김대리 역시 주가가 바닥권일때는 주식에 대해서 그다지 관심이 없었다. 그러다 연일 주가가 상승한다는 뉴스를 듣고, 옆 부서 사람이 주식으로 대박이 나서 한턱 쐈다는 이야기를 듣고 주식투자에 관심을 가지기 시작한다. 하지만 기회를 보고도 선뜻 투자하기엔 망설여져서 '정말 내가 해도 돈을 벌 수 있을까?'하는 기대반 두려움반으로 주식투자에 처음 관심을 가지기 시작한다.

(2) **주식투자의 시작** : 주식투자를 한다는 것은 쉽게 말해서 종목을 산다는 것이다. 물론 투자를 시작하고 나서 꼼꼼히 전체적인 시장상황이나 종목들을 연구하는 사람도 있겠지만, 김대리는 어차피 내가 산 가격보다 비싼 가격에 팔면 되는 거 아닌가하는 단순한 원리에 의존해서 투자를 감행했다. 심지어 종목을 고를 때도 분석을 하기에는 너무 시간이 없기 때문에 누군가가 추천해주는 종목을 찾기 시작한다. 물론 여기에서 여러 가지 개인적인 투자성향의 차이가 드러난다. 가장 대표적인 예로 무조건 삼성전자와 같은 우량주만 투자하면 언젠가는 수익이 날거라는 막연한

기대감을 가지는 경우와 주위에서 들리는 소문만 믿고 어떤 회사인지 무엇을 파는 회사인지도 모른채 주식에 투자하는 경우가 있다. 이런 투자를 흔히 '묻지마 투자'라고 한다. 우리의 김대리는 전자의 케이스로 우량주라면 무조건 사고보자는 식이었다.

(3) 주식투자의 성패

주식투자의 결과는 결국 두 가지 밖에 없다. 수익이 나거나 손실이 나는 것뿐이다. 우리의 김대리는 어떻게 되었을까?

① **수익이 난 경우(매수한 종목의 주가가 오른 경우)** : 김대리는 자신이 산 우량주가 수익이 나자 마냥 기분이 좋았다. 자신이 무엇을 잘했는지 못했는지가 중요한 것이 아니라 수익이라는 결과가 났으니까 된 것이다. 그리고 주식투자가 생각보다는 쉽다고 생각하며, 왜 이제야 이걸 시작했을까 후회하기에 이른다. 그리고 머릿속으로 계산기를 두드리기 시작한다. 일주일만에 10%의 수익을 냈으니까 이런 식으로 몇 번만 반복하면 금방 부자가 될 수 있을 것 같은 환상에 사로잡힌다.

그리고 이번엔 2,000만원으로 200만원 수익이 났으니까 2억이면 2천만원은 순식간에 벌 수 있겠다고 생각한다. 물론 이론적으로는 맞는 말이지만, 필자가 보기엔 김대리는 마치 처음에 돈맛을 보여주고 나중에 왕창 잃게 만드는 사기 도박장에 간 사람처럼 불안하기만 하다.

② **손해가 난 경우(매수한 종목의 주가가 떨어진 경우)** : 처음에 잘 올라가던 주가가 보름이 지나자 그동안 났던 수익을 다 까먹더니 갑자기 폭락하기 시작한다. 우량주의 가치는 변하지 않으니까 지금이 오히려 매수기회라고 생각하며, 그동안 조

금 더 준비해 놓은 자금으로 주식을 더 매수한다. 흔히 말하는 물타기를 한것이다. 하지만, 세계경제에 대한 뉴스가 심상치가 않다. 불안불안하더니 연이은 폭락으로 전체 수익률은 -20%가 넘었다. 이젠 더 투자할 돈도 없는데, 일찍 물타기한걸 후회한다. 그렇다고 지금 팔자니 처음에 수익난것은 물론이고 본전생각이 간절해진다. '아~ 조금만 기다렸다가 살걸...' 혹은 '내가 왜 뒤늦게 주식같은 걸 한다고 해서 이 고생을 하는거야'라는 후회감이 밀려온다. 그렇게 며칠을 견디어 보지만 돌아오는 건 더 큰 손실뿐이다. 오늘 뉴스를 보니 전세계적으로 대폭락이라고 한다. 미국이나 유럽에서 유래없는 폭락이 생기니 내일도 주가가 더 떨어질꺼라는 불안함에 잠을 이루지 못한다. 그리고 이젠 정말 그나마 남은 돈마저 다 날릴지 모른다는 생각에 내일은 무슨일이 있어도 다 팔아야 겠다고 생각한다. 그런데 왠일일까? 생각보다 주식시장이 잘 버텨주고 오히려 약간 수익률을 회복한 것이 아닌가? 어제의 다짐은 어디로 가고, 다시 이런 추세로 오르기만 하면, 금새 원금은 복구하겠다는 생각으로 조금더 기다려보기로 한다. 그런데 점심시간이 지나고 나자 주가가 다시 폭락하기 시작한다. 금새 아침에 팔지 못한 자신을 원망해보지만 이미 늦었다. 매도주문을 내보지만 매도호가는 쭉쭉 내려가기만 한다. 다른 나라와 마찬가지로 우리나라 증시도 유래없는 폭락장이 찾아왔다. 오늘 하루에만 7% 추가하락했다. 전체 손해는 중간에 추가매수한 돈까지 합해서 40% 손해다. 이 돈이라도 지켜야겠다고 생각하며 얼른 가장 낮은 호가에 보유한 모든 주식을 팔아버렸다.

그리고 주식창을 쳐다보기도 싫어서 HTS창을 다 꺼버리고 담배한대를 피러나간다. 그리고 그날저녁 혹시나 하는 마음에 주가를 확인해보니, 내가 판 가격이 오늘의 최저가였고, 주가는 다시 -4%대까지 반등했다. 억울하다. 그래도 내일은 아마 더 많이 떨어질꺼라 생각한다. 하지만 다음날 왠일인지 전세계적으로 반등을 했다는 소식이 들리고, 주가는 다 급등모드다. 어제 파는게 아니라 더 샀었어야 한다는 후회가 밀려온다. 하지만 지금 다시 주식을 사는건 도저히 할 수 없어서 하루더 지켜보기로 한다. 다음날, 오전부터 주식이 더 오른다. 머리 속으로 계산을 해본다. 지금이라도 사서 내가 처음 샀던 가격까지만 올라도 몇백만원은 회복할 수 있겠다는 생각에 서둘러 남아있는 자금 전부로 주식을 매수한다. 그런데 오후가 되니 내가 산 가격보다는 주가가 상당히 내려와 버렸다. 하지만, 이젠 반등을 했으니깐 내일은 더 오를거라고 믿는다. 그러나 다음날부터 주가는 다 하향모드다. 폭락은 아니지만, 많이 떨어지고 조금 오르고를 반복하면서 투자했던 자금은 더 손실이 커졌다. 결국 김대리는 원금의 40%만을 남긴 채 주식시장을 떠난다.

필자가 다소 극단적인 사례로 적은 것이라고 생각할지도 모르겠지만, 김대리의 투자과정은 상당히 많은 개인투자자들이 겪고 있는 현실이다. 물론 이 글을 읽고 있는 독자들은 이런 우(憂)를 범하지 않을꺼라 생각하지만, 정말 정신차리지 않으면 위와 같은 상황은 결코 남의 일이 아닐 것이다.

도대체 김대리는 왜 손해를 본 것일까? 우리는 그것을 알아야 한다. 개인투자자들의 90%가 손해를 보는 곳이 주식시장이다. 수익을 내는 것도 중요하지만, 워런 버핏의 투자원칙처럼 손해를 보지 않는 것이 더 중요한 일임을 반드시 기억할 필요가 있다.

그렇다면 김대리가 투자하는 과정에서 잘못했던 부분을 살펴보면서 우리는 같은 실수를 하지 않도록 하자.

(1) 시장분석, 종목분석을 하지 않음 : 김대리는 투자를 시작한 동기가 시장상황이나 회사상황을 분석해서 기회를 포착한 것이 아니라, 막연한 수익에 대한 기대감

으로 우량주라는 이유만으로 무조건 매수했던 것이 문제였다. 투자를 시작하고자 했더라도 반드시 가상투자나 소액투자로 자신의 실력을 테스트하면서 시장상황을 적응하는 것이 좋다.

(2) **목표수익률과 손절매 기준이 없음** : 주식을 가장 바닥에서 사서 가장 비쌀 때 살 수 있는 사람은 아무도 없다. 그 과정 속에서 수익을 내는 사람과 손해를 보는 사람이 있을 뿐인 것이다. 그런데 김대리는 목표수익률이 없었다. 만약 1차 목표수익률을 10%로 정하고 10%달성 후에는 일단 이익실현을 하고 이익실현한 부분은 투자원금과 분리하여 별도의 계좌로 옮겨놓고 다시 종목분석을 하는 식으로 운영했다면 아마 폭락을 피해갔을지도 모른다. 또한 손절매 기준을 -3%, -5% 등으로 정해놓았다면, 비록 손해가 났더라도 감당할 수 있는 수준에서 멈출 수 있었을 것이지만, 원칙이 없는 막연한 투자가 결국엔 엄청난 손해로 이어졌다는 것을 알아야 한다.

(3) **추세분석, 기술적 분석을 하지 않음** : 만약 해당 종목의 챠트를 살펴보았다면 추세가 무너진 시점에서는 손절매를 해야한다는 확신을 가질 수 있었을 것이고, 무모한 물타기는 하지 않았을 것이다. 특히 폭락시에 투매한 것도 문제지만, 이후에 반등한다고 무조건 다시 매수에 임한 것도 기술적 분석을 통해서 예방할 수 있었던 부분이라고 하겠다.

(4) **투자금액을 무작정 늘림** : 수익이 났거나 손실이 났을 때 투자금액을 늘이면 더 큰 수익이 나고 손실을 더 금방 회복할거라는 생각을 하지만, 뜻대로 되지 않았다. 그건 실전에서도 마찬가지다. 가급적이면 처음 정한 투자금액은 계속 유지하는 것이 좋다. 그리고 수익이 나면 그 수익 난 부분을 일단은 다른 계좌로 옮겨놓는 습

관을 들여 보자.

(5) 투자심리에 휘둘림 : 시장에 공포가 지배하게 될 때 대부분의 투자자들은 이성을 잃고 투매가 가담하게 되고, 한번 이렇게 흐름을 잃게 되면 지속적으로 잘못된 판단을 하며 손실을 더 부추기는 경우가 많다. 자신이 어떤 상태에서 투자하고 있는지 늘 점검해보고, 자신의 페이스대로 투자를 이어갈 수 있도록 해야 한다. 투자를 하다보면 분명 실수도 하고, 손해도 볼 수 있다. 하지만 그것을 방관하거나 무리하고 급하게 그것을 수급하고자 한다면, 오히려 더 큰 화를 당하는 경우가 많다는 점을 기억하고, 때론 한 템포 쉬어가는 것도 투자라는 것을 기억해야 할 것이다.

주식투자를 하다보면, 대부분의 투자자들은 자신이 투자와는 맞지 않는 성격이라는 점을 느끼게 된다. 그것은 당연한 이치다. 성공적인 투자자가 되려면 자신의 심리를 역행할 줄 알아야 하기 때문이다. 그러기 위해서는 늘 자신을 돌아보고, 시장에 순응할 줄 아는 자세를 가지는 것이 중요하다.

그리고 아무리 글로써 이론으로써 배우고 익혀도 실전에서 적용시킬 줄 모른다면 아무런 소용이 없다. 그러므로 실전투자를 통하면서 매매일지도 적고, 수익을 냈다면 왜 냈는지, 손실이 났다면 왜 났는지 무엇을 잘하고 잘못했는지 스스로를 확실히 파악하고, 잘못된 부분은 개선해 나가고, 잘하는 부분은 발전해 나간다면 분명 어느 순간 그동안의 노력을 수익률을 보답하게 될 때가 올 것이라 믿는다.

추천도서 Review ⟨5⟩

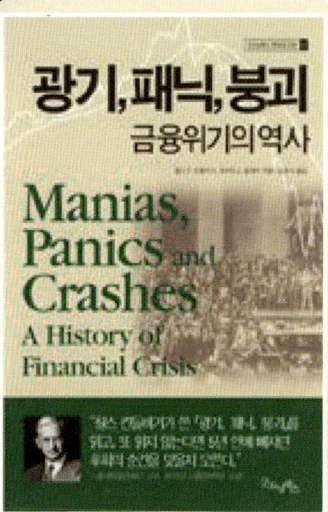

광기, 패닉, 붕괴 금융위기의 역사

출판사 : 굿모닝 북스
저자 : 찰스 P. 킨들버거, 로버트 Z. 알리버
가격 : 19,800원

리뷰 : 긴 시간 투자를 하다보면 주기적으로 거품이 생기고, 그렇게 생긴 거품이 빠지면서 대폭락을 맞이하고, 금융위기가 왔다가 다시 회복하고를 반복하는 금융시장의 흐름을 조금씩 보게 된다. 이 책은 그런 금융위기에 대한 역사적인 사건들을 돌아보면서 언젠가는 맞이하게 될 금융위기를 대처할 수 있는 내공을 쌓을 수 있는 좋은 책이다. 다소 초보자들이 읽기에는 딱딱할 수도 있지만, 한번은 꼭 읽어보길 바란다. 위기는 곧 기회이기 때문이다.

맺음말

투자 vs 돈 vs 행복

투자란 어디까지나 돈을 벌기 위해하는 것이고 돈은 또한 행복해지기 위해 버는 것이다. 그렇기에 중요도 순으로 따진다면 당연히 "행복 > 돈 > 투자"순이 되어야 마땅한 것인데 실제로는 많은 사람들이 투자로 돈을 잃고 그로 인해 행복마저 잃어버리는 악순환을 반복하고 있다. 무엇이 잘못된 것일까? 어떻게 가장 중요한 것이 가장 나중의 일이 돼버릴 수 있는 걸까?

여러 가지 이유야 많겠지만 아마 가장 큰 이유는 돈, 행복, 투자 등에 대한 개념이 왜곡되어 있기 때문일 것이다. 그 왜곡된 인식을 바로 잡지 못하는 한 아무리 열심히 공부를 해봐야 삶이 윤택해지기란 무척 어려운 일인 것이다. 그래서 글을 마무리하면서 사실상 가장 중요한 그런 개념들을 함께 생각해보기로 하자.

가장 처음 생각해야 하는 것은 바로 인생의 가장 중요한 가치이기도 한 행복이다. 누구나 행복을 생각하지만 그 행복의 참 개념을 깨닫기란 쉬운 일이 아니다. 그래서 필자가 이 짧은 글속에서 그것을 설명한다는 것 역시 불가능하다고 할 수 있다.

다만 한 가지 확실하게 말할 수 있는 것은 행복이라는 것은 결코 혼자서 이룰 수 있는 일이 아니라는 점이다. 사람은 혼자 사는 것이 아니기 때문에 더불어 살면서 서로 베풀고 나눌 때야 비로소 행복은 찾아오게 마련이다. 그리고 늘 자신의 마음을 돌아보며 지금 진정 행복한가를 반문하는 자세도 중요할 것이다. 자신이 현재 어떤 상태인지, 무엇을 목표로 살아가고 있는지도 모르면서 투자로 성공할 수는 없는 일이다.

다음으로 생각할 것이 바로 돈이다. 돈에 대한 잘못된 생각 중에 가장 으뜸은 돈은 많을수록 좋고, 돈이 많으면 행복해질 거라는 잘못된 믿음이다. 흔히 돈과 행복을 비례관계로 생각하는 사람들이 많은데, 돈과 행복은 결코 비례관계가 아니다. 예를 들어보자. 누구나 배가 고프면 안 먹고 싶은 게 없다. 어찌나 다들 맛있어 보이는지 엄청나게 많은 먹거리를 떠올리곤 한다. 하지만 정작 밥을 먹게 되면 점점 배가 부르고 결국엔 더 먹지 못하는 상황에 이른다. 만약 그 상황에서 꾸역꾸역 밥을 더 먹으면 어떻게 될까? 결국 배탈이 나는 것이다. 돈도 마찬가지이다. 돈은 적당한 것이 가장 좋은 것이다. 자신의 분수에 넘치는 돈은 오히려 자신을 망치고 만다. 복권에 당첨된 많은 사람들이 시간이 흘러 '차라리 복권에 당첨되지 않았다면 지금 더 행복할 텐데'라며 회고하는 이야기들은 우리에게 시사하는바가 매우 크다. 결국 정작 사람들은 많은 돈을 원하면서도 정작 어떻게 돈을 써야하는지, 어떻게 관리하는지 준비하지 않는다.

특히 투자를 함에 있어서도 마찬가지이다. 투자가 돈을 벌기 위해 하는 것이라면 그전에 자신이 지닌 돈을 잃지 않게 관리하는 것은 아주 기본적인 자세이지만 사람들은 마치 도박을 하듯이 실패나 위험 따위는 염두에도 없고 오직 허황된 대박의 꿈과 핑크빛 미래만을 꿈꾸는 경우가 많다. 결과는 보나마나 뻔한 것이다. 그렇다면 투자에 대한 올바른 개념은 뭘까?

투자란 자신이 가지고 있는 여건을 통해 더 나은 무엇인가를 창출해 내고자 하는 노력이다. 그렇기에 비단 돈뿐만 아니라 건강에도 사랑에도 우정에도 그리고 무엇보다 스스로에게도 투자하는 게 사람이다. 한번 운동한다고 건강해지거나 사람을 한번 만났다고 사랑이 이루어지는 게 아니듯이 주식에 대한 투자도 한번에 대박이란 없다.

　지금 우리 사회에는 한탕주의가 너무 만연해 있어 자신도 모르게 그런 사고에 물들어 있지는 않은지 돌아보고, 이제 투자에 대해 그리고 그 투자를 통해 이루고자 하는 목표에 대해 스스로 고민해 보자. 그것은 누구도 대신 해줄 수 없는 바로 자신의 숙제다. 그 숙제를 풀기 위해 늘 공부하고 노력하길 바란다. 그리고 그렇게 노력 하다 보면 어느새 훌륭한 투자의 결실을 맺을 꺼라 확신한다. 부디 너욱 많은 사람들이 그 숙제를 마무리하고 진정한 성공을 체험하는 날이 오길 기대해 본다.

주식투자 초보 탈출하기

부록

주식투자 격언

실전배당투자 들여다보기

배당투자에 있어서 주의할 점

주식투자 격언

❶ 주식을 사기보다는 때를 사라.

　주식투자의 가장 큰 목적은 투자차익에 있다. 최대의 투자차익을 남기기 위해서는 사는 시점과 파는 시점의 선택이 가장 중요하다. 아무리 부실주라도 돈의 힘으로 상승하는 금융장세에선 이익을 낼 수 있다.
　반면에 우량주라도 천정권에서 산다면 손실이 불가피하다. 주식투자의 목적은 투자이익을 내는 것이고 이익을 내려면 매수·매도 시점을 잘 잡아야 한다.

❷ 차트는 시세의 길잡이다.

　차트를 보지 않고 매매를 하는 것은 맹인이 지팡이를 잡지 않고 길을 걷는 것과 같다. 차트를 노련하게 해석할 수 있으며 70~80%이상 주식 성공이 보장된다. 차트로 무장하자.

❸ 숲을 먼저 보고 나무를 보아라.

　주가의 일일변동이나 단기적인 파동만 보고 투자를 하면 시세의 큰 흐름을 보지 못한다. 강물의 잔 파도만 보고 배를 노 저어 가면 자기도 모르는 사이에 엉뚱한 곳으로 흘러내려 가고 만다. 먼저 시세의 큰 흐름과 그 배경을 이해하고 그러한 바탕 위에서 눈앞의 시세를 해석해야 한다. 증권시장은 흔히 자본주의 성감대라고 할 정도로서 정치·사회·경제 모든 부문의 각종 요인이 작용하므로 이를 종합적으로 해석 할 수 있는 안목을 기르는 것이 중요하다.

❹ 사는 것보다 파는 것이 중요하다.

주식투자는 차익이 나고 있을 때에는 파는 시점이 중요하다. 불안해서 너무 일찍 팔아도 안되고 욕심 때문에 너무 끝까지 이익을 추구해서도 안 된다. 손해보고 있을 때도 적은 손해로 투자를 마무리 할 줄 알아야 한다. 대부분의 투자자들은 파는 마무리를 잘 하지 못해서 실패한다.

❺ 자신에게 가장 알맞은 투자 방법을 개발하라.

주식투자의 원칙이나 요령을 모두 실천할 수 있으면 반드시 성공 할 수 있다. 그러나 시세의 명인이라 하더라도 그 많은 투자 원칙을 100% 실천할 수 없다. 자기의 성격이나 습관성 자기에게 가장 알맞은 투자 방법을 개발해야 한다. 예를 들어 인기주의 편승매매에 능한 사람은 그 계통으로 주력하고 유연성에 좀 부족한 사람은 좋은 종목을 주가가 낮을 때 사놓고 장기적으로 기다리는 것이 유리하다.

❻ 대중이 가는 뒤안길에 꽃길이 있다.

인기의 뒤안길을 가라. 사람들이 사는 것을 생각도 못할 때가 살 때다. 초보자에게 주식이 좋게 보일 때는 이미 그 주식의 주가가 많이 올라 있는 상태다. 따라서 대중이 미처 알아채지 못하고 있는 재료주를 찾아 투자하면 큰돈을 벌 수 있다.

❼ 시세는 시세에게 물어라.

주식투자에서 가장 기본적 투자원칙이면서 잘 모르는 게 바로 이 격언이다. 시세가 가는 대로 순응하며 따라가는 것이 주식투자의 성공비결이며 시세의 흐름을 거역하는 자는 자기 파멸을 초래한다. 시세는 주가를 끌어올리는 힘이며 이는 거래량으로 통상 나타난다. 따라서 기술 분석이 중요하다.

❽ 사고 팔고 쉬어라. 쉬는 것도 투자다.

빈번한 매매는 실패의 근본이다. PRO라도 약세장에서 큰돈 벌기는 어렵다. 대세의 큰장에서 수익을 올렸으면 다시 들어갈 것이 아니라 쉬면서 추세를 분석하는 것이 좋다.

❾ 생선의 꼬리와 머리는 고양이에게 주라.

주식을 천정에서 팔고 바닥에서 살 생각은 버려야 한다. 무릎에서 사고 어깨에서 팔아야 한다. 바닥에서는 사기 어렵고 천정에서 팔기 어렵기 때문이다. 장미를 꺾듯이 8할 정도에 팔아야 한다.

❿ 주식이 잘 될 때 너무 자만하지 마라.

주식에서 한 번의 승리로 자만해선 안 된다. 초심자의 대성공은 큰 함정이다.

⓫ 시장분위기에 도취되지 마라.

주식시장에는 항상 어떤 분위기가 형성되어 있다. 낙관적 분위기라든지 비관적 분위기, 관망적 분위기 등이 그것이다. 이러한 분위기는 불합리한 인간심리나 단면적인 투자판단에 좌우되므로 수시로 변한다. 시장 분위기를 벗어나서 객관적이고 냉정한 상태에서 시장의 흐름을 분석하고 투자판단을 내려야 성공확률이 높아진다.

⑫ 충동매매는 후회의 근본이다.

남의 이야기나 시장의 분위기에 영향을 받아서 충동적으로 매매를 결정하는 사람은 대개 투자 결과가 좋지 않은 것이 보통이다. 시세의 장기적인 흐름이나 기업내용, 주가의 현재까지의 움직임 등을 충분히 생각해 보지도 않고 즉흥적인 감정으로 뇌동매매를 하기 때문에 실패하기 쉽다.

⑬ 투자에 성공하려면 타이밍과 종목선택 둘 다 잘해야 한다.

주식투자는 두 가지 선택문제로 귀결된다. 타이밍 선택과 종목선택이 그것이다. 주식시장에는 종합주가가 올라가도 못 오르는 주식이 있고, 거꾸로 하락하는 주식이 있다. 타이밍 선택과 종목선택을 잘해야 투자에 성공할 수 있다.

⑭ 주식투자는 절대적 유연성이 필요하다.

주식투자는 나름의 소신을 가지고 해야겠지만 너무 자기 생각에만 집착해서는 안 된다. 고집이 지나치게 세고 융통성이 부족한 성격의 사람은 주식투자가 적성이 아닌 것으로 알려지고 있다. 상황이 불리하고 자기 판단이 잘못 되었다고 생각하면 하루아침에 시세관을 180도 바꾸는 것이 절대적으로 요구된다.

⑮ 팔고 나서 올라도 애통해 하지 마라.

주식을 팔고 나서 오르면 일반 투자자들은 몹시 애통해하는 것이 보통이다. 팔고 나서 오르는 것이 겁이 나 제때에 팔지 못하는 사람도 많다. 주식은 천정에서 파는 소수의 사람을 제외하고는 팔고 나서 오르는 것이 정상이다. 팔고 나서 오르면 여유 있게 웃어라.

⓰ 움직이지 않는 주식에는 손대지 마라.

주가의 진행방향은 한번 정해지면 상당기간 동안 같은 방향으로 움직이므로 움직이는 방향에 편승하는 것이 가장 쉽고 확실한 투자방법이다. 움직이지 않는 주식은 지루하고 앞으로 오르게 될지 잘 알 수 없으므로 그만큼 투자 위험이 커진다.

⓱ 인기주는 초기시세에 따라 붙어라.

주식에는 항상 인기주리는 것이 있어서 이들이 시장을 선도하고 등락폭이 심한 것도 인기주다. 인기주는 초기에 뛰어들면 대성하고 뒤늦게 뛰어들면 대패한다.

⓲ 하루 이틀의 잔 파도는 타지 마라.

하루하루의 주가등락은 거의 100% 우연성에 의해서 결정되기 때문에 그것을 예측하고 편성하는 것은 거의 불가능하다. 1일 파동 또는 2~3일 단위의 초단기매매는 결국 손실만 쌓아 가는 결과가 된다.

⓳ 10%의 주가 등락은 대세 전환일 경우가 많다.

주식투자는 시세의 큰 흐름에 편승하는 것이 기본이다. 그러나 대세가 전환되기 전에 빠져 나와야 하는 것이 중요하고 어려운 일인데 대세전환을 기계적으로 파악하는 방법이 이 방법이다. 주가가 바닥에서 10%정도 오르면 대세 상승 전환인 경우가 많고 천정에서 10%정도 하락하면 대세가 하락세로 전환되는 경우가 많기 때문이다.

❷⓿ 여유자금으로 투자하라.(생명줄에는 손대지 마라.)

목숨이 걸린 돈이나 비상금으로 주식투자를 해서는 안 된다. 주식시장의 시세가 좋다고 해서 생활비나 용도가 정해진 자금들을 동원해서 투자했다가 주가가 크게 하락하면 큰 손해를 보고 팔아야 한다. 그러므로 투자자금은 여유자금으로 한정해야 하며 투자자금을 항상 100%주식에 투자한 상태로 끌고 가는 것은 좋은 방법이 못 된다. 항상 현금 보유비율이 30%정도는 유지되는 것이 좋다.

❷❶ 매입가격은 잊어버려라.

많은 투자자들이 자기의 원금을 기준으로 매매를 결정하기 때문에 적절한 매도시점을 놓친다. 매매시점 결정에 있어서 자기가 산 값 같은 것은 전혀 고려되어서는 안 되고 오로지 앞으로 주식이 더 오를 것인가 내릴 것인가의 전망에 따라서만 투자결정을 하여야 한다.

❷❷ 하루종일 시세판을 쳐다보고 있어도 돈을 벌 수 없다.

주식에 중독이 되면 매분 매시간 주가 변화를 알고 싶어 못 견뎌한다. 시간 시간의 주가 변화에 온 신경을 쓰고 그 신경은 자연히 투자에 휩쓸려 본의 아니게 뇌동매매를 하게 된다. 따라서 되도록 증권사 객장에는 나가지 않는 것이 좋다.

㉓ 매입은 천천히 매도는 신속하게 하라.

매입은 좀 느긋한 마음으로 낮은 가격을 골라서 사야하며 조급하게 따라 사는 것은 금물이다. 반대로 매도는 판다고 일단 생각했으면 가격고하를 불문하고 하루라도 빨리 파는 것이 좋다.

㉔ 나누어서 사고 나누어서 팔아라.

투자자들은 누구나 시세에 대한 100% 확신을 가질 수 없기 때문에 나누어서 매매함으로써 시황의 변화에 따라 매매를 조정할 수 있다. 따라서 분할매수와 분할매도만이 저점매수와 고점매도의 가장 효율적인 기법이다.

㉕ 소문에 사고 뉴스에 팔아라.

재료는 소문단계에서 이미 주가에 대부분 반영되어 버리는 것이 보통이기 때문에 그것이 공식적으로 발표되면 재료로서의 가치가 거의 없어진다.

㉖ 재료가 반영되지 않으면 팔아라.

주식시세는 수급(需給)관계가 기본이고 재료는 부차적인 것이다. 호재가 반영되지 않으면 수급관계가 나쁜 증거로 장차 하락할 가능성이 많으며, 악재가 둔감하면 시장은 매수세력이 우세한 증거이므로 주가는 상승할 가능성이 많다.

㉗ 보합시세는 무너지는 쪽으로 붙어라.

보합은 언젠가 한쪽으로 무너지는데 어느 쪽으로 무너질지 사전에는 알 수 없는 것이 보통이다. 따라서 보합시세에서는 주식을 팔아 현금을 보유한 후 깨어질 때 깨어지는 방향으로 따라붙는 것이 원칙이다.

㉘ 천정권의 호재는 팔고 바닥권의 악재는 사라.

　주가는 오르는 힘이 다하면 떨어지고, 장기간 바닥을 굳힌 후 서서히 오르기 시작하는 주가는 어떤 악재가 나와도 오른다. 그러므로 천정권에서 큰 호재로 주가가 폭등하면 팔아야 하고 바닥권에서 악재로 주가가 폭락하면 사야된다.

㉙ 대세는 오래가도 개별 종목 시세는 짧다.

　주식시장에서 장기간에 걸친 큰 시세가 나오는 경우에 모든 종목이 함께 상승하는 것은 아니다. 먼저 우량주가 오르고 다음에 보통주가 오르고 마지막에는 부실저가주가 오른다. 종합주가는 계속 오르지만 부실주가 천정부지로 오르는 동안에 먼저 오른 우량주는 시세가 끝나고 하락세로 들어간다.

㉚ 종목별로 상승하고 일제히 하락한다.

　주가가 오르는 것은 미래에 대한 어떤 기대심리 때문이다. 기대는 단계적으로 커지기 때문에 주가도 업종별, 종목별로 순환하면서 단계적으로 오른다. 반면에 주가가 하락하는 것은 인간의 불안 공포심 때문인데 인간의 불안 의식은 순식간에 모든 사람에게 전파되는 경향이 있어서 주가가 하락할 때에는 업종이나 종목의 구분 없이 일제히 하락한다.

㉛ 달걀은 한 바구니에 담지 마라.

　주식시장에는 성격이 다른 여러 종류의 주식이 거래된다. 안정적인 자산주, 꿈이 있는 성장주, 인기류주, 저가부실주 등은 그 움직임이나 패턴에 있어서 한 두 종목에 집중하면 성공할 때에는 크게 남기지만 실패하면 크게 손해본다. 그러므로 적당한 종목수로 나누어 분산 투자하는 것이 종목선택의 기본이다.

㉜ 모두가 좋다는 종목은 피하는 것이 좋다.

모든 사람이 다 좋다는 주식은 모든 사람이 다 이미 주식을 사 놓고 주가가 오르기만을 기다리고 있는 상태라고 볼 수 있다. 모든 사람이 주식을 다 사 놓았기 때문에 더 이상 살 사람이 없어 주가가 오르기 어려울 뿐만 아니라 주가가 오르면 모든 사람이 다 팔려고 하기 때문에 오히려 떨어지기 쉽다.

㉝ 모든 재료가 곧바로 주가에 반영되지는 않는다.

주가는 장래에 대한 기대를 가지고 오르지만 너무 먼 장래의 꿈은 재료로서의 가치가 미약하다. 먼 재료가 주가에 반영될 때까지는 시간이 오래 걸리므로 먼 정보를 미리 입수하거나 장래의 먼 전망을 가지고 주식을 사 놓아도 주가는 오르지 않는다. 재료는 일반 투자자에게 알려져야 주가에 반영되며 알려진 후에도 시장 분위기나 인기흐름에 부합될 때까지는 주가는 오르지 않는다.

㉞ 신고가는 따라 붙어라.

신고가(新高價)가 나오면 주가가 너무 올랐다고 생각하기 쉽지만 긴 흐름으로 보면 신고가의 출현은 본격적인 상승의 신호인 경우가 많다. 신고가가 나오면 팔 것이 아니라 주식을 사야 하는 경우가 많다.

㉟ 매매기준은 주가 수준보다 대세흐름을 봐야 한다.

주가의 수준을 가지고 매매기준을 삼아서는 안 된다. 대시세의 시작이라고 생각하면 주가가 아무리 많이 올라도 따라 사야 하며 천정을 치고 하락하는 시세에서는 주가가 아무리 싸도 매입해서는 안 된다. 주가 수준보다는 주가의 흐름을 봐서 매매해야 한다.

㊱ 기업분석에 지나치게 치중하지 마라.

기업내용이 좋은 주식은 언젠가는 오르고 기업내용이 나쁜 주식은 언젠가는 떨어진다. 그러나 주가는 기업내용과 일치하는 기간은 짧고 항상 기업내용과 동떨어진 상태에서 형성된다. 지나치게 기업내용에만 치중하면 시장의 흐름을 따라가지 못해서 투자에 크게 성공하지 못한다.

㊲ 장기간 움직이지 않던 주식이 오르기 시작하면 크게 오른다.

장기휴면 주식이 움직이기 시작하면 그만한 이유가 있어서 움직인다. 오랫동안 움직이지 않던 주식이 한번 오르기 시작하면 크게 오르는 것이 보통이므로 조금 올랐다고 좋은 기회라 생각하고 팔아버리는 것은 잘못된 방법이다.

㊳ 끼 있는 주식이 가장 잘 올라간다.

과거 주식시장의 총아로서 크게 활약한 바가 있는 주식이 다음에 오를 때에도 크게 오르는 경향이 있다. 큰손들이 작전에 한번 성공했기 때문에 다시 작전을 시도하는 경우도 있고 과거 재미를 보았던 주식은 투자자들이 좋은 인식을 가지고 있기 때문에 시세가 쉽게 형성되는 면이 있기 때문이다.

❸❾ 밀짚모자는 겨울에 사라.

종목선택에 있어서 가장 중요한 격언으로 좋은 주식이 투자자들의 관심 밖에 있어서 저가에 방치되어 있을 때 미리 사 놓고 기다리는 방법을 말한다. 가장 쉽고 가장 크게 벌 수 있는 투자 방법이 바로 이것인데 대부분의 투자자들은 움직이는 인기주만을 따라다니기를 좋아한다. 모든 물건은 수요가 있을 때 높은 가격을 형성한다. 투자자들이 증권·건설주에 집중하는 동안 소외된 종목을 사서 기다리는 것도 한 방법이다.

❹⓿ 손해보고 있는 종목부터 팔아라.

경험 없는 투자자들은 이익 나는 종목은 얼른 인식하고 손해난 종목만 장기간 가지고 있는데 돈을 벌려면 그 반대로 해야 한다.

❹❶ 주식과 결혼하지 마라.

자기가 가진 주식에 지나친 애정을 가지고 장기간 보유하면 주식을 팔 기회를 잃어버린다. 또한 손해 본 주식을 장기간 버티기 작전을 하면 손실만 깊어질 따름이다. 달도 차면 기울고 화무십일홍이며 권불십년이다.

❹❷ 주가는 재료보다 선행한다.

투자자들이 주식을 사는 것은 미래에 대한 기대를 가지고 산다. 투자의 기준은 미래에 있으며 미래에 예상되는 재료에 따라서 현재의 주가가 결정되므로 주가는 언제나 재료보다 선행한다. 경기가 회복 기미만 보여도 주가는 이미 상승세로 바뀌고 재료가 실현되기 전에 주가는 이미 다 올라버린다.

㊸ 오르는 힘이 다하면 주가는 저절로 떨어진다.

　주가는 재료를 가지고 움직이지만 재료가 주가를 움직이는 원동력은 아니다. 주식시세를 올리는 원동력은 주식시장에 들어오는 자금이나 인기 등으로 구성되어 있는 추진에너지이다. 자금이나 인기는 어느 정도 기간이 지나면 한계에 달하여 추진에너지가 약화된다. 에너지가 약화되면 주가는 저절로 떨어진다.

㊹ 시세는 인기 7할, 재료 3할

　주가는 재료만으로 크게 오르지 못하고 인기가 붙어야 큰 시세가 날 수 있다. 재료만으로는 시세가 안 되지만 인기가 강하면 재료를 만들어 낸다.

㊺ 금융장세는 대시세가 나온다.

　주가는 대개 재료를 가지고 움직이는 것이 보통이다. 재료를 수반하고 움직이는 시세를 재료시세 또는 실적시세라고 한다. 그러나 아무 재료도 없이 시중의 과잉유동성이 주식시장으로 몰려와서 큰 시세를 형성하는 것을 금융장세라고 하며 재료시세보다 훨씬 큰 것이 보통이다.

㊻ 최후시세가 가장 크다.

　시세가 처음 출발할 때에는 지루할 정도로 그 움직임이 완만하다. 주가상승이 어느 정도 진행하면 일반투자자들이 가세하기 시작하며 주가의 상승속도가 빨라진다. 주가가 눈에 뜨이게 상승하면 마침내 일반 대중 투자자들이 구름 떼처럼 몰려와서 주가는 폭등세로 바뀐다. 대중 투자자들이 주식을 다 사고나면 더 이상 살 세력이 없어 주가는 천정을 치고 시세는 끝난다.

㊼ 수급은 모든 것에 우선하다.

주가도 일반상품 시세와 마찬가지로 근본적으로 수요와 공급에 의해서 결정된다. 사회적으로 유동성이 풍부하여 주식시장으로 자금이 밀려올 때에는 어떠한 악재에도 주가는 오르고 증자 등으로 주식물량이 과다해진 상태에서는 어떠한 호재나 부양책에도 주가는 하락하게 된다.

㊽ 촛불은 꺼지기 직전이 가장 밝다.

만인이 경악하는 시세가 나오면 주가는 천정을 치고 폭락한다.

㊾ 대량거래가 지속되면 천정의 징조다.

주식시세는 큰손이나 전문투자가들에 의해서 주도되는 것이 보통이다. 이들 시장전문가들은 바닥권이나 시세의 초기단계에서 매입했다가 시장활황을 보고 몰려드는 일반 투자자나 대중 투자자들이 매입에 열중할 때 보유주식을 사정없이 내다 판다. 전문가와 아마추어간에 손이 바뀌는 과정에서 대량거래가 수반되고 주가도 등락이 교차되는 혼조장세가 연출된다. 전문가들이 시장을 빠져나가면 시세는 대개는 천정을 친다.

㊿ 경계심이 강할 때에는 시세는 좀처럼 천청을 치지 않는다.

주식시세는 대개 급등세로 천정을 장식한다. 극단적으로 낙관적인 분위기가 천정의 중요한 특징이다. 경계심이 강한 시장 분위기는 아직 천정에 이르지 않았다는 증거가 된다.

�51 천정과 바닥은 계기가 된다.

익은 감은 건드리기만 해도 떨어지듯이 오르는 힘이 다한 주식시세는 조그마한 악재만 있어도 쉽게 무너진다. 또한 오랜기간 바닥을 굳힌 후 주가가 상승할 수 있는 충분한 에너지가 축적된 시세는 하찮은 핑계를 가지고 주가가 오르기 시작한다. 천정과 바닥의 여건이 충분히 성숙되면 조그마한 계기로 대세가 전환된다.

㉘ 바닥은 깊고 천정은 짧다.

주식시세가 진행되는 일반적인 패턴은 바닥기간이 가장 길고 상승기간은 매우 짧다. 주가가 급등하는 천정권의 시세는 극히 짧은 기간에 머물고 그로부터 또다시 기나긴 하락기간으로 들여가는 것이 보통이다. 시세가 천정권에 머무는 기간이 짧기 때문에 머뭇머뭇해서 주식을 팔 기회를 놓치지 말라는 격언이다. 천정 3일 바닥 100일 이라는 격언도 있다.

㉝ 산이 높으면, 계곡도 깊다.

경제상황의 호전이나 시장인기에 의해서 주가가 크게 오르면 나중에 경제여건이 다시 악화되고 인기가 식으면 주가도 폭락한다. 따라서 주가가 큰 폭으로 오르면 계곡을 조심해야 한다.

㉞ 합창을 하면 주가는 반대로 움직인다.

모든 사람들이 주가가 반락하면 사겠다고 생각하고 있으면 반락은 오지 않고 많은 사람이 반등이 오면 팔겠다고 생각하면 반등은 오지 않는다. 모든 사람이 큰 시세가 올 것이라고 생각하고 있으면 미리 주식을 모두 사 놓고 큰 시세가 오면 팔겠다고 생각하고 있는 상태이므로 그런 경우 큰 시세는 오지 않는다.

55 긴 보합은 폭등이나 폭락의 전조이다.

바닥권이나 상승시세의 중간의 큰 보합에서는 상승을 위한 충분한 시장 에너지가 축적되었기 때문에 주가가 상승하면 큰 시세가 나올 가능성이 많다. 반대로 천정권이나 하락시세의 중간에서 생기는 긴 보합은 시세의 추진 에너지가 소진되어 버린 것이므로 주가가 하락할 때 큰 폭으로 하락하는 것이 보통이다.

56 인기는 순환한다.

인기는 유행처럼 변하는 것이 속성이다. 주식시세에서 한 업종이나 종목 집단에 인기가 집중해도 시간이 지나면서 신선미가 없어지면 인기는 식어지고 새로운 종목 집단으로 이동한다. 주식시장의 인기는 업종별로 순환하는 것이 일반적인 패턴이다. 어떤 특정 업종에만 인기가 지속되는 소위 파행인기시세도 있지만 그것도 그 업종의 인기지속기간이 길기 때문인 것으로 결국은 인기는 퇴조하고 새로운 인기 대상을 찾아 주가는 이동한다.

57 반락이 얕으면 큰 시세가 온다.

시세는 수요와 공급에 의해서 결정되지만 공급보다는 주로 수요의 크기 여하에 따라 시세의 방향이 결정된다. 조정국면에서 반락이 얕으면 대기매수세가 강하다는 증거이므로 반등할 때 크게 오르고 반락이 깊으면 매수세가 약한 것이므로 반등시세는 강하기가 어렵다.

58 기회는 소녀처럼 왔다가 토끼처럼 달아난다.

주식투자는 매입시점과 매도시점을 잘 잡느냐에 따라서 성패가 좌우된다. 주식시세는 일년 열두 달 내내 있지만 최선의 매입시점과 매도시점은 순간적으로 지나가 버린다. 주식투자는 기회를 잘 활용하여야 하는 게임이다. 주가가 천정권에 있을 때 어물어물해서 팔 기회를 놓치면 순식간에 주가가 폭락하여 큰 손해를 보게 된다. 일단 결정했으면 바로 행동해야 하며 결단이 늦으면 투자를 그르친다.

실전 배당투자 들여다보기

● 2011년 배당수익률 높은 20개 기업(단위: %, 원)

순위	종목명	배당수익률	주당배당금	주가
1	외환은행	12.1%	1,085	8,940
2	대신증권	7.0%	1,000	14,250
3	KT	6.4%	2,410	37,800
4	SK텔레콤	5.9%	9,400	160,500
5	LG유플러스	5.5%	350	6,400
6	KT&G	5.1%	3,000	58,800
7	강원랜드	4.0%	970	24,100
8	한솔제지	3.6%	300	8,400
9	현대증권	3.0%	400	13,350
10	웅진코웨이	2.8%	1,050	36,950
11	한라공조	2.8%	700	25,150
12	제일기획	2.5%	340	13,400
13	현대해상	2.5%	700	28,050
14	에스원	2.3%	1,200	51,500
15	대우증권	2.3%	500	21,700
16	LIG손해보험	2.3%	600	26,100
17	KCC	2.3%	8,000	353,000
18	기업은행	2.2%	410	18,750
19	POSCO	2.1%	10,000	471,000
20	하나투어	2.0%	850	41,900

※자료: 한국거래소(KRX100구성종목, 26일 종가 기준)

배당투자에 있어서 주의할 점

❶ 배당기준일을 잘 파악해야 한다.

배당을 받으려면 배당기준일에 배당을 하는 회사의 주주여야 하는데, 주식을 매입할 시에 3일결제가 적용되기 때문에 배당기준일 이틀 전에는 반드시 매수를 해야만 배당기준일에 실질적인 그 회사의 주주로써 인정받게 되어 주주총회를 거쳐 최종적으로 배당을 받게 된다.

예를 들어 올해 배당을 가장 많이해준 외환은행의 주식을 사서 배당을 받으려면 어떻게 하면 될까?

우선 외환은행은 다른 금융회사처럼 3월결산을 하고 있다는 점을 알아야 한다.(대부분의 은행,증권,보험회사는 3월 31일이 결산기준일이고, 그 외의 거의 모든 회사들은 12월 31일이 결산기준일이다.)

그러므로 2011년 3월 31일 기준으로 주식을 가지고 있어야 하기 때문에 이틀 전인 29일에는 반드시 매수를 해야한다. 2011년 3월 29일 외환은행의 주가는 9,240원(종가 기준)이었고, 그날 외환은행 주식을 사두었다면, 다음날 바로 팔더라도 배당은 받을 수 있게 된다.(공교롭게도 다음날은 주가가 2.7%정도 올라서 9,490원에 팔수 있었다.) 외환은행의 고배당 뒤에는 론스타라는 대주주의 요청이 있었기 때문에 가능한 일이었지만, 어찌되었건, 배당투자에 대한 하나의 예로 소개해 보았다.

❷ 현금배당 vs 주식배당 : 돈이 아닌 주식으로 배당을 해주는 경우도 있다.

일반적으로는 배당은 현금으로 하지만, 주식으로 배당을 하는 경우도 많이 있다. 그런데 주식으로 배당을 할 경우에는 주식수가 늘어나는 것만큼 배당락을 하게 된다는 점이다. 주식배당은 회사의 자기자본이 늘어나는 효과가 있기 때문에 장기적으로는 긍정적이지만, 대신 앞서 예로든 사례처럼 하루만에 주식을 보유한다고 바로 수익을 낼 수 없을 수도 있다는 점을 유의해야 한다.

❸ 배당에도 세금이 있다.

배당을 받을 때는 이자를 받을 때와 마찬가지로 15.4%(주민세 포함)를 원천징수하고 지급받게 된다.

만약 내가 투자한 주식의 지분이 많아서 배당으로 받은 돈이 4천만원을 초과하게 되면 종합소득세에 합산과세 된다는 점도 꼭 기억해야할 부분이다.(예금을 찾을 때 이자소득세와 세율이 같기 때문에 비슷한 개념으로 이해하면 편할 것 같다.)

주식초보자를 위한 가장 쉽고 간단한 입문서

주식차트
초보 탈출하기

주식차트의 기술적 분석

주식초보자를 위한 가장 쉽고 간단한 입문서

주식차트
초보 탈출하기

변대원 지음

주식차트의 기술적 분석

1. 기술적 분석(Technical Analysis)의 개념

    1. 나는 기술적 분석 개념을 알고 싶다   286
    2. 나는 기술적 분석의 기법에 대해 알고 싶다   290
    3. 기술적 분석만큼은 나도 해야겠다   293

2. 기술적 분석(Technical Analysis)의 6가지 기본 개념

    1. 주가의 지지선과 저항선   298
    2. 주가의 추세분석   303
    3. 주가의 봉도표   312
    4. 주가의 패턴분석   315
    5. 주가의 이동평균   332
    6. 주가의 거래량   338

 3. 기술적 분석(Technical Analysis)의 이론들

    1. 다우 이론   344
    2. 엘리오트 파동이론   352
    3. 사께다 이론   371
    4. 카오스 이론   377
    5. 갠 이론   379
    6. 박스 이론   381
    7. 랜덤워크 이론(randomwork theory)   382

4. 캔들차트(candle stick chart)의 모든 것

1. 캔들차트란 무엇인가	386
2. 캔들차트의 추세전환형	392
3. 캔들차트의 추세지속형	414

5. 차트를 분석하기 위한 보조 지표들

1. 추세선지표 : MACD / MACD Oscillator, Envelope, Bollinger Band	428
2. 모멘텀(Momentum) 지표 : Stochastic	447
3. 시장특성지표 : RSI	452

⟨기술적 분석에 대하여⟩

앞서 본책 10장에서 기본적 분석과 기술적 분석에 대해 핵심적인 사항을 중심으로 배워 보았다. 하지만 한번 보고 머리로 이해해서는 결코 실전에서 활용되지 않기 때문에 반복 학습을 위해 필자가 예전에 읽고 공부했던 자료를 추가로 실어보았다. 분명 중복되는 부분이 있겠지만, 중복되는 것은 그만큼 더 중요한 부부이라고 생각하고, 한번 더 숙지했으면 하는 바램이다.

물론 앞에서도 언급했었지만, 어떤 특정한 분석기법이 절대적인 경우는 없다. 다양한 분석방법을 몸에 익힌 이후에 여러 가지로 판단하고 생각할 수 있는 힘을 기르는 것이 목적임을 기억하기 바란다.

기본개념부터 시작해, 다양한 이론과 캔들차트까지 상세히 다루고 있으므로 반복 학습하도록 하자.

(다만, 예전자료를 그대로 가져와서 각색한 것이므로 사례가 다소 오래된 것이라도 이해해주기 바란다.)

나도 기술적 분석을 배워 볼까?

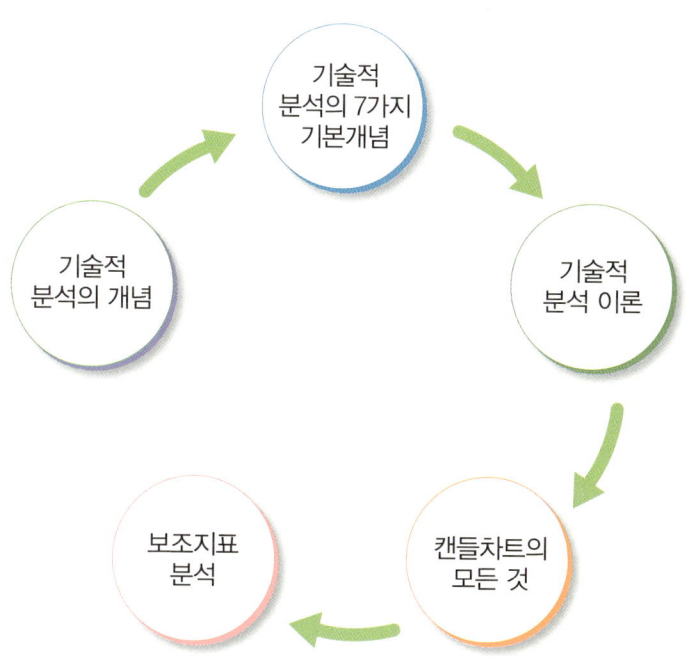

1. 나는 기술적 분석 개념을 알고 싶다

기술적 분석은 주가가 변해 가는 과정 속에 주가와 거래량을 계량·도표화 함으로써 향후 주가를 예측하고자 하는 기법을 말한다. 이는 과거의 주가 변동성이 미래에도 영향을 미칠 수 있다는 원리에 바탕을 두고 있다. 즉 과거 주가의 패턴이 현재에도 동일하게 나타날 수 있음을 의미한다.

주가는 군중의 심리에 의해 움직이는 하나의 생명체라 할 수 있다. 따라서 주가는 사람들의 의사결정에 의해 매일매일 다른 모습으로 끊임없이 변해간다. 주가의 형성은 모든 투자자들이 앞으로 주가가 하락할 것으로 예상하여 주식을 팔고, 또 다른 투자자는 앞으로 주가가 상승할 것으로 예상하여 주식을 사게 되는데, 그 결과로 만들어지는 것이다.

기술적 분석은 주가가 변해 가는 과정 속에 주가와 거래량을 계량·도표화 함으로써 향후 주가를 예측하고자 하는 기법을 말한다. 이는 과거의 주가 변동성이 미래에도 영향을 미칠 수 있다는 원리에 바탕을 두고 있다. 즉 과거 주가의 패턴이 현재에도 동일하게 나타날 수 있음을 의미한다.

대부분의 기술적 분석가들은 '주가란 주식에 대한 수요와 공급에 의해서만 결정된다'고 보는 견해가 지배적이다. 그 이유는 주가는 기본적 분석에서 중요하게 생각하는 요인 외에도 투자자의 투자심리, 시장인기도, 시장분위기 등에도 영향을 받기 때문이다. 결국 주가와 거래량을 중심으로 분석하여 주가를 예측하는데 있다.

기술적 분석은 19C부터 발표가 되었고 최근에까지 새로운 이론들이 지속적으로 발표가 되었다. 기본적 분석은 정형화가 되어있는 반면 기술적 분석은 주가의 패턴(흐름)을 찾는 것이기 때문에 누구나 노력을 하면 자신의 이론으로 정립할 수 있다. 그런 관계로 현재도 많은 투자자들은 주가의 매수와 매도시점을 찾기 위해 이용되고 있다. 기술적 분석의 유래에 대해서 잠시 알아보자.

▶ 다우이론

기술적 분석의 창시자이며 미국의 월스트리트 저널을 창간한 찰스 다우가 제창한 이론이다. 찰스 다우는 19세기말부터 20세기에 걸쳐 주식시장을 분석한 결과 주기적인 추세에 의해 영향을 받는다는 것을 정립하였다. 즉 장기 추세, 중기 추세, 단기 추세에 영향을 받는다.

▶ 엘리어트 이론

1939년 「파이넨셜 월드(Financial World)」지를 통해 '주가는 상승5파와 하락3파에 의해 끝없이 순환한다'는 가격순환 법칙을 주장하였다. 주가는 연속적인 파동에 의해 상승하고 다시 하락함으로써 상승5파와 하락3파의 8개 파동으로 구성된 하나의 사이클을 형성한다는 것이다.

◐ 사께다 전법

일본 도꾸가와시대 사께다 항구에서 활동하였던 유명한 거래인 홈마[1]가 창출한 이론을 구체화하여 실전에 적용시킨 전통적 투자 기법이다. 주가의 기본적인 패턴을 분석하는 데 필수적인 과정이 되고 있으며 3산, 3천, 3공, 3병, 3법으로 구성되어 있다.

◐ 캔들차트

일본에서 개발되어 미국 등 선진국에서도 사용되고 있으며, 한국에서 가장 많이 사용하는 차트이다. 표시법은 시가, 고가, 저가, 종가를 모두 표시하며 종가가 시가보다 높으면(주가가 상승한 날) 양봉으로 표시하고, 종가가 시가보다 낮으면(주가가 하락한 날) 음봉이라 한다.

종합주가지수 : 2009 ~ 2011. 8.

---

1) 홈마(무네히사, 홈마쇼쿠): 쌀거래매매기법. 투자심리에 대한 것을 기록한 것으로 주식투자기법으로 발전

앞의 그래프는 종합주가지수 일봉 그래프이다. 국내에서 가장 많이 사용하는 봉차트의 개념인 캔틀스틱 차트이다. 그리고 투자분석 이론인 다우이론, 엘리어트이론, 사께다이론 등을 동원하여 각자의 종합주가지수 그래프를 분석을 할 수가 있다. 그 몫은 여러분의 것이다. 이제 여러분은 고수가 될 것이니까!

그외 주가분석의 이론들은 3장에서 상세히 다루겠다. 각각의 이론을 통해 여러분이 주식매매를 하는데 도움이 되었으면 한다.

2. 나는 기술적 분석의 기법에 대해 알고 싶다

기술적 분석은 주가의 과거 변동성을 통해 정확한 매매시점을 찾는 데 있다고 볼 수 있다. 이 기술적 분석의 종류는 형태별과 시간별로 나눌 수 있다. 보통 형태별로는 선(Line chart), 바(Bar chart), 봉(Japanese candlestick), P&F(point and figure out)로 구분할 수 있다. 또한 시간별로 분류하면 일간(daily), 주간(weekly), 월간(monthly)으로 나눌 수 있다.

여러분도 기술적 분석에 대해서 잘 알고 있으리라 생각한다. 앞에서 배운 기본적 분석이 기업의 재무구조와 기업의 가치를 판단할 수 있는 분석기법이라면, 기술적 분석은 주가의 과거 변동성을 통해 정확한 매매시점을 찾는 데 있다고 볼 수 있다. 이 기술적 분석의 종류는 형태별과 시간별로 나눌 수 있다.

보통 형태별로는 선(Line chart), 바(Bar chart), 봉(Japanese candlestick), P&F(point and figure out)로 구분할 수 있다. 또한 시간별로 분류하면 일간(daily), 주간(weekly), 월간(monthly)으로 나눌 수 있다. 최근에는 파생상품의 도입으로 분차트의 활용도가 높아지고 있는 실정이다.

또한 기술적 분석 기법은 여러 가지가 있는데 그 내용을 나열해 보면 다음과 같다.

추세분석, 패턴분석, 이동평균선 이용 기법, 캔들차트, 사께다 전법, 엘리오트 파동 이론, 목표치 분석, 갠이론, 다우이론, 황금분할 이론, 갭이론, 보조지표활용 기법 등이다. 이처럼 기술적 분석의 기법은 그 형태가 많다.

자! 과연 여러분은 어느 것을 선택해서 공부할 것인가? 많은 고민이 되시지요. 가장 좋은 방법은 바로 여러분의 마음에 달려 있다. 위에서 열거한 기법들은 주가를 분석할 때 중요한 도구이다. 이 중에서 여러분에게 가장 어울리고, 투자성향에 잘 맞는 것을 선택해서 집중적으로 노력을 한다면 좋은 성과가 있을 것이다. 필자도 많은 분석이론 중에서 이동평균선 기법과 보조지표를 이용한다.

그 외에도 분석기법이라 할 수는 없지만 소홀히 해서는 안될 부분이 있는데 그 내용은 아래와 같다.

1) 장세 분석

기술적 분석을 잘해도 증권시장의 흐름을 판단할 수 없다면 매매를 하는데 도움이 되지 못한다. 증권시장이 과열인지, 침체권인지를 판단하는 여러분들만의 기준이 있어야 한다.

2) 증권시장구조 분석

1992년 증권시장의 개방 이후 고도의 선진투자기법으로 무장한 외국인들은 현재까지도 국내 증권시장을 좌지우지하고 있다. 더구나 그동안 거래소와 코스닥을 오가던 일반투자자들은 파생상품의 등장으로 상당히 고전을 면치 못하고 있다. 예전에는 단순하게 기업의 가치와 흐름을 파악하면 되었는데 이제는 선물과 옵션시장의 흐름까지 파악해야 하니 이 얼마나 힘들겠는가?

따라서 이제부터는 선물시장 및 옵션시장, 주식시장의 상관관계를 분석하는 것도 중요한 분석기법이라 할 수 있다.

3) 투자심리 분석

주가는 일종의 군중심리를 표현하는 것이다. 어떤 기업의 투자심리가 높다는 것은 투자자들의 관심이 많다는 것을 의미하기도 하고, 주가가 오를 수 있다는 것도 내포하고 있다. 반대로 투자심리가 너무 과도하면 해당기업의 주가가 너무 올라 매도할 시점이 다가왔다는 시점을 표시하기도 하다.

이처럼 투자자의 심리를 분석하는 것은 대부분의 투자자들이 증권시장에서 매수를 한다면 매도시점으로 판단하고, 반대로 주식시장을 떠나기 위해 매도를 한다면 매수시점의 적기라고 분석하는 기법이다.

3. 기술적 분석만큼은 나도 해야겠다

장세의 흐름을 파악하고 중장기 투자에 임해도 때론 작은 이익을 얻고 싶을 때가 있다. 그럴땐 기본적 분석과 기술적 분석을 통한 주가의 예측이 많은 도움이 된다. 특히 기술적 분석은 단기추세를 판단할 수 있는 가장 좋은 방법이며 주가 움직임 또한 그래프를 통해 쉽게 알 수 있다.

그동안 기술적 분석에 대해서 회의적일 때가 있었다. 왜냐하면 투자라는 것은 시장의 큰 흐름을 파악하고 정확한 판단하에 자금을 투입하는 것이기 때문이다.

장세의 흐름을 파악하고 중장기 투자에 임해도 때론 작은 이익을 얻고 싶을 때가 있다. 그럴땐 기본적 분석과 기술적 분석을 통한 주가의 예측이 많은 도움이 된다. 특히 기술적 분석은 단기추세를 판단할 수 있는 가장 좋은 방법이며 주가 움직임 또한 그래프를 통해 쉽게 알 수 있다.

"기술적 분석을 하지 않고는 주식투자하지 마라"는 말이 있듯이, 그래프를 보지 않고 주식투자를 하는 것은 마치 자동차를 사려고 하는 사람이 자동차의 성능에 대해 시운전을 하지 않고 카달로그에 의해 차의 성능을 판단하는 것과 같다고 할 수 있다.

이처럼 기술적 분석을 통해 그래프를 분석하는 필요성은 여러분들이 더 잘 알고 있을 것이다. 그래프를 분석해 보면 현재 주가 수준과 위험의 정도를 판단하기 쉽다.

최근 데이드레이딩이 활발해짐에 따라 기술적 분석의 중요성은 점점 더 커지고 있다. 일·주·월봉차트 외에도 분차트를 이용하는 기법들이 활용되고 더욱 발전되는 형태를 보여주고 있다.

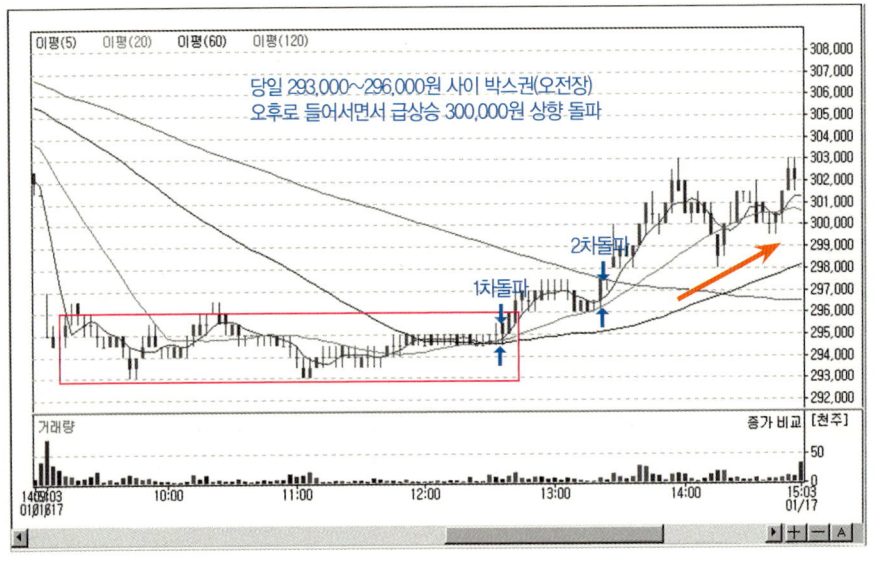

삼성전자(05930)의 1월 17일의 분차트

기술적 분석의 장점은 기업의 가치가 반영된 주가의 흐름을 판단할 수 있고, 과거의 데이터를 이용하여 주가 변동을 예측할 수 있다는 것이다. 반면에 과거의 주가 추세나 패턴이 현재와 미래에도 동일하게 반복되지 않는다는 점, 주가를 분석하는 추세나 패턴은 분석자에 따라 달라질 수 있다는 점, 주가의 변동에만 집착하기 때문에 증권시장의 변동 원인을 분석할 수 없는 점이 단점이다.

따라서 기술적 분석의 중요성은 누구도 부인할 수가 없다. 또한 그 활용도도 스피드시대로 가는 시점에 데이트레이딩을 통해 더욱 활성화 될 수밖에 없다.

다만 필자는 기술적 분석의 중요성을 인식하면서도 – 예를 들면, 옛날에 얕은 우물 안의 개구리가 동해의 거북이에게 말했다. "나는 참으로 즐겁다네. 나와서는 우물 난간 위로 뛰어 오르기도 하고, 들어가서는 우물 벽돌의 깨진 틈새에서 쉬기도 하지. 물에서 놀 때는 겨드랑이를 담그고 턱을 내밀기도 하고, 진흙을 치며 발이 파묻혀 발등까지 빠지기도 하지. 저 올챙이나 장구벌레 따위를 돌아보건데, 나처럼 즐거운 것은 없다네." 이에 거북이는, "바다는 무릇 천리나 되는 늪으로 그 깊이를 헤아릴 수 없다네. 10년 동안에 아홉 번 홍수가 났어도 그 물이 늘지 았고, 8년 동안에 일곱 번이나 가뭄이 들었어도 그 해안이 줄어들지 않았다네." 이에 우물 안 개구리는 어찌할 바를 몰랐다. – 너무 기술적 분석에만 집중을 한다면 여러분이 진정으로 투자를 통해 얻고자하는 것은 점점 더 멀어질 것으로 생각한다. 여러분은 이처럼 우물안 개구리의 태도를 취하면 안될 것이다.

먼저 증권시장의 큰 흐름을 파악하고 기본적 분석을 통해 기업의 가치를 안 다음 기술적 분석을 해서 매매시점을 찾는 것이 가장 좋은 방법이라 생각하며 다시 한번 여러분에게 당부하고 싶다.

"주식투자의 성공 = 기본적 분석 + 기술적 분석"의 공식을 여러분의 컴퓨터 앞에 붙여 놓고 항상 상기하길 바란다.

주식투자 초보 탈출하기

2

기술적 분석 (Technical Analysis)의 6가지 기본 개념

1. 주가의 지지선과 저항선

지지선이란 주가가 하락하면 매수하려는 세력이 등장하고, 더 이상 하락하지 않게 막아 주는데 이 수준을 말한다. 반면 저항선은 일정 수준 이상 주가가 상승하면 매도세력이 등장하여 더 이상의 상승을 억제해 주는데 이 수준을 말한다.

　　　　　　주식을 하다보면 신문이나 주변에서 "종합주가지수의 지지선이 얼마고 저항선이 얼마다"는 말을 자주 듣는다. 이는 여러분이 매수하고자 하는 종목에 대해서도 똑 같이 적용이 될 수 있다. 주식투자를 하는 여러분들에게는 지지선과 저항선은 큰 의미를 지닌다. 사실 주가 그래프를 분석할 때 어디가 저항선이고 지지선인지 알 수가 없다. 다만 당해연도의 고점과 저점을 기준으로 해서 지지선과 저항선을 예측하는 것뿐이다. "주가가 더 이상 오르지 못하면 내려가고, 더 이상 내려가지 않으면 반드시 오른다"는 말처럼 지지선과 저항선은 우리에게 기쁨을 줄 수 있는 돈을 벌게 해준다. 그러나 꼭 이익을 얻게 해주는 것은 아니므로 정확한 분석이 뒤따라야만 한다. 그래야만 여러분에게 좋은 소식을 안겨 줄 것이다.

　　　　지지선이란 주가가 하락하면 매수하려는 세력이 등장하고, 더 이상 하락하지 않게 막아 주는데 이 수준을 말한다. 반면 저항선은 일정 수준 이상 주가가 상승하면 매도세력이 등장하여 더 이상의 상승을 억제해 주는데 이 수준을 말한다.

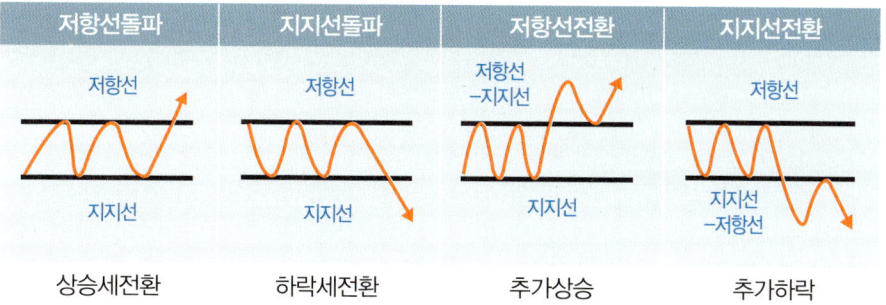

다음은 지지선과 저항선의 내용을 그래프를 통해 자세히 알아보자.

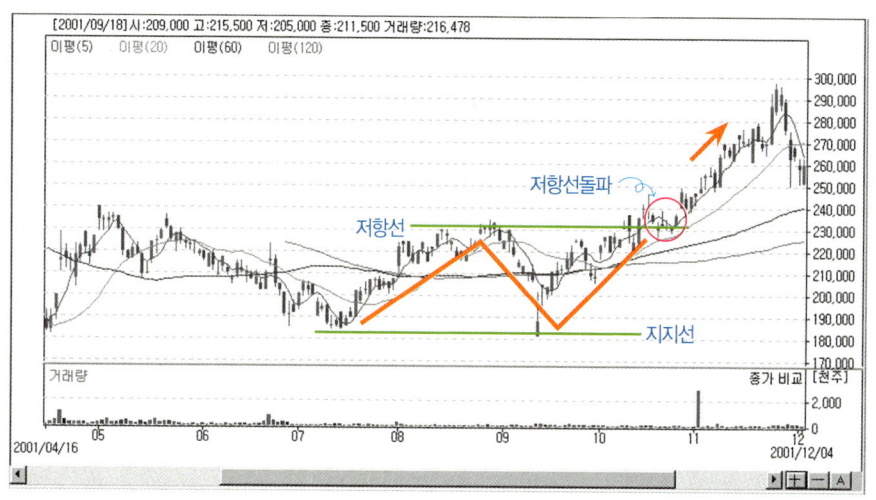

자료 : SK텔레콤(17670) 2001년 12월 4일 일봉차트

저항선돌파(상승추세)를 나타내는 SK텔레콤의 일봉차트이다. 쌍바닥을 형성하고 직전 고점인 저항선을 돌파하여 추가적인 상승을 보여주고 있다. 저항선을 돌파하고 있다는 것은 매수세력이 강하여 상승추세가 이어지고 있다는 것을 의미한다.

지지선돌파(하락추세)를 나타내는 SK의 일봉차트이다. 지지선을 형성하고 있는 12,500원을 하향 돌파함으로써 추가적인 하락을 보여주고 있다. 지지선이 돌파하고 있다는 것은 매도세력이 강하여 하락추세가 이어지고 있다는 것을 의미한다.

자료 : SK(03600) 2001년 10월 22일 일봉 차트

저항선전환(재 상승)을 나타내는 포항제철의 일봉차트이다. 저항선으로 작용을 했던 선이 지지선으로 전환됐다. 거래량을 동반한 강한 매수세의 영향으로 재차 상승을 보여 주고 있다.

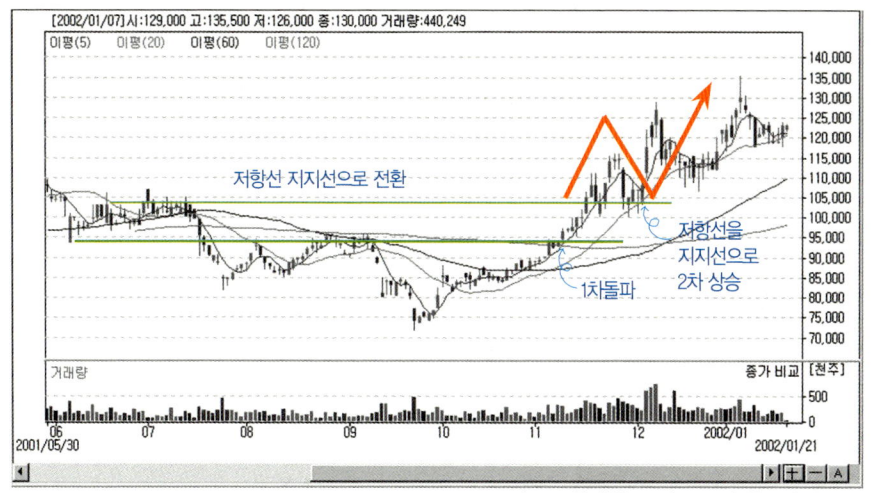

자료 : 포항제철(05490) 2002년 1월 21일 일봉 차트

지지선전환(재 하락)을 나타내는 LG텔레콤의 일봉차트이다. 지지선으로 작용을 했던 선이 저항선으로 전환됐다. 매도가 지속됨으로써 직전 저항선을 돌파하지 못하고 재차 하락세를 나타내고 있다.

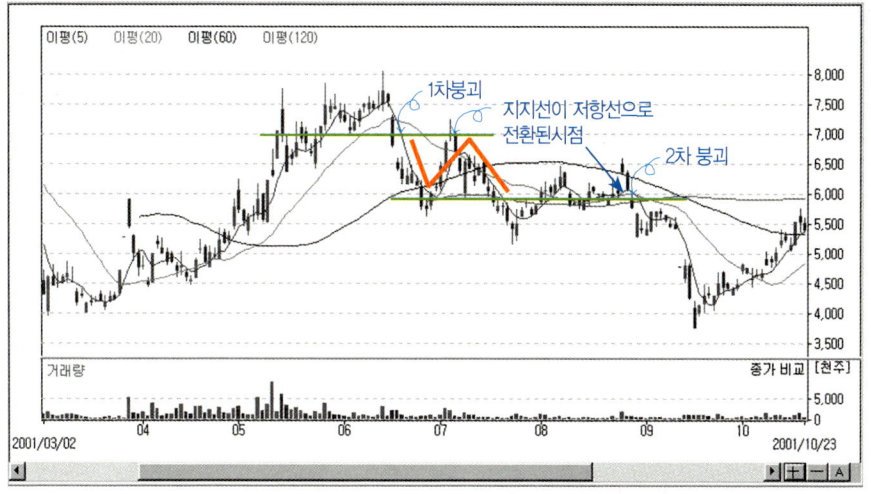

자료 : LG텔레콤(32640) 2001년 10월 23일 일봉차트

지지선과 저항선

지지선과 저항선은 어떤 관점에서 보면 그저 지나간 과거에 대해 끼워맞춘 것처럼 선을 그어 놓은 것이라고 볼 수도 있다. 그러나 차트를 보고 지지선 저항선을 파악하는 것은 그 종목의 심리적인 특징을 파악하는 것이라고 생각해야 한다. 심리적으로 직전 저점부근까지 주가가 하락하면, 많이 떨어졌으니 이젠 올라갈 꺼라 생각하고 매수하려는 세력이 생기게 마련이고, 반대로 고점부근까지 주가가 올라가면 이젠 많이 올랐으니 팔아야지라는 심리가 적용되는 것이다. 하지만 그런 심리적인 지지선이 무너지게 되면 떨어지려는 힘이 강한 것이므로 매수하지 않고 지켜보는 것이 좋고, 고점부근의 저항선을 뚫고 올라가는 경우는 오르려는 힘이 강한 것이므로 매수의 기회로 보는 것이 좋다.

2. 주가의 추세분석

추세분석은 주가가 일정기간동안 정해진 방향으로 움직이는, 즉 주가의 진행방향을 분석하는 작업이라 할 수 있다. 주가가 정해진 방향으로 움직인다는 것은 주식매매를 할 때 매매시점을 쉽게 포착할 수 있다.

앞서 얘기했듯이 주가를 분석하는 기법에는 여러 가지가 있다. 저항선과 지지선을 포함해서 추세분석은 주가분석을 하는데 있어 가장 간단하고 쉬운 분석 방법이다. 그래서 일반투자자들이 많이 사용하고 있다.

추세분석은 주가가 일정기간동안 정해진 방향으로 움직이는, 즉 주가의 진행방향을 분석하는 작업이라 할 수 있다. 주가가 정해진 방향으로 움직인다는 것은 주식매매를 할 때 매매시점을 쉽게 포착할 수 있다. 따라서 추세분석이 갖는 중요한 의미는 주가가 상승과 하락을 반복하면서 나름대로의 추세를 만들어가게 된다는 점이다. 이는 상승추세에서는 조금 더 강한 매수전략을 구사하고 하락추세에서는 가급적 보수적인 전략으로 대응토록 하는데 도움을 준다.

2. 기술적 분석 (Technical Analysis)의 6가지 기본 개념 · 303

1) 상승추세

a. 연속하는 고점(①-②)들과 연속하는 저점(③-④)들이 높아진다
b. 수급측면 - 매수세력이 강하다
· 전형적인 상승추세의 모양이다. 엘리어트의 파동이론처럼 상승파와 하락파의 적절한 조화가 이루어진다고 할 수 있다.

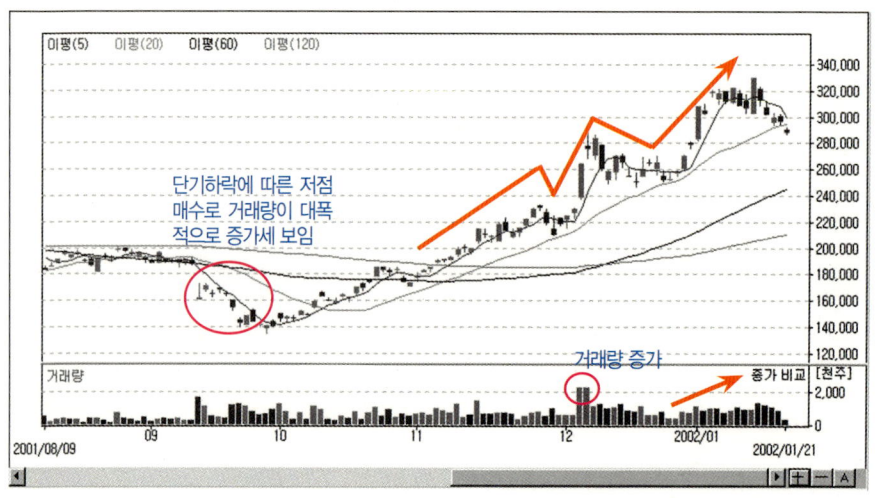

자료 : 삼성전자(05930) 2002년 1월 21일 일봉차트

약 4개월간의 상승세 속에 엘리어트 파동이론의 상승5파가 만들어졌다. 단기 상승에서 출현되었기 대문에 향후 추세에 따라 상승1파로 형성될 수 있는 모습이다.

2) 하락추세

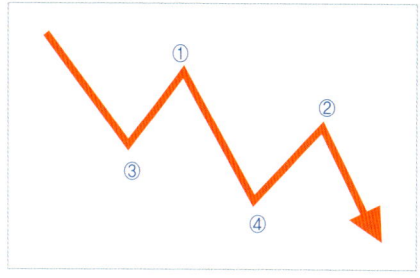

a. 연속하는 고점(①-②)들과 연속하는 저점(③-④)들이 낮아진다.
b. 수급측면 - 매도세력이 강하다
· 전형적인 하락추세의 모양이다.

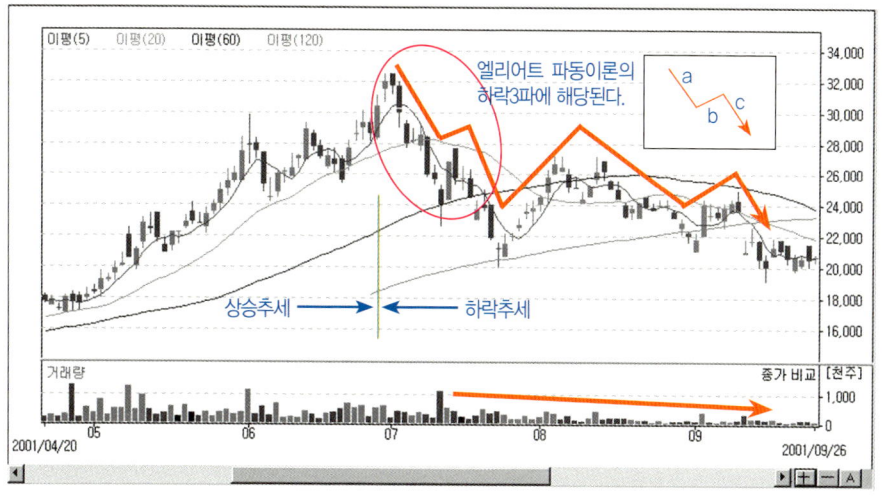

자료 : 삼성전자(05930) 2001년 9월 26일 일봉차트

3) 평행추세

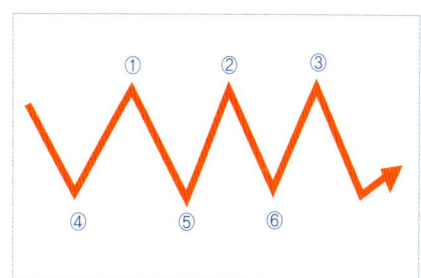

a. 연속하는 고점(①-②-③)간의 관계와 저점(④-⑤-⑥)간의 관계가 명확하지 않으며, 거의 수평등락 과정이 반복되거나 수렴과정이 진행된다.
b. 수급측면 - 매수/매도가 균형을 이룬다.

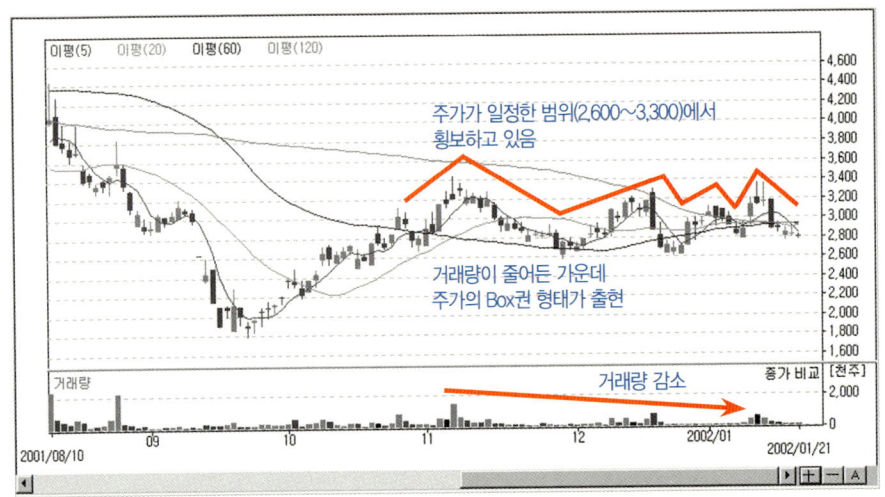

자료 : 삼지전자(37460) 2002년 1월 21일 일봉차트

상기의 일반적인 추세선을 요약하면 다음과 같이 표현할 수 있다.

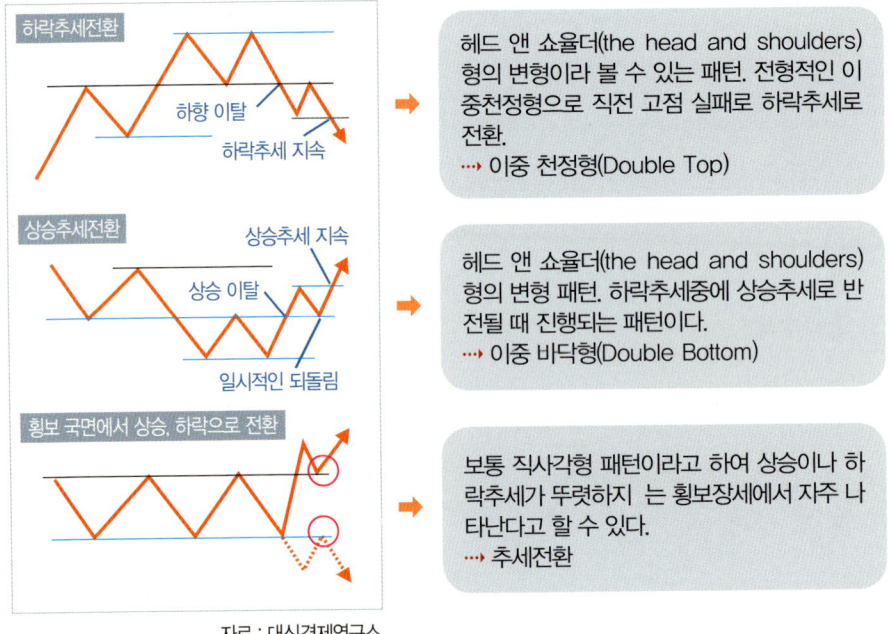

자료 : 대신경제연구소

4) 부채꼴의 원리

주가의 추세전환은 급하게 발생하는 경우도 있지만, 점진적인 추세변화가 동반되는 경우가 많다. 하락추세선의 전환은 매수세의 약화로 곧바로 하락세가 이어지지 않고 2번의 되돌림 현상을 만든 후 하락한다. 그와 반대로 상승추세는 2번의 지지선을 확보하는 시점이 필요하다.

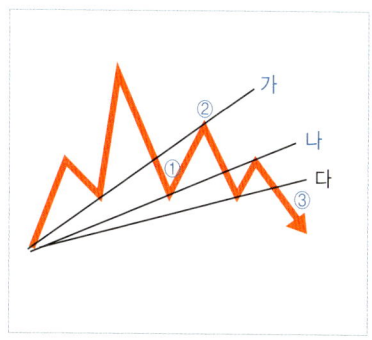

▶ 하락추세전환

그림과 같이 주가가 단기 상승한 후 하락추세로 전환했다. 그러나 곧바로 하락하는 것이 아니라 일정한 규칙을 형성하면서 추세가 이어지고 있다.

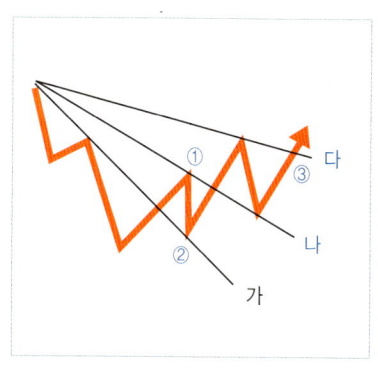

▶ 상승추세전환

위의 추세에 대한 반대개념이다.

하락추세에서 상승추세로 전환되는 패턴이다.

①은 하락폭의 50%가 상승했다. 그 이상으로 상승한다면 급등주의 패턴이라 할 수 있다.

②는 단기 상승폭의 조점 50%

③은 단기 조정을 마무리하고 재차 상승추세로 전환되었다.

두 추세선을 비교해보면 상승이든 하락이든 되돌림의 폭은 약 50%정도가 최고의 선이다.

하락추세전환에서 보여주는 되돌림현상이다.

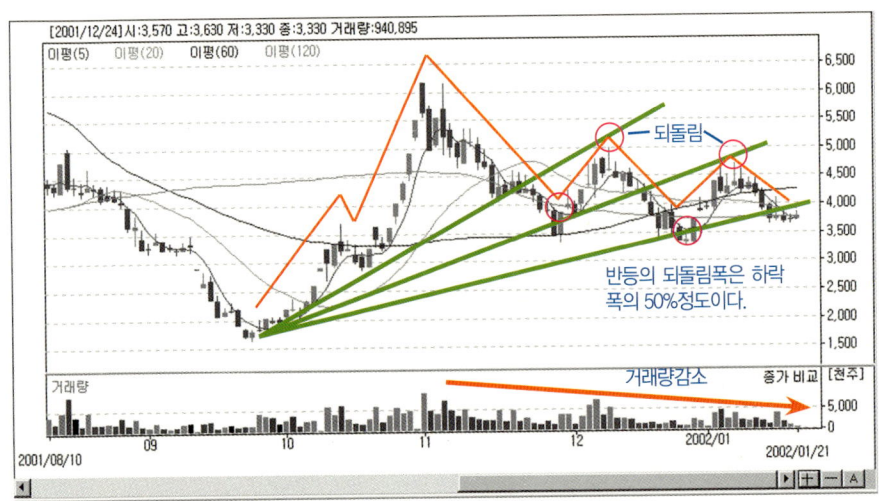

자료 : 동신에스엔티(09730) 2002년 1월 21일 일봉차트

상승추세전환을 나타내는 그래프이다. 3개월간의 조정을 거친 후 거래량 증가와 함께 상승을 시도하고 있다.

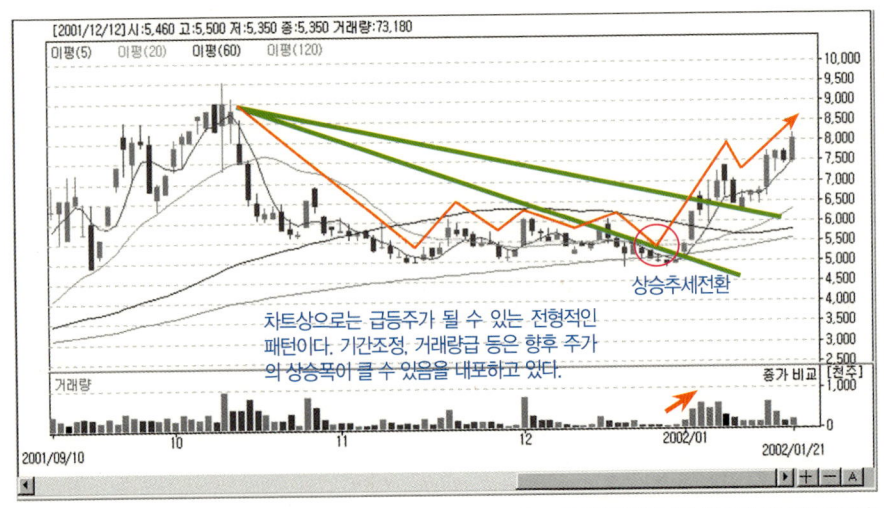

자료 : 동양백화점(27890) 2002년 1월 21일 일봉차트

추세의 강도는 주가추세의 형성과 마찬가지로 현재 주가가 가파른 추세선인 경우 주가가 추세선을 이탈해서 약화되는 모습이 출현될 수 있다. 반면에 완만한 기울기의 추세선인 경우는 좀더 기울기가 큰 추세선으로 작성될 가능성이 커진다.

일반적으로 45도 추세선이 기술적 분석에서 가장 큰 의미를 두고 있으며, 45도 보다 큰 경우 가파른 추세선으로, 45도 보다 작은 경우 완만한 추세선으로 간주한다.

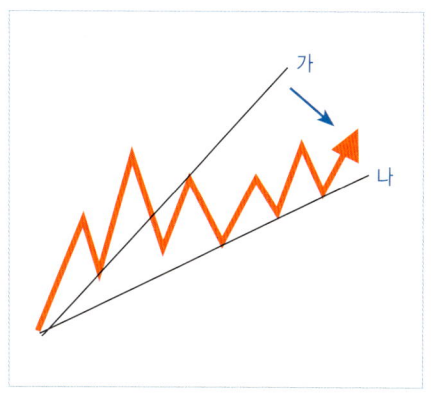

◐ 둔화되는 경우

상승추세선은 지속되고 있으나 초기 급등하는 과정에서 너무 가파른 모습을 보였고 이후 상승추세가 완만하게 나타나고 있다. 이처럼 유동물량이 없거나 강한 매수세가 뒷받침 되지 못하면 가파른 추세선은 이어지기 어렵다. 가파른 추세선 가)에서 완만한 추세선 나)로 수정

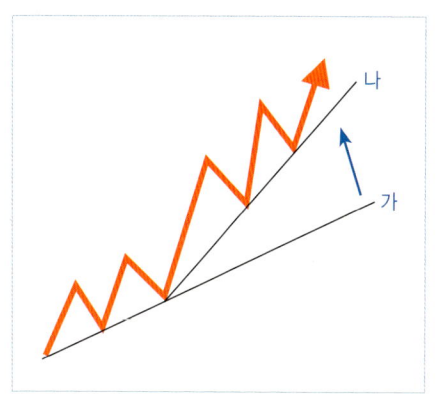

◐ 가속되는 경우

위 모양의 반대방향으로 나타났다. 초기 상승은 완만한 형태를 나타내고 있으나 강한 매수세(작전개입 등등)가 출현되면서 추세는 가파르게 만들어지고 있다.
완만한 추세선 가)에서 가파른 추세선 나)로 수정

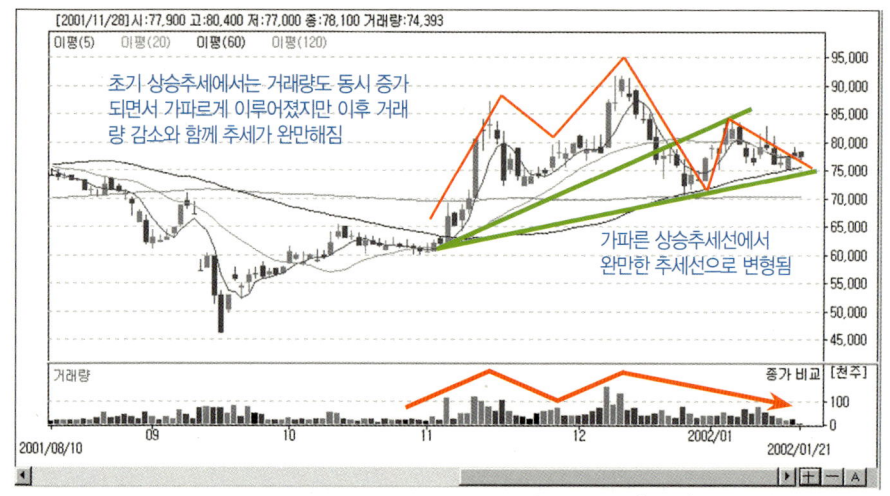

자료 : 삼진제약(05500) 2002년 1월 21일 일봉차트

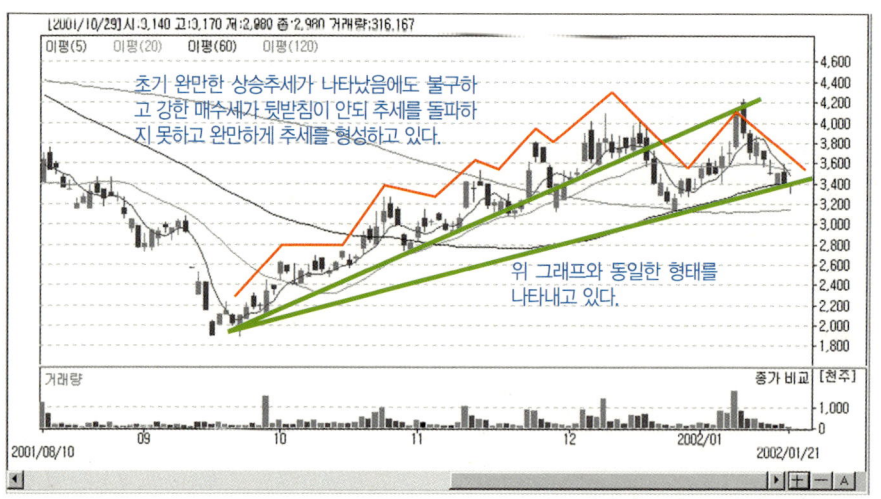

자료 : 삼테크(31880) 2002년 1월 21일 일봉차트

위에 언급된 반대 추세선은 여러분이 직접 찾아 그려보고 이 곳에다 붙여 자료로 활용하면 좋다.

되돌림 현상

정말 한쪽 방향으로 힘의 균형이 깨진 상황에서는 급등이나 급락이 연출되는데 반드시 되돌림현상이라는 게 생기는 것을 볼 수 있다. 하지만 초보들은 상승추세에서도 되돌림 구간 직전에 매수하였다가 되돌림구간에 떨어지게 되면 겁이나서 팔아버리고 다시 급등하면 배아파하는 경우가 많다. 항상 되돌림이 있으므로 혹시 한번 타이밍을 놓쳤다면 급히 추격매수하거나 추격매도하지 말고, 한번 되돌려 줄때를 기다려 매매한다면 수익은 더 크게, 손실은 더 작게 만들 수 있을 것이다.

3. 주가의 봉도표

봉도표는 미국식 차트와 일본식 차트로 나누어진다. 미국식 차트는 4가지 대표주가 중 고가·저가·종가만을 표시하여 주가를 나타내는 반면에 일본식 차트는 시가·고가·저가·종가의 네 가지 주가를 모두 표시한다. 미국식은 그리기는 쉬우나 단기 주가예측에는 일본식보다 부적합하다. 여기서는 우리나라에서 많이 쓰이는 일본식 봉도표를 설명하겠다.

봉도표는 미국식 차트와 일본식 차트로 나누어진다. 미국식 차트는 4가지 대표주가 중 고가·저가·종가만을 표시하여 주가를 나타내는 반면에 일본식 차트는 시가·고가·저가·종가의 네 가지 주가를 모두 표시한다.

미국식은 그리기는 쉬우나 단기 주가예측에는 일본식보다 부적합하다. 여기서는 우리나라에서 많이 쓰이는 일본식 봉도표를 설명하겠다.

주가흐름을 파악하는데 가장 유용한 도표이다. 시가·종가·고가·저가를 한눈에 알 수 있다. 색깔에 따라 주가의 상승과 하락도 구분할 수 있다.

- **시가** : 처음으로 형성된 가격
- **고가** : 가장 높은 가격
- **저가** : 가장 낮은 가격

• 종가 : 주식시장이 문을 닫을 때 형성된 최종가격

　봉도표는 기간에 따라 일봉 주봉 월봉 등으로 구분된다. 일봉은 단기투자에 사용하며 주봉과 월봉은 중기나 장기전략에 이용할 수 있다. 봉도표에서 말하는 주가의 변화는 투자자들이 흔히 쓰는 상승 하락과 다르다는 점이다.

　일반적으로 주가가 올랐다 떨어졌다고 할 때는 오늘 종가가 하루 전 종가보다 높은가 낮은가를 말하는 것이다. 반면에 봉도표의 색깔은 시가와 종가를 비교하는 것이다. 따라서 봉도표로 흔히 얘기하는 주가의 상승 하락을 알려면 종가 위치를 서로 비교하면 된다.

▶ 미국식 표기 방법

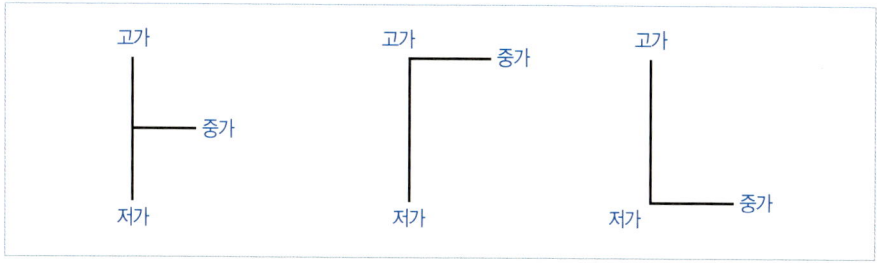

▶ 일본식 표기 방법

• 시가보다 종가가 상승한 경우의 표기

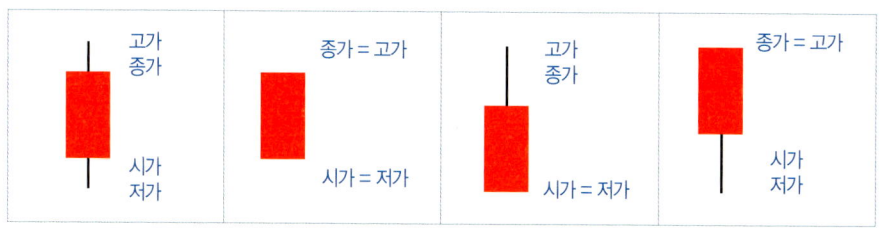

• 시가보다 종가가 하락한 경우의 표기

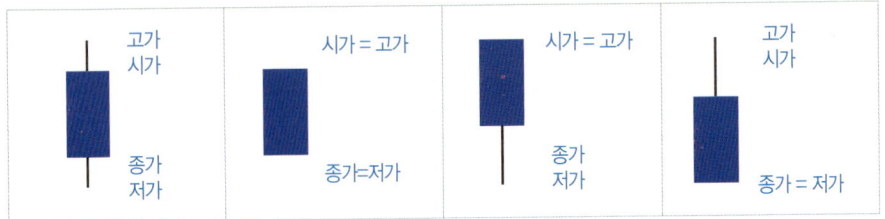

• 시가와 종가가 같은 경우의 표기

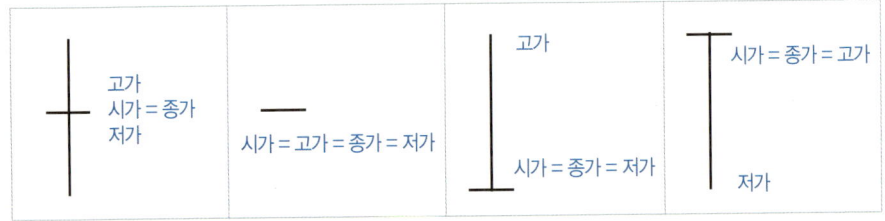

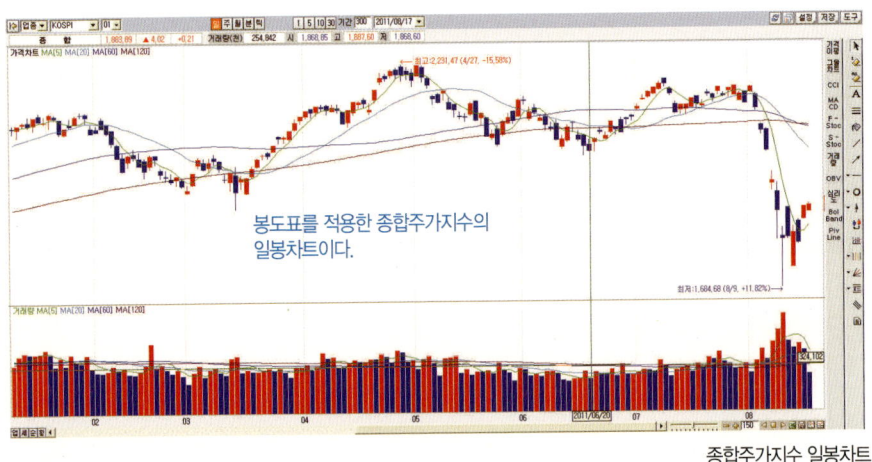

종합주가지수 일봉차트

종합주가지수의 일봉차트이다. 봉 하나하나를 분석하는 재미가 있을 뿐더러 상승·하락일 때의 봉 모양을 따라 매매하는 것도 매우 중요한 포인트가 될 것이다.

4. 주가의 패턴분석

패턴분석은 기술적 지표가 형성하는 여러 형태를 분류하여 각 수준에서 예상되는 수요(매입세력)의 강도와 공급(매도세력)의 압력을 파악함으로써 미래의 주가예측에 활용하고자 하는 기술적 분석방법이다.

패턴분석은 기술적 지표가 형성하는 여러 형태를 분류하여 각 수준에서 예상되는 수요(매입세력)의 강도와 공급(매도세력)의 압력을 파악함으로써 미래의 주가예측에 활용하고자 하는 기술적 분석방법이다. 패턴분석은 대개의 경우 적절한 매매시기를 예측하기 위하여 주가 변동 중에서 천정권이나 바닥권에서 일어나는 전형적인 패턴을 찾아냄으로써 주가흐름이 상승국면인지 하락국면인지의 전환시점을 포착하려는 것이다.

기술적 분석의 기본 개념 중에 많이 사용하는 분석기법인 추세분석과 패턴분석은 주가의 방향성을 예측한다는 점에서 동일하다. 패턴분석은 주가가 흐름을 표시한 정형화된 형식을 놓고 향후 주가의 움직임을 맞춰보는 것이다. 주가 흐름의 전환시점을 포착하여 정확한 매수시기를 파악할 수 있는 방법이라 할 수 있다.

패턴분석의 종류에는 지속형 패턴과 반전형 패턴으로 나눌 수가 있는데, 이 개념은 여러 책에서도 언급이 되지만 서로 다른 말로 표현되고 있다. 그러나 궁극적으로는 동일하다고 보면 된다.

1) 지속형 패턴

현재 진행 중에 있는 추세가 잠깐 조정 또는 횡보상태를 보일 때 나타나는 가격의 움직임으로써 패턴이 완성된 후에는 기존의 추세가 계속 유지되거나 강화되는 형태를 말한다. 예를 들면, 상승시 삼각형·깃발형·다이아몬드형의 패턴이 나타날 경우는 지속 상승으로 계속 이어질 가능성이 높다는 것이다. 하락시에도 마찬가지다.

여기서 중요한 것은 이런 지속형 패턴이 나타난다고 해서 확실히 기존추세를 이어받는다는 고정관념은 버려야 한다. 단지 기존의 추세를 이어받을 가능성이 높다는 것뿐이다.

먼저 지속형 패턴의 삼각형에 대해 알아보자. 삼각형 패턴은 추세가 진행되는 도중에 조정장세에서 자주 보이는 대표적인 추세 지속형 패턴이다. 지지선과 저항선이 한 점으로 모이는 패턴으로 대칭삼각형 패턴, 직각삼각형(상향직각 삼각형, 하향직각 삼각형) 패턴, 쐐기형(상승 쐐기형, 하락 쐐기형)으로 나뉘어 진다.

대칭삼각형 패턴

삼각형의 가장 일반적인 형태이다.

• 상승 대칭삼각형 패턴

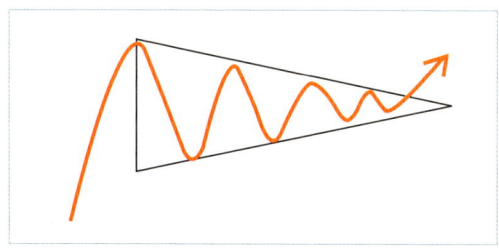

주가를 분석하는데 쉽게 그려 볼 수 있는 부분이다.

추세선상에 고점·저점을 이어준다면 현재시점이 상승으로 전환되는지 하락으로 전환되는지를 알 수가 있다. 여기에서는 상승으로 전환되는 삼각형 패턴을 보여주고 있는데 그 시점에서는 거래량이 큰 폭으로 증가해야 한다.

• 하락 대칭삼각형 패턴

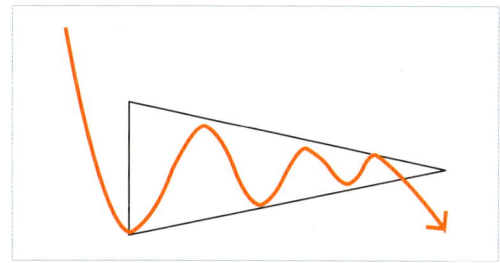

위 패턴의 반대개념이다. 이 패턴을 알기에는 다소 어려움이 있는데 이는 하락패턴이 완벽하게 출현되었을 때 알수 있기 때문이다. 그리고 속임수의 패턴도 나올 수 있다. 가장 조심해야 할 패턴이 아닌가 생각한다.

주가가 상승시 대칭삼각형 패턴이 나타날 때는 상승의 계속으로 이어지며, 주가가 하락시 대칭삼각형 패턴이 나타날 때는 하락의 계속으로 이어진다. 그래서 대칭삼각형 패턴을(처음의 패턴을 그대로 이어받으므로) 지속형 패턴이라고 한다. 이때 삼각형의 꼭지점으로 주가가 모이는 것을 주가의 수렴이라고 한다.

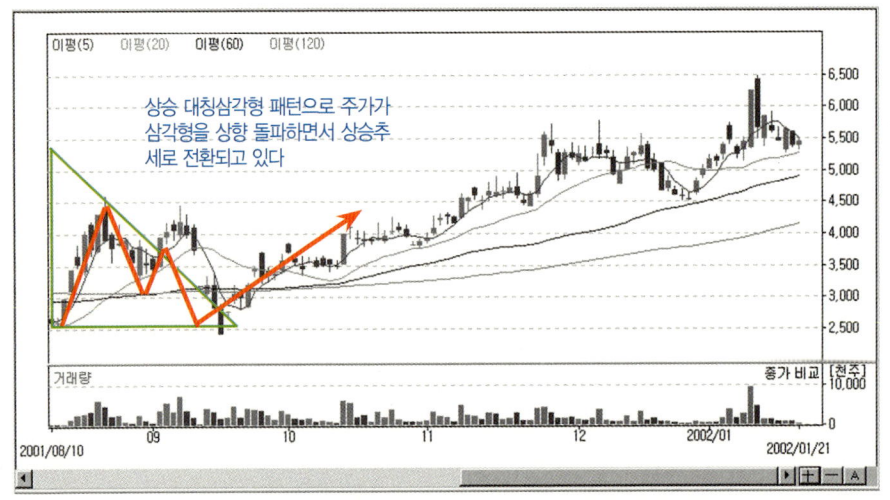

자료 : 서울증권(01200) 2002년 1월 21일 일봉차트

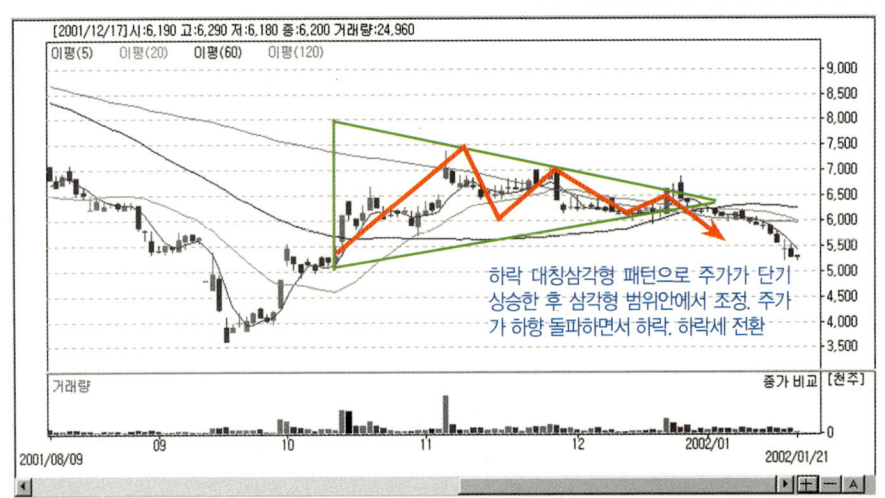

자료 : 세원화성(07910) 2002년 1월 21일 일봉차트

직각삼각형 패턴

상향 직각삼각형 패턴과 하향 직각삼각형 패턴으로 나누어진다. 대칭삼각형 패턴과 모양은 상이하지만, 기존의 추세를 지속시킨다는 점에서 일치한다.

상향 직각삼각형 패턴은 저항선의 기울기가 없기 때문에 직각삼각형의 모양을 하고 있다. 이런 상향 직각삼각형 패턴은 고정된 가격대의 매물을 점점 흡수해 나가는 과정이므로 매물만 흡수되면 주가는 본격 상승국면으로 돌입된다. 이때 저항선을 상향 돌파할 때 돌파 갭을 동반하면 더욱 신뢰가 높아진다. 상향 직각삼각형 패턴을 상향 돌파하게 되면 저항으로 작용하던 고정된 가격대는 지지선의 역할을 하게 된다.

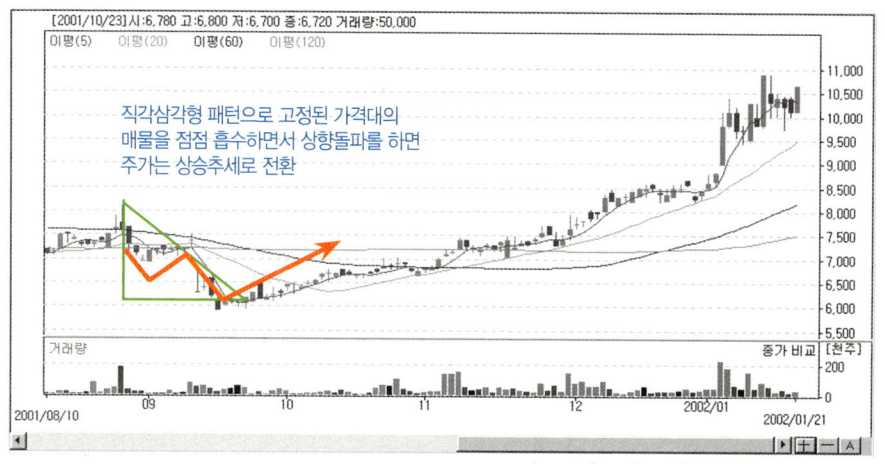

자료 : 수출포장(02200) 2002년 1월 21일 일봉차트

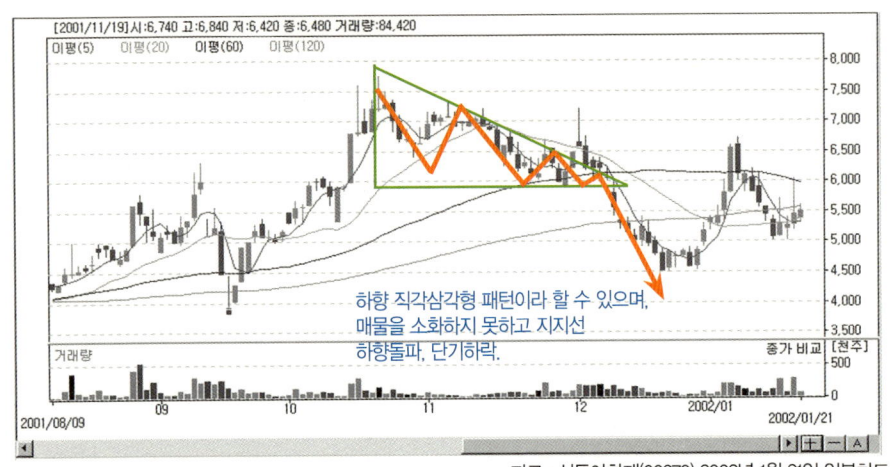

자료 : 신동아화재(00370) 2002년 1월 21일 일봉차트

쐐기형 패턴

　삼각형 패턴 중 유일하게 추세반전형 패턴이다. 쐐기형은 천정권에서 나타날 때 신뢰도가 높은 상승 쐐기형과, 바닥권에서 나타날 때 신뢰도가 높은 하락 쐐기형으로 나뉜다. 상승 쐐기형은 지지선과 저항선의 기울기가 상승이며, 하락 쐐기형은 지지선과 저항선의 기울기가 하락이다. 일반적으로 이런 쐐기형의 패턴이 나타나면 추세가 반전된다. 상승에 쐐기를 박는 것이 상승 쐐기형이며, 하락에 쐐기를 박는 것이 하락 쐐기형이다.

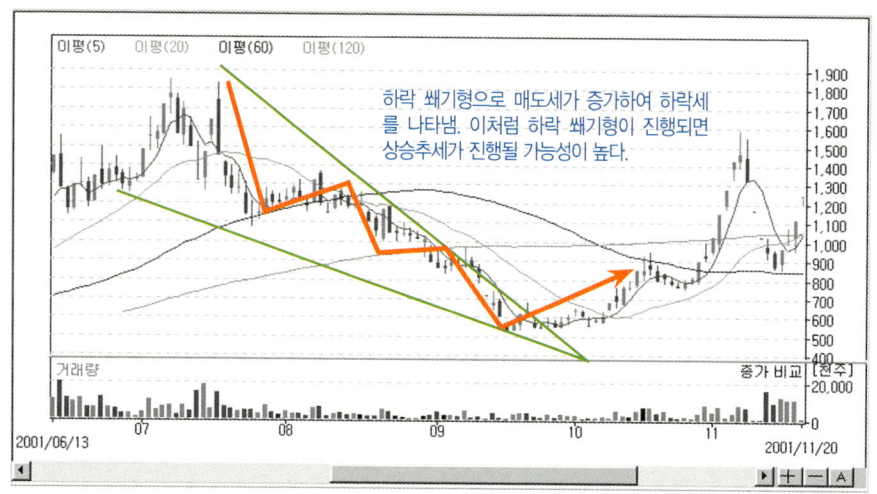

자료 : 신원종합개발(17000) 2001년 11월 20일 일봉차트

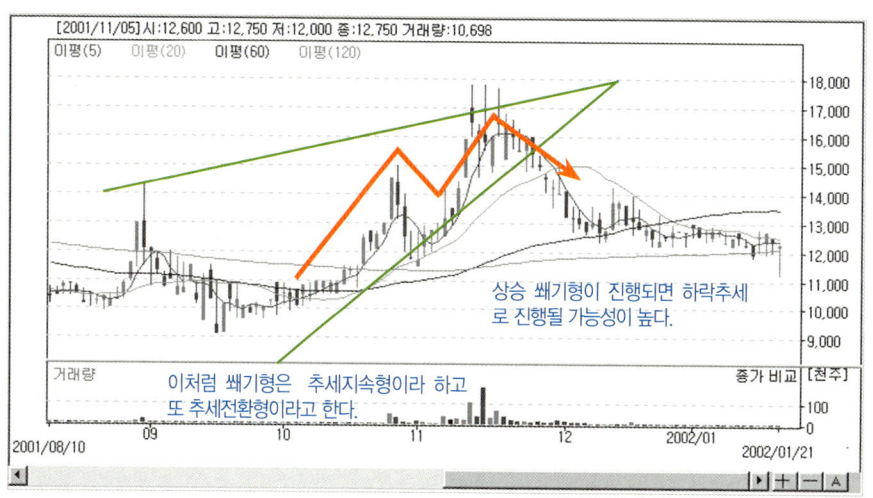

자료 : 신창전기(12860) 2002년 1월 21일 일봉차트

깃대형 패턴

깃대형은 주가가 급등한 후 매물벽에 부딪히거나 또는 강력한 저항을 받을 때 조정을 수 차례 걸쳐 받으면서 이루어지는 패턴으로 지속형 패턴이다. 저점이 낮아지

거나, 고점이 높아지는 등 추세전환 신호와 유사하게 나타남으로 일반 투자자들이 속기 쉬운 패턴 중 하나이다.

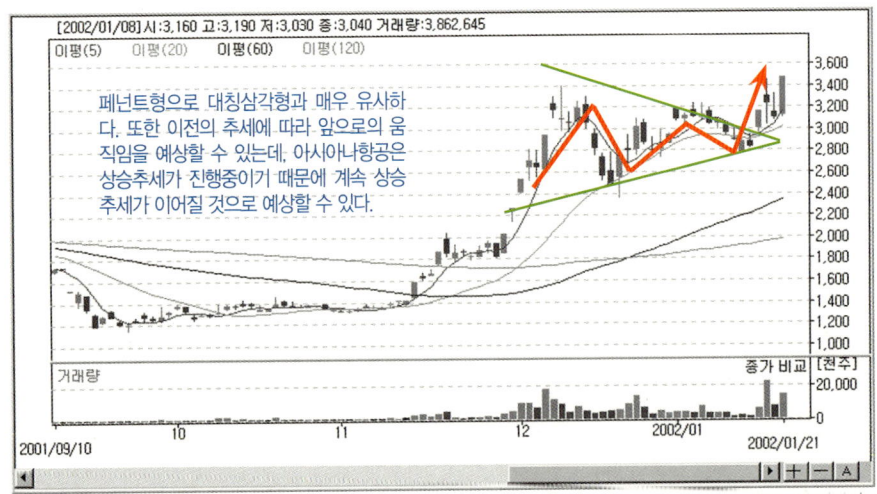

자료 : 아시아나항공(20560) 2002년 1월 21일 일봉차트

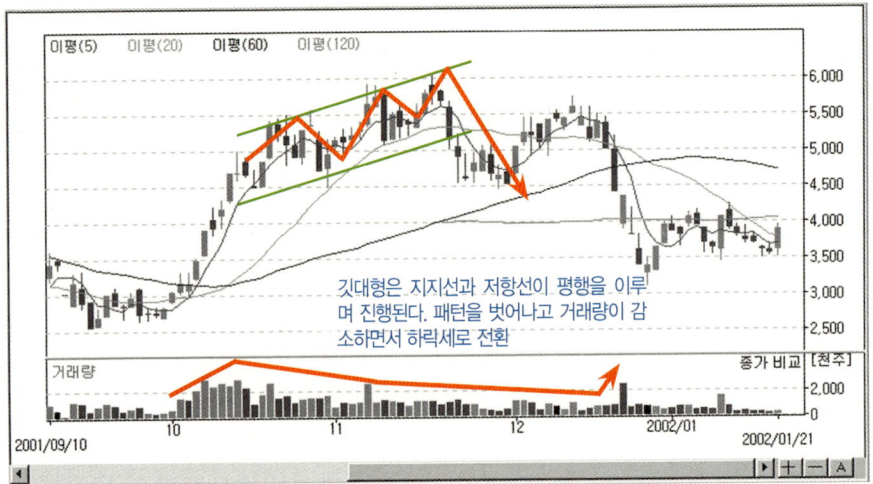

자료 : 아이젠텍(38870) 2002년 1월 21일 일봉차트

다이아몬드형 패턴

두개의 삼각형 패턴이 합쳐진 형태로써 변형된 직사각형 모습으로 볼 수 있다. 이 패턴은 하락세에서는 대개의 경우 기존의 추세가 그대로 지속되나, 상승세에서는 추세의 완성시기인 천정에서 나타나 추세전환 패턴으로도 나타날 수 있기 때문에 조심해야 한다.

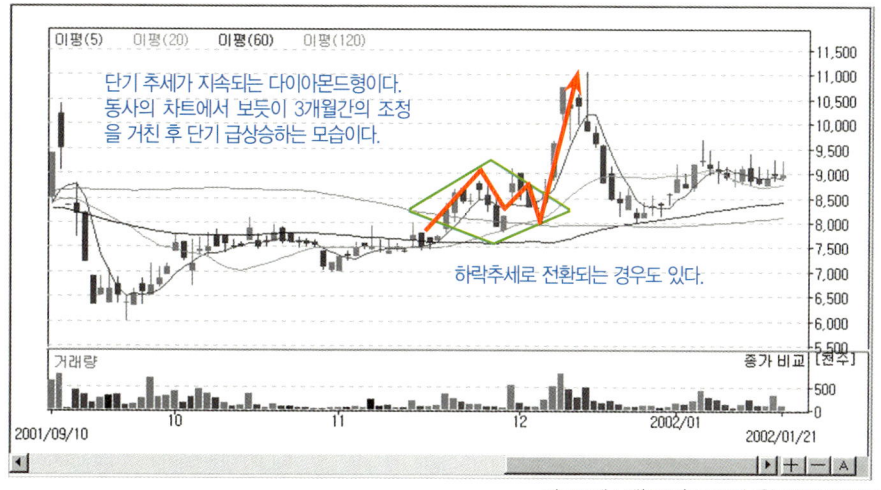

자료 : 에스엠(41510) 2002년 1월 21일 일봉차트

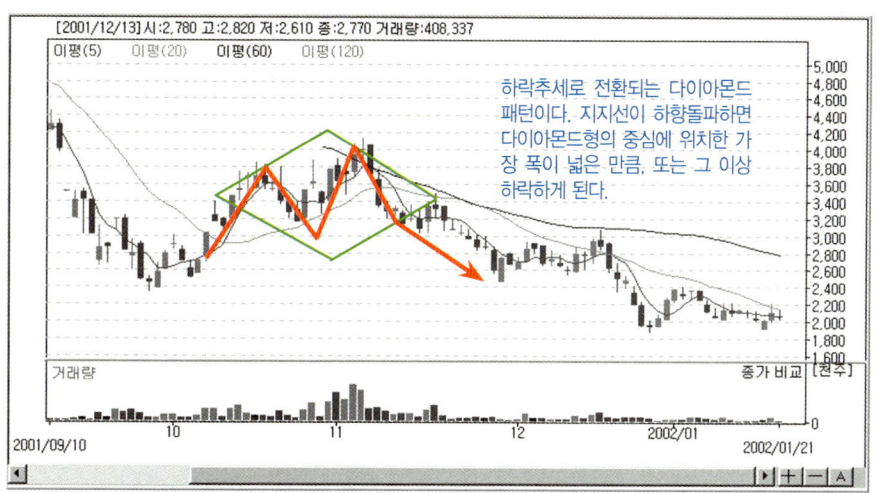

자료 : 아이티(52300) 2002년 1월 21일 일봉차트

직사각형 패턴

직사각형 패턴은 횡보 장세에서 잘 나타나는 패턴이다. 그러나 상승추세에서 나타날 때나 하락추세에서 나타날 때는 이전의 추세를 이어갈 때가 많아 지속형 패턴에 포함된다. 하지만 직사각형 패턴은 엄밀히 따지면 방향성을 내포하지 는다.

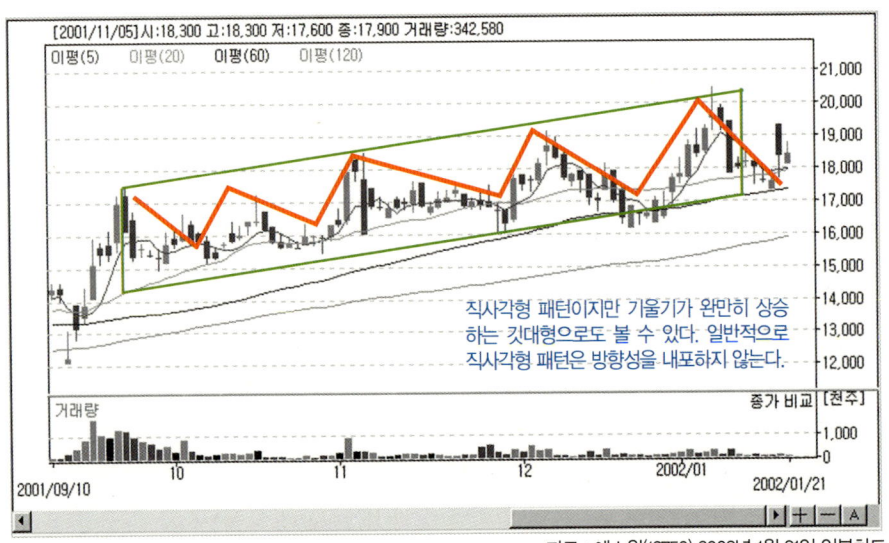

직사각형 패턴이지만 기울기가 완만히 상승하는 깃대형으로도 볼 수 있다. 일반적으로 직사각형 패턴은 방향성을 내포하지 않는다.

자료 : 에스원(12750) 2002년 1월 21일 일봉차트

이상은 패턴분석 중에 지속형을 나타내는 패턴들에 대해서 알아보았다. 다음은 반전형 패턴에 대해 알아보자.

2) 반전형 패턴

현재 진행중인 주가의 추세전환을 예고하는 패턴이다. 쉽게 말하면 주가의 하락추세에 반전형 패턴이 나타나면 상승추세로의 전환을, 주가의 상승추세에 반전형 패턴이 나타나면 하락추세로의 전환이다.

추세전환의 시점은 주식투자를 하는 투자자라면 가장 판단하기 어려운 것이다. 이런 추세전환 시점을 패턴으로 알아보고자 한 것이 바로 반전형 패턴이다. 만약 결정적인 추세전환 시점에서 잘 나타나는 패턴을 알아두면 주식투자 하는데 많은 도움이 될 것이다. 반전형 패턴에는 삼중 천정형, 이중 천정형 및 바닥형, 원형 천정형 및 원형 바닥형, V자형, 사께다 전법에 삼공, 삼병, 삼산, 삼천, 삼법 등이 있다.

삼봉 천정형

단순한 형태로써 상승과 하락이 세 번 반복해서 일어나며, 두 번째의 정상이 다른 좌우의 정상보다 높은 것이 일반적이다. 사람의 머리와 어깨의 모양을 하고 있기 때문에 Head and Shoulder formation이라고도 한다.

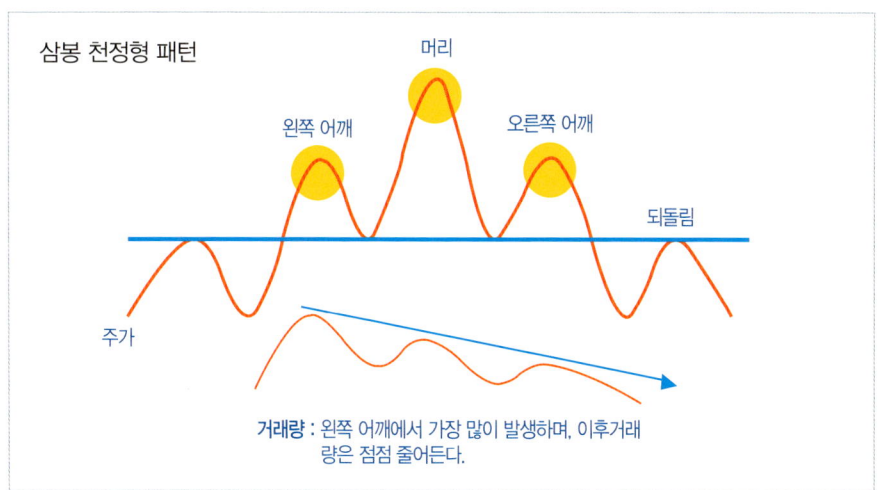

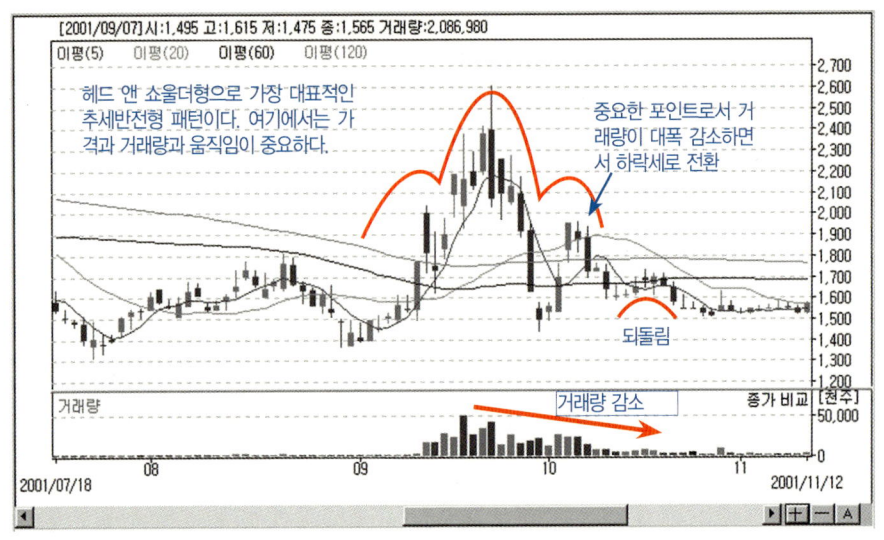

자료 : 현대상사(11760) 2001년 11월 12일 일봉차트

위 그래프에서 왼쪽 어깨는 주가가 강한 상승을 하는 구간으로써 강한 거래량을 동반하나, 가파른 상승으로 그 상승기간이 짧을 때는 거래량이 작을 수도 있다. 그러나 이론상으로는 왼쪽 어깨에서 가장 강한 거래량을 동반한다. 머리부분은 지지선에서 지지를 받아 재 상승으로 이어지면서 형성된다. 통상 머리부분이 형성되는 과정에서 수반되는 거래량은 왼쪽 어깨보다 작으나, 그 상승기간이 길면 길수록 거래량을 많이 동반하는 경우도 있다.

삼봉 바닥형

삼봉 천정형의 반대 추세를 생각하면 쉽게 이해할 수 있다.

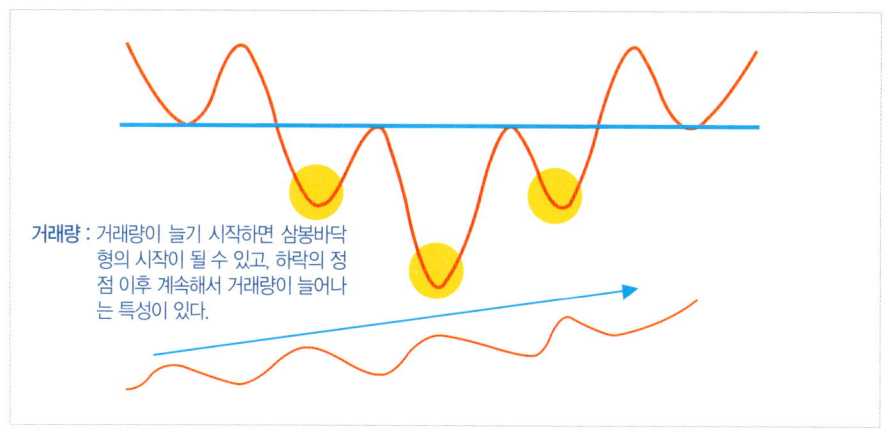

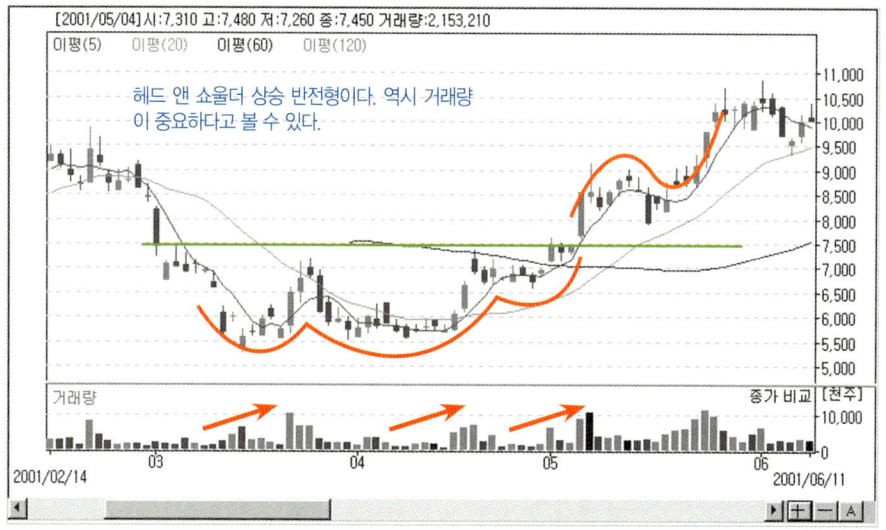

자료 : 현대증권(03450) 2001년 6월 11일 일봉차트

삼봉 바닥형의 모습을 나타내는 패턴은 진바닥을 찍고 대세 상승기로 접어들었음을 의미하므로 상기 패턴 출현시 매수에 가담해도 좋을 것으로 생각한다.

이중 천정형

고점에서 나타날 경우 하락 추세전환으로 이어지므로 반전형 패턴이다. 이중 천정형은 고점에서 두개의 낙타 등을 만들어 내는 것이다. M자형 모양을 하고 있다. 두 번째 봉오리는 첫 번째 봉오리와 같거나 낮게 형성되는 것이 많으며, 기존의 상승 추세선을 하향 이탈하는 Ⓐ부분이 매도시점이 된다.

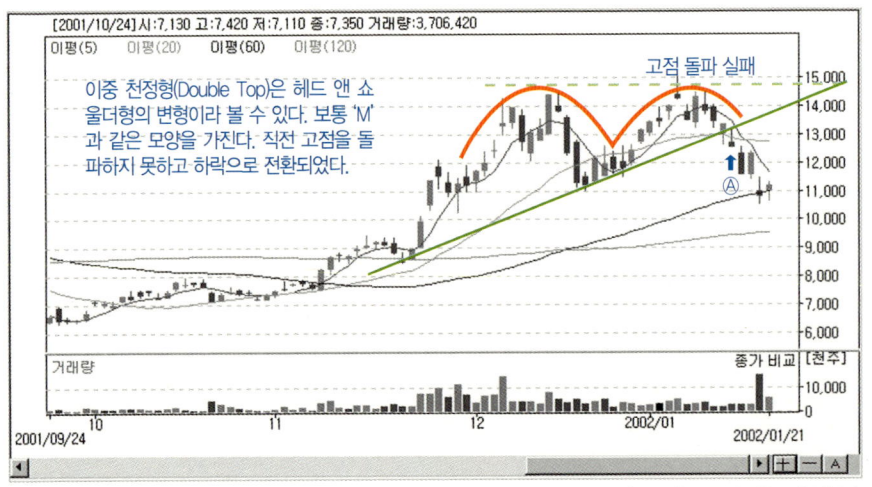

자료 : 현대증권(03450) 2002년 1월 21일 일봉차트

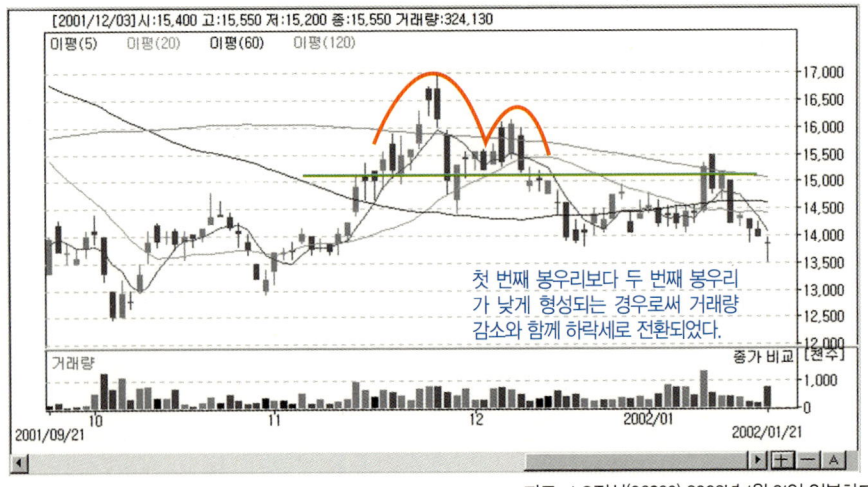

자료 : LG전선(06260) 2002년 1월 21일 일봉차트

이중 바닥형

보통 쌍바닥이라 한다. 이 패턴의 출현은 강한 추세전환의 가능성이 높다고 할 수 있다.

상기의 그래프에서 보듯이 쌍바닥을 형성한 주가는 강하게 상승패턴을 보여주고 있다. 반전형 패턴은 투자에 있어 적절한 매매포인트를 알 수 있는 것이 장점이다.

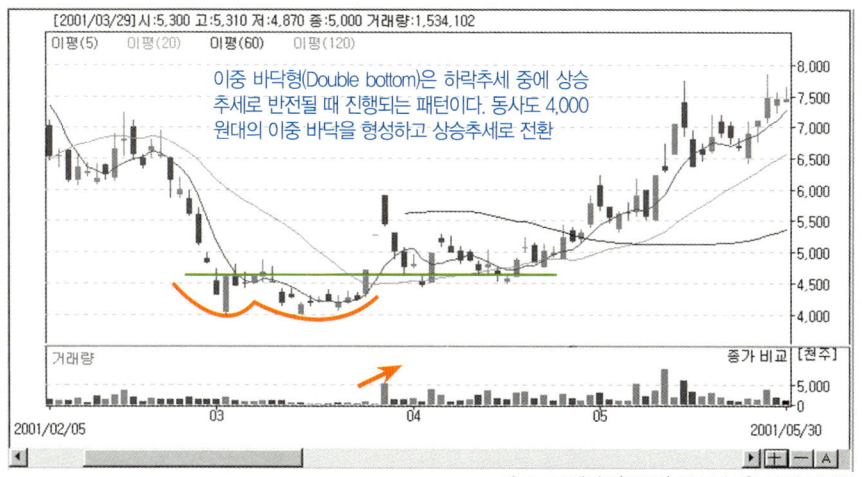

자료 : LG텔레콤(32640) 2001년 5월 30일 일봉차트

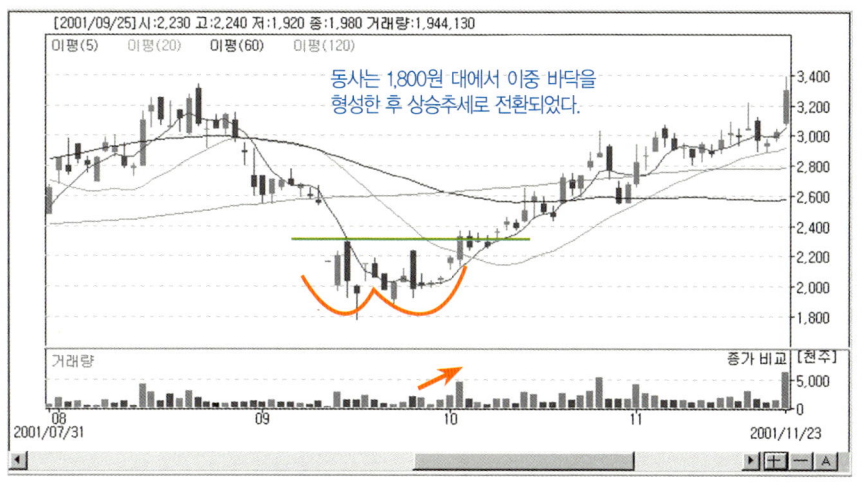

자료: LG화재(02550) 2001년 11월 23일 일봉차트

2. 기술적 분석 (Technical Analysis)의 6가지 기본 개념 • 329

원형 바닥형

장기간에 걸쳐 형성되는 패턴이다. 완만한 곡선을 그리며 상승하기 때문에 일반 투자자들이 찾아내기 쉽고 성공할 수 있는 확률도 높은 패턴이다. 그러나 마음이 급한 투자자들은 기다리지 못하기 때문에 원형바닥형보다는 V자형 패턴을 선호하는 경향이 많다.

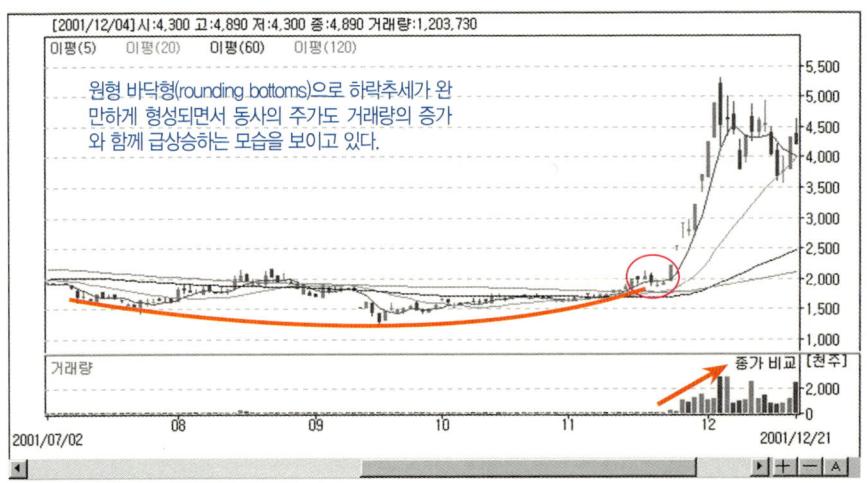

자료 : SK증권1우(01515) 2001년 12월 21일 일봉차트

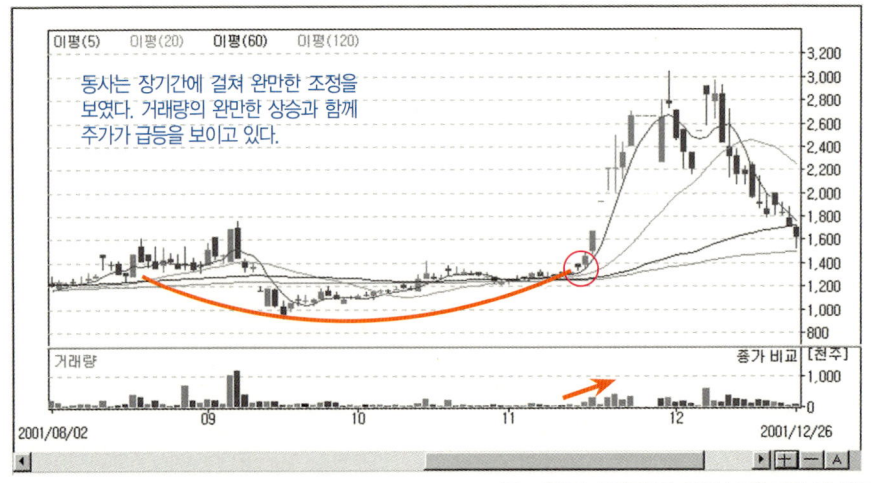

자료 : 계양전기1우(12205) 2001년 12월 26일 일봉차트

V자형 패턴

일반투자자가 가장 선호하는 패턴이다. 가장 잘 나타나는 시기는 조정장세하의 개별종목장세가 지속될 때 많이 발생하는 경향이 있다. 주로 급등주가 이 패턴에 속한다. 일반투자자들이 매수시점을 포착하기에는 상당히 어려운 패턴이다.

자료 : 광림특장차(14200) 2001년 11월 1일 일봉차트

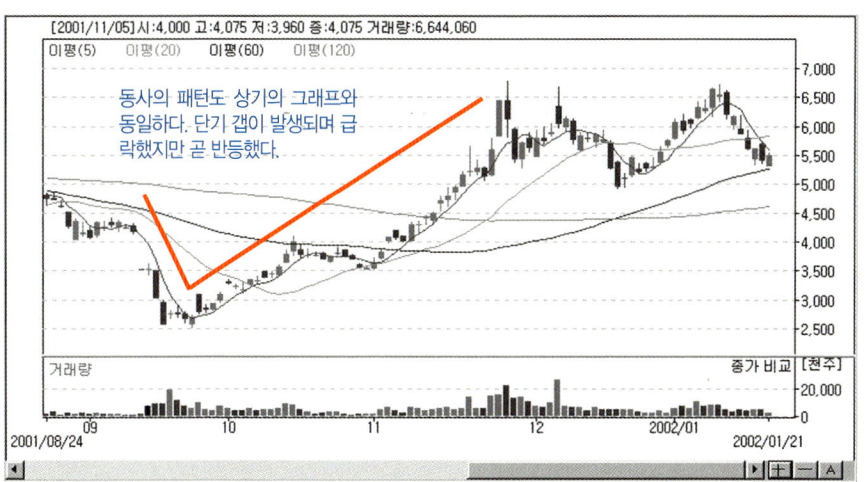

자료:굿모닝증권(08670) 2002년 1월 21일 일봉차트

5. 주가의 이동평균

이동평균선은 주가나 거래량의 일정기간의 평균을 나타낸 도표이며, 주가의 방향성을 파악할 수 있는 분석기법이다. 주가평균이동선은 기준에 따라 사용하는 방법이 다르지만 보통 5일, 20일, 60일, 120일 이동평균선을 사용하고 있다.

기술적 분석을 통해 주가를 분석할 때가 많다. 주가의 이동평균선은 주가의 흐름을 가장 간단하게 파악할 수 있고, 차트분석을 할 때 가장 쉽게 접근할 수 있는 방법이다. 이동평균선은 주가나 거래량의 일정기간의 평균을 나타낸 도표이며, 주가의 방향성을 파악할 수 있는 분석기법이다. 주가평균이동선은 기준에 따라 사용하는 방법이 다르지만 보통 5일, 20일, 60일, 120일 이동평균선을 사용하고 있다.

주가와 이동평균선간의 간격(이격)이 넓으면 넓을수록 이격이 좁아지려는 성격을 가지고 있다. 이는 이동평균선과 이동평균선간의 이격도 마찬가지이다. 일반적으로 이격도는 현재의 주가를 이동평균치로 나눈 비율을 말하는데, 이격도가 100% 이상이면 강세장을 의미하며, 이격도가 100% 이하이면 약세장을 의미한다.

◐ 상승시 이동평균선의 표출 형태

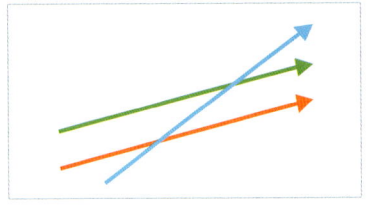

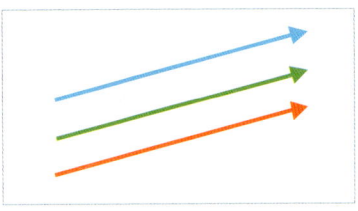

단기 이동평균선이 중,장기 이동평균선을 차로 상향 돌파하는 경우이다. 이동평균선이 정배열로 바뀌는 구조이며 골든크로스라고 한다. 일반적으로 주가가 상승 초기단계를 나타낸다.

단기, 중기, 장기 이동평균선이 정배열된 상태이다. 이미 상승추세로 진입한 상태이며 지속적인 상승을 유지할 것으로 예상된다.

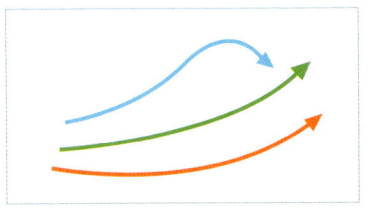

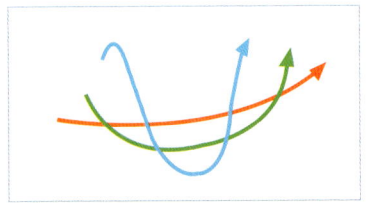

단기 이동평균선의 상승 기울기가 완만하게 기울고 있다. 이는 상승의 마무리 시점에서 중,장기 이동평균선보다 단기 이동평균선이 먼저 조정을 예고하고 있는 상태이다.

이동평균선간의 규칙이 없는 상태이다. 장세가 불투명할 때 나타나는 형태이며 주로 하락추세로 전환하는 시점에서 나타난다.

● 하락시 이동평균선의 표출 형태

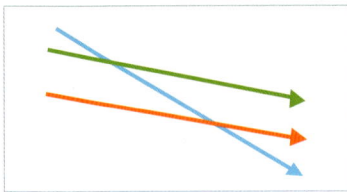

단기 이동평균선이 중,장기 이동평균선을 하향 돌파하는 형태이다. 이는 단기적 매도시점을 알려주는 시점이며 데드크로스라고 한다.

장기,중기,단기의 이동평균선이 역배열의 형태를 나타내고 있다. 계속해서 하락세를 나타내며 약세장하에서 나타난다.

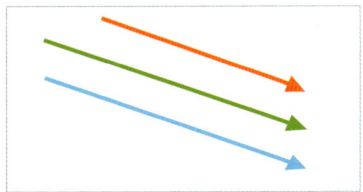

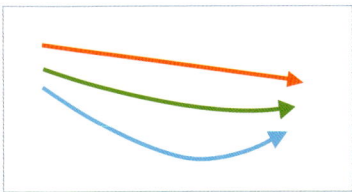

역배열상태에서 중,장기 이동평균선의 기울기가 완만하고 단기 이동평균선이 상승으로 방향을 돌림. 전환추세의 형태로서 바닥탈출 신호이다.

일반적으로 거래량이 늘면 주가가 상승한다. 반면에 주가가 상승해도 거래량이 줄어드는 경우가 있는데 이는 유동물량이 없기 때문에 투기적으로 주가의 상승을 부추긴다고 할 수 있다. 따라서 거래량이 증가하기 시작하는 것은 주가상승의 신호로 생각해야 하고, 거래량의 추이를 분석하여 주가의 방향을 예측해야 한다.

거래량이 감소하다가 증가하면 주가는 곧 상승한다. 거래량이 차츰 감소하는지, 증가하는지는 일반 거래량의 막대그래프로서는 판단하기 힘든 경우가 있다. 이때는 거래량 이동평균선으로서 추세를 확인하든지, 보조지표인 OBV나 VR을 활용함으로써 거래량의 추세를 확인할 수 있다.

거래량이 점차 증가하다가 감소하기 시작하면 주가는 곧 하락한다. 반대의 경우도 있다는 것을 알아야 한다. 또한 주가가 상승하여 정상에 가까워질수록 주가상승에도 불구하고, 거래량은 감소하는 경향을 보인다.

주가가 바닥권에 가까워질수록 주가하락에도 불구하고 거래량은 증가하는 경향을 보인다. 이처럼 거래량 단기이동평균선이 중, 장기이동평균선을 상향 돌파하는 경우에는 골든크로스로서 최근의 거래량이 중, 장기 평균적 거래량을 상회하기 시작한 시점이므로 매수시점이 되며, 반대로 단기이동평균선이 중, 장기이동평균선을 하향 돌파하는 경우에는 데드크로스로서 최근의 거래량이 중, 장기 평균적 거래량을 하회하기 시작한 시점이므로 매도시점이 된다.

다음은 그랜빌이 만든 이론으로 주가와 이동평균선간의 관계로 매매시점을 8가지로 분류한 것이다. 그랜빌은 패턴분석을 통해 장기이동평균선이 200일 이동평균선이 가장 신뢰할 수 있다고 말했으나, 최근 매매시기가 점점 빨라지고 있다는 점을 감안하면, 60일선이나 120일선이 더욱 신뢰가 높다고 한다.

◐ 그린빌 매수신호

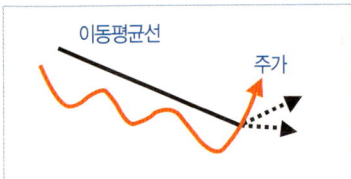

이동평균선의 하락기울기가 완만해질 때 주가가 이동평균선을 상향 돌파하여, 상승하는 경우 이를 골든크로스라하여 매수신호로 본다.

이동평균선은 상승, 주가는 이동평균선을 하향 돌파. 단기 매도이나 이동평균선이 계속 상승에 있으므로 그린빌은 이때를 매수신호로 본다.

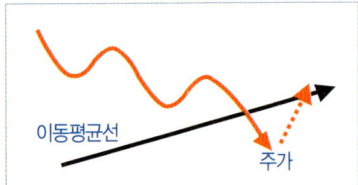

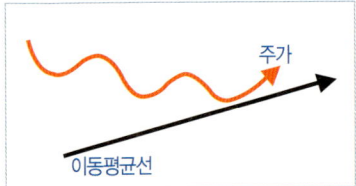

주가가 하락하고 있더라도 이동평균선이 상승하고 있으면 이동평균선이 지지선의 역할을 하고 다시 상승으로 전환될 예상이기 때문에 매수시점이다.

이동평균선 상승, 주가 하락. 주가와 이동평균선 간의 이격도가 클 때는 매수시점이다. 아직 추세는 상승추세이므로 급반등할 수 있는 패턴이라 할 수 있다.

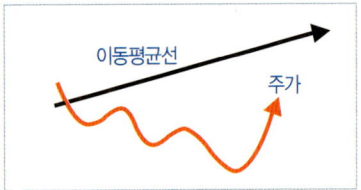

◐ 그린빌 매도신호

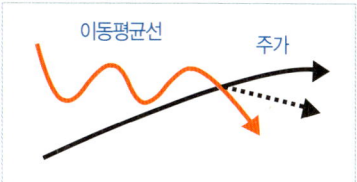

이동평균선 완만, 주가 이동평균선 하향 돌파. 약세전환, 데드크로스 발생. 매도신호이다.

이동평균선 기울기 급락, 주가 일시적 이동평균선 상향돌파. 골든크로스가 발생했으나 일시적일 가능성이 높다. 반등을 이용한 매도 전략

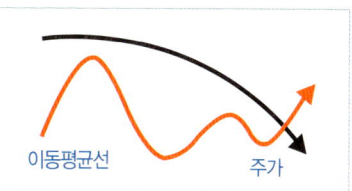

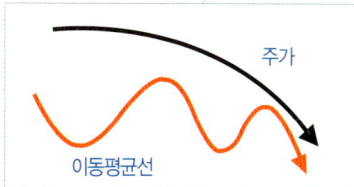

이동평균선 하락, 주가 하락. 주가와 이동평균선의 이격이 좁아지다가 이동평균선을 상향돌파하지 못하고, 재차 이격이 벌어지는 경우. 매도시점

이동평균선의 상승 기울기 완만, 주가 급등. 주가와 이동평균선 사이의 이격이 상당히 큰 시점이므로 곧 하락으로 전환될 가능성이 높다. 매도시점

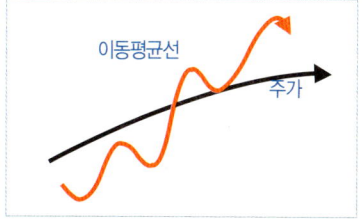

6. 주가의 거래량

'거래량이 주가에 선행한다'든지 '주가는 거래량의 그림자에 불과할 뿐'이라는 이야기가 있다. 아마도 주식시장에서 주가 이상으로 중요한 것이 거래량이라고 생각한다.

'거래량이 주가에 선행한다'든지 '주가는 거래량의 그림자에 불과할 뿐'이라는 이야기가 있다. 아마도 주식시장에서 주가 이상으로 중요한 것이 거래량이라고 생각한다.

미국의 다우(Dow)라는 사람은 주가와 거래량의 관계를 이론으로 만들어 발표하기도 했다. 그는 강세시장에서의 거래량은 주가상승을 수반하면서 증가하고, 주가하락을 수반하면서 감소한다고 보았다. 반대로 약세시장에서는 주가하락과 함께 증가하고, 주가가 회복 과 동시에 감소하므로 거래량이 주가에 선행한다는데 큰 의미를 부여했다.

그래서 주가와 거래량의 상관관계를 주가움직임을 통해 보면 대체로 다음과 같은 8단계를 거쳐 순환하는 경향이 많다.

① 먼저 주가는 꼼짝 않고 바닥권에 머물러 있으나 거래량이 점차 증가하는 모습을 보일 때를 주식이 기지개를 켜고 잠에서 깨어나는 상승전환신호로 간주한다.

② 그 후 거래량이 더욱 늘어나며 주가도 모처럼 상승세를 타게 되는데, 이 때가 바로 매수 타이밍의 기회가 되는 것이다.

③ 그러나 어느 정도 지나면 거래량은 정체된 가운데 주가만 오르게 되는데, 이 때까지도 매수를 지속하면 된다.

④ 이 단계가 지나면 매수를 유보하라는 신호가 나오는데 이 때는 거래량이 줄어들고 있는 가운데서도 주가는 오르는 과정이 나타나게 된다.

⑤ 그 후 거래량은 더욱 줄어들지만 주가는 떨어지지 않고 일정수준에서 버티고 있는 모습을 보게 되는데, 이는 주가가 상승국면에서 하락국면으로 전환될 가능성이 많아 하락경계신호로 받아들여진다.

⑥ 다음에는 거래량도 줄어들고 주가도 내리는 본격적인 매도신호가 나오게 된다.

⑦ 이 후 거래량은 전과 같이 일정수준을 유지하고 있으나 주가는 계속 흘러내리는 매도지속과정을 거치게 된다.

⑧ 매도물량이 어느 정도 소화되면 투자심리가 불안한 상태에서 주가는 계속 내리나 낮은 주가수준을 의식한 투자자들이 몰려오기 시작해 거래량은 점차 늘어나게 된다. 이 때는 일단 주식을 내다 파는 것을 멈추고 주가 움직임이 상승세로 전환되지 않을까 예의 주시하는 투자자세가 요하다.

따라서 투자자 입장에서는 앞으로의 주가전망을 예측하는데 있어서 현재의 주가 위치가 8단계 중에서 어디쯤 와 있고, 다음은 어떤 과정을 거칠 것이라는 예상을 해 볼 수 있을 것이다. 즉, 주가가 천정권에 진입하면 주가가 상승함에도 불구하고 거래량은 감소하는 경향이 있다는 점을 명심하고 나름대로의 투자전략을 세우는 게 필요해 보인다.

결국 거래량은 주가를 예측하는데 있어 가장 기본적인 요소다. 그렇기 때문에 여러분들이 그래프를 분석할 때 거래량을 잘 분석하는 것은 좋은 방법이다.

거래량

많은 지표들이 이미 오르거나 떨어진 이후에 신호가 발생하는 후생성 지표이기 때문에 지나고나서 보면 정확한 것같지만 정작 필요한 상황에서는 큰 도움이 안되는 경우가 많다. 하지만 거래량은 주가가 움직이기 전에 늘 먼저 반응하기 때문에 거래량의 원리를 사람들의 심리와 함께 잘 이해한다면 좀더 능동적인 투자가 가능해질 것이다.

주가와 거래량의 관계에서 서로 상반되는 내용의 그래프를 분석하기로 하겠다.

자료 : 삼아알미늄(06110) 2002년 1월 25일 일봉차트

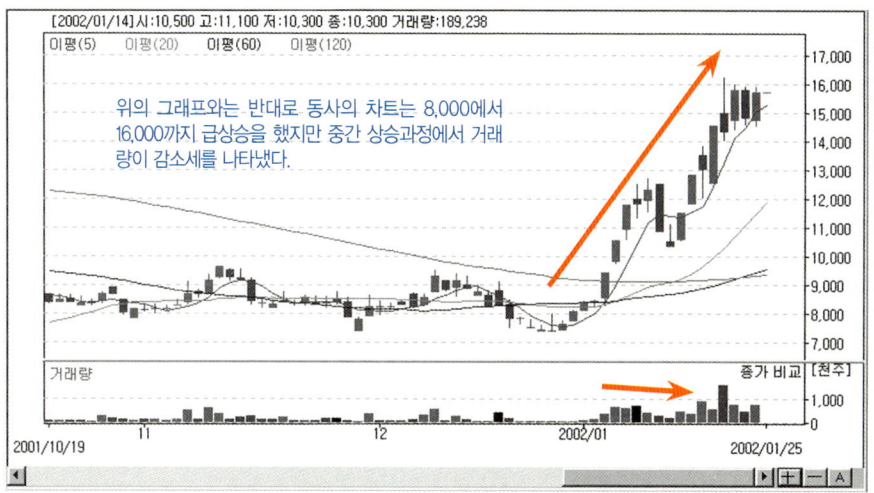

자료 : 대영에이브이(38810) 2002년 1월 25일 일봉차트

2. 기술적 분석 (Technical Analysis)의 6가지 기본 개념 · **341**

주식투자 초보 탈출하기

3

기술적 분석(Technical Analysis)의 이론들

지금까지 기술적 분석에 사용되는 기본적인 개념을 공부했다. 만약 이해가 안 간다면 다시 한번 공부하길 바란다. 안하면 여러분이 손해이니까. 전문가가 되는 것은 쉬운 일이 아니다. 끈기와 노력이 필요하며 또한 경험이 필요하다. 이 모든 것을 얻기 위해서는 여러분이 열심히 하는 것밖에는 길이 없다.

이번 장에서는 그동안에 발표되었던 이론에 관해 알아보겠다. 사실 우리들은 신문, 방송, 강연회에서 수없이 주식투자 이론에 대해 듣고 책을 사서 공부도 해왔지만 실전에 응용하기는 상당히 어렵다는 것을 느껴왔다. 그래서 다소나마 도움이 되고자 각 이론들에 대해 자세히 설명을 하고 실전에 응용하기 쉽게 그래프를 통해 분석을 하였다.
주식투자를 통해 돈을 벌겠다고 무작정 덤비지 말고 천천히 주식투자에 필요한 것을 모두 공부한 다음 주식시장에 뛰어 들어야 한다. 그 때 필요한 것이 바로 기술적 분석이다.

자, 먼저 다우이론에 대해 살펴보기로 하자.

1. 다우 이론

다우 이론은 기술적 분석의 창시자이며 미국의 월스트리트 저널을 창간한 찰스 다우가 제창한 이론이다. 찰스다우는 19세기말부터 20세기에 걸쳐 주식시장을 분석한 결과 주식시장은 제멋대로 움직이는 것이 아니라 주식시장 전체의 흐름 방향이 다음과 같은 세 가지 종류의 주기적인 추세에 의해 영향을 받는다는 가설을 정립하였다.

다우 이론은 기술적 분석의 창시자이며 미국의 월스트리트 저널을 창간한 찰스 다우가 제창한 이론이다. 찰스다우는 19세기말부터 20세기에 걸쳐 주식시장을 분석한 결과 주식시장은 제멋대로 움직이는 것이 아니라 주식시장 전체의 흐름 방향이 다음과 같은 세 가지 종류의 주기적인 추세에 의해 영향을 받는다는 가설을 정립하였다.

이 방법은 다우 공업주 30종 평균과 철도주 20종 평균의 파동을 동시에 관찰함으로써 시세의 대세와 중기추세의 방향을 판단하는 것이다. 그 양자가 모두 고가를 뚫고 상승하고 저가도 상승할 경우를 대세 상승이라고 판단하고, 반전했을 때도 공업주평균의 고가가 직전의 고가를 하회하고 저가도 역시 마찬가지일 때를 대세하락으로 판단하므로 시세판단이 상당히 늦어지는 경향이 있다. 다우공업주는 미국 산

업계의 상태를 반영하고 철도주는 거래활동의 상태를 반영한다.

철도주는 거래활동의 활발함을 나타내는 것으로 인식되어, 양자가 병행해서 움직일 때 경제실체의 호조와 부진을 완전히 확인할 수 있다고 하는 것이 이 이론의 근본이다. 다우이론은 1920년대에는 주가대폭락을 예측하는 등 뛰어난 실적을 올렸으나 전후의 주식시세변동은 훌륭히 파악하지 못했던 것으로 평가되고 있다.

오늘날에 여러 형태의 다우이론이 존재하지만 여전히 기술적 분석의 기초가 되고 있다. 다우이론이 유명하게 된 것은 1930년대 대공황이 발생한 시점이다. 최근에는 러시아 정부가 모라토리움을 선언한 이후로 러시아발 세계경제공황에 대한 논의가 점차 고조되고 있는 시점이기도 하다. 1930년대 미국의 대공황(The Great Crash and Depression)은 1929년 9월 3일에 시작되었는데, 이날의 다우존스산업지수(DJIA)는 381포인트로 마감하였다. 그러다가 두 달 뒤인 1929년 10월 23일에는 306포인트로 떨어져, 두 달간의 짧은 기간 중에 주가지수가 거의 20%나 하락하였다. 이 때 시작된 하락장세(bear market)는 그 후로 거의 3년 가까이 지속되었다. 대공황이 시작된 시점에서 3년 후인 1932년 7월 8일에는 다우존스산업지수가 41포인트 수준으로 급격히 하락하였다. 이 수준은 공황이 시작되기 전인 1929년 최고 수준의 11%에도 미치지 못하게 하락한 것이다. 이것이 유명한 1930년대의 미국 증권시장의 주가 변동 상황이었다.

그 때, 월 스트리트 저널의 편집진은 다우이론에 입각하여 증권시장의 동향에 대한 사설을 썼다. 1929년 10월 23일자 월 스트리트 저널은 역사적인 사설인 '국면의 전환(A Turn in the Tide)'을 게재했는데, 여기서 그들은 다우이론에 기초하여 미국 증권시장의 활황 국면(bull market)이 끝나고 불황(bear market)이 시작될 것이라는 것을 예언하였다. 그 후에 미국 증권시장은 월 스트리트 사설이 예언한 대로 급속히 붕괴되고 세계경제대공황으로 이어짐으로써 많은 사람들이 다우이론에 크게 관심을 갖게 된 것이다.

다우이론은 종목의 가격을 예측하는 데도 사용되지만, 본 목적은 증권시장 전체의 추세를 예측하는 데 사용하기 위해 고안된 것이다. 다우이론에 의하면 주식시장은 세 가지의 움직임, 즉 장기추세, 중기추세, 단기추세가 동시에 작용하고 있다.

1) 장기추세

1년 이상 수년간 계속되는 주가의 장기적인 상승 또는 하락운동을 일컫는 것으로 일반적으로 장기추세선이 상승세에 있을 때에는 강세시장이라 하고, 하락세에 있을 때는 약세시장이라고 한다. 장기추세선은 장기적인 관점에서 투자하는 사람에게 유용한 지표이지만, 보다 많은 수익을 얻기 위해서는 중기추세선을 참고하는 것이 바람직하다.

2) 중기추세

장기추세선이 진행되는 과정에서 장기추세의 진행을 조정하려는 주가의 반동작용에 의하여 나타나며, 통상 3주에서 수개월간 지속된다. 강세시장에서는 주가가 중기조정이나 하락할 때 중기추세선이 형성되기 시작하며, 약세시장에서는 주가가 중기회복을 하면서 나타난다. 보통 중기추세는 주추세의 진행방향에서 1/3 내지 2/3 정도의 반작용을 나타낸다.

3) 단기추세

매일매일의 단기적인 주가변동을 의미하는 것으로 단기추세는 조작이 가능하기 때문에 크게 중요시되지 않는 경향이 있다.

장기추세의 진행과정을 시장상황과 연관지어 아래와 같이 여러 국면으로 나눌 수 있다.

(1) 강세시장의 3국면

• 제1국면(매집 국면)

강세시장의 초기 단계에서는 경제, 산업, 기업환경, 주식시장 등 모든 여건이 회복되지 못하고 장래에 대한 어두운 전망만 예상된다. 불안감을 느낀 대다수 일반투자자들은 장기간 지속된 약세시장에 지쳐서 보유 주식을 매도해 버리고자 하지만, 경기 호전을 미리 예측한 전문투자자들은 매도 물량을 매수하기 시작해 점차 거래량이 증가하게 된다. 이러한 시장 내부의 변화 과정을 매집 국면이라 한다.

• 제2국면(마크 업 국면)

강세시장의 제2국면에서는 전반적인 경제 여건 및 기업의 영업 수익이 호전됨으로써 일반투자자들의 관심이 고조되어 주가가 상승하고 거래량도 증가하게 되는데, 이러한 국면을 마크 업 국면(mark-up-phase)이라고도 한다. 이 국면에서는 기술적 분석을 이용하여 주식투자를 하는 사람이 가장 많은 수익을 올릴 수 있다.

• 제3국면(과열 국면)

강세시장의 제3국면에서는 경제 전반에 걸쳐 각종 통계 자료가 호조를 보이면서 투자가치가 미세한 종목에까지 인기가 확산되기 시작한다. 또한 신문이나 매스컴에서 주식시장에 관한 내용이 톱뉴스로 부상할 만큼 과열 기미를 보이게 된다. 따라서 이 국면을 과열 국면이라고 한다. 보통 일반투자자나 주식투자에 경험이 없는 사람들이 뒤늦게 확신을 가지고 적극 매입에 나서기 때문에 장세는 과열이지만, 이 국면에서 매수자는 흔히 손해를 보기 때문에 조심해야 한다.

(2) 약세시장의 3국면

- **제1국면(분산 국면)**

강세시장의 제3국면에서는 주식시장이 지나치게 과열된 것을 감지한 전문투자자들이 투자 수익을 취한 후 빠져나가는 단계로서, 이 단계에서는 주가가 조금만 하락해도 거래량이 증가하므로 이를 분산 국면이라고 한다.

- **제2국면(공황 국면)**

경제 전반에 관한 각종 통계 자료가 악화에 따라 주식을 매도하려는 일반투자자들의 마음이 조급해지면서 매수 세력이 상대적으로 크게 위축된다. 주가는 거의 수직 하락을 하게 되며 거래량도 급격히 감소하는데, 이러한 상태를 공황 국면(panic phase)이라 한다. 이 후에는 상당히 긴 회복 국면이나 보합 상태가 이어진다.

- **제3국면(침체 국면)**

공황 국면에서 미처 처분하지 못한 일반투자자들의 실망 매물이 출회됨으로써 투매 양상이 나타난다. 투매 현상이 나타남에 따라 주가는 계속 하락하지만 시간이 경과할수록 주가의 낙폭은 작아진다. 주식시장의 침체와 기업의 수익성 악화 등 좋지 못한 정보가 주식시장 전체에 널리 퍼져 있기 때문에 이를 침체 국면이라 한다.

약세 시장은 발생 가능한 모든 악재가 전부 시세에 반영될 때 끝이 난다고 보는데, 보통 이런 악재가 전부 소멸되기 전에 주식시장은 반전된다.

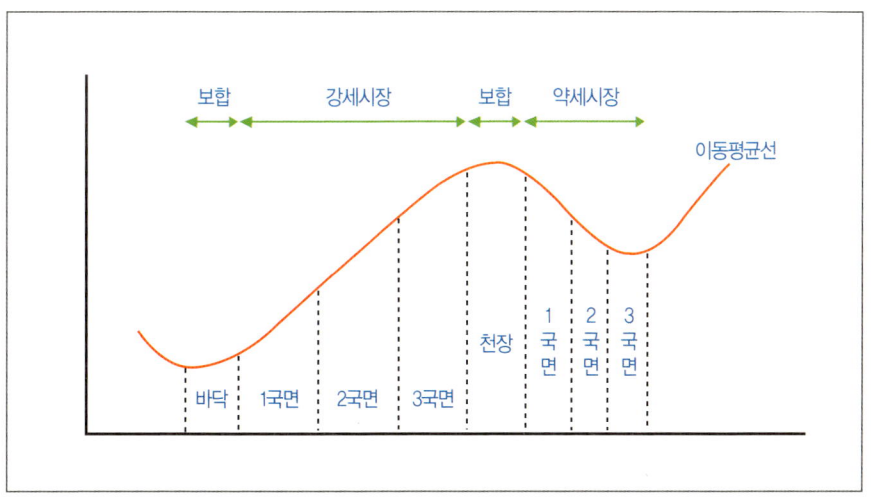

읽어서 도움되는 주식격언 몇가지

시장분위기에 도취되지 마라
주식시장에는 항상 어떤 분위기가 형성되어 있다. 낙관적 분위기라든지 비관적 분위기, 관망 분위기 등이 그것이다. 이러한 분위기는 불합리한 인간심리나 단면적인 투자 판단에 좌우되므로 수시로 변한다. 장 분위기를 벗어나서 객관적이고 냉정한 상태에서 시장의 흐름을 분석하고 투자 판단을 내려야 성공확률이 높아진다.

팔고나서 올라도 애통해 하지 마라
주식을 팔고 나서 오르면 일반투자자들은 몹시 애통해 하는 것이 보통이다. 팔고 나서 오르는 것이 겁이 나서 제때에 팔지 못하는 사람도 많다
주식을 천정에서 파는 소수의 사람을 제외하고는 팔고 나서 오르는 것이 정상이다. 팔고 나서 오르면 여유 있게 웃어라.

4) 다우이론의 응용과 한계

그랜드빌(J.E.Granville)은 강세시장과 약세시장에서 일반투자자와 전문투자자는 서로 반대의 생각을 하게 된다고 하였다. 즉, 일반투자자는 강세시장의 제1,2국면과 약세시장의 제3국면에서 공포심을 갖고, 강세시장의 제3국면과 약세시장의 제1,2국면에서는 확신을 갖는데, 이와는 반대로 전문투자자는 강세시장의 제1,2국면과 약세시장의 제3국면에서 확신을, 강세시장의 제3국면과 약세시장의 제1,2국면에서는 공포심을 갖는다는 것이다. 따라서 강세시장의 제2국면에서는 점진적 매도, 제3국면에서는 매도전략을 세우고, 약세시장의 제2국면에서는 점진적 매수, 제3국면에서는 매수전략을 세우는 것이 좋다.

이와 같은 내용을 표로 만들면 다음과 같다.

	강 세 장			약 세 장		
	제1국면	제2국면	제3국면	제1국면	제2국면	제3국면
일반투자자	공포심	공포심	확신	확신	확신	공포심
전문가	확신	확신	공포감	공포심	공포심	확신
투자전략		분할매도	매도		분할매수	매수

다우이론은 시장의 흐름을 파악하는 데는 많은 도움이 된다. 그러나 실전 매매에 있어서는 다음과 같은 몇 가지 한계점을 가지고 있다.

- 장기추세와 중기추세를 명확하게 구분하기 어렵다는 점이다. 이것은 그래프를 분석할 때 과거의 추세를 판단하기는 쉽지만 현재를 기준으로 분석하면 장기추세와 중기추세를 파악하기 힘들다.
- 추세반전을 확인할 수 있다고 하더라도 너무 늦게 확인되기 때문에 실제 투자

에 도움을 주지 못한다. 주식투자를 함에 있어 가장 중요한 것은 역시 타이밍이다. 정확한 시기에 주식을 매도하지 못하면 손해를 볼 수 있기 때문이다.

- 다우이론 뿐만 아니라 모든 기술적 분석의 기법들이 그렇지만 증권시장의 추세를 예측하는데 적절하다고 해서 그것이 곧 분산투자의 여부와 방법을 알려주는 단서가 될 수는 없다. 기술적 분석의 기법들은 주가의 흐름을 판단할 수 있는 근거를 제시해 주지만 여러분에게 정확한 매도/매수 가격을 알려주는 것은 아니다.

- 증권의 위험에 대하여 아무런 정보를 제공해 주지 못한다. 기술적 분석만 하다 보면 쉽게 빠질 수 있는 부분이다. 그래서 기본적 분석과 함께 하는 것이 바람직하다.

2. 엘리어트 파동이론

엘리어트는 1939년 「파이넨셜 월드지」를 통해 '주가는 상승5파와 하락3파에 의해 끝없이 순환한다'는 가격 순환 법칙을 주장하였다. 이 법칙의 요점은 주가는 연속적인 파동에 의해 상승하고 다시 하락함으로써 상승5파와 하락3파의 8개 파동으로 구성된 하나의 사이클을 형성한다는 것이다.

　엘리어트는 1939년 「파이넨셜 월드지」를 통해 '주가는 상승5파와 하락3파에 의해 끝없이 순환한다'는 가격 순환 법칙을 주장하였다. 이 법칙의 요점은 주가는 연속적인 파동에 의해 상승하고 다시 하락함으로써 상승5파와 하락3파의 8개 파동으로 구성된 하나의 사이클을 형성한다는 것이다. 큰 사이클인 주순환파를 완성하기까지는 보통 3년 정도가 소요된다.

　1987년 프레이터라는 사람이 엘리어트 파동이론이라는 책을 편찬하면서 주가의 대폭락을 예측했는데, 그해 10월 주가가 대폭락하는 블랙먼데이가 발생하면서 엘리어트 파동은 주식시장을 예측하는 최고의 예측도구가 되었다.

　이처럼 엘리어트 파동이론은 하루아침에 어떤 영감에 의해 이루어진 것이 아니다. 75년간에 걸쳐 미국 주식시장의 움직임을 연간, 월간, 일간, 시간 단위까지 세분화하여 7년간의 작업 끝에 치밀한 분석을 통하여 만들어진 것이다. 현재 선물시장과 주식시장에서 가장 중요한 기술적 분석방법의 하나로 생각하고 있다. 여러분이 파동이론을 자세히 공부한다면 기술적 분석을 하는 수준이 한 단계는 더 높아질 것이다.

엘리어트 파동이론은 패턴(pattern), 비율(ratio), 시간(time)이라는 세 가지의 요소를 가지고 있다. 이 세 가지의 요소 중 가장 중요한 것이 패턴이며 지금부터 이 파동의 패턴에 대해 알아보겠다.

엘리어트 파동은 크게 상승5파와 하락3파로 이루어진다. 이것이 큰 사이클로 구성되어지며 각 사이클 속에는 작은 상승5파와 하락3파로 구성된 미니 사이클이 존재한다.

다시 말하면 1개의 사이클에는 상승5파와 하락3파의 8개 파동으로 구성되며, 각 파동은 다시 더 작은 8개의 소 파동으로 나눌 수 있다. 상승은 파동의 순서대로 1번에서 5번까지의 숫자로, 그리고 하락3파는 A, B, C 또는 a, b, c의 문자로 표기한다. 내용을 아래에 그림으로 표기하였다.

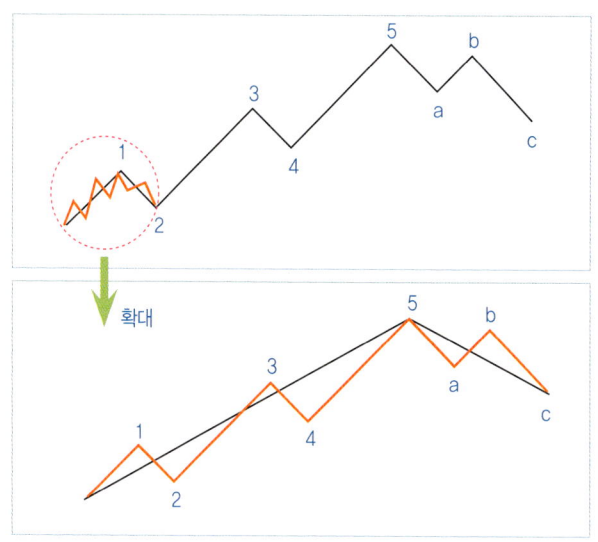

상승5파는 시장의 주된 가격 움직임과 같은 방향으로 움직이는 5개 파동으로서, 5개의 파동중 1번, 3번과 5번 파동은 '충격파'라 하고, 2번과 4번 파동은 '조정파'라 한다. 1번, 3번, 5번 파동은 시장의 주된 방향과 같은 방향으로 움직이는 충격파이므로, 반드시 5개의 소파동으로 구성되어 있어야 하고 2번, 4번 파동은 조정파이므로 3개의 소파동으로 이루어진다 할 수 있다.

1번 파동은 추세가 전환되는 시점으로 이제까지의 추세가 끝나고 새로운 추세가 시작되는 시점이며 5개의 파동 중 가장 짧다. 1번 파동은 충격 파동이므로 반드시 5개의 파동으로 구성된다.

2번 파동은 조정 파동으로 1번 파동과는 반대 방향으로 형성된다. 2번 파동은 1번 파동의 38.2% 또는 61.8% 비율만큼 되돌리는 경향이 높다. 만일 2번 파동이라 예상되는 파동이 1번 파동을 100% 이상 되돌려 형성되면, 이제까지 1번 및 2번이라 예상하던 파동이 결코 1번 및 2번 파동이 아니라는 것이다. 또한 2번 파동은 성격상 조정 파동이므로 반드시 3개의 파동으로 구성되어야 한다. 1번과 2번 파동은 이중바닥형의 두 번째 바닥이나 역 헤드 앤 쇼울더 패턴의 오른 어깨를 형성하는 것이 일반적이다.

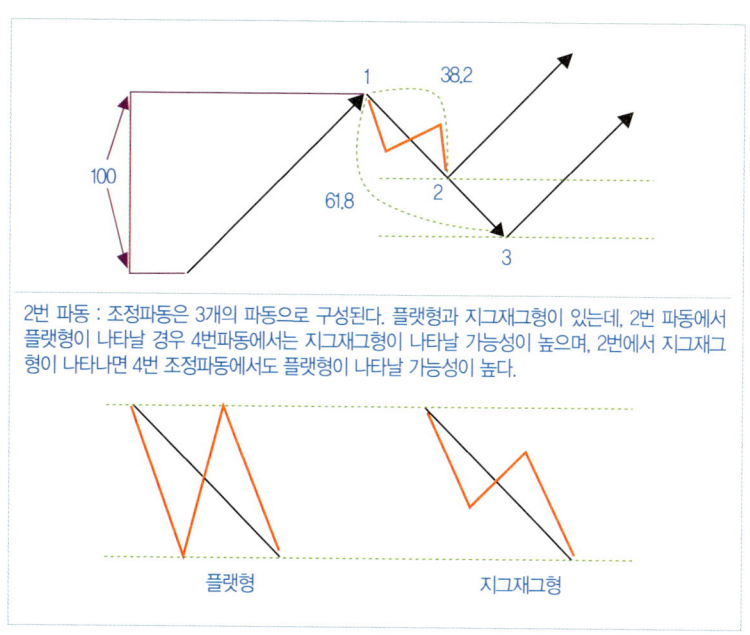

2번 파동 : 조정파동은 3개의 파동으로 구성된다. 플랫형과 지그재그형이 있는데, 2번 파동에서 플랫형이 나타날 경우 4번파동에서는 지그재그형이 나타날 가능성이 높으며, 2번에서 지그재그형이 나타나면 4번 조정파동에서도 플랫형이 나타날 가능성이 높다.

    3번 파동은 5개의 파동 중에서 가장 강력하고 가격 변동도 활발하게 일어나는 파동으로, 이 파동은 다섯 개의 파동 중에서 가장 긴 것이 일반적이다. 다른 파동의 길이가 3번 파동보다 길 수는 있어도 3번 파동이 가장 짧은 파동일 수는 없다. 반드시 3번 파동은 1번 파동에 비해 길이가 길어야 하는데, 일반적으로 3번 파동은 1번 파동의 1.618배의 길이가 된다. 그리고 3번 파동은 충격 파동이므로 5개의 작은 파동을 구성되어야 하며 다른 형태로 연장되는 수도 있다.

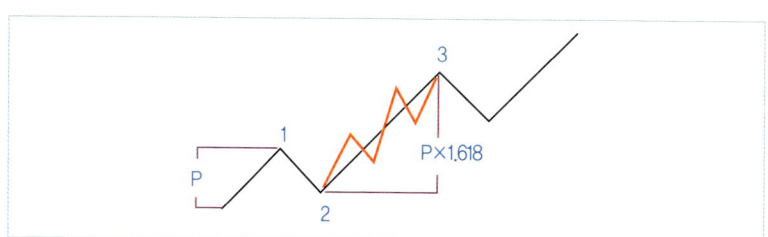

4번 파동은 3번 파동을 38.2% 되돌리는 경우가 많으며, 3번 파동을 다섯 개의 작은 파동으로 나누었을 때 그 중에서 네 번째 파동만큼 되돌아가는 경우가 많다. 엘리어트 파동이론에서 4번 파동은 결코 1번 파동과 겹치지 않는 불가침 법칙이 있다. 따라서 4번 파동의 최저점은 반드시 1번 파동의 최고점보다 높아야 한다.

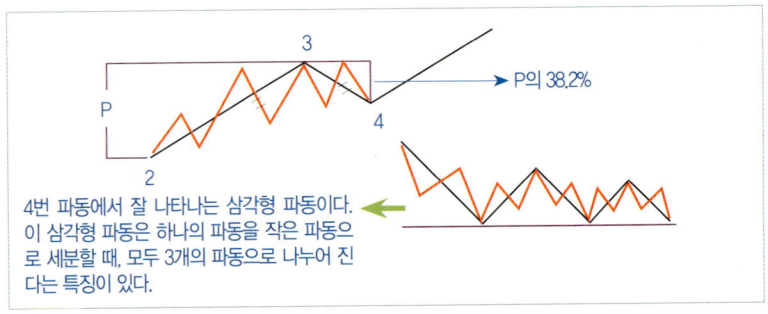

5번 파동은 이제까지 진행되어온 추세가 막바지에 이르는 국면으로서, 3번 파동에 비해 가격 움직임이 그리 활발하지 못하며 거래량도 3번 파동에 비하여 적게 형성된다. 5번 파동 역시 충격 파동이므로 5개의 작은 파동으로 세분된다. 5번 파동은 일반적으로 1번 파동과 똑같은 길이로 형성되거나 1번에서 3번 파동까지 길이의 61.8% 만큼 형성되는 경향이 높다.

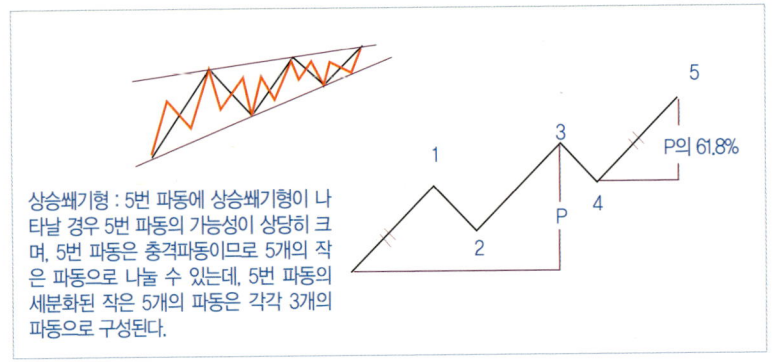

하락3파는 엘리어트 파동이론에서 볼 때 상승5파 후에는 하락추세로의 반전이 나타나게 된다. 이러한 하락 추세선상에서의 파동을 조정이라 하며 하락3파동으로 이루어진다.

○ 하락 3파

하락 3파동은 A파동, B파동, C파동으로 이루어진다. 하락의 3파동은 각각 고유한 특징을 갖는다.

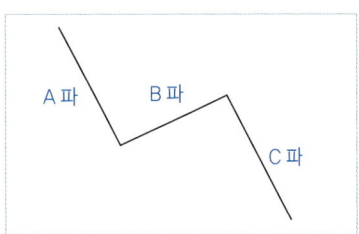

a파동으로부터 이제까지의 추세와는 반대 방향의 새로운 추세가 시작된다. a파동으로 생각되는 파동은 새로운 추세가 시작되는 충격 파동이므로 반드시 5개 파동으로 구성되어야 한다. 따라서 a파동이라고 생각되었던 파동이 3개 파동만 구성하고 기존의 움직임이 재개된다면, 이는 a파동이 아니고 5번 파동이 지속되고 있는 것으로 보아야 한다.

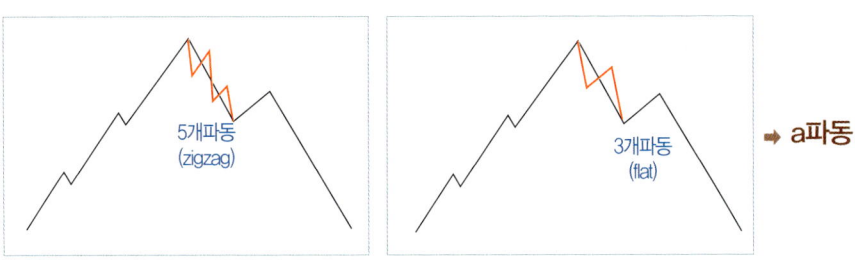

b파동은 하락 추세의 시작인 a파동에 반대하는 매입 세력으로 인해 상승 추세가 잠시 이어지는 조정 파동이며 3개의 작은 파동으로 구성된다. b파동은 1번 파동의 상승 추세가 다시 시작되는 것으로 믿기 쉬우나 이제까지의 보유 주식을 매도할 마

지막 기회로 이 시기를 놓치면 매도 기회를 찾기가 어렵다.

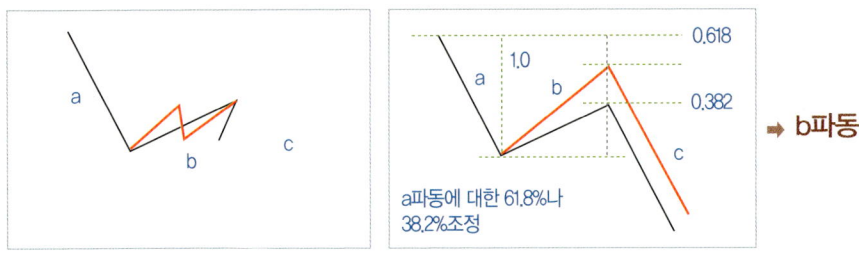

➡ b파동

c파동은 하락 파동의 마지막 파동으로 거래는 활발하고 가격의 변동폭도 크게 나타난다. 가격의 하락 추세가 지속될 것이라는 두려움이 투자자들의 마음을 지배하는 시기이다. 보통 c파동은 a파동의 최저점을 돌파하여 진행되는데, 패턴 분석의 관점에서 보면 5번 파동과 a파동으로 구성되는 머리를 중심으로 헤드 앤 쇼울더 패턴의 오른쪽 어깨가 형성되는 것으로 나타난다. 이 파동은 충격 파동이므로 5개의 작은 파동으로 구성된다.

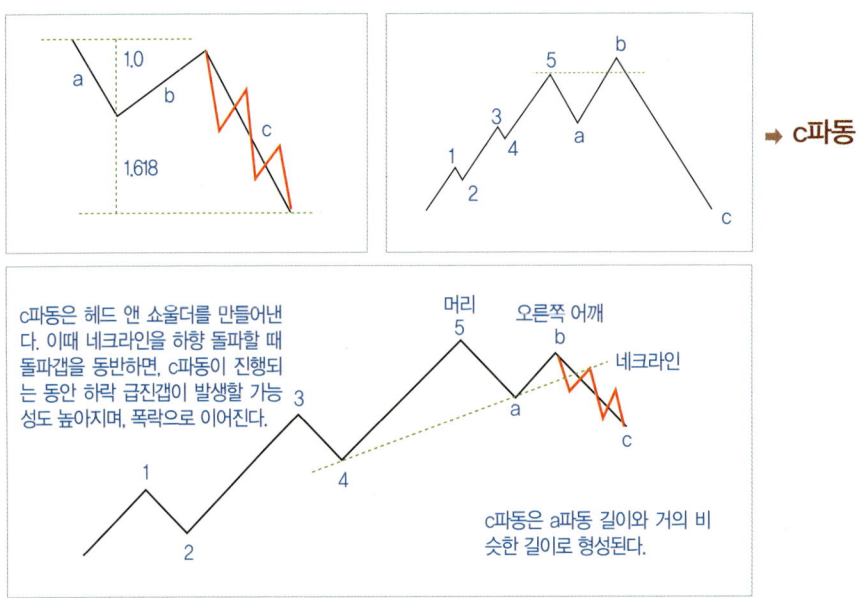

➡ c파동

1) 파동의 연장

일반적으로 1, 3, 5번 파동은 서로 가격의 변동폭과 형성되는 기간이 서로 유사하다. 이것이 바로 파동 평형의 법칙(rule of wave equality)이라고 한다.

그런데 현실적으로 이러한 법칙이 그대로 지켜지는 예는 드물며, 오히려 하나의 충격파동이 다른 두개의 충격파동에 비하여 가격의 변동폭도 크고 또한 형성되는데 걸리는 시간도 긴 경우를 파동이 연장되었다고 말한다. 다시 말하면, 세 가지 충격파동 중 어느 하나의 충격파동의 움직임이 너무나 활발하여 정상적인 파동의 움직임보다도 그 움직임이 더 길고, 강력하게 나타나는 것을 말한다.

• 파동 평형의 법칙

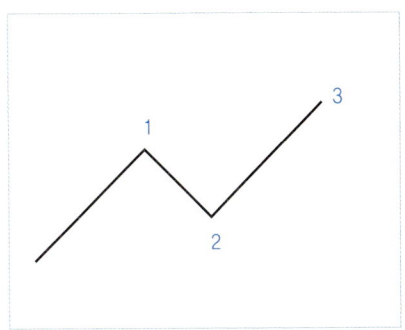

왼쪽에 1번, 2번, 3번 파동이 있는데, 2번 파동은 1번 파동 길이의 38.2%나 62.8%만큼 형성된다고 했다. 그렇다면 2번파동이 형성되는 기간도 1번 파동이 형성된 기간의 38.2%나 62.8%만큼 걸린다는 것이 바로 파동 평형의 법칙이다.

(1) 파동의 연장 형태

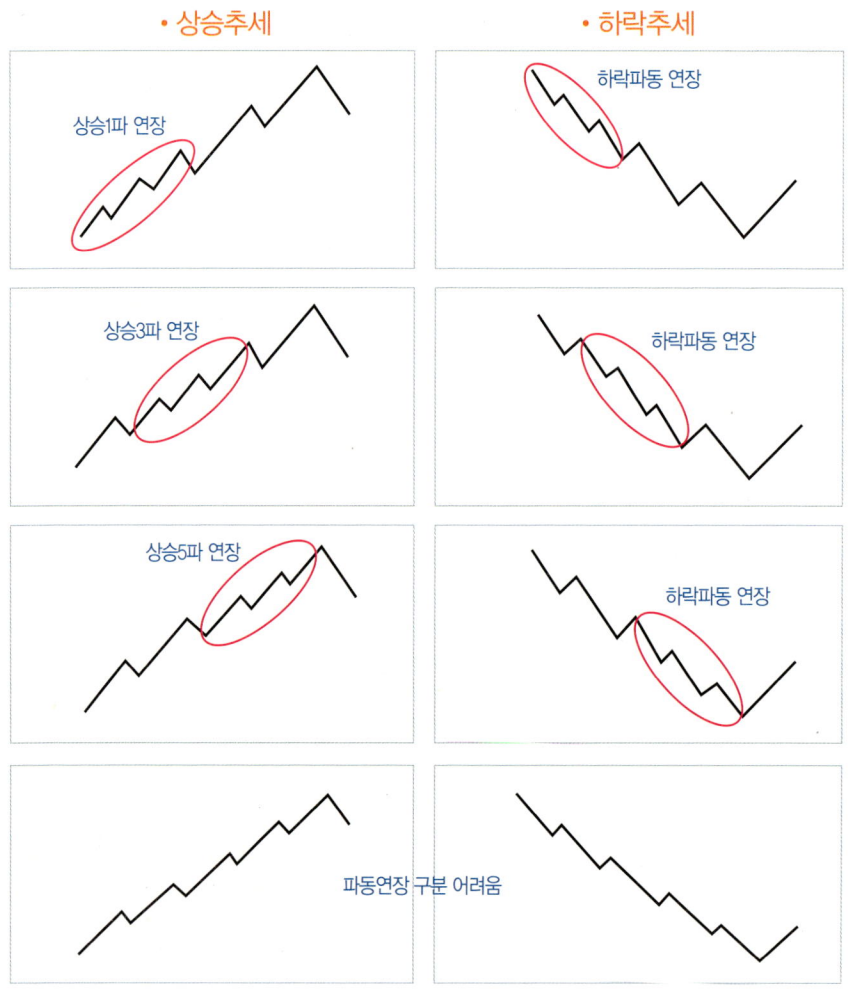

　1번 파동의 연장은 3번 파동의 연장이나 5번 파동의 연장보다 그 발생확률이 적다고 할 수 있다. 일반적으로 하락파동을 끝내고 상승파동으로 전환했다고 하더라도 대량 거래 수반과 함께 파동의 연장이 발생된다는 것은 어렵다. 만약 1번 파동에서 연장이 발생하였다면 3번 파동과 5번 파동의 길이는 다음과 같은 형태로 나타날 수 있다.

3번 파동의 크기는 1번 파동 크기의 61.8%, 5번 파동의 크기는 1번 파동 크기의 38.2%

3번 파동에서 5번 파동까지 파동의 크기 합이 1번 파동 크기의 0.618%의 비율로 형성된다.

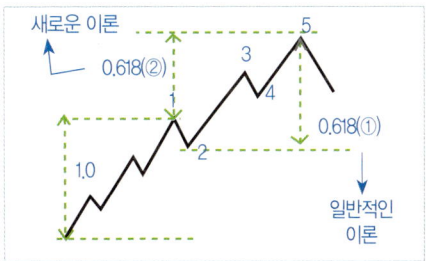

　3번 파동의 연장은 상승파동 중에 가장 많이 발생하는 파동이다. 상승파 중에서도 거래량과 가격상승 폭이 가장 크다고 할 수 있다. 3번 파동의 연장이 발생될 경우 다음과 같은 특징을 알 수가 있다.

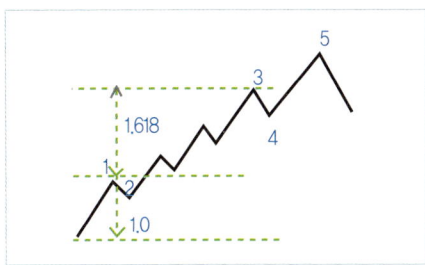

1번 파동의 길이를 1.0이라 할 때, 3번 파동의 상승폭은 1번 파동의 최고점으로부터 3번 파동 최고점 까지 1.618의 크기를 나타낸다.

1번 파동과 5번 파동의 길이는 같은 경우가 많다.

5번 파동의 연장은 3번 파동 연장만큼 자주 발생하지는 않는다. 만약 5번 파동의 연장이 발생한다면 전혀 예상치 못한 파동이 발생할 수 있기 때문에 가격 움직임에 대한 예측이 어렵다.

또한 엘리오트 파동이론의 원칙을 무시하고 4번 파동의 저점이 1번 파동과 겹치는 현상이 나타나기도 한다.

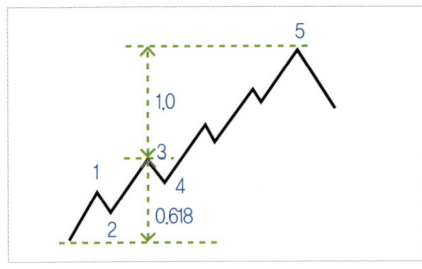

5번 파동의 높이를 1이라 하면 1번 파동에서 3번 파동까지의 높이는 0.618의 비율로 형성되는 경우가 많다. 즉 1번 파동에서 3번 파동 까지의 높이의 1.618배 수준에서 5번 파동이 완성되는 경우가 많다.

이제까지 파동의 연장에 대해 알아보았다. 엘리오트 파동이론은 여러분이 공부하고 생각했던 것처럼 단순한 논리를 가지고 있지 않다. 여러 가지 예외의 법칙이 다른 이론에서도 나타나 있듯이 엘리오트 파동이론도 마찬가지다. 다음은 그 예외성을 보여주는 조정파동에 대해 알아보겠다.

2) 조정파동

엘리어트 파동이론을 공부하다보면 가장 어렵고 이해하기 어려운 부분이 바로 조정파동이다. 일반적으로 상승5파는 규칙적인 패턴과 원칙에 따라 움직인다. 그러나 상승파동에 비해 조정파동은 오랜 시간에 걸쳐 형성이 되며, 형태 또한 일정한 규칙이 없고 예외성을 가지고 있기 때문에 분석하기가 상당히 어렵다.

조정파동은 크게 4가지로 구분할 수가 있다. 지그재그(zigzag), 플랫(flat), 삼각형(triangle), 혼합형(combinations)이다.

그럼 먼저 **지그재그(zigzag)**패턴에 대해 알아보자. 지그재그형의 조정은 간단한 법칙에 의해 움직인다. 다른 조정파동에 비해 가장 강한 조정파동이라 할 수 있는데 이는 상승파동에 따른 것이다.

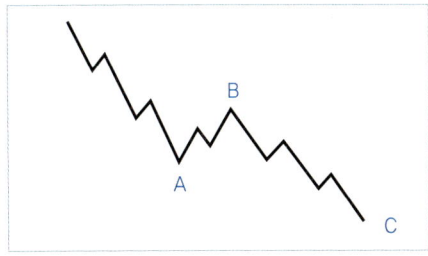

조정파동의 A,B,C형태이다. 강세장에서의 B파동 고점은 반드시 A파동의 출발점보다 상당히 낮아야 한다.

B파동은 A파동 하락폭의 61.8% 이상을 조정할 수 없으며, C파동은 무조건 A파동의 저점 밑으로 뚫고 내려가야만 한다.

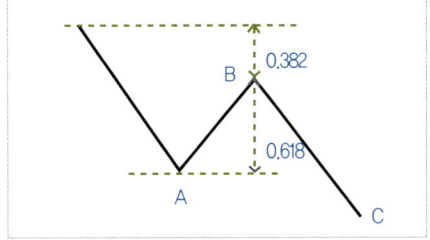

위에 언급된 형태는 지그재그 조정파동의 가장 기본적인 원칙이다. 약세장에서의 지그재그 조정은 전혀 다른 조정형태가 발생하기도 하고 반대의 방향도 나타난다. 이를 인버트 지그재그(inverted zigzag)라 부른다. 또한 지그재그의 형태가 여러 번 나타나는 경우도 있다.

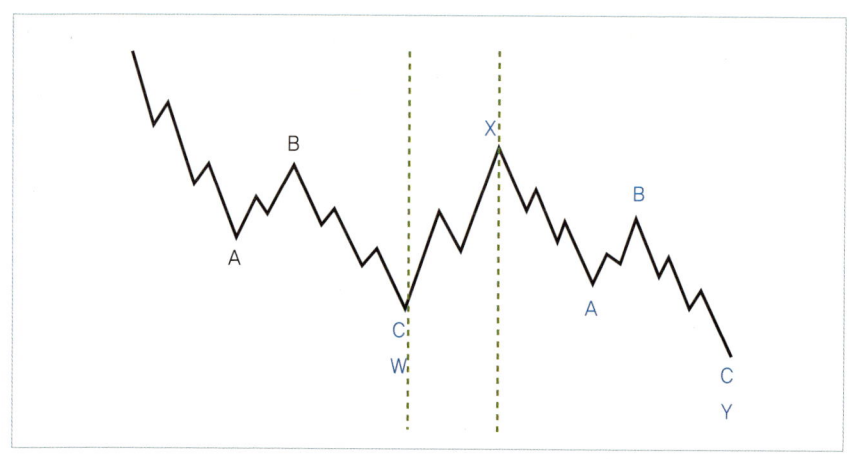

플랫(flat)패턴은 3-3-5의 패턴을 따른다. 지그재그 조정과는 달리 완만한 조정 형태를 나타내고 있다. 플랫형의 조정은 크게 3가지의 형태로 구분할 수 있다. 정상적인 조정, 불규칙적 조정, 급속조정 등이다.

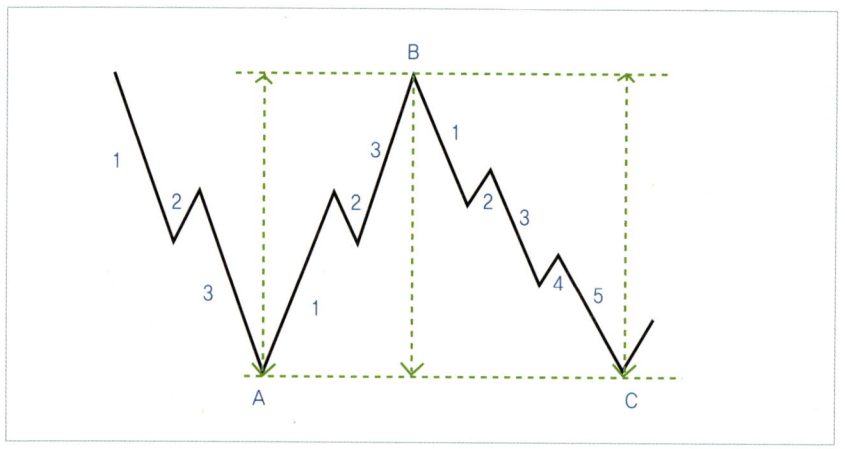

정상적인 조정은 B파동이 A파동의 크기에 비해 최소 61.8% 이상 조정하지만 100%이상은 초과하지 않는다. C파동은 보통 A파동의 길이 만큼 조정한다.

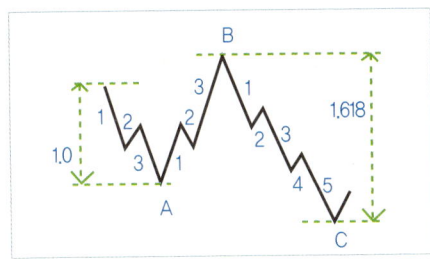

B파동이 A파동의 크기를 초과하는 조정을 보이면서 C파동의 크기도 A파동의 크기를 과하는 경우이다. C파동의 크기가 A파동의 1.618배를 나타내는 경우가 많다.

B파동이 A파동의 크기를 초과하지만 C파동은 A파동의 크기에 미달하는 경우의 두 가지가 있다.

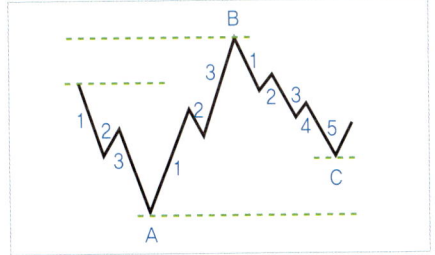

급속조정은 시장의 상승추세가 강하여 조정이 정상적으로 이루어지지 않은 상태로 끝나는 경우를 말한다.

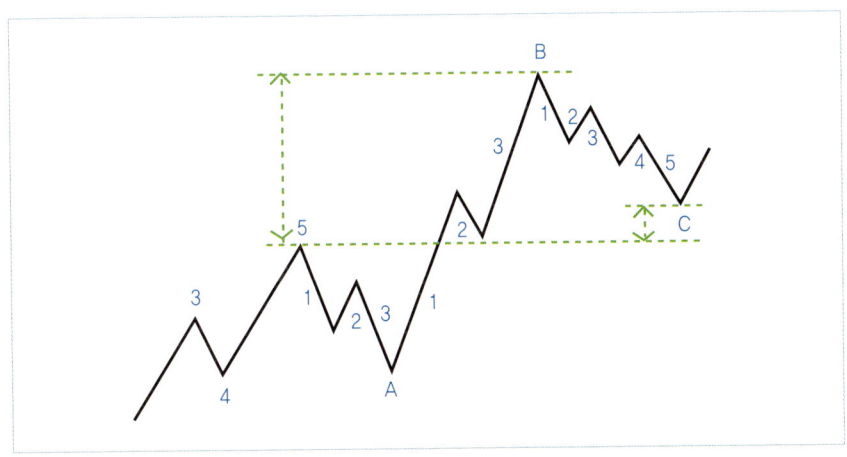

B파동이 A파동의 고점을 넘어서는 동시에 C파동의 저점은 A파동의 고점보다 높게 형성되는 형태를 말한다.

삼각형(Triangle)은 일반적인 차트 분석이론과 비슷한 개념이다. 앨리어트는 삼각형 패턴기준 인식기준으로 반드시 5개의 파동을 가지고 있어야 하며, 이 5개의 파동은 각각 3개의 소파동으로 구성되어야 한다고 정하고 있다.

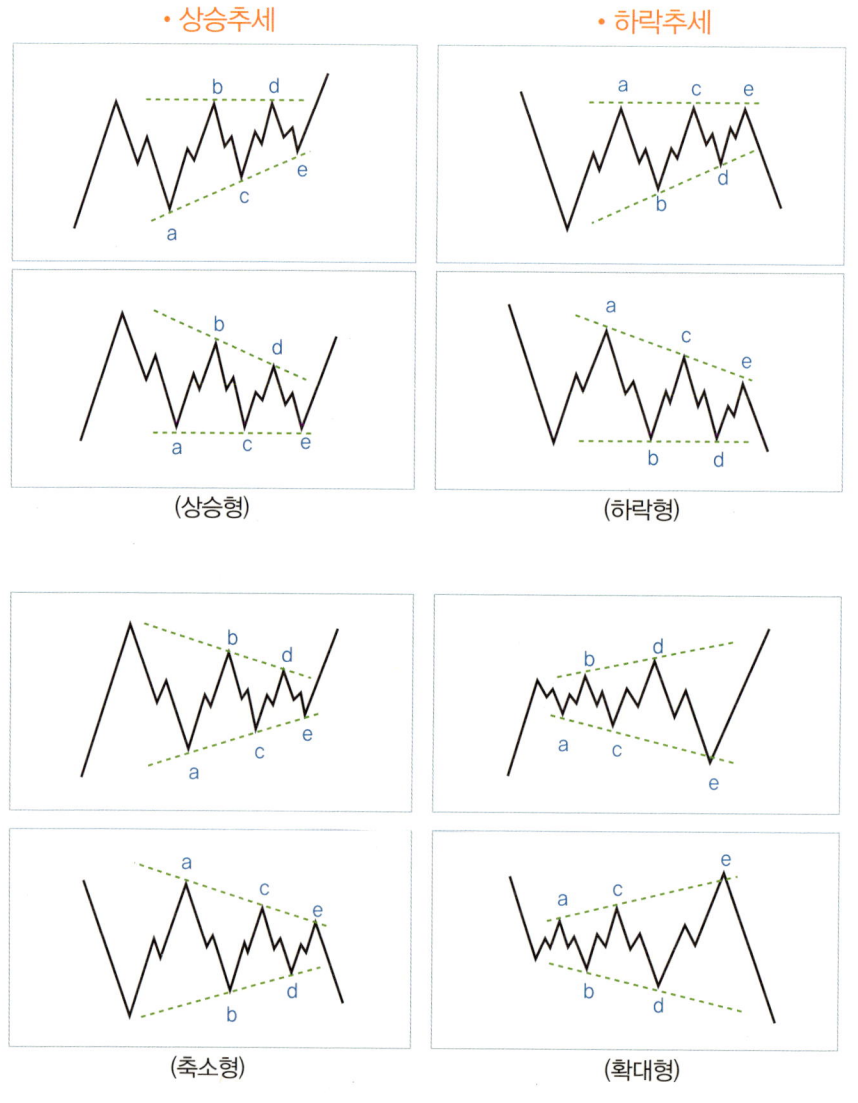

삼각형의 조정은 상승 4파동에서 출현되는 형태이며, 하락파동인 B파동에서도 발생되는 경우가 있다. 삼각형 조정은 엘리어트 이론중에서 가장 복잡하고 다양한 형태를 나타내고 있기 때문에 정신을 바짝 차려야 한다.

삼각쐐기형의 조정형태는 다른 삼각형 조정의 경우처럼 4번 파동에서 출현되는 것이 아니라 5번 파동의 연장에서 나타나는 특수한 경우이다.

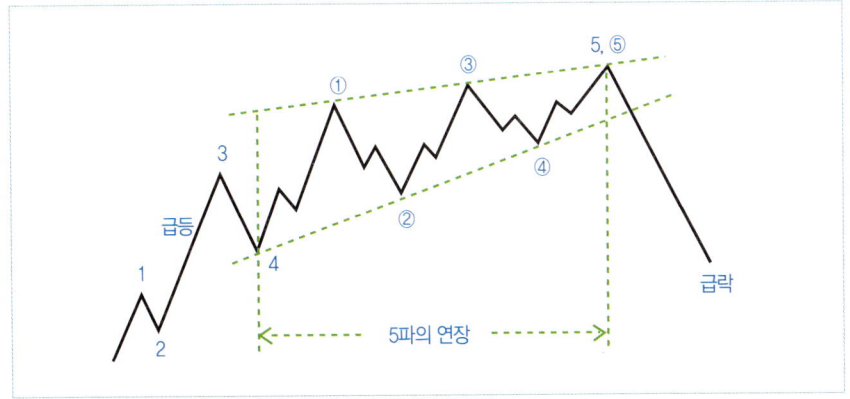

그림에서와 같이 5번 파동이 연장되어 5개의 파동이 나타났다. 그 5개의 파동은 각각 3개의 소파동으로 구성되었다. 이처럼 5번 파동의 연장이 대각삼각형 형태로 구성되어진다면 조정파동인 하락 B파동의 고점이 5번 파동의 최고점을 초과하는 불규칙 정점은 나타나지 않는다.

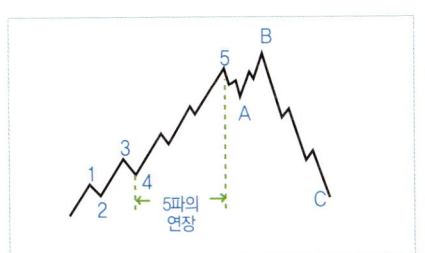 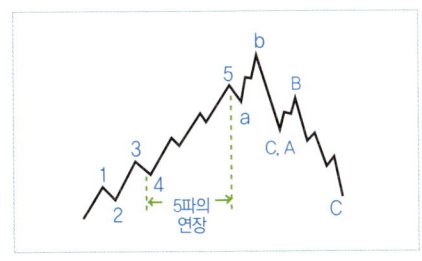

불규칙 조정에 의해 5번 파동 연장시 나타나는 불규칙 정점은 A파동의 하락폭보다 C파동의 하락폭이 상당히 크다.

혼합형(Combinations)은 지그재그, 플랫, 삼각형 조정처럼 단독으로 나타나는 것이 아니다. 혼합형 조정은 말 그대로 세 가지가 혼합되어 조정형태를 구성하는 것이라 할 수 있다.

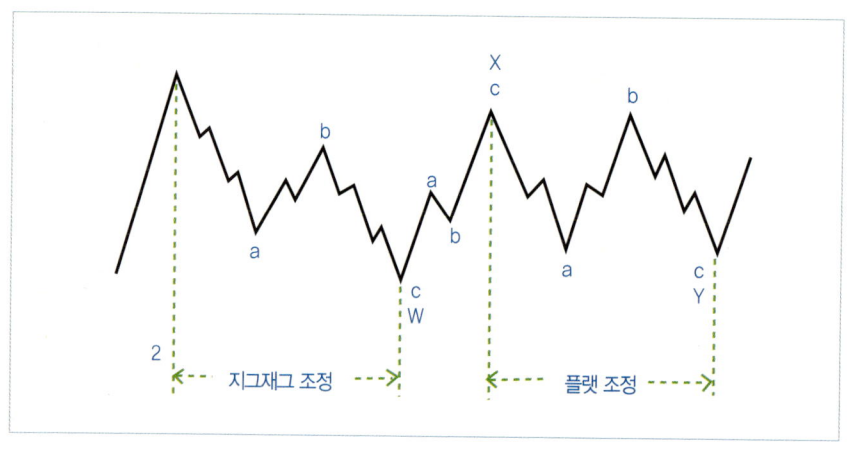

지그재그 조정과 플랫 조정의 형태가 혼합된 조정이다.

3) 엘리어트 이론의 절대 불변의 법칙

엘리어트 파동이론의 적용시 누구나 느끼는 어려움은 파동의 정확한 계산이다. 엘리어트 파동이론에는 수많은 예외가 존재하고 있다. 하지만 다행히도 엘리어트 파동이론을 신뢰하게 하고, 61.8%이니 38.2%이니 하는 비율을 적용할 수 있는 3대 불변의 법칙이 있어 파동 계산에 결정적 도움을 주고 있다. 따라서 이 3대 법칙은 반드시 알아두어야 한다.

◐ 법칙 1

2번 파동이 1번 파동을 절대로 100% 이상 되돌리는 경우는 없으며, 대개의 경우 2번 파동은 1번 파동의 38.2% 혹은 61.8% 되돌리는 경향이 있다.

◐ 법칙 2

1번, 3번, 5번의 충격 파동중 3번 파동이 가장 짧은 파동일 수는 없다. 보통 3번 파동은 가장 강력한 파동이어서 파동의 길이가 가장 길고 거래량도 활발한 경우가 많다.

◐ 법칙 3

4번 파동은 결코 1번 파동과 겹치지 않는다. 즉 4번 파동의 최저점이 1번 파동의 최고점보다 높아야 한다.

4) 엘리어트 파동이론의 한계

엘리어트 파동이론은 예외를 많이 인정한다는 점이다. 모든 법칙이 예외를 인정하지 않을 수 없지만, 예외적인 파동이 많기 때문에 분석가마다 동일한 파동을 가지고 해석을 달리할 수 있는 소지가 많다. 한 파동이 어디서 끝나고 어디서 시작하는지에 대한 언급이 없다. 즉, 파동의 바닥과 바닥, 혹은 바닥과 바닥, 혹은 정점과 정점 사이의 시간적 예측에 대한 어떠한 지표도 없기 때문에 파동이 오기는 오지만 언제 올지는 전혀 예측할 수 없다는 것이다.

엘리어트 파동

예전에는 엘리어트 파동으로 마치 모든 주가의 움직임을 다 알수 있는것처럼 얘기하는 경우도 많이 보았지만, 사실 어떤 분석기법도 한계란 있게 마련이다. 엘리어트 파동이론은 정말 대단하다고 생각할만큼 체계적으로 분석해 놓았는데, 이 역시 관점이나 투자자의 수준에 따라 천차만별일 수 밖에 없다. 특히 개별종목들은 일부 세력들에 의해 주가가 왜곡될 가능성이 많기 때문에 더욱 주의해서 적용해야할 이론이다.

단, 전체지수를 이해하거나, 장기간 주가의 움직임을 볼 수 있는 월봉차트등을 보면 훨씬 엘리어트 파동이 잘 맞아들어간다는 것을 알수 있다. 그럼 참고하여 투자에 적용하였으면 하는 바램이다.

3. 사께다 이론

사께다 전법은 일본 도꾸가와시대 사께다 항구에서 활동하였던 유명한 거래인 홈마가 창출한 이론을 구체화하여 실전에 적용시킨 전통적 투자 기법으로, 주가의 기본적인 패턴을 분석하는 데 수적인 과정이 되고 있다.

사께다 전법은 일본 도꾸가와시대 사께다 항구에서 활동하였던 유명한 거래인 홈마가 창출한 이론을 구체화하여 실전에 적용시킨 전통적 투자 기법으로, 주가의 기본적인 패턴을 분석하는 데 수적인 과정이 되고 있다. 사께다 전법은 3산, 3천, 3공, 3병, 3법으로 구성되어 있다.

삼산형은 대표적인 반전 패턴으로서 지속적인 주가 상승 이후 주식을 사고자 하는 매수 세력은 계속 유입되지만 더 이상 상승하지 못하는 경우에 종종 발생한다. 삼산형이 형성되기 위해서는 1개월에서 3개월 이상의 기간이 소요되며 기간이 오래 될수록 신뢰도는 높아진다. 그래프상에서 흔히 볼 수 있는 삼산형은 그래프 분석의 기본 패턴으로 널리 알려져 있다.

삼산형 중에서 가운데 봉우리가 다른 봉우리보다 높은 경우를 삼봉형이라고 부르는데, 가장 자주 나타나는 반전 패턴 중의 하나이다. 삼산형은 헤드 앤 쇼울더형과 유사하며, 왼쪽 어깨, 머리, 오른쪽 어깨로 가면서 점점 거래량이 줄어드는 현상을 보인다. 일반적으로 삼산형이 나타나면 향후 주가가 상승에서 하향 추세로 전환이 예상되기 때문에 네크라인을 하향 돌파하는 시점을 매도시점으로 판단해야 한다.

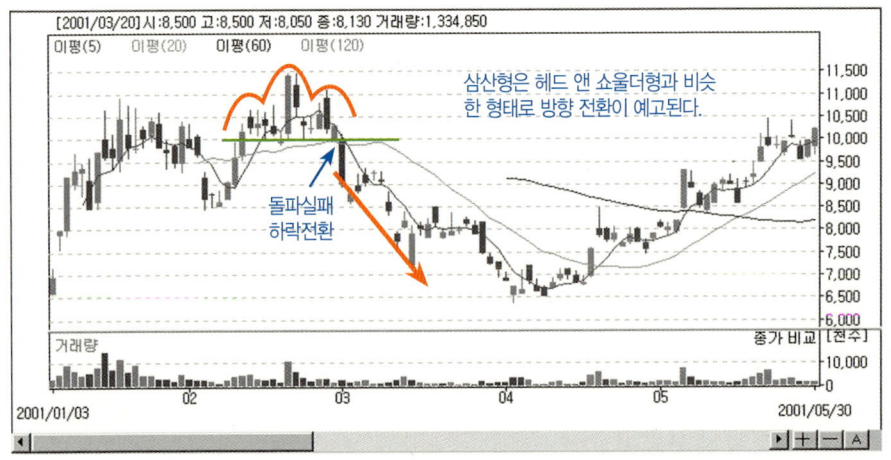

자료 : LG투자증권(05940) 2001년 5월 30일 일봉차트

삼천형은 삼산형을 그대로 뒤집어 놓은 모양으로 하향 추세에서 상승 추세로 전환할 때 종종 발생한다. 삼천형은 세 개의 바닥을 형성하는데 역 헤드 앤 쇼울더형과 같이 가운데 바닥이 가장 낮은 경우도 종종 발생한다. 이 때 거래량은 왼쪽 어깨, 머리, 오른쪽 어깨로 갈수록 점점 거래량의 증가 현상이 나타나는 특징이 있다. 삼천형은 주가가 수개월 이상 하락한 후에 나타나는 패턴으로, 이 패턴에서는 저항선인 네크라인을 상향 돌파할 때가 매수시점이 된다. 이때는 분할 매수에 의해 주식의 보유 비중을 늘려 가는 것이 바람직한 투자 전략이다.

자료 : 동양시스템즈(30790) 2001년 6월 20일 일봉차트

삼공형은 미국식 차트에서 말하는 갭을 의미한다. 삼공은 주가가 하루 사이에 갑자기 폭등하거나 폭락함으로써 어제의 주가와 오늘의 주가 사이에 빈 공간이 나타나는데, 이 빈 공간이 3회 연속 발생하는 경우를 삼공이라 부른다. 이때 거래량은 1공에서부터 증가하기 시작해서 2공에 이르러 더욱 증가한 후 3공에 이르러서는 큰 폭으로 증가하여 대량 거래를 이루게 된다. 주가가 큰 폭으로 상승한 후에 천장권에서 삼공이 발생하면 주가는 더 이상 추가적인 상승을 하지 못하고 하락 및 조정 국면에 접어들게 된다. 따라서 보유 주식을 축소하면서 현금 비중을 늘려야 하며, 이후에는 약세장을 예상하고 투자 전략을 세우는 것이 바람직한 방법이다.

자료 : 동양시스템즈(30790) 2002년 1월 4일 일봉차트

삼병형은 주가 흐름의 대세 반전을 암시해 주는 패턴으로 적삼병과 흑삼병으로 구분이 된다. 적삼병은 주가 하락이 멈추고 상승 반전되어 앞으로 상승 추세가 지속될 것을 예고해 주며, 이와 반대로 흑삼병은 주가 상승이 멈추고 하락 반전되어 앞으로 하락추세가 지속될 것으로 예고해 준다. 따라서 삼병형이 출현하게 되면 대세 반전의 전환 시점을 예상해 볼 수 있으며 동시에 향후 주가 추이를 예상해 볼 수도 있다.

▶ 적삼병

자료 : 디지아이(43360) 2002년 1월 8일 일봉차트

적삼병은 전형적인 강세장에서 출현되는 형태이다. 초기에 매수가 상당히 어렵지만 조정기간에는 매수가 가능하다.

▶ 흑삼병

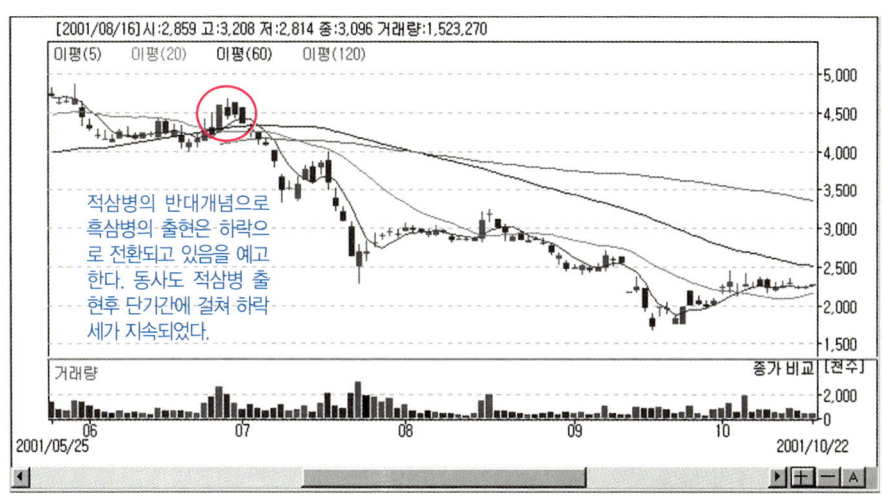

자료 : 메디슨(18360) 2001년 10월 22일 일봉차트

흑삼병의 출현은 약세장에서 출현되는 패턴이다. 흑삼병의 출현은 매도를 의미하기 때문에 빨리 대처하지 않으면 큰 낭패를 볼 수 있다.

삼법형이란 매(賣), 매(買), 휴(休)를 말하는 것으로, 여기서는 특히 휴를 강조한 것이다. 삼법형은 '쉬는 것도 곧 투자다'라는 주식에 관한 격언처럼 매수, 매도가 불확실한 상황에서 주가가 움직이는 방향을 기다리며 일정 기간 휴식이 필요하다는 것을 말해 준다.

4. 카오스 이론

일반적으로 카오스하면 이해하기 힘든 부분으로 생각해 왔다. 그러나 최근에는 카오스의 응용에 대해 '퍼지 → 뉴로퍼지 → 뉴로 → 카오스'의 흐름을 나타내고 있다. 19세기 무렵부터 많은 과학자들은 카오스적 현상이나 징후를 발견했지만 폭 넓게 알려지거나 인정하지 않았다.

일반적으로 카오스하면 이해하기 힘든 부분으로 생각해 왔다. 그러나 최근에는 카오스의 응용에 대해 '퍼지 → 뉴로퍼지 → 뉴로 → 카오스'의 흐름을 나타내고 있다. 19세기 무렵부터 많은 과학자들은 카오스적 현상이나 징후를 발견했지만 폭 넓게 알려지거나 인정하지 않았다. 1970년대 이후 우수한 연구가 많이 쏟아져 나오자 카오스현상의 존재가 폭 넓게 인정되었고, 여러 가지 현상속에서 카오스를 발견하려는 연구가 많은 분야에서 활발하게 이루어지게 되었다. 이러한 연구에 의하면 카오스라는 현상은 결코 예외적인 특수한 현상이 아니며, 비선형인 결정론적 역학하에서 당연하게 발생하는 지극히 일반적인 현상이었다.

엘리어트 파동이론은 실제시장가격이 카오스의 프랙탈구조[2] 를 갖고 있다는 가

---

[2] 프랙탈구조 : Mandelbrot는 자신이 생각한 현상에 이름을 붙여야겠다고 결심하였고, 마침 라틴어 사전을 뒤적거리다가 '부서지다'라는 뜻의 동사 'frangere'에서 파생된 형용사 'fractus'를 우연히 발견, 어원이 같은 영어 단어 'fractal'을 사용하였다.

능성을 보여준다. 파동구조를 잘 살펴보면 상위의 가격파동은 보다 작은 하위의 파동으로 구성되어 있으며, 이들 하위의 파동들은 자신들이 포함된 상위파동의 특성과 차원을 유사하게 가지고 있다. 다시 말해, 하위파동들은 상위파동의 프랙탈들이 되는 것이므로 어떠한 시간을 기준으로 하여도 개개의 다른 시간별 데이터는 서로 비슷한 프렉탈구조를 나타낸다.

이처럼 카오스이론을 통해 일봉, 주봉, 월봉의 차트를 분석하면 어떠한 일련의 규칙들이 존재하고 반복되고 있음을 발견할 수 있다. 이처럼 과거의 일정한 흐름과 모양은 현재에도 영향을 미칠 수 있고 비슷한 형태의 움직임을 보여준다. 그러나 현재 카오스이론을 가지고 주가를 분석하는 것은 거의 없다. 다른 분야에는 많은 성과가 있었지만 주식과의 연관성에 대한 이론은 아직 정립하지 못한 상태인 것 같다.

5. 갠 이론

William D. Gann은 차트의 가격 움직임을 연구하여 가격과 시간이 연계된 기하학적 각도와 비율로 시장의 가격변화를 예측할 수 있는 분석 방법을 고안하였다.

William D. Gann은 차트의 가격 움직임을 연구하여 가격과 시간이 연계된 기하학적 각도와 비율로 시장의 가격변화를 예측할 수 있는 분석 방법을 고안하였다. 구체적인 방법으로 중요한 고점이나 저점에서 시간과 가격의 1대 1 대응(영업일수 기준)으로 고점이나 저점에서 대각선을 그리는데 여기서 가장 중요한 선은 45도 대각선이다. 즉, 저점이나 고점에서 45도 방향으로 진행하는 선(Gann Line)이 중심선 역할을 하며 중심선에 일정 비율(8등분)의 대각선(부채꼴 모양)을 그려나가는 방법이 갠팬(Gann Fans)이다. 갠 팬은 총 9 개의 선으로 구성되며 구성은 다음과 같다.

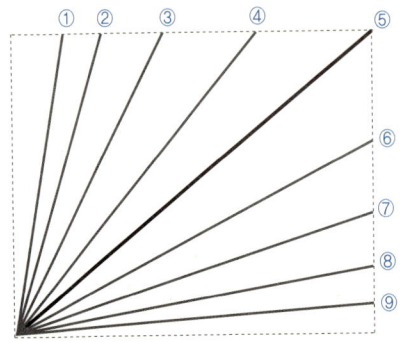

①	1×8	82.5도
②	1×4	7.5도
③	1×3	71.25도
④	1×2	63.75도
⑤	1×1	45도
⑥	2×1	26.25도
⑦	3×1	18.75도
⑧	4×1	15도
⑨	8×1	7.5도

갠이론에 대해 기본적인 개념만 언급하였다. 나머지 부분은 여러분이 하나하나 찾아서 공부해야 한다.

6. 박스 이론

미국의 니코라스 디바스가 "how I made $2,000,000 in the stock market?"에서 발표한 투자이론으로서 주가의 파동에서는 일정한 가격폭을 왕복하는 습성이 있는데 이를 이용하여 투자수익을 올릴 수 있다는 이론이다.

미국의 니코라스 디바스가 "how I made $2,000,000 in the stock market?"에서 발표한 투자이론으로서 주가의 파동에서는 일정한 가격폭을 왕복하는 습성이 있는데 이를 이용하여 투자수익을 올릴 수 있다는 이론이다.

즉 어떤 주가수준을 중심으로 상하 10%라든지 20% 범위 안에서 움직이는 습성이 있으며 이 범위를 '박스'라고 한다. 주가가 상승과정에 돌입하였을 경우 주가가 박스의 상한을 돌파하게 되면 종래의 박스 위에 새로운 박스가 형성된다. 따라서 상한을 돌파한 시점에서 그 종목을 매입하게 되면 시세차익을 기대할 수 있다. 반대로 주가가 박스의 하한을 돌파하면 그 아랫부분에 새로운 박스가 형성되며 그 종목을 매각함으로써 손실을 방지할 수 있다.

7. 랜덤워크 이론(randomwork theory)

주가는 일반인들이 예측할 수 없는 우발성을 갖고 있어 랜덤하게 움직이기 때문에 아예 주가예측을 바탕으로 주식투자를 할 수 없다고 단정짓는 것이 랜덤워크 이론이다.

주가를 움직이는 요인들은 많다. 정국의 동향, 경기, 통화량, 물가, 금리, 기업의 수익력 등 각종 요인들이 복합적으로 주가에 반영된다. 때문에 아무리 분석력을 갖고 있는 사람일지라도 사실상 정확한 주가예측을 한다는 것은 불가능하다. 증권시장이 발달하여 선진화될수록 각종 요인들이 즉각적으로 주가에 반영되는 효율적인 시장이 되기 때문에 주가예측은 더욱 힘들어진다. 그래서 어떤 재료가 일반인들에게 알려지면 이미 주가에 반영되었기 때문에 재료를 갖고 하는 주가예측이란 더욱 어렵다.

주가는 일반인들이 예측할 수 없는 우발성을 갖고 있어 랜덤하게 움직이기 때문에 아예 주가예측을 바탕으로 주식투자를 할 수 없다고 단정짓는 것이 랜덤워크 이론이다. 그래서 랜덤워크 이론가들은 주가와 관련없이 투자수익을 높일 수 있는 투자전략 개발에 노력한 결과 포트폴리오 방식과 포뮬러 플랜 방식을 널리 활용하게 되었다.

  포트폴리오 방식은 여러 유가증권에 효율적으로 분산투자를 하여 위험을 감소시키고 수익을 높이고자 하는 투자전략이고 포뮬러 플랜은 주가예측을 무시하고 일정한 기준을 정하여 자동적으로 투자의사를 결정하는 투자기법이다. 이와 같은 투자전략은 자금력의 한계를 갖고 있는 개인투자자들은 거의 활용할 수 없고, 자금동원능력이 무한한 기관투자가들에게 유용한 투자기법이다. 하지만 개인투자자라 할지라도 주식투자의 속성을 이해하는데 도움이 되고 부분적으로 이를 원용할 수 있는 장점을 갖고 있다.

이 책에서 독자들이 공부해야할 수준은 다우이론, 엘리어트 파동이론, 사께다 전법까지다. 그 이후의 내용은 처음에 빼려고 했으나 이러이러한 것들도 있다는 것을 소개해주는 차원에서 언급한 것으로므로 부담없이 넘어가기 바란다. 이후 좀더 자신만의 분석기법을 만들고자 하는 사람이라면 갠이론을 엘리어트 파동과 앞서 나왔던 부채꼴원리나 되돌림 현상과 같이 공부해보는 것도 좋을 것이다.

주식투자 초보 탈출하기

4

캔틀차트(candle stick chart)의 모든 것

1. 캔들차트란 무엇인가?

캔들차트는 일본에서 개발된 기법으로 미국 등 선진국에서도 많이 사용되고 있다. 특히 우리나라에서 가장 많이 활용되는 분석기법이라 할 수 있다. 캔들(candle)은 우리말로 양초라 한다. 양초의 모양이 봉과 같이 비슷하여 봉차트라고도 한다.

캔들차트는 일본에서 개발된 기법으로 미국 등 선진국에서도 많이 사용되고 있다. 특히 우리나라에서 가장 많이 활용되는 분석기법이라 할 수 있다. 캔들(candle)은 우리말로 양초라 한다. 양초의 모양이 봉과 같이 비슷하여 봉차트라고도 한다. 지금 이 책을 읽으시는 분들도 캔들차트에 대해서는 매우 익숙할 것이다.

주식을 매매하든 선물, 옵션을 매매하든 기술적인 매매를 할 수 있는 것은 그래프를 보고 하는 것이다. 그 중에서도 캔들차트를 보고 하는 것이 가장 보편화된 방법이다. 캔들은 봉차트라고 하기 때문에 미국식과는 다른 방법을 사용하고 있다.

◐ 봉차트는 다음과 같은 작성법을 통하여 주가의 흐름을 표시할 수 있다.

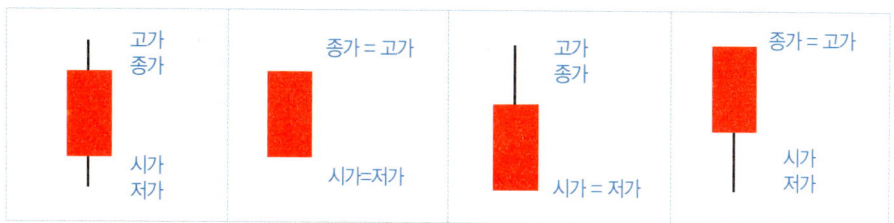

종가가 시가보다 높은 경우를 말하는데 일반적으로 시가보다 종가가 높다는 것은 매수가 강하기 때문에 상승추세가 이어질 수 있는 것을 의미한다.

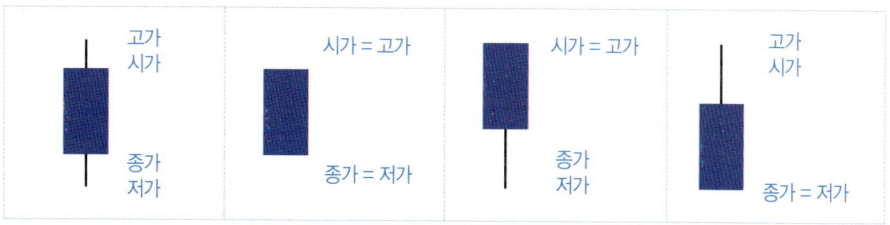

종가가 시가보다 하락한 경우를 말하는데 일반적으로 종가가 시가보다 하락했다는 것은 매도가 강하기 때문에 하락추세가 이어질 수 있는 것을 의미한다.

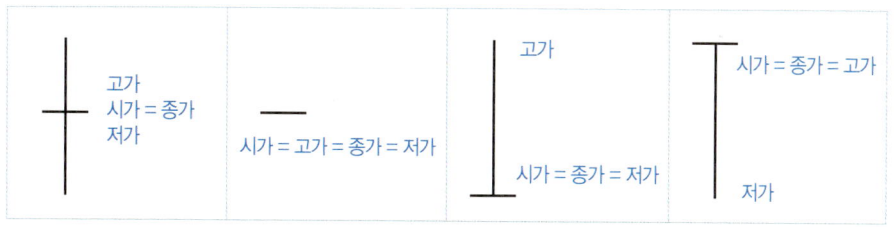

시가와 종가가 같은 경우를 말하는데 일반적으로 시가와 종가가 같다는 것은 전환의 표시를 나타내는 것이다. 또한 매수와 매도가 치열한 공방전을 하고 있는 것이다.

위의 3가지 경우를 기본으로 캔들차트는 시작이 된다. 이제 캔들의 기본적인 형태를 파악하도록 하자. 기본적인 형태를 파악함으로써 변형된 주가의 흐름을 더욱 명확하게 판단할 수 있기 때문이다.

◐ **마르보주(Marubozu) 패턴은 여러 가지가 있다. 기본이 되는 마르보주의 패턴에 대해 자세히 알아본다.**

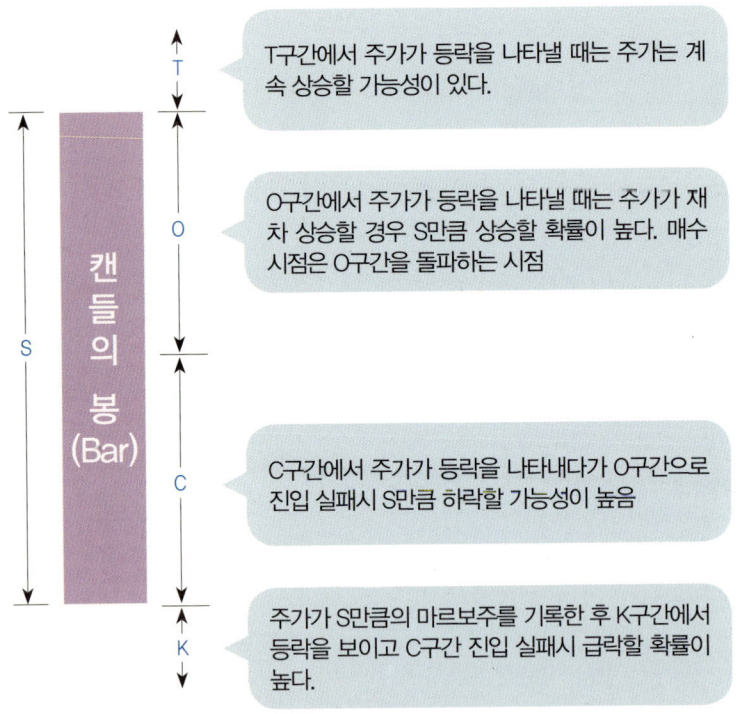

1) Marubozu의 4가지 패턴

일반투자자들이 가장 좋아하는 타입이다. 일명 장대양봉이라고 한다. 강세반전 및 상승 지속형을 의미하기 때문에 매수포인트라 할 수 있다.

장대 음봉의 Marubozu의 형태이다. 약세반전 및 약세지속을 의미하기 때문에 매도포인트라 할 수 있다.

Open Marubozu로서 시가에 그림자가 없는 패턴이다. 양봉은 강세패턴을 나타내고 음봉은 약세패턴을 나타낸다.

Closing Marubozu로서 종가에 그림자가 없는 패턴이다. 양봉은 강세패턴을 음봉은 약세패턴을 나타낸다.

Marubozu와 같이 자주 등장하는 패턴이 있는데 바로 Star, Doji 패턴이다. 이 두 패턴은 주로 방향전환의 시점에서 잘 나타나는 패턴이라 할 수 있다. 주식매매의 매수와 매도시점을 찾는데 많이 이용된다고 할 수 있다.

2) Star 패턴

Star는 두가지의 종류가 있다. 첫 번째는 Morning Star이고 나머지는 Evening Star이다. 주가의 전환시점에서 자주 목격되는 Star는 매수/매도의 포인트를 알려줄 수 있기 때문에 매우 유용하게 사용되고 있다.

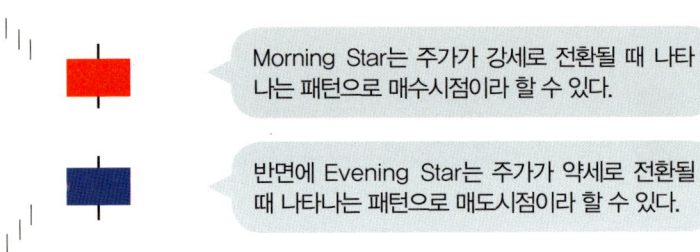

3) Doji 패턴

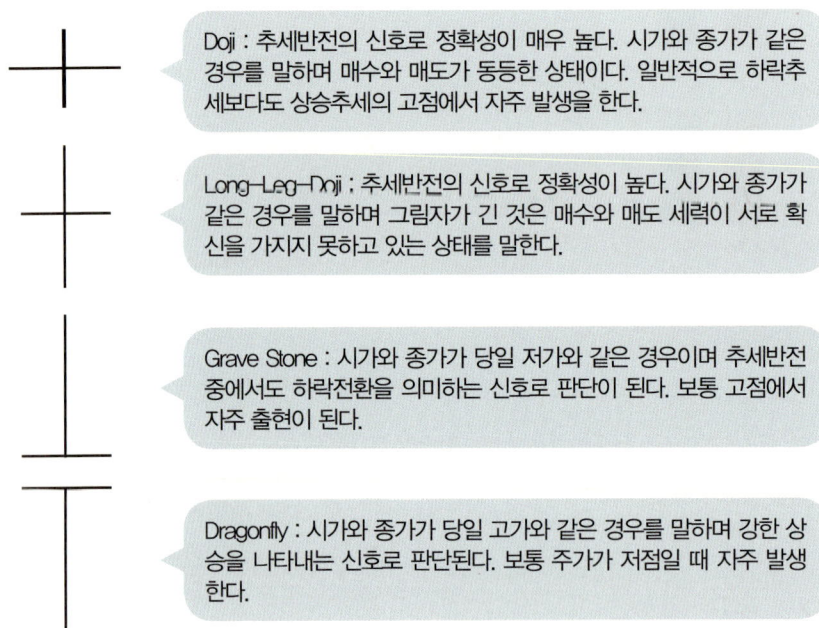

읽어서 도움되는 주식격언 몇가지

인기는 순환한다.

인기는 유행처럼 변하는 것이 속성이다. 주식시세에서 한 업종이나 종목 집단에 인기가 집중해도 시간이 지나면서 신선미가 없어지면 인기는 식어지고 새로운 종목집단으로 이동한다. 주식시장의 인기는 업종별로 순환하는 것이 일반적인 패턴이다. 어떤 특징업종에만 인기지속 기간이 길기 때문인 것으로 결국은 인기는 퇴조하고 새로운 인기 대상을 찾아 주가는 이동한다.

꿈이 있는 주식이 가장 크게 오른다

투자자들이 주식을 사는 것은 미래에 대한 어떤 기대 때문이다.
따라서 미래에 대한 꿈이 크고 화려할수록 주가는 크게 오른다.
비록 현재의 재무상태나 수익성은 나빠도 장래에 좋아질 수 있다는 큰 꿈이 있으면 좋은 상태에 있는 주식보다 더 크게 오를 수 있는 것인 주가이다.

2. 캔들차트의 추세전환형

캔들차트의 기본 패턴에 대해 알아보았다. 이제부터는 좀 더 세밀하게 패턴을 분석해 보겠다. 여러분이 알고 있더라도 다시 한번 자세히 검토를 하면 좋은 성과가 있으리라 생각한다. 그래프를 통해 주가를 분석한다는 것은 쉬울 수도 있지만 필자의 생각으로는 많은 시간이 필요한 것이라 생각한다.

캔들차트의 기본 패턴에 대해 알아보았다. 이제부터는 좀 더 세밀하게 패턴을 분석해 보겠다. 여러분이 알고 있더라도 다시 한번 자세히 검토를 하면 좋은 성과가 있으리라 생각한다. 그래프를 통해 주가를 분석한다는 것은 쉬울 수도 있지만 필자의 생각으로는 많은 시간이 필요한 것이라 생각한다. 단순하게 패턴만을 가지고 그래프를 분석한다면 여러분은 아무 것도 얻지 못할 것이다. 왜냐하면 주가의 그래프를 분석한다는 것은 수 년간 해당 기업의 주가 패턴을 잘 알고 있어야 한다는 것을 의미한다.

그래야만 현재 시점에서의 주가 그래프를 보면 어느 시점의 모양과 흡사하다는 것을 알게 되고 주식매매의 패턴도 전과 다르게 할 수 있는 것이다. 여러분은 지금 열거하는 패턴을 공부하면서 단순하게 그래프에서 똑 같은 것만을 찾으려고 노력할 요가 없다. 절대로 똑같은 것은 없으니까 다만 동일한 형태의 패턴만 있을 뿐이다.

결국 패턴을 분석하는 것은 현재의 시점에서의 그래프 모습뿐만 아니라 과거의 패턴도 여러분의 머릿속에 있어야 하는 것이다.

캔들차트의 추세전환형에는 여러 가지가 있지만 그 중에서도 가장 많이 출현되는 Doji star, Morning star & Evening star, Morning Doji star & Evening Doji star, Hammer & Hanging Man, Harami & Harami Cross, Inverted Hammer & Shooting star, Engulfing, Identical Three Crows Pattern & Three Black Crow, Breakaway에 대해 알아 보겠다.

패턴 하나하나 주의 깊게 공부를 해야 한다. 위에 언급된 패턴이 여러분의 기억 속에 있다면 주식매매를 할때 분명히 좋은 결과가 있으리라 생각한다.

1) Doji Star(십자별형)

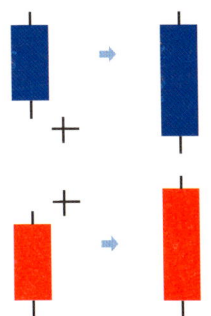

상승추세나 하락추세에서 몸체가 긴 일봉 출현 후 갭을 발생하면서 작은 몸체를 가진 일봉이 출현한 경우 이 둘째 날의 일봉을 별형이라 한다.특히 별형이 작은 몸체대신 시가와 종가가 같은 자형이 나타날 때를 십자별형(Doji Star)이라 한다. 별형패턴에서 둘째 날의 작은 몸체는 매수, 매도간의 치열한 공방속에서 오는 교착상태를 암시한다. 즉, 상승추세에서는 몸체가 긴 양선이후 발생하는 별형은 매수세의 영향권하에 있던 상승추세가 교착상태로 변하였음을 알려주는 신호이다.

Doji(십자형)의 출현은 상승과 하락의 전환을 잘 나타내 준다고 할 수 있다. 즉, 고점에서의 십자형 출현, 조정장세에서의 십자형 출현, 급락세에서의 십자형 출현, 바닥에서의 십자형 출현은 각각 다른 의미를 부여하고 있다. 그런데 주식매매를 할 때 이익을 극대화 할 수 있는 때는 급락세에서의 십자형 출현이라 할 수 있다. 왜냐하면 급락세가 이어진 가운데 하락세가 진정이 된다면 십자형의 출현은 상승으로 전환된다는 것을 의미하기 때문이다.

자료 : 삼성증권(16360) 2002년 1월 24일 일봉차트

상승추세가 계속되고 있는 가운데 단기 조정기간이 필요했다. 추세는 살아있고 단기조정하에서의 도지(자형)출현은 추가상승을 예고하기 때문에 매수포인트라 할 수 있다.

자료 : 삼성전기(09150) 2002년 1월 24일 일봉차트

가장 일반적으로 나타나는 형태다. 고점에서 도지(십자형)와 거래량의 큰 폭 증가는 추가 상승하기에는 부담스럽다는 의미이며 하락으로 전환될 수 있는 시점을 내포하기도 한다. 이 시점에서는 당연히 매도하는 것이 바람직하다고 할 수 있다.

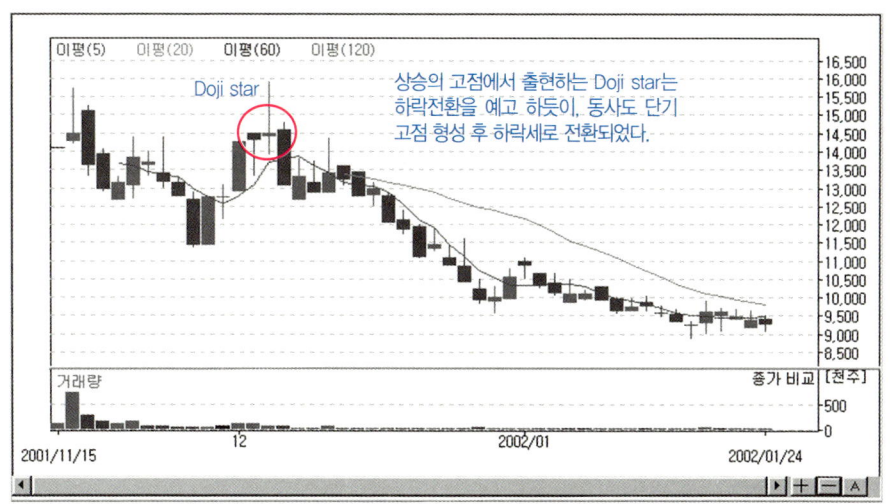

자료 : 삼영엠텍(54540) 2002년 1월 24일 일봉차트

4. 캔들차트(candle stick chart)의 모든 것 • 395

2) Morning Star & Evening Star

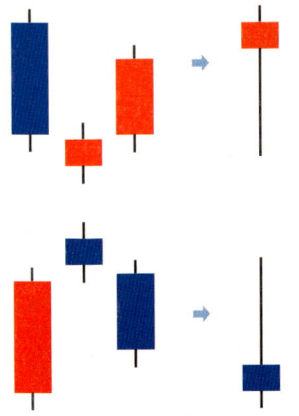

Morning Star는 하락추세에서 몸체가 긴 음선이 나타난 후 갭을 만들면서 이튿날 몸체가 작은 일봉이 출현하고 긴 양선이 발생할 경우를 말하는 상승전환형 패턴이다.

Evening Star는 샛별형과 달리 말 그대로 어둠이 깔리면서 처음 보이기 시작하는 저녁별이다. 즉, 상승추세의 마무리 단계에서 나타나는 하락반전 패턴으로 저녁별이 나타나면 어두운 밤(하락추세)이 도래하므로 붙여진 이름이다.

자료 : 국민은행(60000) 2002년 1월 24일 일봉차트

Morning Star는 아침에 뜨는 별이라 할 수 있다. 아침에 뜨는 별은 온세상에 빛을 주듯이 주가도 이제 막 상승으로 전환되고 있음을 의미한다. 그와 반대로 Evening Star는 지는 별이라 할 수 있다. 일반적으로 저녁별이라 하지만 주가와 비교한다면 지는 별이 맞을 것 같다. 즉 하락세 전환을 예고하고 있고 매도시점이다.

동사의 차트는 다른 것에 비해 약간 변형된 형태라 할 수 있다. Evening Star 출현 후 하락세로 전환되었지만 하락에 따른 되돌림 현상으로 직전 고점까지 다시 상승한 후 급락세를 보였다. 속임수형이라고 할 수 있다.

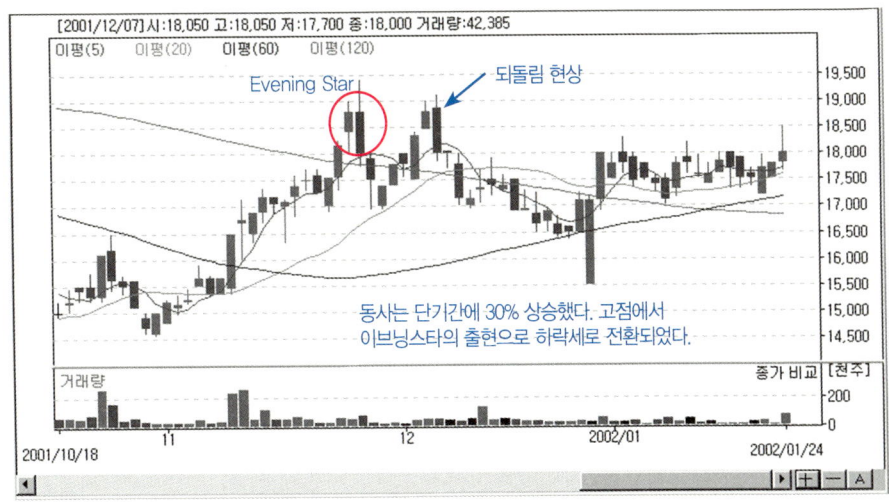

자료 : 포스데이타(22100) 2002년 1월 24일 일봉차트

동사는 일반적인 형태이다. 하락세가 멈추어지는 시점에서 Morning Star가 출현되었다. 매수시점이다.

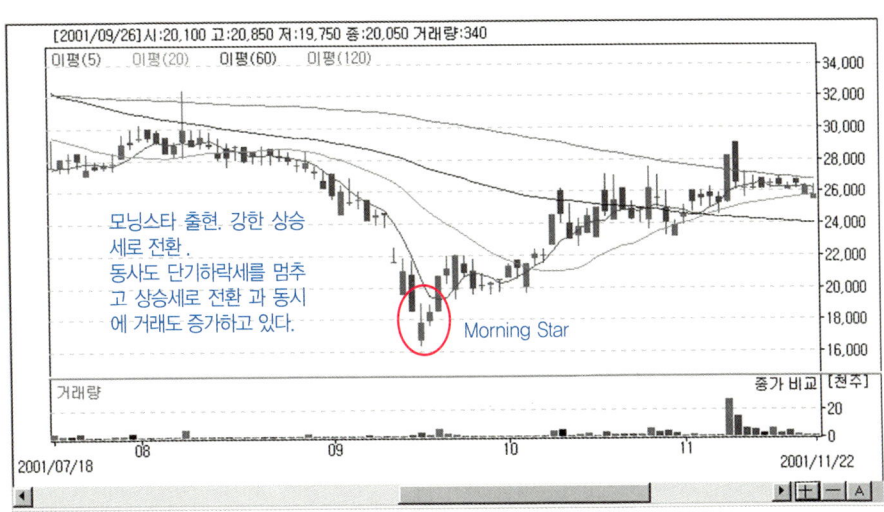

자료 : 포항제철(05490) 2001년 11월 22일 일봉차트

3) Morning Doji Star & Evening Doji Star

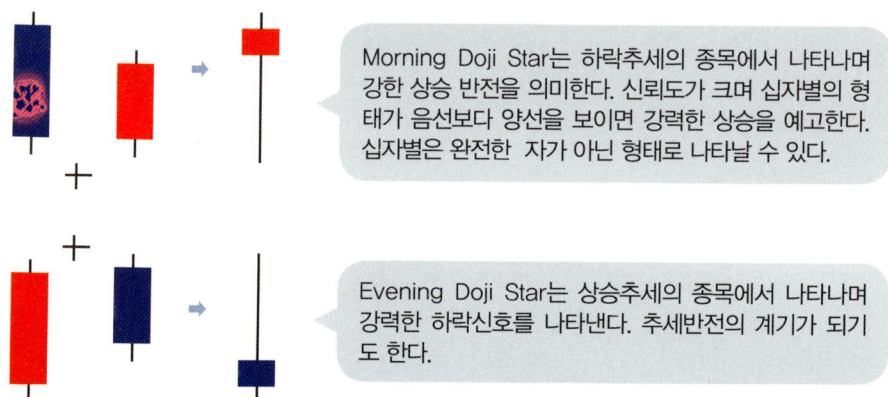

Morning Doji Star는 하락추세의 종목에서 나타나며 강한 상승 반전을 의미한다. 신뢰도가 크며 십자별의 형태가 음선보다 양선을 보이면 강력한 상승을 예고한다. 십자별은 완전한 자가 아닌 형태로 나타날 수 있다.

Evening Doji Star는 상승추세의 종목에서 나타나며 강력한 하락신호를 나타낸다. 추세반전의 계기가 되기도 한다.

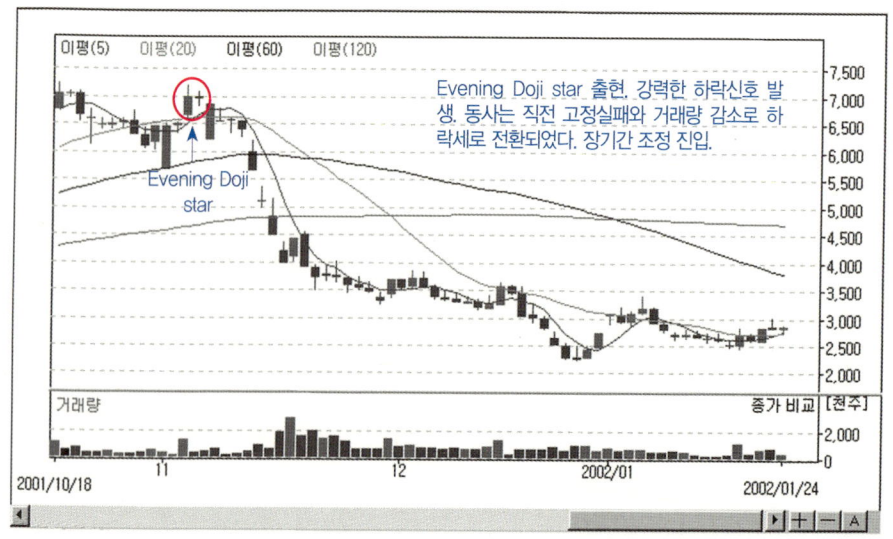

자료 : 프로소닉(38120) 2002년 1월 24일 일봉차트

    Morning Star와 Evening Star의 변형된 형태로서 Doji와 함께 긴 양봉, 음봉과 같이 출현되는 형태이다. 이 패턴의 출현은 강한 상승과 하락의 전환을 예고하고 있다.

동사의 패턴은 Morning Doji star 형태이다. Doji와 양봉출현, 거래량 증가, 골든크로스 발생. 단기 100%의 상승세 시현됨.

자료 : 삼보컴퓨터(14900) 2002년 1월 24일 일봉차트

동사의 차트상 완만한 상승세가 이어진 가운데 Evening Doji Star의 출현은 단기 매도시점을 의미했다. 이점 명심해야 한다.

자료 : 동양메이저(01520) 2001년 8월 7일 일봉차트

4) Hammer & Hanging Man

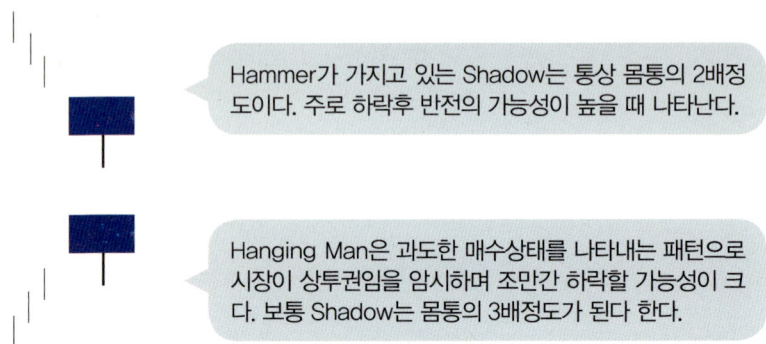

해머는 일명 망치형이라고도 한다. 여기에서 중요하게 생각해야 할 것은 바로 해머에 붙어 있는 수염이라 할 수 있다. 몸통에 비해 수염의 길이가 어떻게 나타나느냐에 따라 달라질 수 있기 때문이다.

동사의 차트에 나타난 해머를 보더라도 수염이 몸통에 2배정도가 되고 있다는 점을 발견할 수 있을 것이다. 결국 상승으로 전환되었다.

자료 : 하나은행(07360) 20012년 9월 17일 일봉차트

동사의 차트에 나타난 행잉맨 출현과 대량 거래 수반은 곧바로 하락세로 전환된다. 앞서 얘기한 수염길이에도 관심을 가질 필요가 있다.

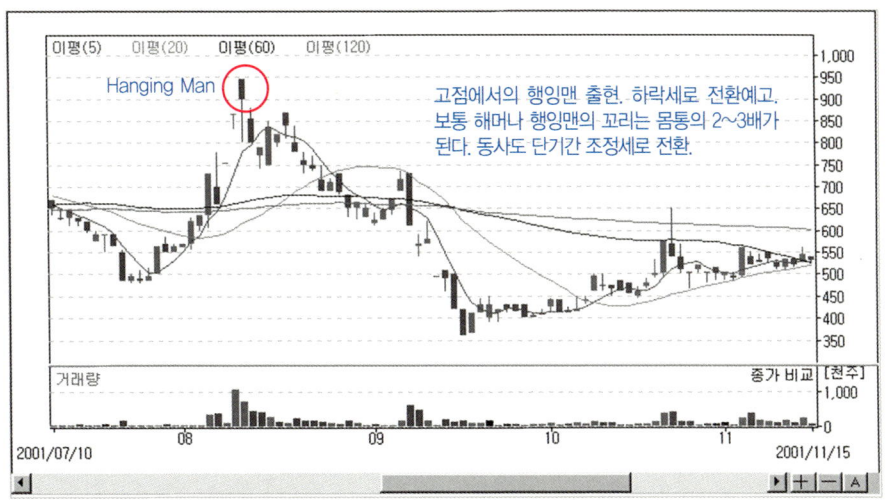

자료 : 금강화섬(10730) 2001년 11월 15일 일봉차트

4. 캔들차트(candle stick chart)의 모든 것 • 401

5) Harami & Harami Cross

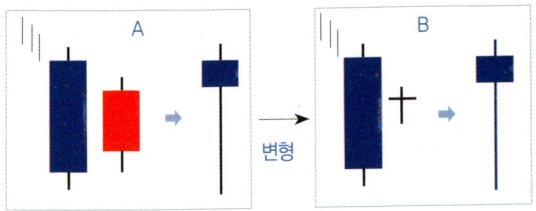

A. 캔들차트의 몸통 중앙 부근에 작은 캔들을 형성하는 것이 보통이며 매도세력이 강한 매수세력에 의해 매도세가 감소하고 있음을 나타내고 있다.

B. 하락추세의 Harami cross는 상승추세의 Harami cross와 반대로 상승전환을 의미하는 추세선으로 생각해야 한다.

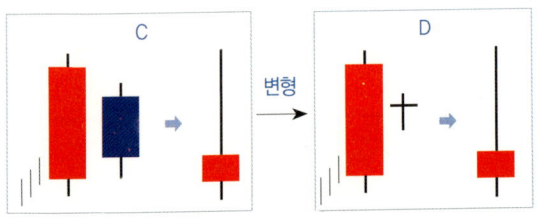

C. 상승추세에서의 Harami출현은 매수세력이 강한 매도세력에 의해 매수가 약해지고 있음을 의미한다. 하락전환을 의미한다고 할 수 있다.

D. 상승추세 Harami상에서 몸통이 출현한 것과는 달리 자형이 출현 으로써 추세반전 가능성이 훨씬 더 크다고 할 수가 있다. 결국 추세반전의 가능성이 하락으로 전환되는 것을 의미한다고 할 수 있다.

자료 : 금호석유(11780) 2001년 12월 10일 일봉차트

    Harami와 Harami cross는 서로의 관계에 있어서 약간 변형된 형태라 할 수 있다. 그것을 바로 Harami cross라 말한다. Harami cross의 출현은 Harami보다 더 큰 추세전환을 의미한다.

4. 캔들차드(candle stick chart)의 모든 것 • 403

하락추세선상에서의 Harami cross 출현은 강한 상승반전을 의미하기 때문에 동사도 하락세가 진정되면서 강세로 전환되었다.

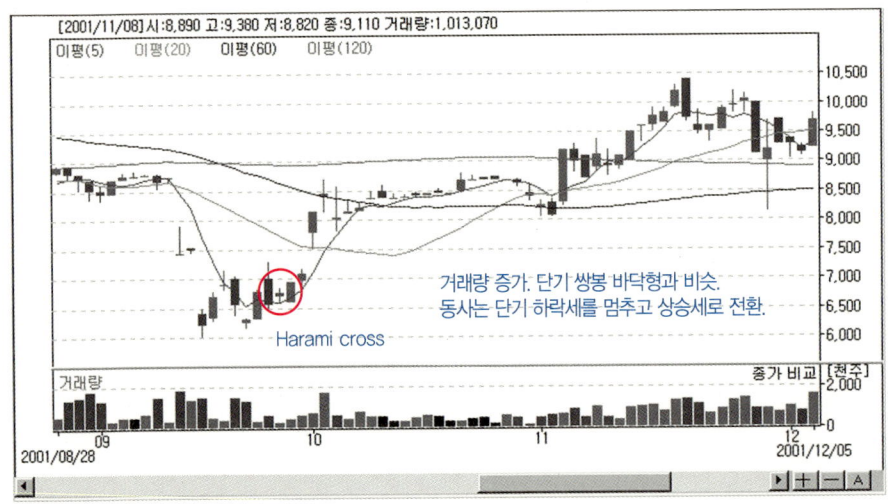

자료 : 기아차(00270) 2001년 12월 5일 일봉차트

동사는 하락추세선상의 Harami cross가 출현되었다고 볼 수 있다.

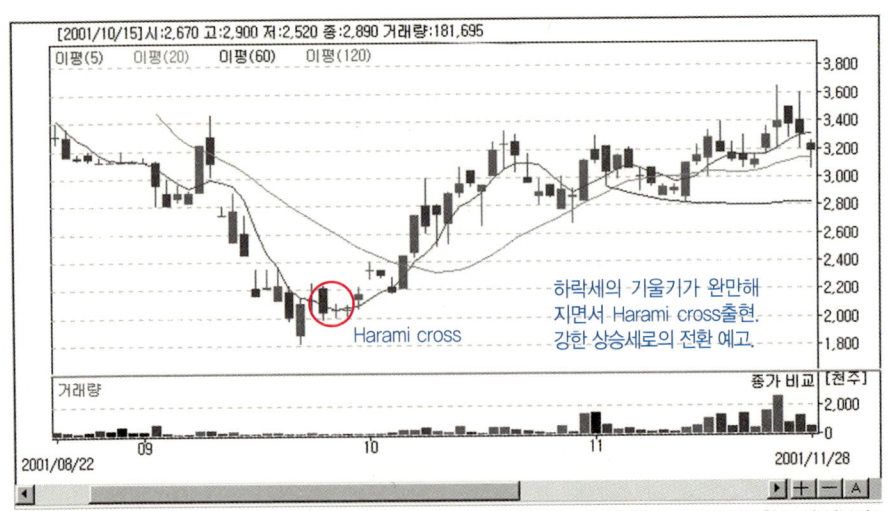

자료 : 뉴씨앤씨(45240) 2001년 11월 28일 일봉차트

6) Inverted Hammer & Shooting Star

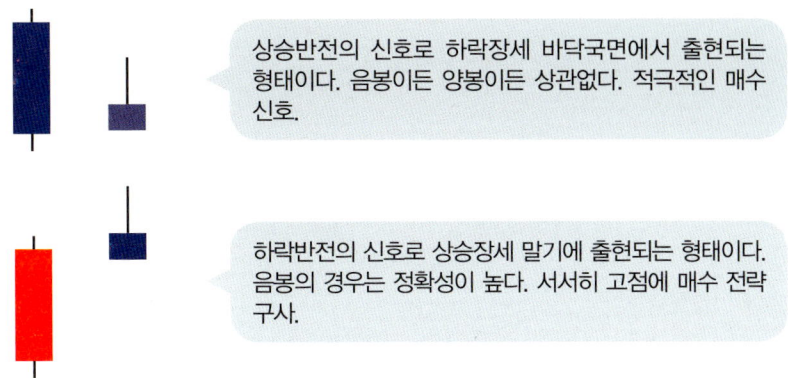

　　Inverted Hammer(역해머)와 Shooting Star(유성형)은 차트상 서로 상반되게 나타나는 패턴이다. 즉 역해머는 주가의 바닥국면에서 출현되고, 유성형은 주가의 고점에서 출현이 된다.

동사의 차트상 고점에서의 유성형 출현은 당일 종가가 시가보다 낮은 경우를 말하는데 보통 하락으로 전환한다.

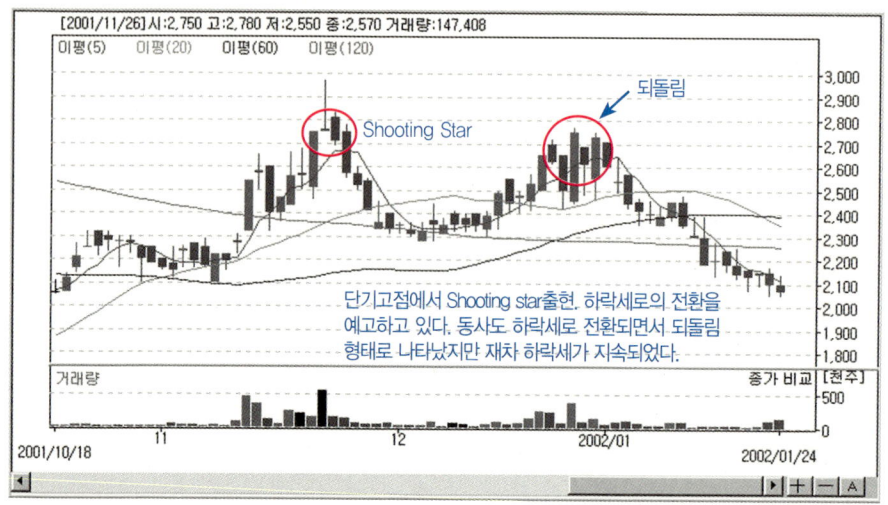

자료: 대성엘텍(25440) 2002년 1월 24일 일봉차트

동사의 차트를 보면 단기 급락과 더불어 하락세가 진정되었다. 또한 거래량과 더불어 역해머가 출현 상승으로 전환 되었다.

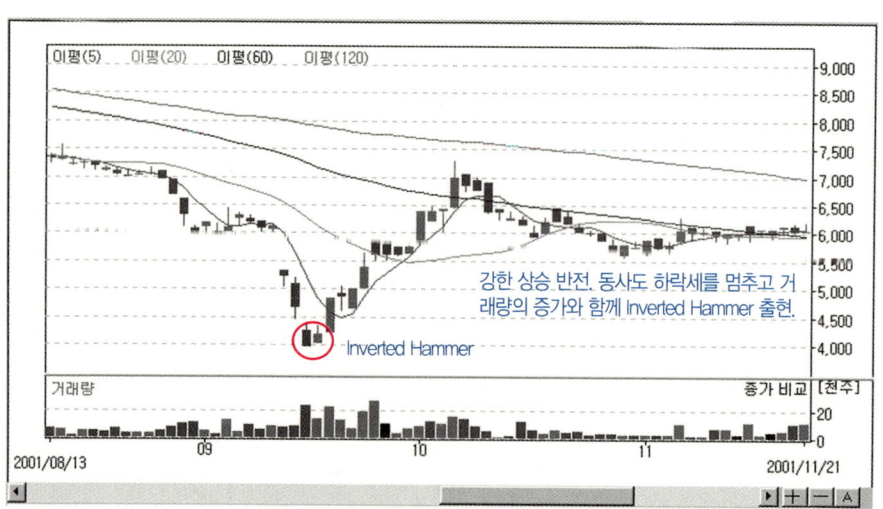

자료 : 대원화성(24890) 2001년 11월 21일 일봉차트

7) Engulfing(장악형)

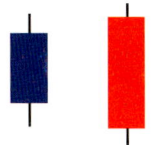

하락추세에서 전일의 음봉을 완전히 장악하며 감싸는 형으로 상승반전 신호로 해석된다. 양봉의 길이가 길면 길수록 신뢰성은 커진다. 하락장세 바닥권에서 형성된다. 상승반전형이기 때문에 매수시점.

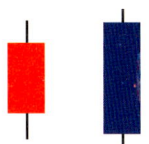

상승 추세에서 전일의 양봉을 하회하는 음선이 발생하는 하락반전 신호로 음봉의 길이가 길면 길수록 신뢰성은 커진다. 상승장세 천장권에서 형성된다. 하락반전형이기 때문에 매도시점.

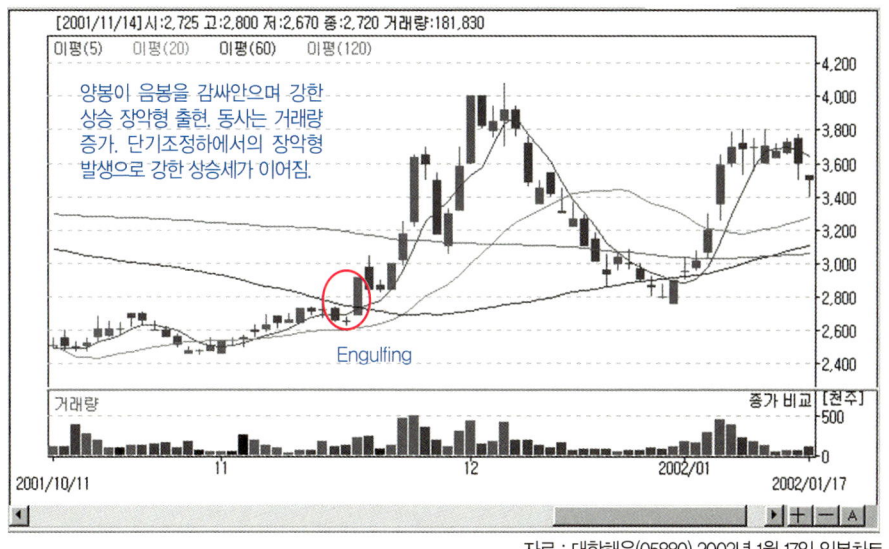

자료 : 대한해운(05880) 2002년 1월 17일 일봉차트

Engulfing은 장악형이라고도 한다. 일반적으로 전일의 봉차트보다 당일의 봉차트가 더 큰 것을 의미한다. 그것이 양봉이면 상승전환 신호가 되는 것이고, 음봉이면 하락전환 신호로 보면 되는 것이다.

동사의 Engulfing 출현은 강한 상승을 타나냈다. 상승전환 직전에 단기급락을 보였지만 지지선을 중심으로 매수세가 형성되었다.

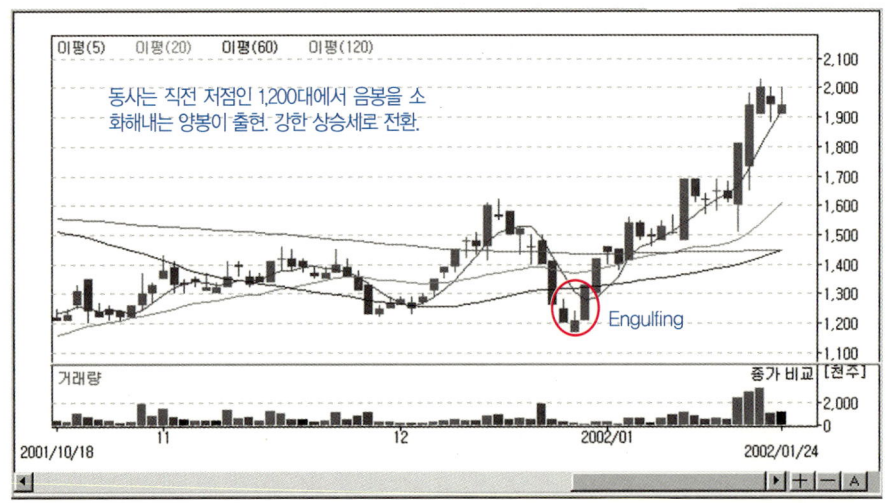

자료 : 대현테크(26230) 2002년 1월 24일 일봉차트

동사의 Engulfing 출현은 주의 깊게 보아야 한다. 일반투자자들은 이 부분에서 직전고점을 돌파하는 등 속임형이 출현되기 때문에 쉽게 매수를 하지만 결국 하락세로 전환된다.

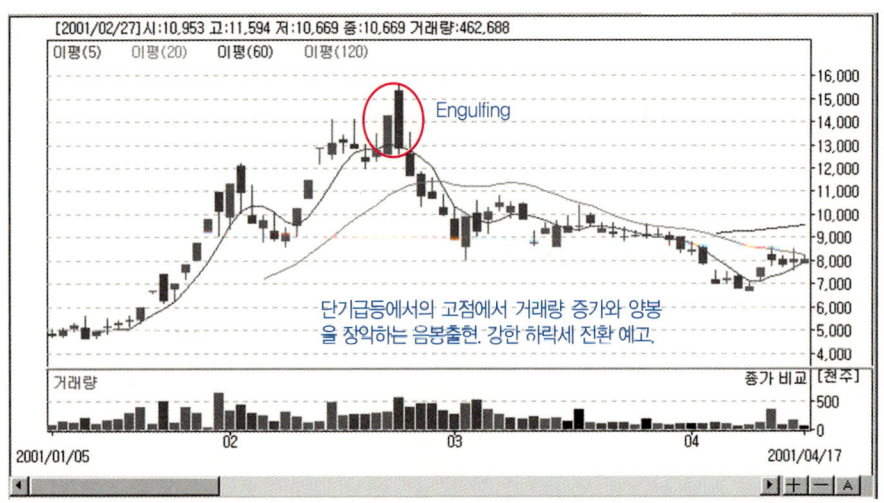

자료 : 데코(13650) 2001년 4월 17일 일봉차트

8) Identical Three Crows Pattern & Three Black Crows(적삼병 & 흑삼병)

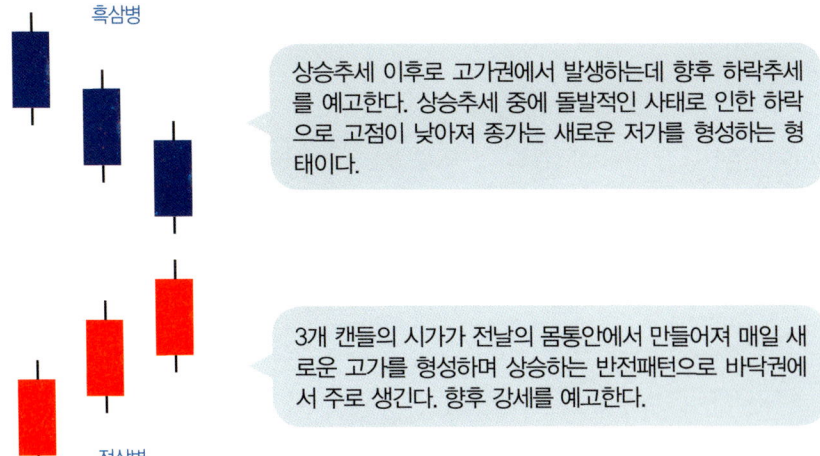

흑삼병: 상승추세 이후로 고가권에서 발생하는데 향후 하락추세를 예고한다. 상승추세 중에 돌발적인 사태로 인한 하락으로 고점이 낮아져 종가는 새로운 저가를 형성하는 형태이다.

적삼병: 3개 캔들의 시가가 전날의 몸통안에서 만들어져 매일 새로운 고가를 형성하며 상승하는 반전패턴으로 바닥권에서 주로 생긴다. 향후 강세를 예고한다.

바닥권에서 주로 생기며 매일 신고가를 형성하며 상승하는 반전패턴. 동사도 바닥권에서 출현. 강한 상승세 실현.

자료 : 덱트론(53070) 2002년 12월 13일 일봉차트

적삼병과 흑삼병의 출현은 윷놀이에서 '도 아니면 모'라 하듯이 '상승 혹은 하락'을 가장 쉽게 알 수 있다. 적삼병은 상승전환이기 때문에 기에 매수하지 못하면 큰

이익을 얻을 수 없고, 흑삼병은 하락전환을 나타내기 때문에 곧바로 매도하지 못하면 큰 낭패를 볼 수가 있다.

흑삼병이 출현한 동사의 차트상 초기 긴 음봉 출현은 하락전환을 의미하기 때문에 보유물량의 50%는 축소하는 것이 바람직하며, 나머지 물량도 추세에 따라 정리를 해야 한다.

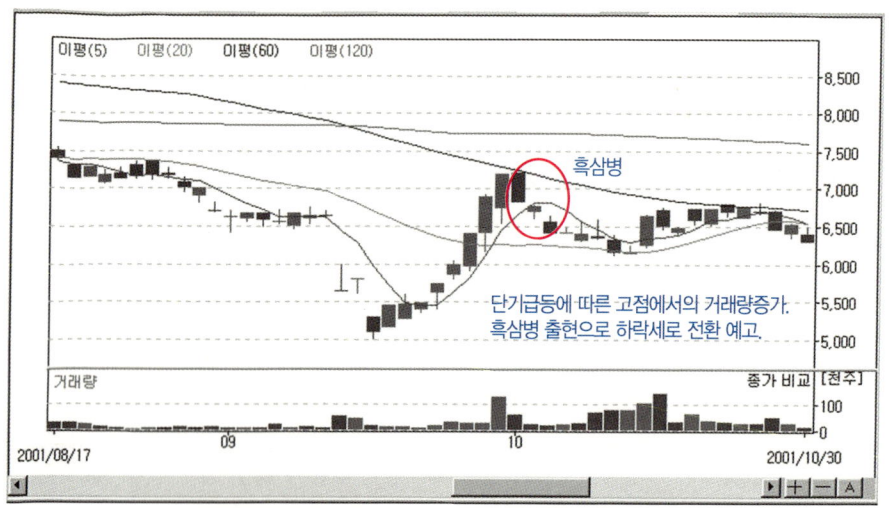

자료 : 동부한농(00990) 2001년 10월 30일 일봉차트

반대로 적삼병의 출현은 상승전환을 나타내지만 초기 매수를 못했더라면 재 매수시점은 동사의 차트에서 보듯이 쉽지 않다는 것을 볼 수 있다.

자료 : 동부화재(05830) 2002년 1월 24일 일봉차트

9) Breakaway

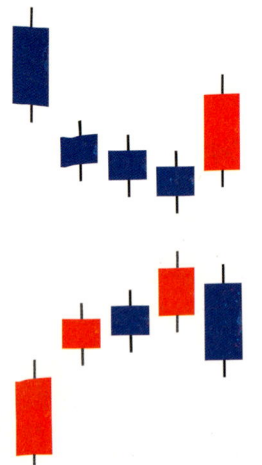

강세 Breakaway 패턴은 하락추세가 지속될 때 과매도 현상으로 나타나는 형태이다. 매도세가 점점 약해지면서 마지막으로 긴 양봉의 출현으로 강세반전, 적극적인 매수시점이다.

약세 Breakaway 패턴은 상승추세가 지속될 때 과매수현상으로 나타나는 형태이다. 매수세가 약해지면서 마지막으로 긴 음봉의 출현으로 약세반전, 적극적인 매도시점이다.

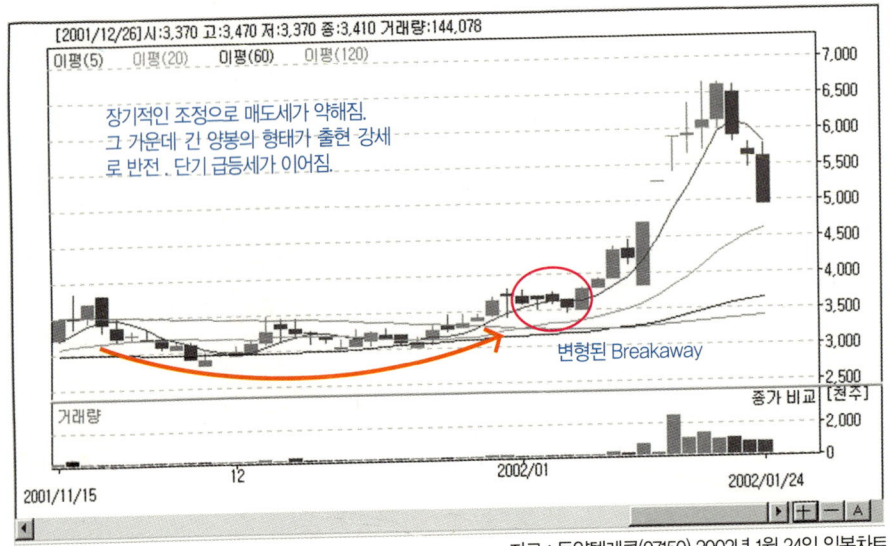

자료 : 동양텔레콤(07150) 2002년 1월 24일 일봉차트

    Breakaway는 추세전환이 강한 패턴이다. 상승과 하락 전환에서 긴 양봉과 음봉이 출현하기 때문에 쉽게 발견할 수 있다.

강세 Breakaway 출현이 되기까지는 상당히 오랜 조정기간이 필요했다. 결국 하락폭에 의해 발생되는 것보다 얼마 동안 하락했는가? 혹은 짧은 기간에 큰 폭으로 하락하는 경우에 해당된다고 볼 수 있다.

자료 : 동원증권(05890) 2001년 6월 7일 일봉차트

동사의 차트에서 보듯이 단기 급락세가 나타나면서 매수시점이 빨라졌다고 볼 수 있다. 이미 장기간에 걸쳐 하락세가 이어졌고 9월 단기 급락세가 시현되었다.

자료 : 동원창투(19560) 2001년 11월 14일 일봉차트

3. 캔들차트의 추세지속형

캔들차트의 추세전환형에 대해 알아보았는데 이해를 잘 했는지… 이제는 추세지속형에 무엇이 있는지 공부해 보기로 하자.

캔들차트의 추세전환형에 대해 알아보았는데 이해를 잘 했는지… 이제는 추세지속형에 무엇이 있는지 공부해 보기로 하자.

1) 상승갭(Upside Tasuki Window) & 하락갭(Downside Tasuki Window)

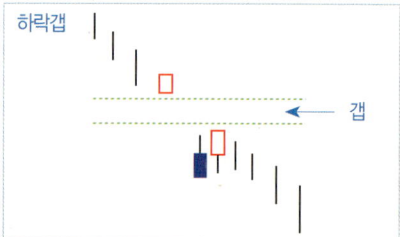

상승갭은 상승추세에서 첫날 일봉(대체로 양선)과 양선 사이에 갭이 발생한 후 그 다음날 음선이 발생한 경우이다. 이때 3일째 발생한 음선의 시가는 2일째 양선의 몸체 사이에 있어야 하고 종가는 2일째 양선의 시가보다 낮을 수 있다. 그러나 두 양선이 만든 갭을 3일째 음선의 몸체가 닫으면 안된다.

즉 상승추세에서 강력한 매수세가 갭을 발생시키고 그 갭에 대한 시장의 경계세력들이 매도세를 늘려 3일째 음선이 발생하였으나 매도세가 시장의 상승추세를 꺾을 만큼 강력하지 못하여 갭을 닫지 못하였으므로 3일째 음선이 바로 매수타이밍이 된다. 그리고 상승갭이 발생한 후의 2일, 3일째 양선 및 음선의 몸체크기는 비슷해야 한다. 만약 상승갭에서 3일째 음선의 크기가 절대적으로 크게 되면 매수세가 교착상태로 빠진 것으로 보아야 한다.

하락갭의 경우도 마찬가지로 첫째 날 일봉과 둘째 날 음선이 만든 갭을 3일째 양선이 닫지 못하면 지속적인 하락추세가 이어질 것을 의미하며 3일째 양선이 매도타이밍이 된다.

결국 갭이 시사하는 바는 상승추세든 하락추세든 갭이 발생하고 하루, 이틀 내에 바로 갭을 닫지 못한다면 이는 일시적인 조정을 의미하며 그 추세는 계속 이어짐을 의미한다. 따라서 갭이 출현한 후 바로 갭이 닫히지 않는다면 그 시점이 중요한 매매타이밍이 되는 것이다.

자료 : 대우증권1우(06805) 2002년 1월 25일 일봉차트

자료 : 동부화재(05830) 2001년 9월 24일 일봉차트

2) Upgap side-by side whiteline & Downgap side-by-side wihiteline

상승나란히형에서 두 개의 양선이 나란히 갭 위에서 발생한 경우를 말하며 상승나란히형이 출현한 후 신고가를 갱신하게 된다면 이는 새로운 상승국면이 전개됨을 의미한다.

하락나란히형에서 두 개의 양선이 나란히 갭 아래에서 발생한 경우를 말하며 하락나란히형에서 나타나는 두 개의 양선은 선물시장의 경우 매도세가 취한 환매에 의한 것일 가능성이 많다. 그러나 나란히형은 그리 흔한 패턴이 아니며 특히 하락나란히형은 좀처럼 나타나지 않는다. 그 이유는 일반적으로 약세장에서는 음선 이후 출현한 하락갭에 연이어 나타나는 일봉이 음선으로 나타나는 것이 자연스럽기 때문이다.

자료 : 동성화학(05190) 2001년 11월 26일 일봉차트

동 차트에서 Upgap side-by side whiteline 출현되었는데 가장 중요한 것은 갭이 발생된 후 신고가를 갱신하게 되면 새로운 상승국면이 진행된다는 것이다.

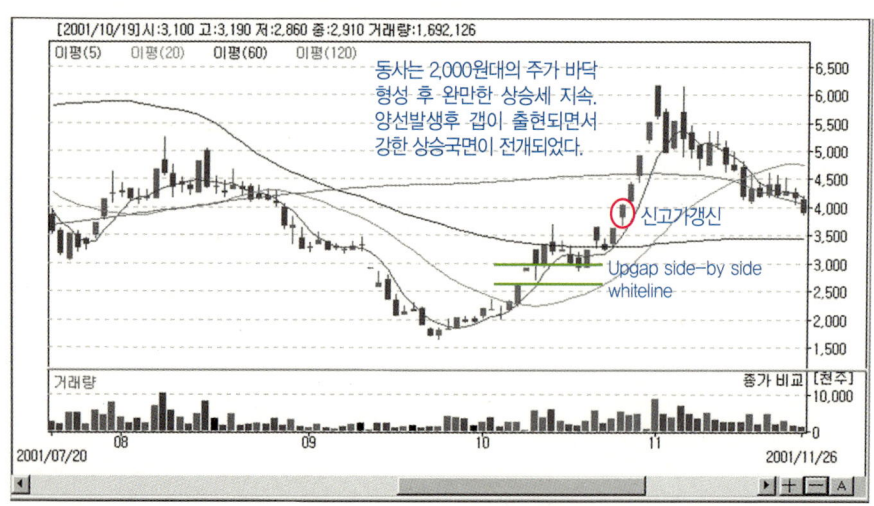

자료 : 동신에스엔티(09730) 2001년 11월 26일 일봉차트

일반적으로 Downgap side-by side whiteline 출현하면 계속새서 나타나는 경우가 많다. 동사의 차트에서 보듯이 갭 발생후 나타나는 양봉은 흔한 형태가 아니다.

자료 : 동원F&B(49770) 2001년 9월 17일 일봉차트

3) Separating Line

상승추세가 지속되다가 몸체가 긴 음선이 출현하였다면, 이는 기존 매수세의 이익실현과 하락추세전환으로 성급하게 판단한 일부 매도세에 의해 시장이 약세로 흘렀음을 의미한다. 그러나 그 다음날 갭이 생기면서 시 가가 전일의 시가 수준으로 높게 형성되었다면, 그리고 그날의 종가가 새로운 고가를 만들었다면, 많은 투자자

들이 전일의 음선이 일시적 조정임을 깨닫고 매수세에 가담하여 매수세가 다시 강화되었음을 의미한다. 따라서 이러한 일시적 조정은 전체적인 추세상에서 격리해야 장기적인 투자전략에 혼란을 제거할 수 있다.

격리형에는 상승추세에서 발행하는 상승격리형과 하락추세에서 발생하는 하락격리형이 있으며 전형적인 상승격리형은 음선+양선이, 하락격리형은 양선+음선이 출현해야 하고 첫째 날과 둘째 날의 몸체가 길면 길수록 신뢰도가 높아진다. 격리형에서도 반격형과 마찬가지로 그림자는 무시된다.

자료 : 디씨씨(34750) 2002년 1월 25일 일봉차트

동사의 차트는 상승추세가 완전히 끝나고 있음을 나타내고 있다. 그 신호를 알 수 있는 것이 바로 Separating line 출현이다.

자료 : 디에이블(03190) 2002년 1월 25일 일봉차트

Separating line은 속임형을 수반하기도 한다. 동사의 차트에서도 단기 상승에 대한 구가노정으로 보여 매도했으나, 다시 긴 양봉이 출현되며 추세가 지속되고 있다.

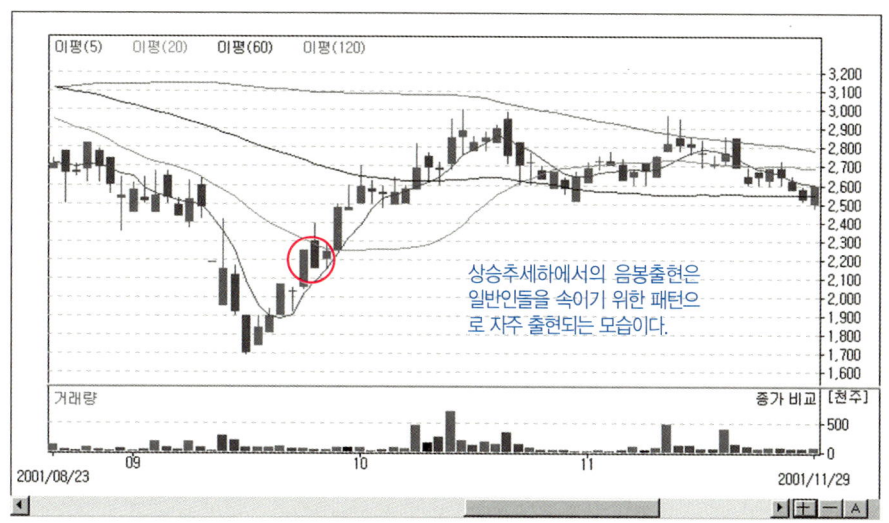

자료 : 디와이(44180) 2002년 11월 29일 일봉차트

4) Three Method

상승삼단형은 최초의 긴 양선 출현 후 3개의 음선과 몸체가 긴 양선이 출현하게 되는데 마지막 양선의 종가는 최초의 양선의 종가보다 높아야 한다. 삼단형은 깃발형과 유사하며 연이은 3~4개의 음선은 새로운 상승을 위한 시장에너지의 충전과 같은 것이다.

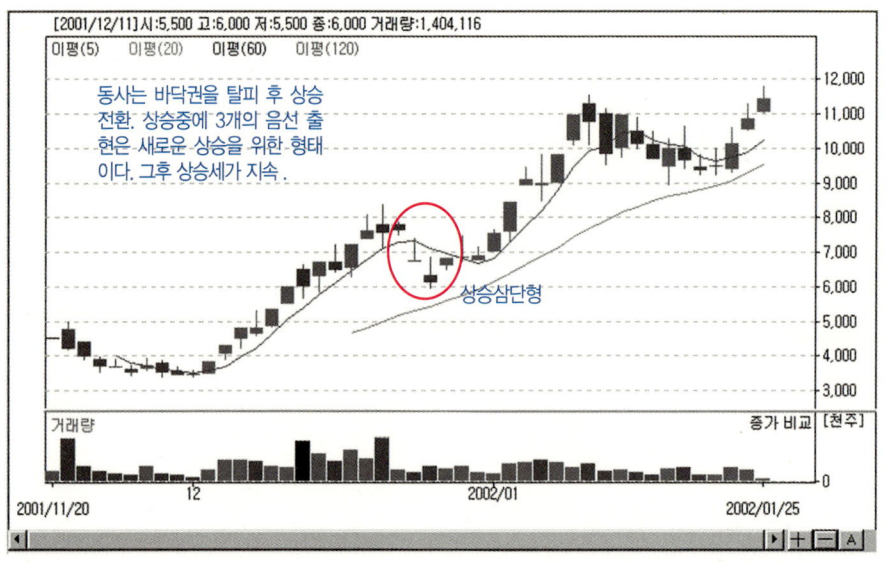

자료 : 레이젠(47440) 2002년 1월 25일 일봉차트

상승삼단형의 전형적인 모습이다. 추세는 계속 유지되고 있는 가운데 일정한 간격으로 기간조정을 거치는 모습이다.

동사의 차트상에서 일중 등락이 심해 봉의 모양이 크게 형성이 되어 있지만 자세히 살펴보면 고점에 하락삼단형이 출현되고 있음을 알 수 있다.

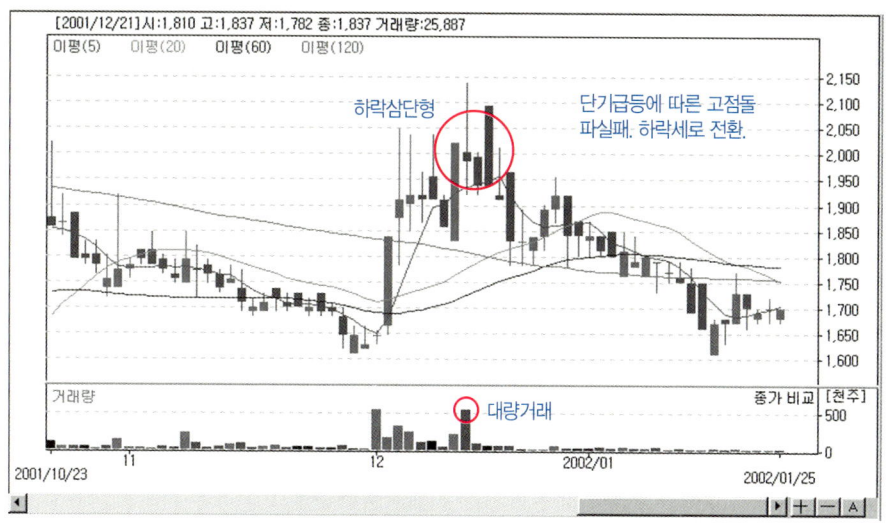

자료 : 로지트(14190) 2002년 1월 25일 일봉차트

상승추세상에서 기간조정을 하는 경우에는 대개 2~3일 정도의 기간을 요로 한다. 동사도 3일째 되는날 이미 방향전환이 나타났다.

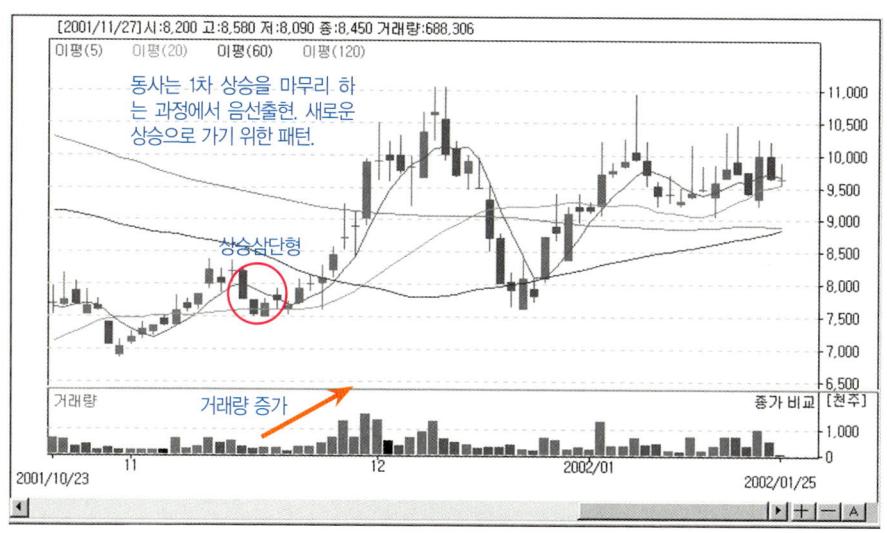

자료 : 로커스홀딩스(37150) 2002년 1월 25일 일봉차트

캔들차트 더 정확히 보는 법

캔들차트는 일봉을 가장 많이 보지만, 단기매매하는 사람들은 분봉을 더 많이 보게 될 것이다. 중요한 것은 5분차트에서의 신호와 30분 차트에서의 신호가 다를 수도 있고, 그런 단기적인 신호가 발생한다고 하여도 일봉이나 주봉상의 추세에는 영향을 주지 않을 정도로 미미한 경우가 많다. 그러므로 그런 상황에 맞게 여러 시간대의 차트를 같이 보면서 투자판단의 신뢰도를 높일 필요가 있다. 그리고 이동평균선과 반드시 같이 보고, 추세방향이나 지지, 저항의 위치를 미리 파악하면서 적용해 보기 바란다.

주식투자 초보 탈출하기

5

차트 분석을 위한 보조 지표들

보조지표는 말그대로 앞서 배운 기본적인 분석기법을 보조해 주는 지표라고 생각하면 된다. 보조지표는 상당히 많지만, 여기서는 가장 많이 쓰이는 지표 몇가지만 추려서 공부해 보도록 하자. 그리고 충분히 숙지한 이후에는 본책에서 설명했던 다이버전스 신호에 대해서도 다시 복습해 보길 바란다.

- 추세선지표 : MACD / MACD Oscillator, Envelope
  Bollinger Band / Band Width
- Momentum 지표 : Stochastic
- 시장특성지표 : RSI

1. 추세선 지표

차트분석을 할 때 또는 주식매매를 할 때 가장 많이 활용을 하는 것이 바로 보조지표가 아닌 가 생각한다. 보조지표를 통한 매매기법이 활성화 되어 다양한 전략들이 쏟아지고 있다. 이러한 지표들은 여러분들에게 많은 도움을 줄것이다. 아무쪼록 열심히 하길 바란다.

1) MACD / MACD Oscillator

▶ 삼성전자(05930) 월봉차트

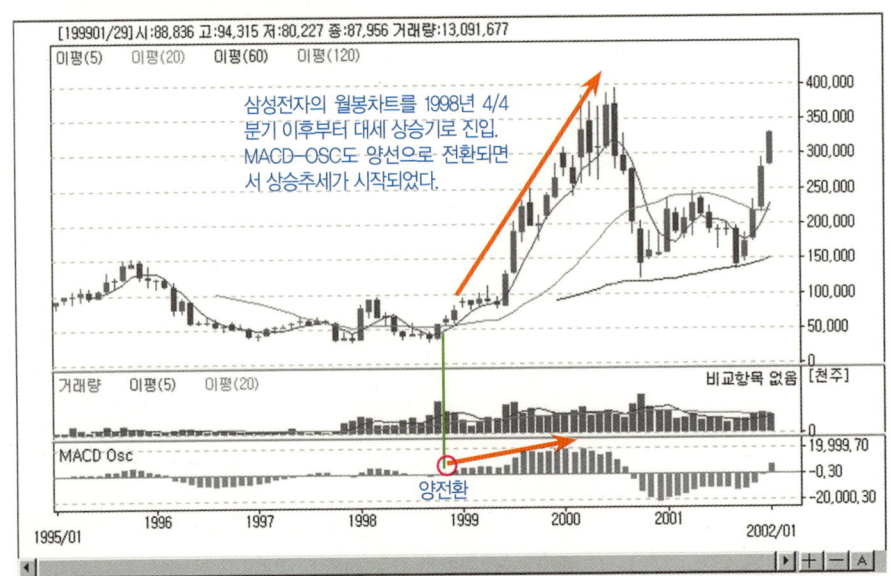

삼성전자의 월봉차트를 1998년 4/4분기 이후부터 대세 상승기로 진입. MACD-OSC도 양선으로 전환되면서 상승추세가 시작되었다.

428 • 주식차트 초보 탈출하기

● **MACD Oscillator**

실전매매에서 주가 이동평균선은 매우 의미 있는 지표로 활용된다. 하지만 이동평균선을 이용한 매매의 한계성은 실제 주가보다 이동평균선이 게 움직이는 후행성(Time-Lag)을 가지고 있다는 것이다.

이러한 이동평균값의 산출이 갖는 근본적인 문제점을 보완하여 후행성을 극복한 새로운 기술적 지표가 MACD이라고 불리는 MACDTM(Moving Average Convergence & Divergence Trading Method : 이동평균선의 수렴 · 확산 지수 매매기법)이다.

1979년 Gerald Appel에 의해 개발된 이 지표는 장기 이동평균선과 단기 이동평균선이 서로 멀어지면(divergence)결국은 다시 가까워진다는(convergence) 성질을 이용하여 두 이동평균선이 가장 멀어지는 시점을 찾는 것이다.

Envelope 기법을 개발한 Manning Stoller에 의해서 개발된 지표로 MACD와 signal선의 차이를 이용하여 oscillator의 움직임을 포착, 매매에 이용하는 기법이다.

○ **삼성전자(05930) 주봉차트**

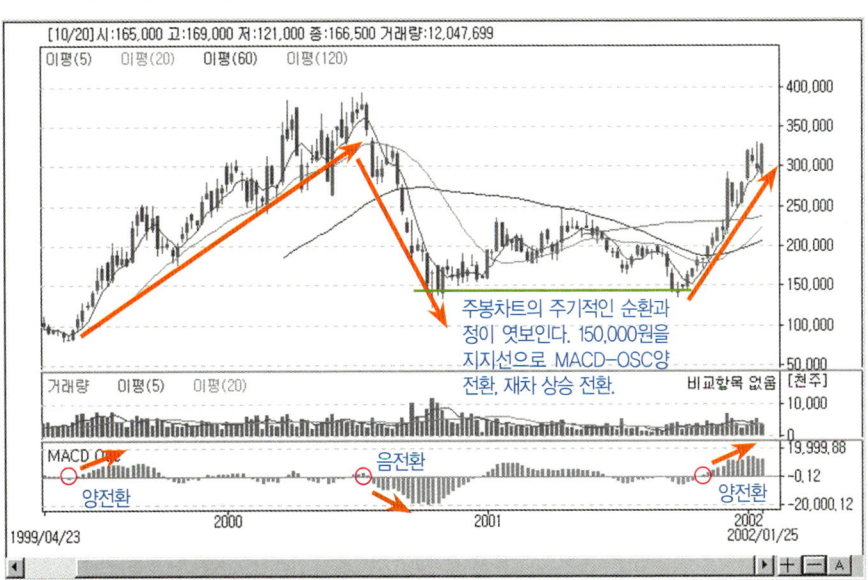

◐ 삼성전자(05930) 일봉차트

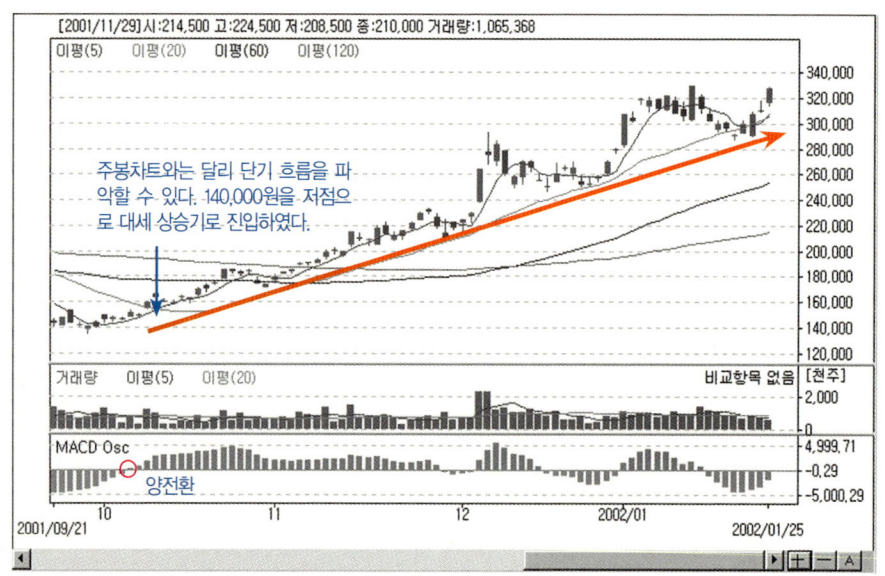

◐ SK텔레콤(17670) 월봉차트

● **계산방법**

= MACD −MACD signal

● **분석방법**

① MACD Oscillator의 0선 돌파
   — '0'선은 장기 이동평균선과 단기 이동평균선의 차이가 최대가 되는 포인트임(MAO의 "0"선 돌파는 가격이 추세전환을 확인하는 시점)
   — 0선의 상·하 돌파시 매매를 하는 방법

② MACD Osc의 반전 이용 기법
   — MAO의 0선 돌파가 약간의 후행성이 존재
   — 후행성의 개선을 위해서 MAO 고점·저점에서의 반전시 매매를 하는 방법

③ MACD Osc의 Divergence
   — 적용방법은 MACD에서와 같음
   — 단 MACD 보다 divergence 포착이 쉬움

④ MACD Osc의 Failure
   — MACD Oscillator가 0선을 돌파하지 못하고 0선 근처에서 0선을 돌파하지 못하 거나 일시적으로 돌파 후 다시 원래의 추세로 되돌아가는 경우
   — Failure가 발생하면 기존의 시장추세가 오히려 강화되어 더 강력한 추세를 형성할 것임을 암시
   — Failure는 가격의 흐름상 가격이 저항선, 또는 지지선에서 일정기간 횡보 or 소폭조정을 거치면서 에너지를 축적한 후 다시 상승, 또는 하락세로 반전하는 경우에 발생

◐ SK 텔레콤(17670) 주봉차트

◐ SK 텔레콤(17670) 일봉차트

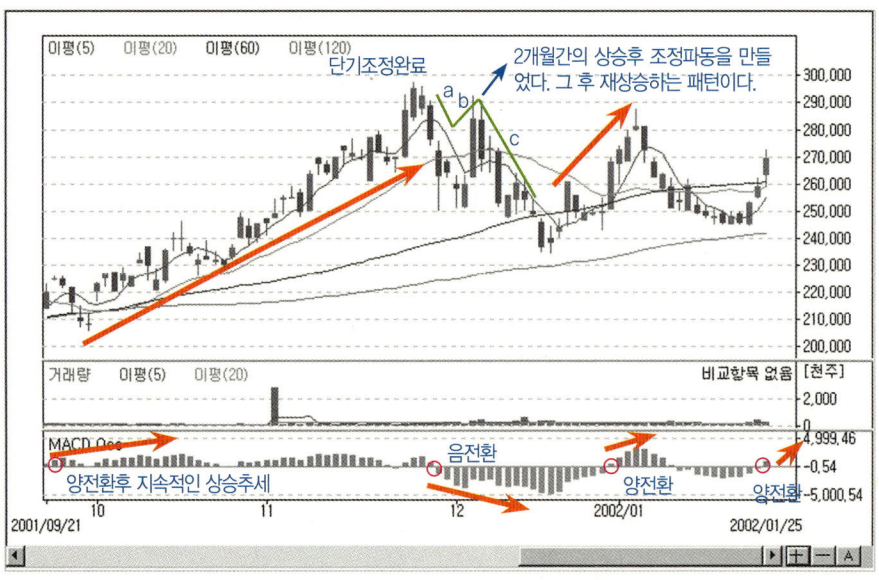

한국통신공사(30200) 월봉차트

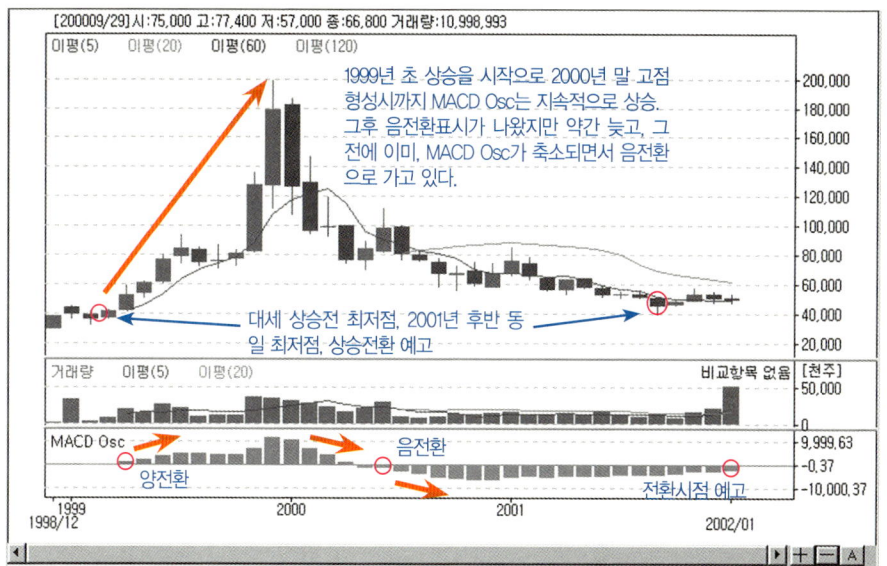

초기 MACD Osc는 매수포인트를 정상적으로 포착할 수 있었다. 그러나 매도포인트는 일정한 하락폭이 발생한 후 출현되기 때문에 포착하기 힘들다.

● MACD Osc활용법

MACD Osc는 시장가격 대비 선행 경향이 있으므로 전일과 Oscillator 진행이 반대면 매매신호로 인식

— MACD Osc의 활용도는 비교적 떨어지므로 divergence확인 등에 한정하여 사용하는 것이 바람직

— MACD Osc의 전환 판단은 주관적이기 쉬우므로 기준 설정이 요함

— MACD Osc는 MACD의 signal교차보다 선행하는 경향이 있다. 따라서 MACD와 병행하여 MACD의 선행지표로 활용함이 바람직하다.

● 한국통신공사(30200) 주봉차트

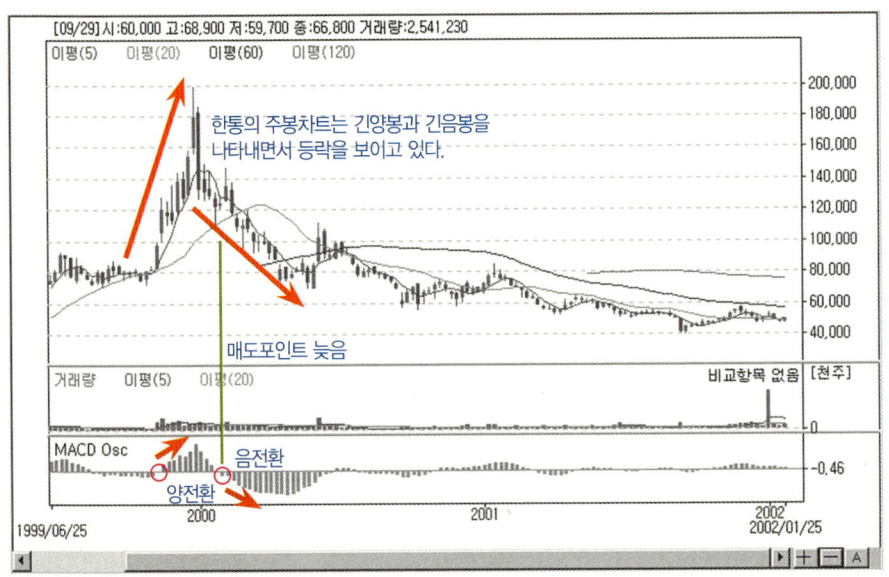

● 한국통신공사(30200) 일봉차트

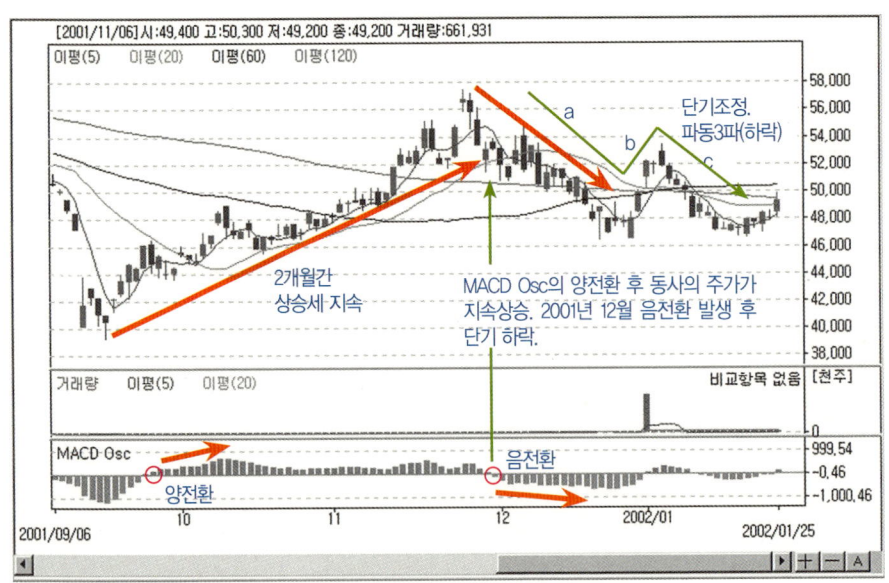

2) Envelope

○ 신한지주(55550) 월봉차트

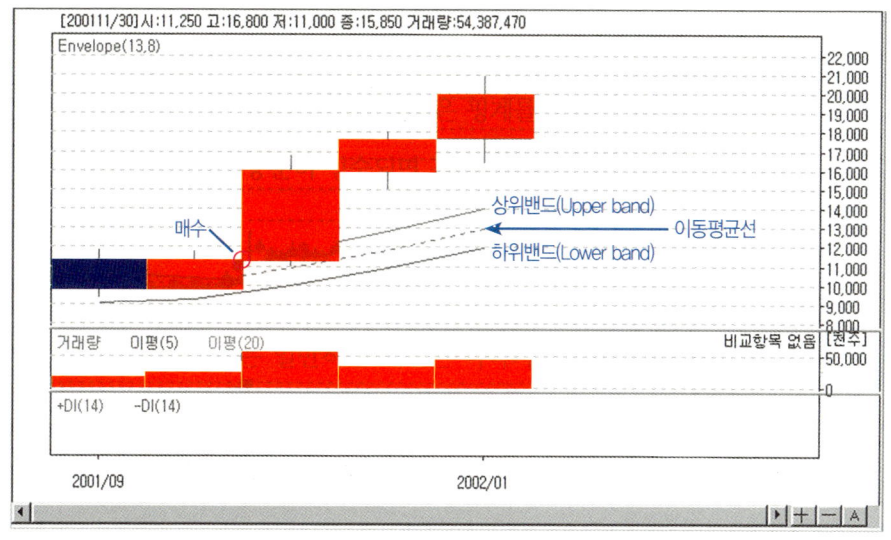

● **Envelope**

기술적 분석가들은 항상 직선형태의 추세선에 불만을 가져왔다. 따라서 가격을 따라 움직이는 곡선형태의 채널추세선을 만들려는 노력을 거듭했는데 대표적인 것이 J.M.Hurst 와 Manning Stroller 등에 의해 발전되어진 『Envelope(엔벨로프 : 表皮)』이다.

Envelope는 이동평균기법에 채널추세기법을 가미한 투자전략이라고 할 수 있다. Envelope는 'Trading band'라고도 하는데 이동평균선을 중심으로 이동평균선의 상하에 일정한 Band(띠)를 설정하여 가격이 정상적인 분포를 보일 때 상위밴드(upper band)는 가격의 상한선으로 하위밴드(lower band)는 하한선으로 간주하고 매도ㆍ매수를 결정하는 매매기법이다. 이와 유사한 개념이 이동평균선을 기초로 일정기간의 가격변동성을 이용한 Bollinger band, 일정기간 중 고가와 저가를 이용하여 채널을 설정한 Channel breakout 등이 있다.

◐ 신한지주(55550) 주봉차트

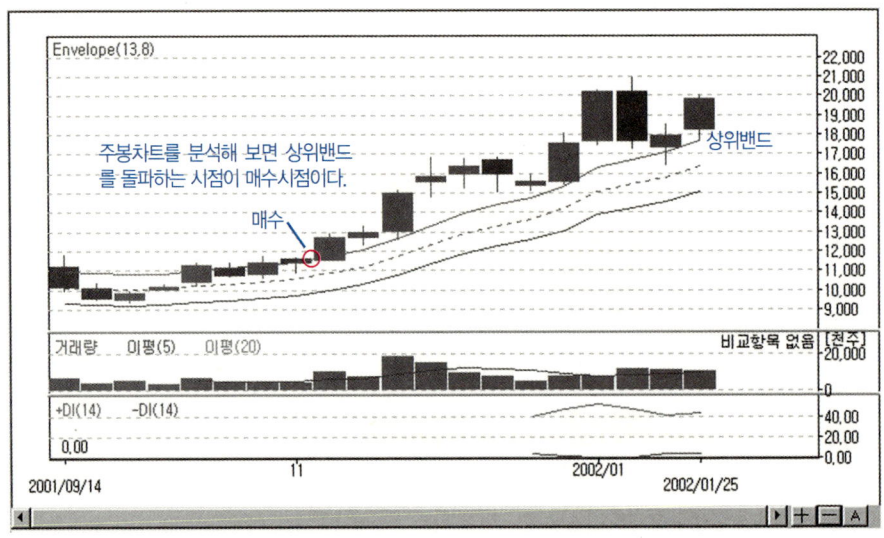

◐ 신한지주(55550) 일봉차트

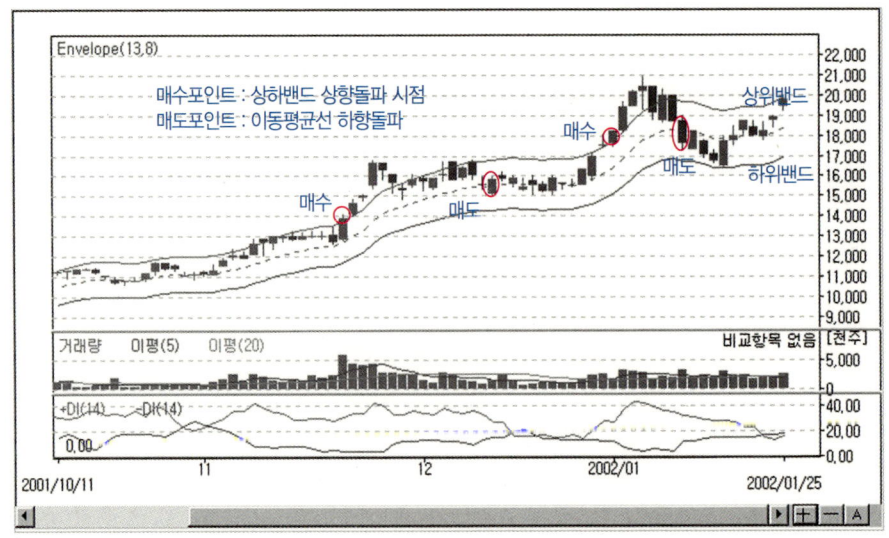

◐ LG전자(02610) 월봉차트

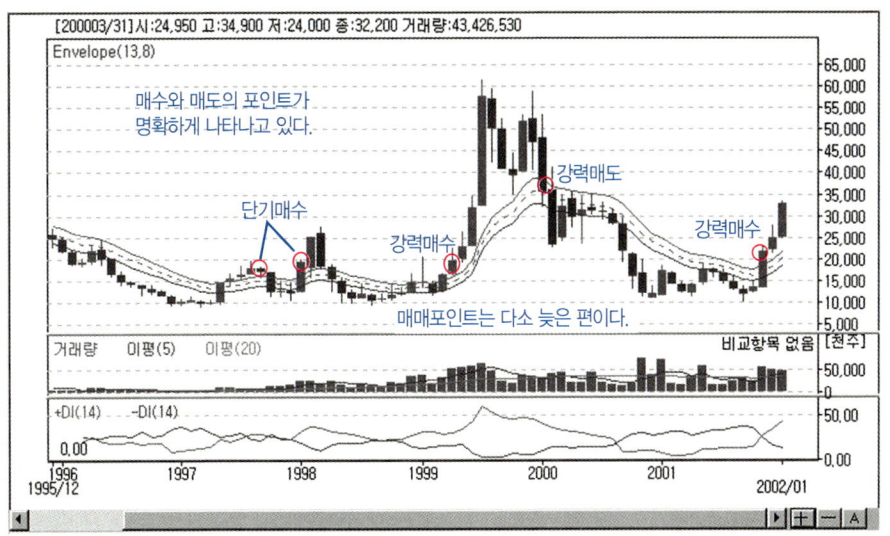

● 계산법

① 이동평균을 middle band로 하고 상하일정한 비율만큼 상위밴드(upper band), 하위밴드(lower band)를 그리는 방법
- Middle band = 주가의 n일 (단순)이동평균
- Upper band = Middle band + (Middle band × a%)
- Lower band = Middle band − (Middle band × a%) 단, $0 < a < 1$

② 이동평균의 비율 대신 일정시점의 가격을 기준으로 그리는 법
- Middle band = 일정시점의 가격 즉 Pt (주로 현재가 사용)
- Upper band = Middle band + (Pt × a%)
- Lower band = Middle band − (Pt × a%) 단, $0 < a < 1$

③ 이동평균의 절대가치를 사용하는 방법으로서 손절매폭을 정하고자 할 때 사용
예를 들어 선물의 경우 계약당 150만원을 손절매 폭으로 정할 경우 선물 3Point를 상하 밴드의 기준으로 설정하여 그리는 방법임

◎ LG전자(02610) 주봉차트

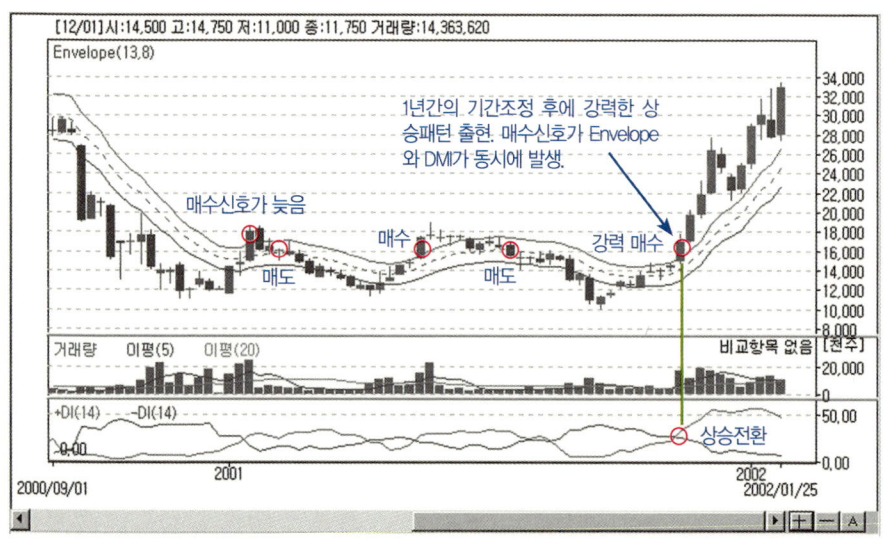

◎ LG전자(02610) 일봉차트

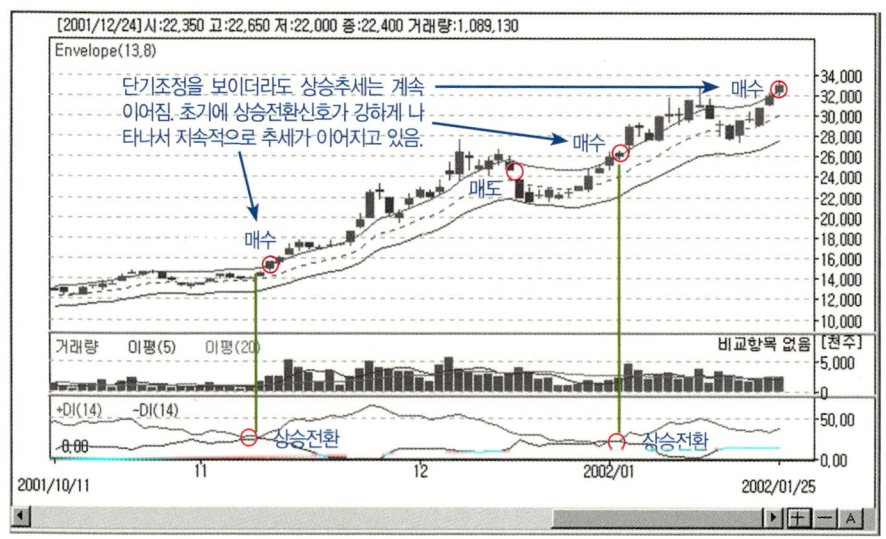

◐ 조흥은행(00010) 월봉차트

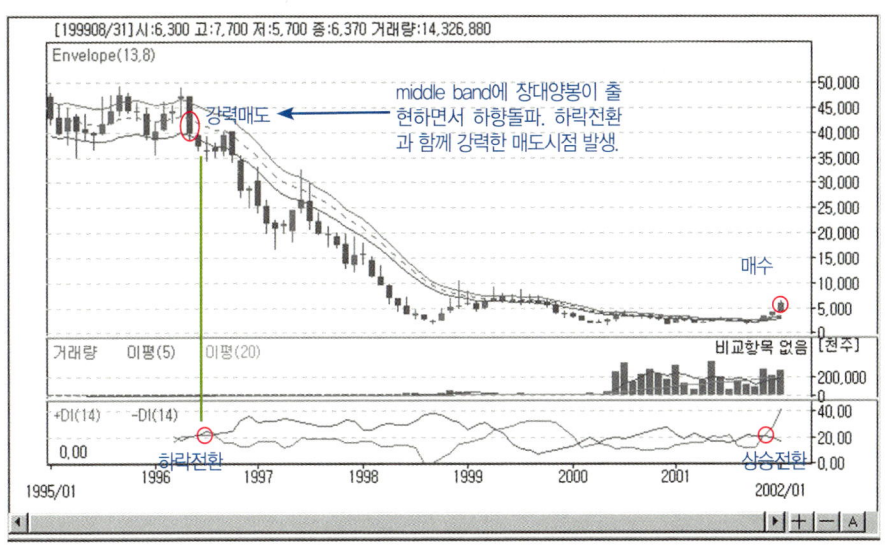

● Band돌파를 이용한 매매기법

가격이 Band를 돌파하면 그 돌파한 방향대로 매매
- 상위밴드(Upper band) 상향 돌파하면 매수(환매수)
- 하위밴드(Lower band) 하향 돌파하면 매도(신규매도)

선물매매의 경우 청산과 신규매매가 동시에 이루어지는 reversal system임

단점 : 매매 정리 시점이 늦어 손실 위험이 큼

Band 활용법은 횡보장세에서 이용이 유리하나, 이익의 폭이 작고 추세가 형성되는 장에서 선물 매매를 할 경우 판단이 틀릴 시 손실의 확률이 높다.

● 조흥은행(00010) 주봉차트

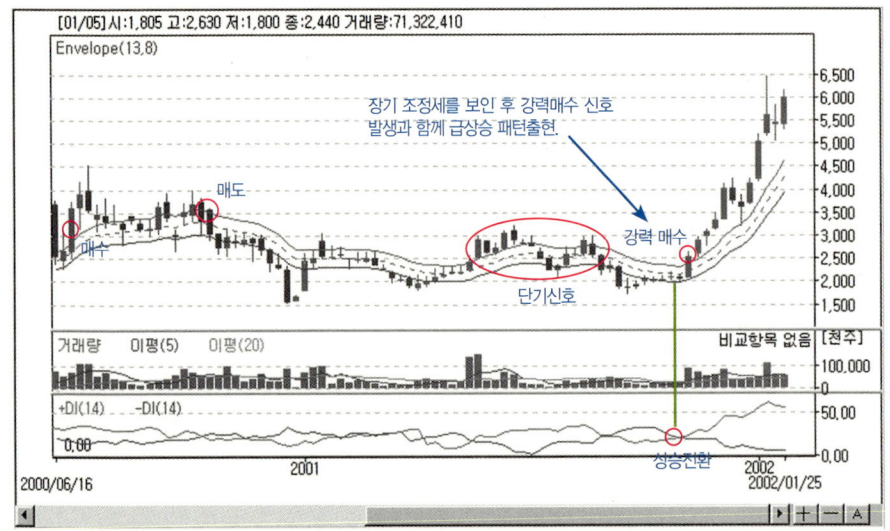

● 조흥은행(00010) 일봉차트

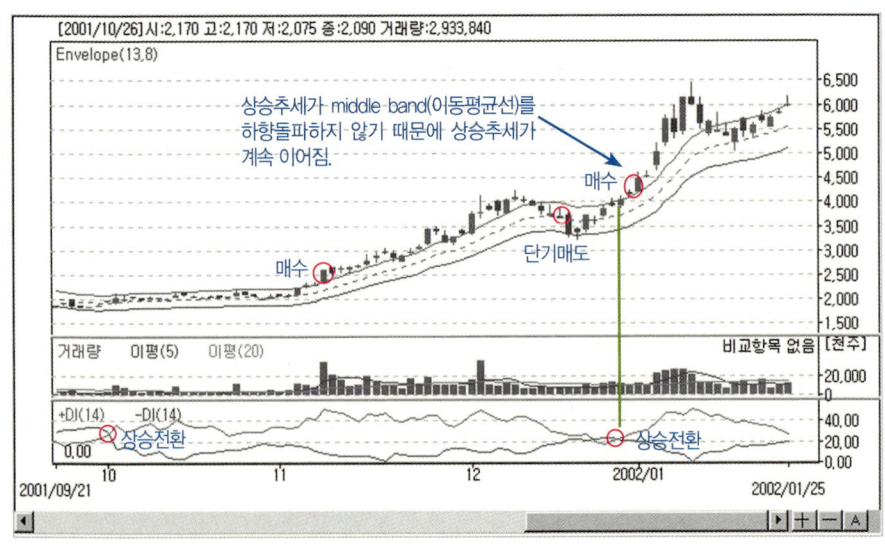

3) Bollinger Band

○ 삼성전기(09150) 월봉차트

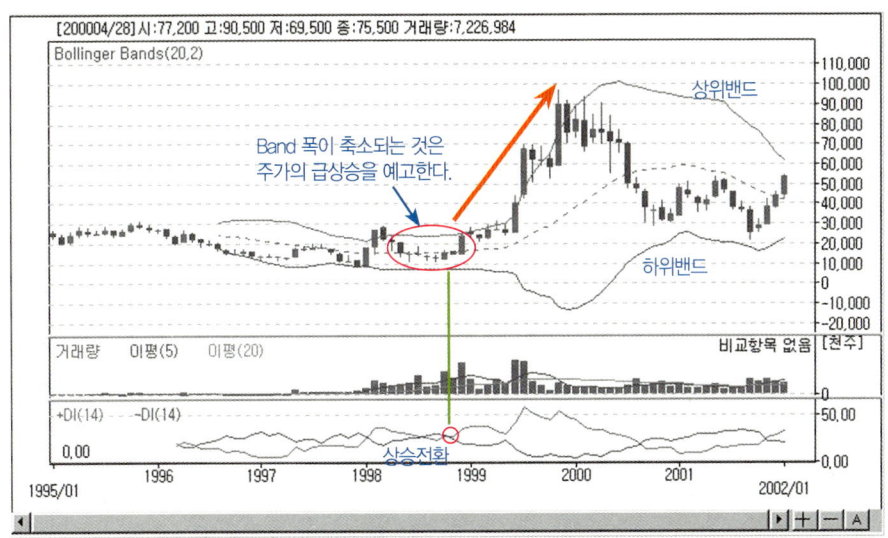

● Bollinger band

CNBC/Financial News Network의 시장분석가인 John Bollinger는 통계적 채널분석기법을 이용하여 Alpha-beta bands를 제시하였는데 이 방법이 바로 그의 이름을 따서 널리 알려진 'Bollinger band'이다.

Bollinger는 이동평균선의 상하에 표준편차(standard deviation)를 응용한 두개의 Band를 이용하였는데, 그는 통상 이동평균선을 중심으로 표준편차의 ±2배 내에 가격의 95%가 위치한다고 설명했다. (Bollinger는 이동평균선을 이용하는데 20일 이동평균선을 추천하기도 하였다) 따라서 시장의 가격은 특이한 경우를 제외하고는 대부분 Bollinger band내에서 등락한다는 것이다.

한편, 그가 제시한 이 Band는 시장변동성에 따라 유연하게 폭이 축소되거나 확장되는데 Band폭이 최근 시장의 움직임에 민감하게 반응하는 것을 알 수 있다. 이를 자기조정(self-adjusting)기능이라 하는데 이동평균선을 중심으로 항상 같은 폭을 나타내는 Envelope와는 이점에서 성격이 다름을 알 수 있다.

◐ 삼성전기(09150) 주봉차트

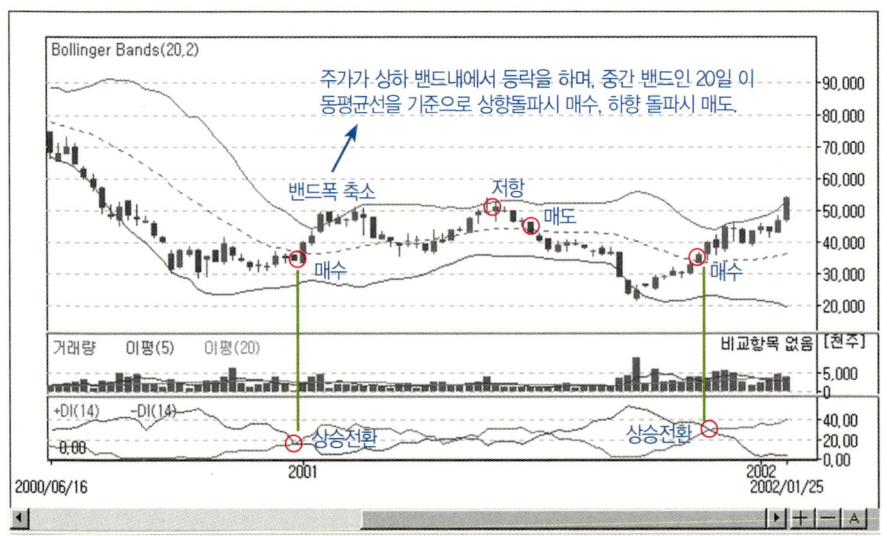

◐ 삼성전기(09150) 일봉차트

기아차(00270) 월봉차트

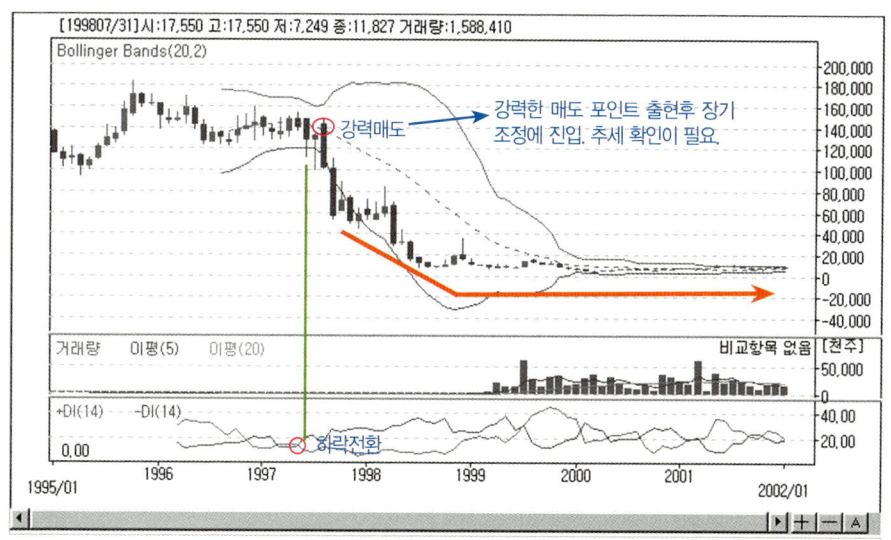

계산법

중심선(Middle Band) : 이동평균선 사용
　　　　　　　　　MA(n일)

상한밴드(Upper Band) : MA(n일) + [d ×σ]
　　　　　　　　단, d는 배수(통상 2를 사용하나 변동 가능함)
　　　　　　　　σ는 표준편차

하한밴드(Lower Band) : MA(n일) − [d ×σ]
　　　　　　　　단, d는 배수(통상 2를 사용하나 변동 가능함)
　　　　　　　　σ는 표준편차

◐ 기아차(00270) 주봉차트

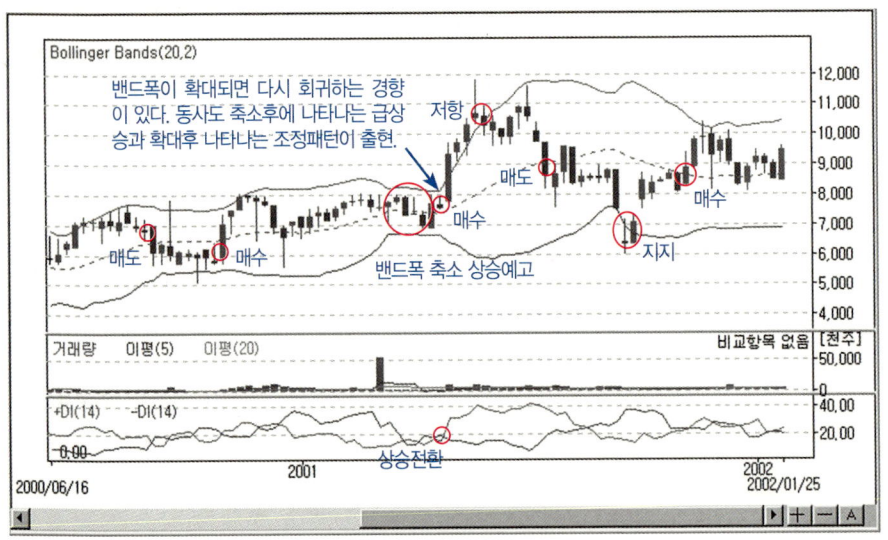

◐ 기아차(00270) 일봉차트

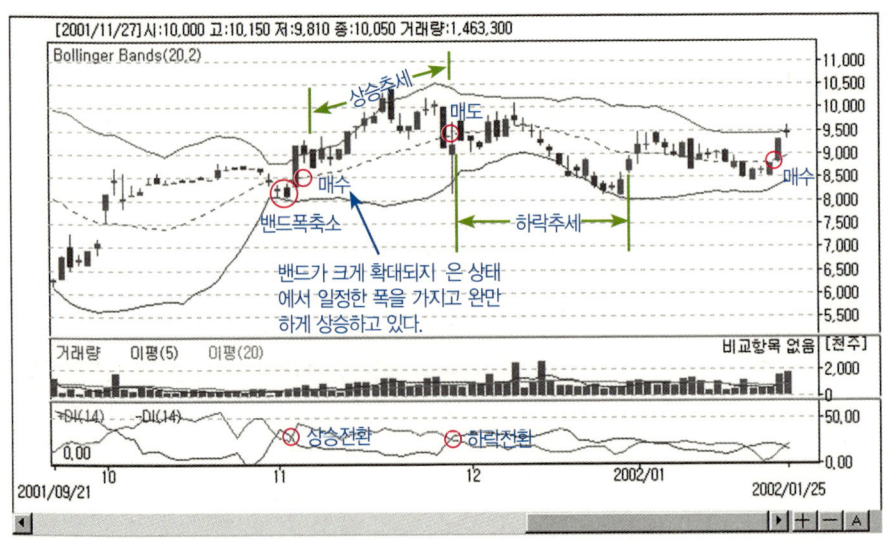

◐ 담배인삼공사(33780) 월봉차트

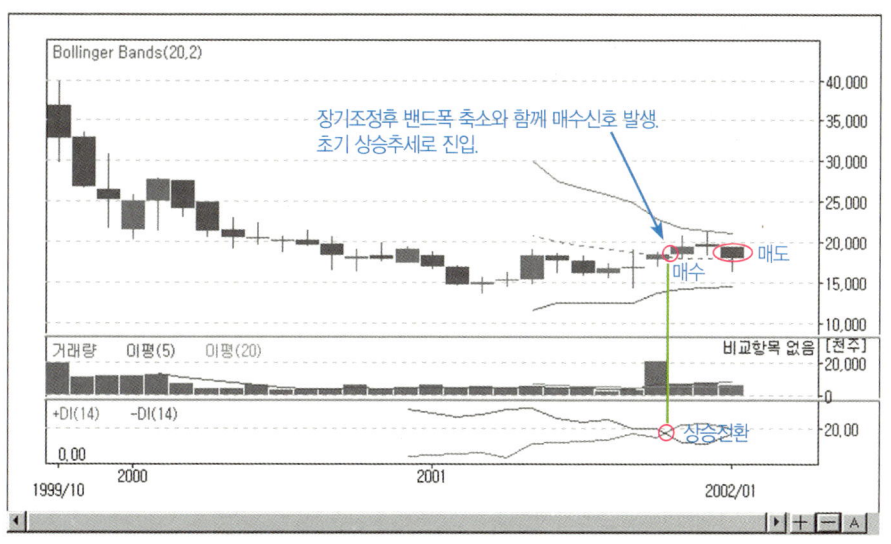

● 지지선과 저항선

가격이 Band 중심선 위에 있을 경우 상승추세로 보고 상한 Band가 저항선이 된다.

가격이 Band 중심선 아래에 있을 경우 하락추세로 보고 하한 Band가 지지선이 된다.

● 한계점

비추세시장(nontrending market)의 즉 횡보시장 같은 경우 가격변동성 약화로 Band폭이 축소되어 매매에 어려움이 따른다.

추세시장에서는 Envelope에서와 같이 상하위밴드 이용법을 사용하여 Band부근에서 매매할 경우 손실폭이 커질 우려가 있으며, 추세진행시에는 이 방법의 경우 반전 시점 포착이 어렵다.

◐ 담배인삼공사(33780) 주봉차트

◐ 담배인삼공사(33780) 일봉차트

2. Momentum 지표

보조지표는 초자가 아는 것만해도 50개가 넘는다. 여러 가지 측면을 고려해 그 중에서도 자주 쓰이고 일반투자자들이 쉽게 접근할 수 있는 지표를 항목별로 구별해서 설명하였다.

1) Stochastic

▶ 금강고려(02380) 월봉차트

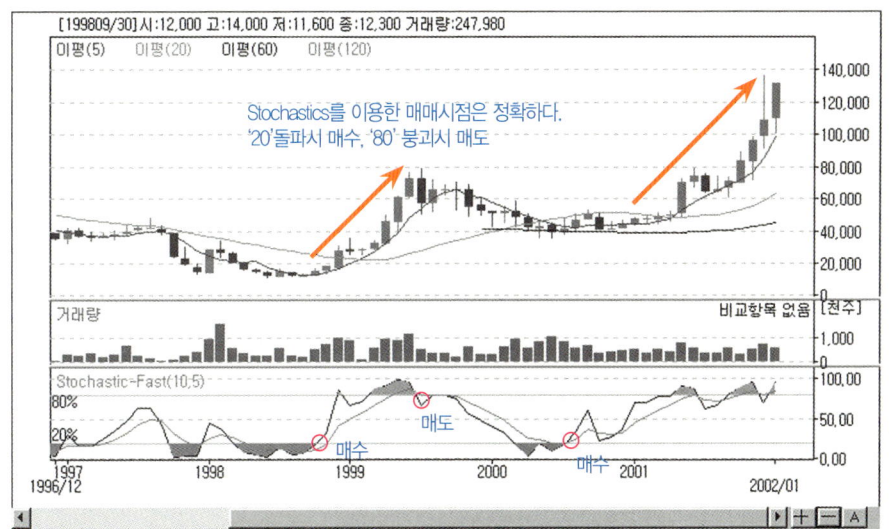

● Stochastics

시장에서 활용되는 대표적 매매시스템은 추세시장에서 유효한 추세 추종형과 추세가 없는 비추세시장에서 유효한 형태 등으로 구분할 수 있다. 비추세시장에서 유효한 지표 중 대표적인 것이 바로 stochastics이다.

stochastics는 George Lane이라는 기술적 분석가에 의하여 개발되었다. George Lane은 그의 저서 「Technical Traders Bulletin」에서 stochastics를 소개했는데 그는 stochastics를 수년간 매매에 활용하였고 다양한 시장 상황에 맞는 투자기법 들을 제시하였다.

stochastics는 일정기간 중 시장 가격의 움직임 속에서 당일의 종가가 어디에 위치하고 있는지를 나타내는 지표이다. 따라서 가격이 지속적으로 상승하고 있다면 stochastics값은 100에 가까워질 것이고, 반대로 지속적으로 하락하고 있다면 stochastics값은 0에 가까워지는 경향을 나타내게 된다.

● 계산법

%K = {(금일 종가−최근 n일중 최저가) / (최근 n일중 최고가 − 최근 n일중 최저가)}×100
%D = %K의 k일 이동평균, slow %D = %D의 k일 이동평균
단, n일은 통상 5~14일, k는 통상 3일을 사용한다.

금강고려(02380) 주봉차트

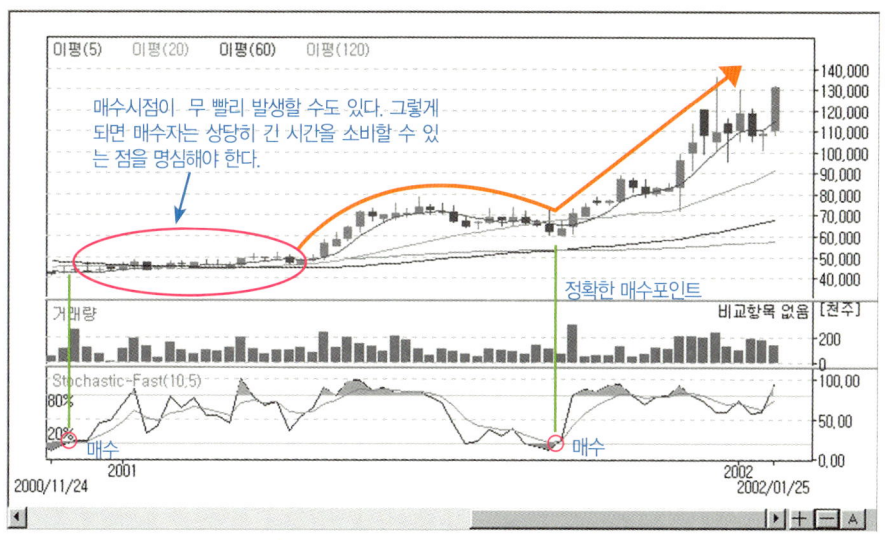

금강고려(02380) 일봉차트

◐ 제일제당(01040) 월봉차트

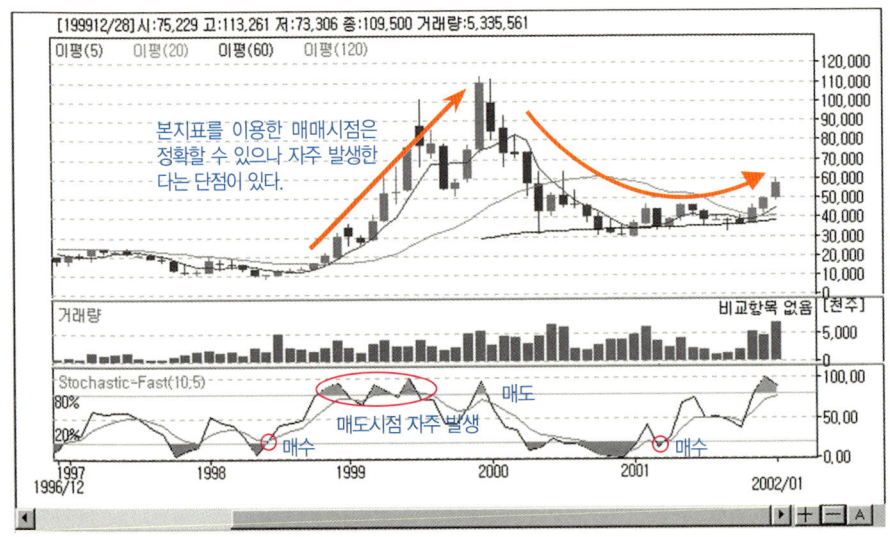

● **Stochastics의 단점 보완법**

stochastics의 가장 큰 단점은 매매신호가 너무 잦게 나타난다는 것이다. 즉 속임수 신호가 많다는 것이다. 따라서 강한 상승 or 하락 추세에서는 약점을 드러낼 수 있다.

이를 보완하기 위해서는 추세에 순응하는 매매기법을 활용하는 방법이 적절하다. 그러한 방법에는 추세에 맞는 신호만 이용하는 것으로서 예를 들어 상승 추세일 경우는 매도신호는 무시하고 매수신호만 매수진입에 이용하며 하락추세일 경우에는 매수신호는 무시하고 매도신호가 나타날 때만 신규포지션 진입에 이용하는 방법이 있다.

다른 방법으로는 stochastics의 기간을 조정하는 방법이 있는데 다소 주관적인 요소가 가미될 수 있을 것이다. 그러나 추세를 판단하는 것은 쉽지 않은 작업이므로 추세의 강도를 파악하는 지표인 ADX를 이용하는 방법을 제안한다.

stochastics는 기본적으로 비추세 시장에서 유효한 지표로 인식되고 있다. 따라서 속임수에 속지 많고 stochastics를 효율적으로 사용하기 위해서는 추세지표와 같이 사용하여 위험을 줄이는 노력이 필요하다. 특히 강한 추세를 나타날 경우 과매도권과 과매수권에서 상당 기간 횡보하는 경우가 많으므로 내용들에 대한 충분한 이해가 선행되고 매매에 적용하는 것이 바람직하다.

◘ 제일제당(01040) 주봉차트

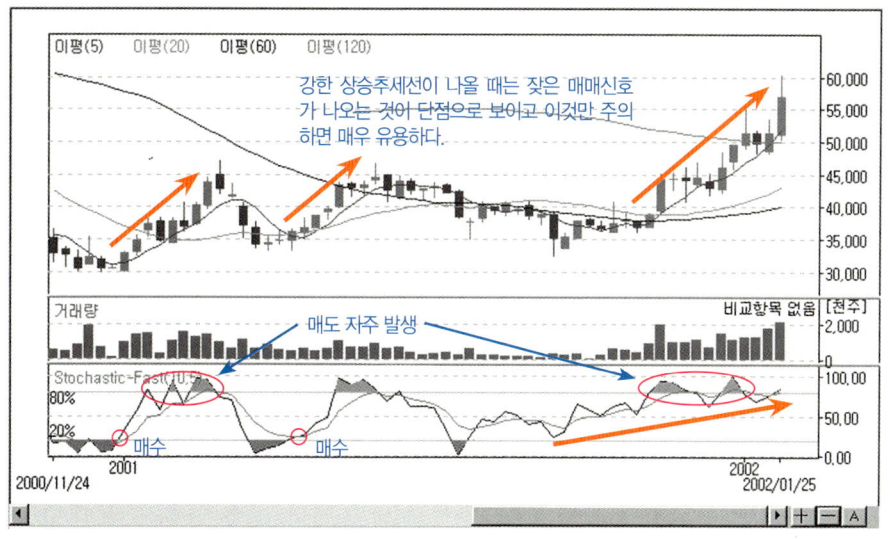

◘ 제일제당(01040) 일봉차트

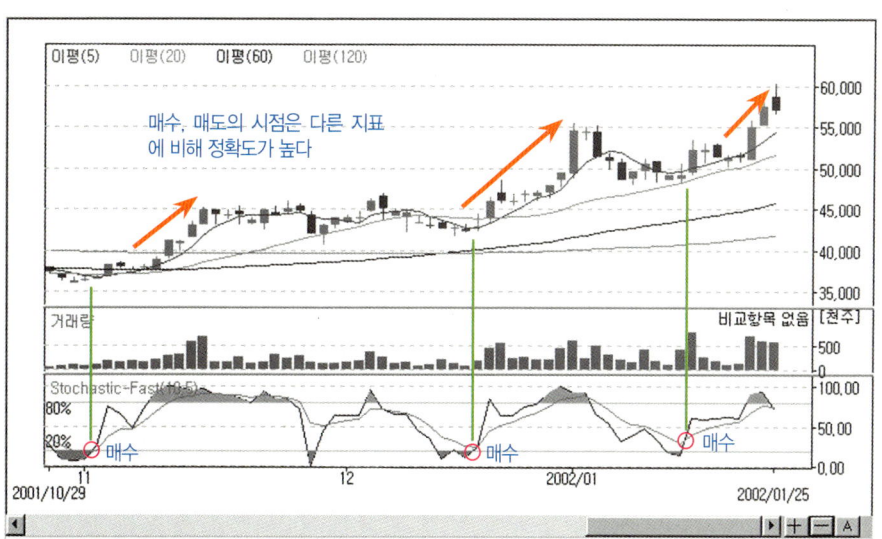

2) RSI

◐ 대한항공(03490) 월봉차트

● RSI

RSI(Relative Strength Index)는 가격의 상승압력과 하락압력간의 상대적인 강도를 나타내는 대표적 반추세지표(Countertrend Oscillator)이다. ROC와 Stochastics 등이 과거데이타에 의해 지표가 왜곡되는 단점을 가지고 있는 반면, RSI는 이를 개선한 지표이다.

1978년 J.Welles Wilder,Jr는 그의 저서인 「New Concepts inTechnical Trading Systems」에서 RSI를 소개했는데 'Relative StrengthIndex'즉 '상대강도지수'로 번역할 수 있을 것이다.(이 '상대강도지수'라는 용어 때문에 혼동이 오는 경우가 많은데, 이 '상대강도'라 함은 가격변동 중 상승의 강도를 나타내는 용어이지 흔히 쓰이는 종목과 업종간 상대강도 등과는 다른 개념 임을 유의하여야 한다.)

즉, RSI는 일정한 기간을 기준으로 그 기간의 가격 변동분 중 상승분이 어떤 비중을 차지하고 있느냐를 나타내는 것으로서, RSI가 '0'에 가깝다는 것은 그 일정기간 중 하락 강도가 강하다는 것이고 반대로 RSI가 '100'에 가깝다는 것은 그 일정기간 중 상승 강도가 강하다는 것을 나타내는 것이다.

▷ 대한항공(03490) 주봉차트

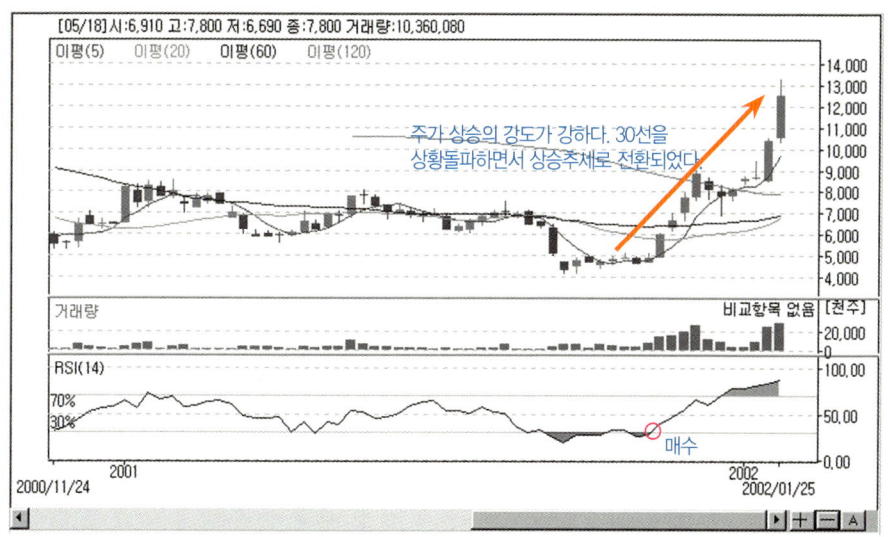

▷ 대한항공(03490) 일봉차트

● SK 증권(01510) 월봉차트

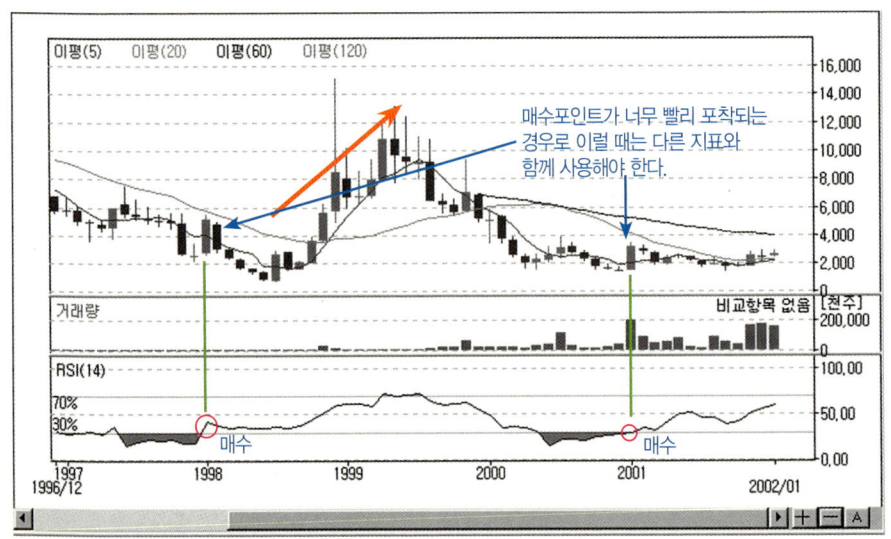

RSI의 적용기간을 줄이면 진입, 청산의 신호는 빨라질 수 있으나 손실 거래가 증가할 수 있다. RSI의 과매도권은 20~30, 과매수권은 70~80으로 조정할 수 있다.

(주봉 등)장기간의 RSI는 Divergence 판단에 유효하다.

RSI는 계산식의 특이점 때문에 상승추세나 하락 추세시 과매수와 과매도 신호를 모두 사용하는 것보다는 한가지 신호만 인정하는 것이 손실의 위험을 줄일 수 있다. 즉, 상승추세에서는 과매수권 진입이 자주 나타나므로 과매도권 진입시만 매도 시점으로 활용하는 것이다. 반면 하락추세에서는 과매도권 진입이 자주 나타나므로 과매수권 진입시만 매수시점으로 활용하는 것이다.

● SK 증권(01510) 주봉차트

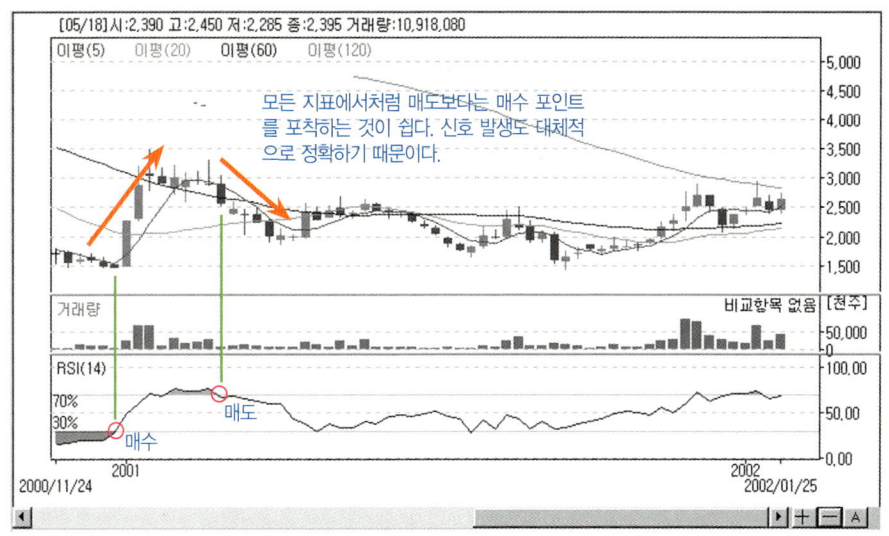

● SK 증권(01510) 일봉차트

보조지표 활용법

이동평균선을 보고, 캔들차트를 보고, 보조지표를 보고 하다보면 간혹 오히려 너무 머리가 복잡해질 때가 있다. 분명 어떤 지표는 매수신호를 보내는데 어떤 지표는 매도신호를 보내는 경우도 많기 때문이다. 사실 그래프를 자주 보다보면 눈에 보이는 모양에 집착하게 되는 경우가 많다. 하지만 전체적인 큰 흐름이 어떤 방향인지를 늘 기억하고 투자해야만 좋은 기회를 잡을 수가 있는 것이다. 투자를 하다보면 모든 것이 완벽하게 다 딱딱 맞아떨어지는 경우는 극히 드물고 오히려 상반된 상황 속에서 선택을 해야 하는 경우가 더 많이 생기게 마련이다. 그러므로 보조지표를 볼 때도 신호가 발생할 때마다 너무 민감하게 반응하기 보다는 전체적인 분석의 틀 안에서 타이밍을 잡는데, 활용하게 된다면 훨씬 더 현실적인 도움이 될 것이다.